2012 年度教育部人文社会科学研究规划基金项目《莫高窟唐代观音画像研究》，项目编号：12YJAZH115。

莫高窟唐代观音
画像研究

史忠平｜著｜

中国社会科学出版社

图书在版编目(CIP)数据

莫高窟唐代观音画像研究/史忠平著.—北京：中国社会科学出版社，2016.2
ISBN 978-7-5161-7712-9

Ⅰ.①莫…　Ⅱ.①史…　Ⅲ.①敦煌石窟—观音—佛像—研究　Ⅳ.①K879.214

中国版本图书馆 CIP 数据核字(2016)第 041303 号

出 版 人　赵剑英
责任编辑　王　茵
特约编辑　崔芝妹　张　潜
责任校对　宋志铖
责任印制　王　超

出　　　版　中国社会科学出版社
社　　　址　北京鼓楼西大街甲 158 号
邮　　　编　100720
网　　　址　http://www.csspw.cn
发 行 部　010-84083685
门 市 部　010-84029450
经　　　销　新华书店及其他书店

印　　　刷　北京明恒达印务有限公司
装　　　订　廊坊市广阳区广增装订厂
版　　　次　2016 年 2 月第 1 版
印　　　次　2016 年 2 月第 1 次印刷

开　　　本　710×1000　1/16
印　　　张　27.75
插　　　页　2
字　　　数　441 千字
定　　　价　99.00 元

想来源、美学内涵的分析。可以看作一本全面研究和论述莫高窟唐代观音图像的综合性成果。

三 研究方法多样

作为佛教美术的研究成果，该书除了运用传统图像学方法对不同时期和类型的观音图像进行解读外，还采用大量的数据分析、考古类型学比较分析、相关佛教经典解读，以及视觉审美和美学内涵的阐释等手段，而使研究结果显得可靠和具有说服力。

四 研究视角独特

与大多数敦煌艺术研究有别的是，该书在写作中将综合研究与专题研究有机地结合起来。例如，该书的第六章对莫高窟唐代观音画像手姿与持物的研究就具有鲜明的专题性质。在"莫高窟唐代说法图中的观音画像"一章中，关于"观音三尊像的信仰转换及其图像演变"和"观音、地藏的组合样式"的论述也具有专题研究性质。尤其是第三章有关"位"的讨论，还有对观音三十三现身与世俗人物画的阐释，以及对密教观音画像艺术特色的分析等都是书中不落俗套的地方。可贵的是，在这样的情况下，该书在整体构架上毫无割裂感，而是在很大程度上增加了内容的广度深度和可读性。

学术研究充满艰辛也充满快乐。忠平生性好学，对学术和艺术，有一份可贵的执着，能耐得住寂寞。相信他在这条路上坚持走下去，会不断取得新的成果。

是为序。

郑晓华
2015 年 11 月 12 日于中国人民大学

序　一

　　《莫高窟唐代观音画像研究》系忠平博士在其博士论文基础上修改充实而成的专著。这部书凝聚着他十几年为这一专题研究付出的心血，也寄托着他在学术崎岖道路上艰苦跋涉攀登的热情和梦想。

　　忠平生在甘肃，长在甘肃，又一直工作在甘肃。甘肃丰厚的文化和大量的石窟遗存，为他提供了研究石窟艺术的便利条件。早在读本科期间，他就对敦煌宗教艺术产生了浓厚兴趣，在学校组织赴敦煌莫高窟、榆林窟等地考察学习期间，他接触到了大量实物和文献资料，并得以向各地诸多敦煌学专家请教。从那以后，他对敦煌绘画艺术的研究兴趣愈增。2008年，他考入中国人民大学，跟随我攻读博士学位。当时他提出，希望继续以敦煌佛教艺术为研究方向。考虑到他已有的基础以及今后的学术资源等因素，我同意了他的选择。

　　选择莫高窟唐代观音画像作为博士生在读研究课题，我感觉既有难度，充满挑战性，同时也有很多发现的机遇。因为，一方面，观音在佛教所传之处的影响力实在太大，其信仰遍布大半个亚洲，文化延伸面非常宽泛，图像资料丰富而复杂。也正因如此，研究观音的学者遍布世界各地，成果颇丰。因此，要对观音图像进行研究并有新意，需要扎实的学术功底和足够的毅力与勇气。如若不然，可能一切努力均将劳而无功。另一方面，有关观音的研究虽然较多，但单从图像的角度对此进行研究者毕竟只占一小部分。再者，即便是研究观音图像的成果，也多以各地的观音造像为依托，或多或少地冷落了观音图像因材质不同而存在的另一大种类——画像。

由此，当我们把目光投向举世闻名的敦煌莫高窟时，会发现，此地现存有数量庞大的观音画像，其中包括壁画、纸画、绢画和版画。但遗憾的是，在举世界学者之力，敦煌研究已成世界"显学"的今天，有关敦煌观音画像的集中研究成果还罕有所见，尤其是具有断代性质的专题研究更是被学界所忽略。本书作者，正是基于后一个原因，匠心独具地选择了这一课题，从此开始了艰辛漫长的资料搜集与爬梳整理过程。2011 年，他的研究取得阶段性成果，完成了博士论文。答辩会上，他的研究得到了专家们的肯定。

经过 4 年进一步的深入研究，在博士论文基础上，他补充了后续发现的资料，形成了目前的篇幅格局。就目前看，本书给人的感受是：

一　资料收集齐全

莫高窟唐代的观音画像最多，样式最丰富，但这些观音画像却非常分散。它们分别散见于洞窟壁画和分藏于世界各地的藏经洞绢画、麻布画、纸本画中。从本书的研究内容来看，作者不仅大量搜集了莫高窟主要洞窟壁画中的观音画像，以及藏于英国、法国、俄国、日本等国的莫高窟唐代绢画、纸画中的观音画像，而且通过分类将处于尊像画、说法图、经变画中的观音画像，还有显教观音、密教观音、单体观音、经变画中的小观音都做了尽可能的搜罗。作为非本地文博系统的研究人员，受实地考察的种种限制，要收集如此丰富的观音画像资料，并非易事。从这个意义上讲，该书首先在资料的全面性上取得了一定的进步，将为其后相关的研究提供非常重要的参考资料，具有明显的资料价值。

二　研究综合深入

客观地讲，针对莫高窟观音画像的美术史专题研究确实不多。该书依托已有佛教、历史、考古等成果，在广泛收集唐代莫高窟观音画像资料的基础上，从美术史的视角对其进行了全面的梳理和研究。全书涉及各类观音的构图方法、组合模式、绘画技法、服饰、手印等来自视觉感知的内容，以及对隐藏在这些视觉图像背后的思

序 二

观音及其信仰，是中古佛教最主要的表现形式，正所谓"家家观世音，户户阿弥陀"，故而观音菩萨的各类图像也就成了中古佛教艺术最流行的题材与表达对象，以至于成为宗教绘画或在宗教绘画启示背景下中国人物画最常见的内容。其中最值得称道者就是唐人周昉"妙创水月一体"，水月观音的出现，在没有具体可完全对应的原始经典规范下的"妙创"图样，毫无疑问，正是观音信仰与图像本身为民众所追求的结果。至于发展到宋元明清以来常见的送子观音、鱼篮观音、马头观音、白衣观音等等名目繁多的观音形象，把以"慈悲"、"救难"、"现身"为核心宗教义理思想和人文情怀的、符合中国民间信仰需求的佛教大菩萨推向社会的各个阶层。有这种背景的观音图像，时代延续性之强，数量之多，分布地域之广泛，正是佛教史与民间信仰所揭示的现象，已为治佛教史、佛教思想、民间信仰等领域的学者所论证，当然无疑又是作为近年新兴学术潮流艺术史、图像学、形象史学所关注的对象。

应该说史忠平博士《莫高窟唐代观音画像研究》即是在这样背景下的一部专治观音菩萨图像的专著。其体现的正是观音信仰及其艺术形式在敦煌这样一个丝路交通要冲的区域表达，以唐代的敦煌石窟图像为讨论的对象，把敦煌石窟有唐一代名目繁多、题材各异、数量丰富、形式多样的观音图像，集中起来，进行专题研究，其意义不言自明。

今天的学术研究往往追求的是"新材料"，选择敦煌的观音图像，显然材料本身极难求新。事实上因为研究对象的常识性、大众化，材料的随处可见，往往非常理那样易于研究，却因为大家太过熟悉反而不便把握。因此选题本身是有挑战性的，否则如此显而易见的材料，必为相关领域的研究者早早关注。故此一点，已说明作者的学术勇气。事实上，对于石窟图像的研究，如同读书一样，必定是常看常新，不同的研究者、不同的学术背景会有不同的理解，因此，作者出色的研究成果告诉我们敦煌石窟图像的研究其实是没有止境的。

敦煌藏经洞发现的中古写本文献有五万余卷，浩如烟海，被誉为"学术的海洋"，这一点已为学界所广泛认同，其实，可以毫不夸张地说敦煌石窟同样是"学术的海洋"，前者以文字文献为主，后者则以石窟建筑、壁画、彩塑等图像为基本的题材内容，正是国际显学敦煌学的"双翼"、"两轮"。著名的敦煌艺术史家段文杰先生把敦煌壁画上升到"形象的历史"的认识高度，这是他通过自己一生在莫高窟观摩研究的心得体会，可以说是非常精辟的论断，对治敦煌艺术史、敦煌石窟图像的研究有指导意义。更为有趣的现象是，我们知道段先生是美术出身，他的临摹水平客观地讲目前仍无人能出其右，但当他从美术创作和临摹转向美术理论的研究时，却能够不为自身美术训练的约束而很快进入"史"的层面，并认识到历史、考古和人文的理念对敦煌石窟壁画研究的意义，不由得让人钦佩。钦佩之余，掩卷沉思，思考今天的敦煌石窟艺术史的研究，是怎样的一个局面？我们还有哪些工作要做？我们的学术任务是什么？

史忠平博士本人同样是美术出身，又常年工作于西北师范大学美术学院，工作教学多半是以美术的创作、理论为专务，而要深入研究敦煌石窟图像，所面临的对象又是散见于几乎每个唐代的洞窟中，在无法一一实地进窟考察壁画的情况下，以一位美术教师的学术环境，如何把握这些"形象的历史"，其难度可以想象得到。

敦煌壁画中的观音菩萨画像资料极其丰富，而且非常分散，分别散见于洞窟彩塑、尊像画、说法图、经变画和分藏于世界各地的藏经洞绢画、麻布画、纸本画中，有显教观音，也有密教观音，有单体观音，又有经变画中的小观音。对于非敦煌工作人员，受实地参观考察的限制，要收集如此丰富的观音画像资料，并非易事。但从本成果的资料运用看，作者本人是下了大力气，基本上把敦煌唐代观音画像资料都收集进来了。从他书稿中收集到的资料来看，资料之全面，让我有些诧异，但正体现他所下功夫之深之细。资料工作是研究的基础，有了扎实的资料基础，研究工作就可以放心地开展。

通读《莫高窟唐代观音画像研究》，可以看出作者在研究过程中的独到之处，我以为本书有以下几个方面的学术贡献值得向感兴趣的读者推荐。

一　独特的研究视角

敦煌壁画是"形象的历史"，作为中国绘画美术史长河中独一无二的珍贵资料，百年来引起世界各地专家学者的广泛关注，研究成果极其丰富。当学术发展到今天，基本的问题已经解决，若无独特之研究视角，是很难有创新的。本书作为对观音画像的专题研究，很多章节均可见其独特的观察视角与研究理念的运用，如第三章在研究经变画中的观音画像时，特别注意到对净土变中观音作为"偶像式"构图次中心的"观看方式"，又在观音经变的研究中提出了"位"的问题，也探讨了其中"格套与榜题"的问题，把这些在传统的美术研究如墓葬等研究中有独特意义的思考引入到佛教石窟的壁画中来，可以认为是本研究过程中的一个个亮点。

二　严格而规范的美术史研究方法的娴熟运用

美术史方法的掌握与运用，可以认为是敦煌艺术研究的必要手段和基本的学术训练与学术规范。本书以严格而规范的美术史方法，对敦煌唐代观音画像作了全景式的研究，从宏观的图像题材、图像所在位置、图像表现方式、图像构图关系、图像组合关系，到微观的图像特征，如图像姿势、面相、手印、服饰、圆光、持物等，均有细致而客观的图像志的观察，对图像本身的信息交代清楚，行文和结构较为合理，读来条理清晰。

三　博物学研究及其方法的引入

本书第六章集中对敦煌唐代观音画像手姿与持物作了研究，其中对净瓶的研究最为细致。净瓶是观音菩萨的常见持物，也是观音菩萨的特征之一，但是就净瓶本身而言，实有很重要的研究意义，作为中古历史时期常见的一类器物，其发展变化的关系，瓶的特征和装饰图案，实可反映文化交流之一斑。本书以敦煌壁画中观音手中的瓶为线索，结合墓葬、实物资料，深入分析了唐代净瓶的历史发展演变，因此在博物学研究上有重要的学术意义。

四　区域研究和大历史研究的有效结合

本书第七章"莫高窟唐代观音画像与美术史诸问题"，作为最后的一部分，画龙点睛，经过图像基本问题和现象的逐一研究，把研究的目光集中到敦煌观音画像和美术史的结合上来，探讨了敦煌观音画像的风格与流派，其中注意到有印度风格、有中原风格，同时又引入唐人张彦远提倡的观察中国绘画重要视角的"疏"、"密"二体，以及把中国古人提炼出来的佛教"四家样"引入到对敦煌观音画像的研究中来，大大提升了研究的立意和内涵。而把唐代仕女画的审美语境、仕女画画法、流行特点、社会反映等视角联系到敦煌的观音画像，是非常有见地的研究手段和研究视角，使敦煌观音问题的研究不再局限于敦煌的区域研究中，而是放到唐代社会历史背景中来，大大拓展了研究的空间和学术意义。

综观史忠平博士专著的学术贡献，可以明显地感觉到他在思考观音图像过程中的美术史的观照，其中像西方美术史家或图像学研究中备受重视的"艺术研究"中的"形式问题"，在他的研究中也有较为浓厚的"形式问题"的色彩，几乎在每个章节都有表现。这一问题其实是敦煌艺术史和图像研究的重要问题，但长期以来不为研究者所重视，或者有从事敦煌艺术美学研究的专家学者偶尔提及，但往往流于如画面结构或人物布局关系的对称等简单的形式表达，并没有深入到艺术"史"的层面，更难触及时空背景下的"图式"、"范式"、"样式"的理论高度。

我个人以为，敦煌石窟及其图像的研究，虽然看似彩塑、壁画的图像与艺术研究，但石窟本身是不同时期不同个体或人群信仰的形式表达与结果，因此研究本身不能脱离历史上人的活动，图像的历史同样是要"见物见人"的。观音菩萨作为中国佛教和民间信仰的主要膜拜对象，作为对观音的专题研究，放到敦煌石窟这样的历史长河中，其实并不简单。因为这些要检索出来的对象，往往是分散于洞窟中的，是洞窟整体的一个画面或一组画面，很难有可作为单纯观音菩萨图像的研究对象供单一地考察（个别像莫高窟第 161 窟、第 3 窟等"观音洞"窟者除外），这一点其实也大大限制了作者研究过程中或许可以触及思想功能的研究。但作为对石窟及其图像的研究，思想功能的研究往往是研究往更深层次拓展的必要手段，因为只有通过这样的思考，才可以加深对观音信仰在义理思想等深层次问题的呈现，提升整体研究水平。因此，敦煌观音图像的研究，如同其他的图像一样，还有空间，也印证了学术研究是永无止境的。

我和忠平同在甘肃工作，同对敦煌石窟感兴趣，在兰州时常有交流往来，算是同道中人，其实也是同龄人，我只比他虚长几岁而已，因此本没有资格为他的大作作序，也没有学术水平向读者推荐或评价他的大作，更何况像序文类文章非我辈无名无家者所可承担。之所以还是要写点东西出来，有三点考虑：一是蒙忠平再三好意，觉得不写有不识抬举之嫌；二是之前参与过此书稿的教育部项目结项的评审工作，认真拜读过几遍，对其研究的细致与深入领略二三，感觉读来有味，值得向大家推介；三是借此机会把我对敦煌石窟与图像研究的零星的不成熟的想法表达出来，供大家参考。所以也就冒汗下笔，杂七杂八，把自己的一些心得体会写出来，供忠平和读者批评，旨在让感兴趣者共同来推动敦煌石窟及其图像的研究。也算是抛砖引玉，仅此而已。是为序。

沙武田

2016 年 1 月 10 日于西安

目　录

绪　论

一　问题的缘起

观音信仰是中国最流行的信仰之一，所以，其在几千年的发展过程中，与宗教、哲学、伦理、民俗、文学、艺术等相互交织，彼此影响，构成了一种庞大深厚、错综复杂的文化现象。也正因如此，作为偶像崇拜的观音图像制作也十分流行。从现存的佛教遗迹来看，观音图像主要有两大类，一类是雕塑或铸造，即通常所说的造像；另一类便是绘画。从国内遗存看，造像类观音数量大、分布广、种类多，相关研究成果也较多；而绘画类观音则以敦煌莫高窟数量最多、最集中，也最丰富。

作为佛教尊像画之一，莫高窟的观音画像主要有显宗与密宗两大类。显宗观音有别于泛指的菩萨，区别其身份的标识主要有三点：其一，菩萨画像旁有榜题直书观音名号者；其二，单身画像中头戴"化佛冠"者；其三，阿弥陀净土及观无量寿经变中的左胁侍。密宗观音画像主要有十一面观音、如意轮观音、千手千眼观音、不空羂索观音、六臂观音、八臂观音等。

由于唐代是敦煌地区观音信仰普遍流行的时代，所以，此时莫高窟的观音画像不仅在数量上急剧增加，而且出现了不同以往的特点：第一，显宗类观音画像由身份不明到标志明显；第二，观音作为净土三经中的左胁侍，随着净土信仰的流行而流行，其画像大量增加；第三，随着观音信仰的流行，以《观音普门品》为主要内容的观音经变和单体观音画像大量出现；第四，密教观音画像出现并大量绘制。与此同时，整个唐代社会的审美风尚促进了仕女画的大发展，佛教艺术正处在世俗化的转折期，观音画像也因其处在由男变女的关键时刻而为众多观音文化研究者津津乐道。所以，探讨唐代莫高窟的观音画像，不论在佛教绘画史上，还是在世俗绘画史上都是一个饶有趣味的课题。长期以来，这一问题也备受学者们的关注，但遗憾的是，到目前为止，对敦煌莫高窟唐代观音画像全面系统的研究尚未出现。由此，本书选取一个以莫高窟为地点、唐朝为时段、观音画像为对象的研究课题，以期在前人的基础上，对莫高窟唐代观音画像做一系统而深入的研究。

二　研究的历史与现状

敦煌壁画中观音画像是东西方学者都感兴趣的话题之一，总体而言，过去对敦煌莫高窟观音画像的研究主要体现在三个方面。

（一）对莫高窟观音画像图片的刊布、介绍和分析以及对观音画像的分类和统计

1900 年藏经洞发现以后，国外探险家接踵而至，他们除了掠走大量的纸、绢、麻布和幡绢绘画作品之外，还拍摄了大量的洞窟壁画，这使得大量的敦煌艺术品流失海外。而在这些流失的艺术品中，观音画像占有较大的比例。所以，对流散的观音画像图片的刊布和介绍，就成了研究观音画像，尤其是壁画以外观音画像的首要任务。

1. 在莫高窟观音画像图片的刊布、介绍和分析方面

1924 年，伯希和的《敦煌图录》在巴黎出版，书中共录入敦煌绘画照片 375 幅，分为六集，其中刊登了少量观音画像图片。1931 年，英国的魏礼编写了《斯坦因敦煌所获绘画品目录》一书，由英国博物馆与印度政府联合出版。由于斯坦因第二次中亚探险受印度政府和英国的资助，所以其所获的敦煌绘画品分别藏于德里的中亚古物博物馆和英国博物馆。而此书即为此次斯氏所获的全部绘画品之目录，全书由两部分组成，第一部分为英国博物馆藏品目

录，第二部分为德里中亚古物博物馆藏品目录，总共著录 500 余件。此书对每件作品的内容都做了翔实的记录，除抄录有画上的题记外，对其颜色、质地、大小以及研究文献出处等都做了说明。尤其是书前的《导论》对敦煌绢画的内涵做了详细的探讨，是研究敦煌纸绢画的重要工具书。藏于英国博物馆的部分，后来由韦陀重新整理研究，出版有《西域美术》，而藏于印度的部分，至今未公布全貌。1940—1941 年，日本东京审美书院出版了由结城素闻所编的《西域画聚成》一书。该书共十五辑，五十九页图版，刊布了英、法、德等国收藏的敦煌、吐鲁番、库车、和田等地出土的绘画精品，其中包括部分观世音菩萨像，每幅作品均附有作者的解说。1957 年东京平凡社出版了长广敏雄编著的《敦煌》一书。此书是对十篇敦煌纸、绢画的解说，附有彩色或黑白图片，其中有观音菩萨像、水月观音像、观音曼荼罗等。除英法藏品外，还有日本的一些公私藏品。1959 年，芝加哥大学出版社出版了英国葛蕾著的《敦煌石窟佛教壁画》一书。刊登了文森特拍摄的莫高窟壁画彩色照片 70 幅，附有解说，是较早出版的一部莫高窟彩色图片集。1960 年，敦煌文物研究所编的《敦煌壁画》一书由北京文物出版社出版。收入了从北魏到元代壁画 223 幅，其中彩色图片 10 幅，其余均为黑白图版，这是我国出版的第一部系统的敦煌壁画图录，其中刊布了部分观音画像。1974 年，巴黎阿德里安·梅松纳夫书店出版了由法国韩百诗主持，尼古拉—旺迪埃等编写的《集美博物馆所藏敦煌绢幡绘画解说》。共整理注录伯希和所获敦煌幡绢画 220 幅，内容分五部分，分别注录了佛像、菩萨像、天王力士像、高僧像及其他像。此书的全部图版则于 1976 年由巴黎阿德里安·梅松纳夫书店出版，名为《集美博物馆所藏敦煌绢幡绘画图版》。1978 年，法国远东学院出版了饶宗颐先生的《敦煌白画》，共三册，其中第二册是汉文原本，第三册是图版，书中收集了英法所藏的敦煌各种白描本、粉本等，其中有部分观音白描及粉本。

20 世纪 80 年代，随着敦煌学研究的不断深入，敦煌艺术的研究也进入了一个新的阶段，各种介绍敦煌壁画的画册相继出版，敦煌壁画中的观音画像越来越多地被刊印出来。这一时期的主要书籍

有以下几部：1980 年，由敦煌文物研究所编，北京文物出版社与三
联书店香港分店联合出版的《敦煌的艺术宝藏》问世。由敦煌文物
研究所编，北京文物出版社与东京平凡社合作出版的五卷本《中国
石窟·敦煌莫高窟》，于 1980—1982 年刊出日文版，1982—1987
年刊出中文版。此书第三卷收集初唐到盛唐 38 窟 179 幅图版，第
四卷收集盛唐后期和中晚唐 39 窟 194 幅图版。各卷中都有图版说
明，并有相关研究文章。其中刊出了诸多洞窟的多幅观音画像。
1981—1986 年，台北新文丰出版公司出版了由黄永武编的《敦煌
宝藏》共一百四十册。是影印敦煌文献和艺术品的综合性大型图
册，每册前都收录了从各种书刊中翻印的敦煌壁画、绢画、纸画等
观音彩色或黑白图版，但对其出处并未一一注明。1982—1984 年，
英国博物馆与日本讲谈社联合出版了由英国人韦陀编、日本人上野
阿吉译的《西域美术》。此书副题为"英国博物馆所藏斯坦因收集
品"，共三卷。其中第一卷为敦煌 8 世纪以后的绢画，按佛传图、
菩萨像、金刚力士像、天王像排列；第二卷为敦煌 10 世纪以后的
大型绢绘，还有纸画和版画。从 1985 年起，中国美术全集编辑委
员会所编的《中国美术全集》陆续出版，专门收录敦煌壁画和彩塑
的共三册，《敦煌壁画》列为《绘画编》第十四、十五卷，由段文
杰主编，1985 年 9 月由上海人民美术出版社出版，其中第十五卷收
录了从初唐到元的 203 幅壁画图版，包括部分榆林窟壁画，书中有
多幅观音像并配有较详细的解说。从 1991 年起，天津人民美术出
版社陆续出版了由段文杰主编的《中国壁画全集·石窟壁画》。该
书共十六册，其中敦煌壁画占十册，即从第十四册到第二十三册，
这套书中收录了大量的观音图片，并附有图片说明。1993 年，江苏
美术出版社出版了杨雄编著的《敦煌石窟艺术·莫高窟第四五窟》，
随后，江苏美术出版社先后于 1994 年出版了梁尉英编著的《敦煌
石窟艺术·莫高窟第九窟第一二窟》、胡同庆编著的《敦煌石窟艺
术·莫高窟第一五四窟附二三一窟》等。这是一套具有单窟研究价
值的敦煌石窟艺术丛书，其中提供了许多观音画像的所处位置以及
清晰形象。1994—1995 年，法国吉埃（Jacques Gies）编、日本秋
山光和等译，共两卷的《西域美术》，由法国集美博物馆与日本讲

谈社联合分别于 1994 年 6 月及 1995 年在东京出版，副题为"集美博物馆所藏伯希和收集品"，观音画像主要集中在第一卷，第二卷中也有少数。1997—2005 年，由俄罗斯国立埃尔米塔什博物馆编的《俄藏敦煌艺术品》五卷本陆续由上海古籍出版社出版。其中刊登了部分观音壁画与幡绢画。在此期间，罗华庆主编的《敦煌石窟全集 2·尊像画卷》和彭金章主编的《敦煌石窟全集 10·密教画卷》，由商务印书馆分别于 2002 年、2003 年出版。这是刊登显密观音画像最多、最集中的大型画册。至此，壁画及纸、绢、麻布观音画像的刊布基本完成，其经典性也基本确立。之后零星刊登或出现于相关文章中的画像多有重复，不再一一罗列。

观音是佛教艺术中比较特殊的尊像画之一，其身份多变的特点决定了其图像上的不确指性，所以，从图像的标识上对其所做的分析、辨认和确指是研究观音画像的逻辑起点。而从 20 世纪 20 年代以来国内外陆续出版的大型画册，虽无意专门研究观音画像，在刊登中也多有重复，但所有书籍中通用的图片解说的体例，为我们直接进入唐代观音画像的研究提供了重要资料。

2. 在观音画像的分类和统计方面

在这方面最主要的是谢稚柳先生的《敦煌艺术叙录》。此书于 1955 年由上海出版公司出版，1957 年由上海古典文学出版社再次出版，对莫高窟 309 窟、3 塔的洞窟形制、塑像、壁画、供养人题记等做了详细的记录。1982 年，由敦煌文物研究所整理的《敦煌莫高窟内容总录》由文物出版社出版。该书为研究莫高窟艺术的基本资料，凝结了敦煌艺术研究者的大量心血，共著录莫高窟现存 492 个洞窟，并对每窟的年代、窟型和内容都做了详细记录，其中索引二对壁画中的千手千眼观音变、不空羂索观音变、如意轮观音变、观音经变、观音普门品等内容所处的洞窟和年代均做了翔实说明，为我们从整体上把握唐代观音画像在莫高窟的分布提供了可信的资料。1998 年，上海辞书出版社出版了由季羡林主编的《敦煌学大辞典》。此书内容全面而广博，是敦煌学研究最全面的工具书之一。其中对观音画像的解释条目有：观世音菩萨画像、第 220 窟观音画像、第 57 窟观音菩萨画像、第 320 窟观音菩萨画像、第 66

窟观音菩萨画像、第3窟观音菩萨画像、密宗观音菩萨画像、如意轮观音画像、不空羂索观音画像、十一面观音画像、第321窟十一面观音画像、水月观音菩萨画像、马头观音画像等。

对莫高窟观音画像图片的刊布、介绍和分析以及对其所做的分类和统计，为此项研究提供了最基本的图像和文本资料。然而，敦煌的观音画像由于年代久远，多遭损毁，漫漶不清，有些细节非亲眼所见无法辨识，所以，对其进行客观真实的临摹便是继刊布、统计、描述后的另一项主要任务。

（二）对莫高窟唐代观音画像进行的研究性临摹

敦煌壁画的临摹工作一直遵循着"研究性临摹"的宗旨，所以，我们看到的观音画像临摹作品，也是敦煌观音画像的研究成果之一。

最早到敦煌进行临摹工作的是俄国的奥登堡，他本人就是佛教艺术专家，与他同行的亲密助手杜金和贝肯伯格都是出色的艺术家。所以，奥登堡考察队的独特之处就在于，编写莫高窟内容叙录、测绘立体图和平面图、抄写洞窟壁画榜题、拍摄石窟内外照片；除此而外，就是绘制了大量的影描图和临摹图。这些作品虽然是用水粉和油画的形式临摹的，但由于画家的细心研究，仍然忠实于原作，是我们进行图像分析的基础材料。如盛唐217窟南壁法华经变、初唐57窟南壁说法图中观音、元代窟中有不见于"三十三观音"的特殊图像——施钱观音等，在这次临摹中都被完整地记录了下来。奥登堡考察队的临摹品都收集在《俄藏敦煌艺术品》第五卷中，2002年由上海古籍出版社出版。1957年6月由北京文物出版社出版的《敦煌壁画集》，收入了部分敦煌观音画像临本，这为我们对照研究敦煌观音画像原作有一定的帮助。1957年，北京朝花美术出版社出版了中央美院及华东分院敦煌艺术考察队编的《敦煌壁画临本选集》。书前有叶浅予先生所作的序，《序》指出：敦煌石窟自前秦建元二年创始以来，"其后历代都有开凿，以唐代为最盛。现存者共469窟，除有年代题记可资证实者外，大都凭壁画作风以定其制作年代"。同时指出：唐代的人物和背景均是当时社会现实的反映，"即使是佛像和菩萨的造型，也都从印度的形制中渗入了自己的想象，逐渐成为自己的宗教形象，使他们更加符合于人民的想象"。其中有詹建俊临摹的初唐第57窟《观音和众菩萨》，金浪临摹的初唐第444窟《说法图》，周昌谷临摹的初唐第220窟《净土变》部分，方增先的盛唐第71窟《菩萨二身》（净土变部分），叶浅予的盛唐第45窟《观音普门品》遇盗、求女。此书的图版说明中说道："同一观音，因时代不同，表现出不同的面貌。魏人爱俊俏，菩萨的身材便显得俊俏，唐人爱丰腴，菩萨也显得丰腴。"第57窟观音腹部垂下的带子，就分明是唐代妇女饰品的模样。1985年，四川美术出版社出版了《张大千临摹敦煌壁画》，共收摹本98幅，是张大千临摹敦煌壁画、绢画的力作。此外，《敦煌菩萨》的编绘者均为敦煌研究院从事敦煌壁画临摹工作多年的老专家和中青年美术工作者，其内所收作品最大的特点就是忠实原作，每幅白描图都注明了时代和窟号，是较好的研究资料。书中所集唐代观音白描作品有：初唐第57窟观音3幅、盛唐第320窟观音3幅、第217窟观音2幅、第39窟观音1幅、第328窟观音1幅、中唐榆林窟第25窟观音4幅、第14窟如意轮观音1幅。这些都对我们的研究提供了便于参考的明细材料。

（三）对莫高窟观音画像的理论研究

对敦煌莫高窟观音画像的理论研究主要体现在以下几个方面。

1. 对敦煌观音的佛教渊源、信仰及相关经典的研究

主要成果有：日本久野美树的《试论初唐莫高窟的信仰内容》[①]；印度洛克什·钱德拉、苏达尔沙娜·戴维·星哈尔著，杨富学译的《敦煌壁画中的观音》[②]；张鸿勋的《敦煌本〈观音证验赋〉与敦煌观音信仰》[③]；张元林、张志海的《敦煌北朝时期法华信仰中

---

① 敦煌研究院编：《2004年石窟研究国际学术会议论文集》上，上海古籍出版社2006年版。

② ［印度］洛克什·钱德拉、苏达尔沙娜·戴维·星哈尔：《敦煌壁画中的观音》，杨富学译，《敦煌研究》1995年第2期。

③ 郝春文主编：《敦煌文献论集》，辽宁人民出版社2001年版。

的无量寿佛信仰——以莫高窟第 285 窟无量寿佛说法图为例》①；党燕妮的《晚唐五代宋初敦煌民间佛教信仰研究》②；濮仲远的《唐宋时期敦煌民间信仰研究》③；张清涛的《试论早期吐蕃的观音信仰及与周边地区的关系》④；刘真的《吐蕃占领时期敦煌观音信仰研究》⑤；李小荣的《〈高王观世音经〉考析》⑥；刘玉权的《本所藏图解本西夏文〈观音经〉版画初探》⑦ 等。

2. 对敦煌观音的介绍、分类和历史描述

即对公私收藏及壁画中的观音像进行介绍，或从宏观上对敦煌历代观音画像的发展演变，以及不同名称的观音进行总体描述，其中兼论其艺术特色及相关教义与信仰。主要成果有：魏迎春著的《敦煌菩萨漫谈》⑧；罗华庆主编的《敦煌石窟全集 2·尊像画卷》⑨；谢生保、马玉华的《敦煌菩萨概述》⑩；苏进德的《敦煌莫高窟唐观音绢画问世经历》⑪；王克孝的《俄罗斯国立埃尔米塔什博物馆敦煌文物收藏品概况》⑫；马德的《散藏美国的五件敦煌绢画》⑬；台湾潘亮文的《试论敦煌观音像之形成与发展》⑭；法国劳

① 张元林、张志海：《敦煌北朝时期法华信仰中的无量寿佛信仰——以莫高窟第 285 窟无量寿佛说法图为例》，《敦煌研究》2007 年第 1 期。

② 党燕妮：《晚唐五代宋初敦煌民间佛教信仰研究》，博士学位论文，兰州大学，2009 年。

③ 濮仲远：《唐宋时期敦煌民间信仰研究》，硕士学位论文，西北师范大学，2005 年。

④ 张清涛：《试论早期吐蕃的观音信仰及与周边地区的关系》，《敦煌研究》2005 年第 6 期。

⑤ 刘真：《吐蕃占领时期敦煌观音信仰研究》，硕士学位论文，兰州大学，2009 年。

⑥ 李小荣：《〈高王观世音经〉考析》，《敦煌研究》2003 年第 1 期。

⑦ 刘玉权：《本所藏图解本西夏文〈观音经〉版画初探》，《敦煌研究》1985 年第 3 期。

⑧ 魏迎春：《敦煌菩萨漫谈》，民族出版社 2004 年版。

⑨ 罗华庆主编：《敦煌石窟全集 2·尊像画卷》，商务印书馆 2002 年版。

⑩ 谢生保、马玉华：《敦煌菩萨概述》，载谢生保主编，马玉华绘《敦煌菩萨》，甘肃人民美术出版社 1996 年版。

⑪ 苏进德：《敦煌莫高窟唐观音绢画问世经历》，《敦煌研究》2007 年第 6 期。

⑫ 王克孝：《俄罗斯国立埃尔米塔什博物馆敦煌文物收藏品概况》，《敦煌研究》1996 年第 4 期。

⑬ 马德：《散藏美国的五件敦煌绢画》，《敦煌研究》1999 年第 2 期。

⑭ 潘亮文：《试论敦煌观音像之形成与发展》，载敦煌研究院编《1994 年敦煌学国际研讨会文集·石窟艺术卷》，甘肃民族出版社 2000 年版。

合·福奇兀著，杨汉璋译，杨爱程译审的《伯希和在敦煌收集的文物》①；俄罗斯鲁多娃·M. A. 著，张惠明译的《观音菩萨在敦煌》② 等。

3. 对密教观音的研究

主要涉及敦煌密教观音的信仰、分布、统计，及其艺术特点等。此项研究贡献较大者首推彭金章先生，其成果主要有：《敦煌石窟全集10·密教画卷》③、《莫高窟第14窟十一面观音经变》④、《莫高窟第76窟十一面八臂观音考》⑤、《千眼照见、千手护持——敦煌密教经变研究之三》⑥、《敦煌石窟不空羂索观音经变研究——敦煌密教经变研究之五》⑦、《敦煌石窟十一面观音经变研究》⑧、《敦煌石窟如意轮观音经变研究》（樊锦诗、彭金章）⑨ 等。此外，还有王惠民的《敦煌千手千眼观音像》⑩，谢生保、谢静的《敦煌艺术中的千手观音》⑪，胡文和的《四川与敦煌石窟中的"千手千眼大悲变相"的比较研究》⑫，彭建兵的《敦煌石窟早期密教状况研究》⑬，刘颖的《敦煌莫高窟吐蕃后期经变画研究》⑭，台湾金荣

① ［法］劳合·福奇兀：《伯希和在敦煌收集的文物》，杨汉章、杨爱程译审，《敦煌研究》1990 年第 4 期。

② ［俄］鲁多娃·M. A.：《观音菩萨在敦煌》，张惠明译，《敦煌研究》1993 年第 1 期。

③ 彭金章主编：《敦煌石窟全集 10·密教画卷》，商务印书馆 2003 年版。

④ 彭金章：《莫高窟第 14 窟十一面观音经变》，《敦煌研究》1994 年第 2 期。

⑤ 彭金章：《莫高窟第 76 窟十一面八臂观音考》，《敦煌研究》1994 年第 3 期。

⑥ 彭金章：《千眼照见、千手护持——敦煌密教经变研究之三》，《敦煌研究》1996 年第 1 期。

⑦ 彭金章：《敦煌石窟不空羂索观音经变研究——敦煌密教经变研究之五》，《敦煌研究》1999 年第 1 期。

⑧ 彭金章：《敦煌石窟十一面观音经变研究》，载敦煌研究院编《段文杰敦煌研究五十年纪念文集》，世界图书出版公司 1996 年版。

⑨ 樊锦诗、彭金章：《敦煌石窟如意轮观音经变研究》，载［新加坡］古正美主编《唐代佛教与佛教艺术》，觉风佛教艺术文化基金会 2006 年版。

⑩ 王惠民：《敦煌千手千眼观音像》，《敦煌学辑刊》1994 年第 1 期（总第 25 期）。

⑪ 谢生保、谢静：《敦煌艺术中的千手观音》，《寻根》2005 年第 4 期。

⑫ 胡文和：《四川与敦煌石窟中的"千手千眼大悲变相"的比较研究》，《佛学研究中心学报》1998 年总第 3 期。

⑬ 彭建兵：《敦煌石窟早期密教状况研究》，硕士学位论文，兰州大学，2006 年。

⑭ 刘颖：《敦煌莫高窟吐蕃后期经变画研究》，博士学位论文，中央美术学院，2010 年。

华的《敦煌多臂观世音菩萨画像所持日月宝珠之考察》① 等。

4. 对观音相关的经变画的研究

主要涉及阿弥陀经变、观无量寿经变、观音经变等方面。此类研究将观音置于整个经变画中加以考察，对我们认识作为主尊的观音与作为胁侍的观音在佛典中的地位及其在绘画中的位置等提供了资料。主要成果有：罗华庆的《敦煌艺术中的〈观音普门品变〉和〈观音经变〉》②、施萍婷的《敦煌经变画略论》③、贺世哲的《敦煌壁画中的法华经变》④、孙修身的《敦煌石窟中的观无量寿经变相》⑤、王惠民的《敦煌隋至唐前期西方净土图像考察——以观无量寿经变为中心》⑥、于向东著的《敦煌变相与变文研究》⑦ 等。

5. 从佛教、哲学、社会文化、审美等对观音造型的影响角度进行研究

包括对观音艺术风格和组合样式发展演变的探讨，对观音世俗化、女性化的讨论，以及从哲学、美学层面对其所做的阐释。主要成果有：张亚莎的《印度·卫藏·敦煌的波罗——中亚艺术风格论》⑧，张元林、夏生平的《"观音救难"的形象图示——莫高窟第359窟西壁龛内屏风画内容释读》⑨，李翎的《十一面观音像式研

———————————

①　金荣华：《敦煌多臂观世音菩萨画像所持日月宝珠之考察》，《大陆杂志》1982年第6期。

②　罗华庆：《敦煌艺术中的〈观音普门品变〉和〈观音经变〉》，《敦煌研究》1987年第3期。

③　施萍婷：《敦煌经变画略论》，载敦煌研究院编《敦煌研究文集·敦煌石窟经变篇》，甘肃民族出版社2000年版。

④　贺世哲：《敦煌壁画中的法华经变》，载敦煌研究院编《敦煌研究文集·敦煌石窟经变篇》，甘肃民族出版社2000年版。

⑤　孙修身：《敦煌石窟中的观无量寿经变相》，载敦煌研究院编《敦煌研究文集·敦煌石窟经变篇》，甘肃民族出版社2000年版。

⑥　王惠民：《敦煌隋至唐前期西方净土图像考察——以观无量寿经变为中心》，载［新加坡］古正美主编《唐代佛教与佛教艺术》，觉风佛教艺术文化基金会2006年版。

⑦　于向东：《敦煌变相与变文研究》，甘肃教育出版社2009年版。

⑧　张亚莎：《印度·卫藏·敦煌的波罗—中亚艺术风格论》，《敦煌研究》2002年第3期。

⑨　张元林、夏生平：《"观音救难"的形象图示——莫高窟第359窟西壁龛内屏风画内容释读》，《敦煌研究》2010年第5期。

究——以汉藏造像对比为核心》①、《佛画与功德——以集美博物馆
藏 17775 号绢画为中心》②、《"引路菩萨"与"莲花手"——汉藏
持莲华观音像比较》③，李淞的《论中国菩萨图像》④，孙修身、孙
晓岗的《从观音造型谈佛教中国化》⑤，王惠民的《莫高窟第 205
窟施宝观音与施甘露观音图像考释》⑥，殷光明的《初说法图与法身
信仰——初说法从释迦到卢舍那的转变》⑦、《从释迦三尊到华严三
圣的图像转变看大乘菩萨思想的发展》⑧，穆纪光的《敦煌艺术哲
学》⑨，易存国的《敦煌艺术美学》⑩，日本宫治昭的《斯瓦特的八
臂观音救难坐像浮雕——敦煌与印度的关系》⑪ 等。

6. 对水月观音的研究

主要成果有：日本松本荣一的《水月观音图考》⑫，美国哥伦比
亚大学哲学院博士研究生 Chang、Cornelius Patrick 的博士论文《水
月观音画像研究》⑬，台湾潘亮文的《试论水月观音图》⑭，王惠民

① 李翎:《十一面观音像式研究——以汉藏造像对比研究为中心》,《敦煌学辑刊》
2004 年第 2 期。
② 李翎:《佛画与功德——以集美博物馆藏 17775 号绢画为中心》,《故宫博物院
院刊》2008 年第 5 期。
③ 李翎:《"引路菩萨"与"莲花手"——汉藏持莲华观音像比较》,《西藏研究》
2006 年第 3 期。
④ 李淞:《论中国菩萨图像》,载《长安艺术与宗教文明》,中华书局 2002 年版。
⑤ 孙修身、孙晓岗:《从观音造型谈佛教中国化》,《敦煌研究》1995 年第 1 期。
⑥ 王惠民:《莫高窟第 205 窟施宝观音与施甘露观音图像考释》,《敦煌学辑刊》
2010 年第 1 期。
⑦ 殷光明:《初说法图与法身信仰——初说法从释迦到卢舍那的转变》,《敦煌研
究》2009 年第 1 期。
⑧ 殷光明:《从释迦三尊到华严三圣的图像转变看大乘菩萨思想的发展》,《敦煌
研究》2010 年第 3 期。
⑨ 穆纪光:《敦煌艺术哲学》,商务印书馆 2007 年版。
⑩ 易存国:《敦煌艺术美学》,上海人民出版社 2005 年版。
⑪ [日]宫治昭:《斯瓦特的八臂观音救难坐像浮雕——敦煌与印度的关系》,《敦
煌研究》2000 年第 3 期。
⑫ [日]松本荣一:《水月观音图考》,《国华》1926 年第 429 期。
⑬ Chang, Cornelius Patrick, *A Study of the Paintings of the Water-moon Kuan Yin*, Prin-
ted by microfilm/serography on acid-free paper in 1986 by University Microfilms International,
Ann Arbor, Michigan, USA.
⑭ 潘亮文:《试论水月观音图》,《艺术学》1997 年总第 17 期。

的《敦煌水月观音像》①，李翎的《藏密救六道观音像的辨识——兼
谈水月观音像的产生》②、《水月观音与藏传佛教观音像之关系》③ 等。

7. 对观音粉本的研究

主要成果有：姜伯勤的《论敦煌的士人画家作品及画体与画
样》④，沙武田的《敦煌画稿研究》⑤，台湾饶宗颐的《敦煌白
画》⑥，美国胡素馨的《模式的形成——粉本在寺院壁画构图中的应
用》⑦、《敦煌的粉本和壁画之间的关系》⑧ 等。

8. 对观音服饰的研究

主要成果有：段文杰的《莫高窟唐代艺术中的服饰》⑨、常莎娜
编著的《中国敦煌历代服饰图案》⑩、赵敏的《敦煌莫高窟菩萨披
帛及隋唐五代世俗女性披帛研究》⑪ 等。

除专门以敦煌观音为研究对象的成果外，其他从不同学科与角
度对敦煌以外的观音画像、造像的研究成果也为本书的探讨提供了
可资比较与借鉴的材料。主要著作有：孙昌武的《中国文学中的维
摩与观音》⑫，李利安的《观音信仰的渊源与传播》⑬，李翎的《观

①　王惠民：《敦煌水月观音像》，《敦煌研究》1987 年第 1 期。

②　李翎：《藏密救六道观音像的辨识——兼谈水月观音像的产生》，《佛学研究》
2004 年刊。

③　李翎：《水月观音与藏传佛教观音像之关系》，《美术》2002 年第 11 期。

④　姜伯勤：《论敦煌的士人画家作品及画体与画样》，《学术研究》1996 年第 5 期。

⑤　沙武田：《敦煌画稿研究》，民族出版社 2006 年版。

⑥　饶宗颐：《敦煌白画》，见《饶宗颐二十世纪学术文集》卷八，新文丰出版股份
有限公司 2003 年版。

⑦　[美] 胡素馨：《模式的形成——粉本在寺院壁画构图中的应用》，《敦煌研究》
2001 年第 4 期。

⑧　[美] 胡素馨：《敦煌的粉本和壁画之间的关系》，载荣新江主编《唐研究》第
三卷，北京大学出版社 1997 年版。

⑨　段文杰：《莫高窟唐代艺术中的服饰》，载雒青之《百年敦煌——段文杰与莫高
窟》，敦煌文艺出版社 1997 年版。

⑩　常莎娜编著：《中国敦煌历代服饰图案》，中国轻工业出版社 2001 年版。

⑪　赵敏：《敦煌莫高窟菩萨披帛及隋唐五代世俗女性披帛研究》，硕士学位论文，
东华大学，2006 年。

⑫　孙昌武：《中国文学中的维摩与观音》，高等教育出版社 1996 年版。

⑬　李利安：《观音信仰的渊源与传播》，宗教文化出版社 2008 年版。

音造像仪轨》①，洪立耀的《观音画法鉴赏》②，刘秋霖的《观音菩萨图像与传说》③，郑军、苏晓编的《中国历代观音造型艺术》④，于培杰的《观音菩萨》⑤，徐华铛的《中国菩萨造像》⑥，台湾颜素慧编著的《观音小百科》⑦，Tove E. Neville 女士的《十一面观音：它的起源和造像》⑧，Giuseppe Vignato 的《佛教的中国转化：以观音为例》⑨，John Larson 和 Rose Kerr 的《观音：一部杰作的展现》⑩，日本西上青曜的《观世音菩萨图像宝典》⑪ 等。

　　主要论文有：郑秉谦的《东方维纳斯的诞生："观音变"初探》⑫，刘继汉的《从阎立本的"杨枝观音"谈观音画像的演变及其他》⑬，芮传明的《中原地区女相观音渊源浅探》⑭，刘彦军的《十一面观音》⑮，傅云仙的《印度的观音信仰及观音造像》⑯，郭子瑶的《观音形象中国化的审美依据》⑰，金申的《博兴出土的太和年间金铜观音立像的样式与源流》⑱，董彦文的《多姿多彩的观音菩

---

①　李翎：《观音造像仪轨》，宗教文化出版社 2007 年版。

②　洪立耀：《观音画法鉴赏》，世界佛教出版社 1994 年版。

③　刘秋霖：《观音菩萨图像与传说》，中国文联出版社 2005 年版。

④　郑军、苏晓编：《中国历代观音造型艺术》，人民美术出版社 2008 年版。

⑤　于培杰：《观音菩萨》，黑龙江美术出版社 2006 年版。

⑥　徐华铛编：《中国菩萨造像》，中国林业出版社 2008 年版。

⑦　颜素慧编著：《观音小百科》，岳麓书社 2003 年版。

⑧　Tove E. Neville, *Eleven-headed Avalokitesvara*: *Its Origin and Iconography*, Munshiram Manoharlal Publishers Pvt. Ltd., New Delhi, 1999.

⑨　Vignato, Giuseppe, *Chinese Transformation of Buddhism*: *The Case of Kuanyin*, Micro-pubilished by Theological Research Exchange Network, Portland, Oregon, 1994.

⑩　John Larson & Rose Kerr, *Guanyin*: *A Masterpiece Revealed*, Victoria and Albert Museum 1985.

⑪　[日] 西上青曜：《观世音菩萨图像宝典》，唵阿哞出版社 1988 年版。

⑫　郑秉谦：《东方维纳斯的诞生："观音变"初探》，《东方丛刊》1998 年第 1 期。

⑬　刘继汉：《从阎立本的"杨枝观音"谈观音画像的演变及其他》，《正法研究》1999 年 12 月创刊号。

⑭　芮传明：《中原地区女相观音渊源浅探》，《史林》1993 年第 1 期。

⑮　刘彦军：《十一面观音》，《文物春秋》2005 年第 3 期。

⑯　傅云仙：《印度的观音信仰及观音造像》，《艺术百家》2006 年第 3 期。

⑰　郭子瑶：《观音形象中国化的审美依据》，《设计艺术》（山东工艺美术学院学报）2004 年第 2 期。

⑱　金申：《博兴出土的太和年间金铜观音立像的样式与源流》，《中原文物》2005 年第 2 期。

萨》①，王丹的《从观音形态之流变看中国佛教美术世俗化、本土化过程》②，阚延龙的《千手千眼观音的艺术特色》③，杨庭慧的《画圣吴道子与观音像石刻》④，冯汉镛的《千手千眼观音圣像源流考》⑤，龚钢的《观音造像由男变女的文化阐释》⑥；台湾陈清香的《观世音菩萨的形象研究》⑦、《观音造像系统述源》⑧、《千手观音像造型之研究》⑨，陈祚龙的《关于造作观世音菩萨形象之流变的参考资料》（上、下）⑩，林富春的《论观音形象之变迁》⑪，赵超的《妙善传说与观世音造像的演化》⑫，广元的《释迦与观音像之考究》⑬，沈以正的《谈绘画史上的观音像》⑭，林子忻的《观世音造像之流变》⑮，侑莲的《慈性之美——观音菩萨像》（1—4）⑯，马玉红的《艺术小百科——中国千手观音造像图考》⑰，葛婉章的《无缘大悲观自在——院藏〈普门品〉观音画探究》⑱，潘亮文的《有关观音像流传的研究成果和课题》⑲；新加坡古正美的《从佛教思想史上转身论的发

① 董彦文：《多姿多彩的观音菩萨》，《丝绸之路》2003 年第 1 期。
② 王丹：《从观音形态之流变看中国佛教美术世俗化、本土化过程》，《河北师范大学学报》2003 年第 3 期。
③ 阚延龙：《千手千眼观音的艺术特色》，《艺术百家》2003 年第 2 期。
④ 杨庭慧：《画圣吴道子与观音像石刻》，《中州古今》2000 年第 2 期。
⑤ 冯汉镛：《千手千眼观音圣像源流考》，《文史杂志》1996 年第 2 期。
⑥ 龚钢：《观音造像由男变女的文化阐释》，《兰州学刊》2007 年第 12 期。
⑦ 陈清香：《观世音菩萨的形象研究》，《华岗佛学学报》1973 年第 3 期。
⑧ 陈清香：《观音造像系统述源》，《佛教艺术》1986 年第 2 期。
⑨ 陈清香：《千手观音像造型之研究》，《空大人文学报》1993 年第 2 期。
⑩ 陈祚龙：《关于造作观世音菩萨形象之流变的参考资料》（上、下），《美术学报》1989 年第 21 期。
⑪ 林富春：《论观音形象之变迁》，《宜兰农工学报》1994 年总第 8 期。
⑫ 赵超：《妙善传说与观世音造像的演化》，《中国佛学》1998 年第 1 卷第 1 期。
⑬ 广元：《释迦与观音像之考究》，《海潮音》1980 年第 3 期。
⑭ 沈以正：《谈绘画史上的观音像》，《佛教艺术》1986 年总第 2 期。
⑮ 林子忻：《观世音造像之流变》，《万能商学学报》1998 年第 3 期。
⑯ 侑莲：《慈性之美——观音菩萨像》（1—4），《文物杂志》1990 年 6—11 月。
⑰ 马玉红：《艺术小百科——中国千手观音造像图考》，《历史博物馆馆刊》1999 年总第 73 期。
⑱ 葛婉章：《无缘大悲观自在——院藏〈普门品〉观音画探究》，《故宫文物月刊》1992 年总第 112 期。
⑲ 潘亮文：《有关观音像流传的研究成果和课题》，《艺术学》1997 年总第 18 期。

展看观世音菩萨——中国造像史上转男成女像的由来》① 等。

梳理国内外学术界对观音文化及敦煌观音相关问题的研究，我们不难看出，此项研究已在诸多领域取得显著的成果。但就敦煌本身而言，观音的相关研究仍显零散，尤其是对其画像的专题研究更有可补之处。而在思考有关敦煌观音画像的专题研究时，莫高窟唐代观音画像，因处于整个敦煌艺术的高峰期，具有连续性、集中性、地域性及承前启后的性质而更具研究价值和挖掘意义。

三 研究对象、视角、目的及章节分布

敦煌莫高窟作为佛教在艺术领域绽放的花朵，有着"东方艺术博物馆"的美誉。其中 45000 平方米的壁画中，观音菩萨画像以其独特的面貌成为一道亮丽的风景。尤其是唐代，观音画像也像她所处的时代一样大放异彩。综观诸家之论，目前还没有一项有关莫高窟唐代观音画像的系统研究。诚然，任何一项大而全的命题都有走向浅薄的危险，但对莫高窟唐代观音画像的系统研究亦不失为一个较为具体而集中的问题。由此，本书拟以莫高窟唐代观音画像为研究对象，以佛教美术和美学为视角，主要采用考古类型学和美术史样式论相结合的方法、图像学方法、比较法、统计法、调查法等，结合宗教、历史、文化、信仰等学科对这一问题进行系统的研究。

带着这一思路，本书分七章对莫高窟唐代观音画像进行考察论述。其中第一章通过对印度观音信仰及造像入华史的描述，以及莫高窟唐代观音画像的分布、统计、概述等，从宏观上织起莫高窟唐代观音画像的存在背景和网络。第二章至第五章，主要是对处于说法图、经变画中的观音画像以及密教、单体观音画像进行全面分析，并将见于莫高窟的各类唐代观音造型及组合样式同印度、中原作比较，力求溯其源、述其流，进而对画像本身的美因素进行多方

---

① ［新加坡］古正美：《从佛教思想史上转身论的发展看观世音菩萨——中国造像史上转男成女像的由来》，《东吴大学中国艺术史集刊》1987 年第 15 期。

面阐述。如果说前五章在论述中重于"述"的话，第六章至第七章则重于"论"。第六章对观音手姿与持物的研究，可以说是触前人所未及，对莫高窟观音画像的研究有一定的现实意义。第七章从美术史的角度，对莫高窟唐代观音画像的风格与流派、画体与画样、粉本与圆光、女性观音的成因及其与仕女画之间的关系等进行多方位阐释，并对这一课题研究中的相关问题进行反思。全书最后附论莫高窟观音画像的美学意蕴，使之超越了一般意义上佛教神祇与道释画的范围，继而一面向更深更细的美层面渗透，一面在佛教美术史与世俗美术史中寻求其应有的位置。

第一章

莫高窟唐代观音画像概述

第一节　印度观音信仰及造像入华史描述

　　关于印度观音信仰起源的时间、地点和原因，国内外学术界说法不一，未成定论。① 然而，众家所言，为我们廓清了印度观音形象由马到人的转变轨迹②及其信仰的三种基本形态，即称名救难型

---

　　① 李利安先生在谈到这一问题时说："观音信仰何时、何地、由何而得产生，这个问题在整个国际和国内学术界还都没有解决。关于产生的时间，有人认为在公元前，有人认为在公元1—2世纪，也有人认为在公元5世纪。关于产生的地点，有的学者推测在北方，有的认为在东方或者东南方；关于信仰的来源，有的认为是从佛教自身发展而来，有的认为是来自婆罗门教，有人则认为来自古代伊朗地区的神灵信仰。这些各不相同的观点的存在正显示了观音信仰起源问题的复杂性以及这个问题本身的重要价值。"见李利安《观音信仰的渊源与传播》，宗教文化出版社2008年版，第57—69页。

　　② 根据徐静波《观世音菩萨考述》一文和其他一些学者的考证：早在佛教尚未产生的公元前7世纪时，印度婆罗门教的古经曲《梨俱吠陀》中，已经有了"观世音"。不过，那时的观音并非丈夫身，也非女儿身，而是一对可爱的孪生小马驹。它作为婆罗门教中的善神，象征着慈悲和善，神力宏大。它能使盲者双目复明，恙疾缠身者康复，肢躯残缺者健全，不育女性生子，公牛产乳，枯木开花。"观世音"在当时受到古印度臣民的普遍信仰和崇敬，在整个社会中产生过巨大而深远的影响。佛教产生之后，便把婆罗门教中的观世音带到了佛教之中，成了佛教中的一位善神。但其形象仍与马有关，如《佛说大乘宝王庄严经》中佛说："圣马王即观自在菩萨摩诃萨。"大抵是因为佛教徒不愿观音菩萨为畜，遂又给观音菩萨编造了一份令人置信的"履历"，使观音菩萨完全"佛化"。《悲华经》中说观音是阿弥陀佛的大儿子，名叫不眴，《观世音菩萨得大势至菩萨授记经》中说观音是莲花化生的童子，名叫宝上。这都说明观音在印度信仰中有一个由马到人的转变轨迹。见谢生保主编，马玉华绘《敦煌菩萨》，甘肃人民美术出版社1996年版，第2—3页。

观音信仰、净土往生型观音信仰和智慧解脱型观音信仰。① 而这三种形态的形成，正是观音信仰传遍大半个亚洲的主要原因所在。既明此理，我们对印度观音信仰入华史的描述便可顺利进行。

正因为这三种形态在不同层面上满足了不同信众的不同需求，② 观音信仰才得以在印度本土广为流传。并于汉哀帝元寿元年（公元前2年）始，③ 随着佛教一道，与"西天诸神"经历了漫长的岁月，从西域丝绸之路，从南海海路，或直接翻越喜马拉雅山山脉，陆续来到中国大地。④

有学者说："宗教的传播靠翻译，佛经中译如此，圣经英译也是如此"⑤，观音信仰的传播也不例外。据研究，在史料可证，最早来华传播佛教的安息国僧人安世高所译的佛经中，就已经出现了诸多与观音救世思想相一致的内容。其后，支娄迦谶所译的《道行经》、《首楞严三昧经》、《般舟三昧经》等，均与观音信仰直接相

---

① 李利安认为，观音信仰起源于自古相传在印度大陆南端海上解救"黑风海难"和"罗刹鬼难"的宝马信仰，而最初的观音信仰形态正是建立在这种传说基础上的现世救难信仰，由此进一步发展才出现了观音的净土接引信仰、智慧解脱信仰等不同的信仰形态。本书赞同李先生的观点。需要注明的是，印度佛教分为显教与密教，最早产生的密教观音信仰也是在继承这三种形态，并与之融合的基础上发展起来的。见李利安《印度观音信仰的最初形态》，《世界宗教研究》2006年第3期。

② 在中国的观音信仰中，普通信众多以现实救难型和净土往生型信仰为主，文人士大夫则以智慧解脱型为主。

③ 关于佛教初传中国的纪年，学界向来存在两种最有影响的论点：一为"伊存授经说"，即汉哀帝元寿元年（公元前2年），来自中亚大月氏国的使节伊存，在长安向中国的博士弟子景卢口授《浮屠经》之事；二为"永平求法说"，即汉明帝永平十年（公元67年），汉明帝感梦，永平求法之事。1998年，关于这一问题的纷争终于得以认定，"伊存授经说"被确认为佛教传入中国之始。也就是说，自汉哀帝元寿元年始，印度佛教便开始了向中国的传播过程，作为佛教的主要组成部分，观音信仰也在随后的时间里，随经典的翻译一道输入中土。见王志远《中国佛教初传史辨述评——纪念佛教传入中国2000年》，《法音》1998年第3期。

④ 温玉成先生认为：西天诸神是经历了公元2—12世纪的漫长岁月，从西域丝绸之路，南海海路，或直接翻越喜马拉雅山山脉，陆续传入中国的。印度诸神像来到中国，大致可分为四类：第一类是既有佛经的记述，又有西方的形象依据，如诸佛、诸菩萨等；第二类是由印度教诸神转化成的佛教护法神；第三类是佛经虽有记述而印度未有造像者，则由中国人大胆创作；第四类是中国人调和不同宗教的造像。详见温玉成《"西天诸神"怎样来到中国》，《中原文物》2007年第3期。

⑤ 彭树智：《文明交往论》，陕西人民出版社2002年版，第25页。

关。而后，东汉支曜所译的《成具光明定意经》中最早使用了"观音"之名称，东汉失译的《大方便佛报恩经》卷一中提到"观世音"，三国时期支谦所译的《维摩诘经》中称观音为"窥音"，三国魏康僧铠所译的《无量寿经》中也使用了"观世音"。以上经典的译出，尽管还有颇多争议，① 但却说明有关观音信仰的佛教思想及其初步形态在汉时已经传入了中国。

西晋时期，以竺法护所译《正法华经·光世音菩萨普门品》为代表的相关经典的译出，标志着占主流地位的、体系完整的观音救难信仰正式传入中国。自此以后，该经作为资料可靠、专弘观音信仰之经典，一直被流传了下来。即便是此后其他经典中有关救难说教以及后秦和隋代该经的重译，也都只是对这部经典的进一步完善。所以，《普门品》汉译本的出现在中国观音信仰传播和发展史上具有重要的意义。也正是在这一时期，体现般若智慧的观音信仰与净土往生的观音信仰也输入了中国，但在时人信仰中居于次位。

及至东晋南北朝时期，分属多个系统的观音经典均被翻译过来，② 印度观音信仰的主要成分几乎全部输入中国。

隋唐五代两宋时期，印度观音经典继续向中国输入，但从种类上来讲，大都是对前一时期同类经典的补充，只有纯密系统观音经典的输入

---

①　主要是指经中名称是否指代观音以及佛经、译者在年代、身份上的真实性等问题。至于观音名号在中国佛经翻译中的不同则主要有以下三种情况：鸠摩罗什以前的翻译为古译，主要翻译的名号有观音（后汉支曜译《成具光明定意经》）、窥音（吴支谦译《维摩诘经》）、观世音（三国魏康僧铠译《无量寿经》）、光世音（西晋竺法护译《正法华经》、《光世音大势至经受决经》）和现音声（西晋无罗叉译《放光般若经》）；鸠摩罗什相关年代至玄奘前的翻译为旧译，主要翻译的观音名号有观世音、观音（后秦鸠摩罗什译《妙法莲华经》、北凉昙无谶译《悲华经》、东晋佛陀跋陀罗译《华严经》、南朝宋畺良耶舍译《观无量寿经》、南朝宋昙无竭译《观世音菩萨授记经》），观世自在（后魏菩提流支译《法华经论》）；玄奘时的翻译为新译，主要翻译的观音名号有观自在（唐玄奘译《大般若波罗蜜多经》、唐实叉难陀译《华严经》、唐菩提流志译《大宝积经无量寿如来会》、宋法贤译《大乘无量庄严经》），观世音、观音（唐般刺密谛译《首楞严经》），观世自在（唐善无畏译《大毗卢遮那成佛神变加持经》）。

②　李利安先生将这一时期印度大乘佛教观音信仰经典的传译划分为以下几个主要系统：一是净土往生系统，二是受记系统，三是华严系统，四是般若系统，五是救难系统，六是菩萨行系统，七是杂密系统。详见李利安《观音信仰的渊源与传播》，宗教文化出版社 2008 年版，第 215—249 页。

是不同以往的新变化。至此，古代印度观音信仰向中国传播的历史走向终结，并且在之前历代信仰的基础上，观音信仰出现了前所未有的普及性、简易性、适应性、渗透性和融合性。之后，随着佛教在印度的消亡，整个佛教的输入也告结束，观音信仰的传入在宋以后也就基本消失了。

　　除经典的翻译之外，观音信仰入华的另一途径就是造像。关于观音造像在印度最早出现的时间，有外国学者认为早在公元 1—2 世纪，印度犍陀罗和秣菟罗地区就已出现了许多和后来风格不同的观音造像。① 也有台湾学者认为目前遗留下来最早的观音造像是公元 2—3 世纪的印度 "佛三尊像"。② 另外，在印度阿旃陀、伊洛拉等石窟中，至今还保留有公元 4—6 世纪的莲花手菩萨像（观音的原始形象）。公元 5 世纪初，中国僧人法显游历印度，曾目睹了秣菟罗地区供奉观世音与文殊师利的盛况。③ 这一切，都说明在公元 1—6 世纪，印度观音造像已经在这一信仰的推动下普遍流行了。

　　从遗存实物看，印度观音造像类型主要有单尊式与三尊式两类。单尊式又有显宗与密宗之别，单尊式显宗观音造像一般为一面二臂二足的常人模式，男性，王子装，持莲华，头顶有或无化佛，始于公元 2 世纪；单尊式密宗造像则为多首多面的非常人模式，始于公元 5 世纪末至 6 世纪初的笈多王朝。三尊式也分两种，一种是同释迦牟尼、弥勒菩萨组合。中又有二式，一式为释迦牟尼居中、弥勒居左、观音居右，有题记说明，这一组合样式始于公元 1 世纪左右的印度，延续至公元 3 世纪后半期；另一式为释迦牟尼居中，弥勒居左，持水瓶，观音居右，头上有化佛，这一组合样式出现于印度犍陀罗时代（公元 247 年）。④ 三尊式中的另一种是观音同释迦牟尼、多罗菩萨组合，释迦牟尼佛居中，多罗菩萨居左，观音居右。⑤

---

　　① 　Nandana Chutiwongs, "Avalokitesvara in Indian Buddhism", *The Iconography of Avalokitesvara in Mainland South Asia*, Ph. D. Dissertation, Rijksuniversiteit, Leiden, 1984, pp. 27-28.

　　② 　颜素慧编著：《观音小百科》，岳麓书社 2003 年版，第 80 页。

　　③ 　东晋·法显：《高僧法显传》，《大正藏》第 51 册，No. 2085。

　　④ 　参见颜素慧编著《观音小百科》，岳麓书社 2003 年版，第 140 页。

　　⑤ 　《大唐西域记》卷八载：在中印度摩揭陀国的一处佛寺里，有 "佛立像高三丈，左多罗菩萨像，右观自在菩萨像"。见唐·玄奘撰，周国林注译《大唐西域记》，岳麓书社 1999 年版，第 422 页。

另外，还有两种造像样式，一是以观音为主尊，周围表现观音救难内容的造像，如印度奥兰加巴德第 7 窟公元 6 世纪下半期的普门品变相图就是例证；二是在佛龛外壁两侧绘制持莲花菩萨和执金刚菩萨的独尊像，有人考证，可能与大势至和观音菩萨有关，如约制作于公元 580 年的印度阿旃陀石窟第 1 窟就是如此。① 值得一提的是，考古所发现的印度古代观音造像中，西方三圣像并不多，② 这与中国的情形大不相同。

　　言毕印度观音造像样式，再看中国观音造像情况。在此，我们拟用两则材料进行说明。其一是来自日本学者的两组统计数据。①据日本学者塚本善隆在《北朝佛教史》中的统计，北魏龙门石窟共造佛像 206 尊，其中释迦像 43 尊、弥勒像 35 尊、观音像 19 尊、阿弥陀佛像 10 尊；②日本学者佐藤智永在《北朝造像铭考》中，对云冈、龙门、巩县以及传世的金铜像做过统计，统计表明：释迦像 178 尊、弥勒像 150 尊、观音像 171 尊、阿弥陀佛像 33 尊。③ 其二是我们对包括莫高窟在内的著名石窟早期观音造像情况的考察。①从国内观音造像遗迹看，最早有纪年与明确题记的观音造像当属炳灵寺第 169 窟，该窟题记的时代为西秦建弘元年，窟内 6 号龛有一佛二菩萨造像，其中左菩萨上角题名 "观世音菩萨"，右菩萨左上角题名 "得大势菩萨"④，主尊为无量寿佛。②麦积山北魏第 110 窟前壁上方绘有一幅法华经普门品，榜题中标明主尊为无量寿佛，两侧菩萨一为观世音、一为无尽意。第 127 窟西壁北魏时期绘制的

---

　　① 　罗华庆主编：《敦煌石窟全集 2 · 尊像画卷》，商务印书馆 2002 年版，第 129 页。

　　② 　颜素慧先生认为，印度在公元 5 世纪以后出现的三尊式造像中，有以释迦牟尼或阿弥陀佛居中的，但身旁出现的二胁侍菩萨指的都是观音与弥勒，不会是别的，只不过有时无法从图像上明确辨认，必须靠题记来辨识。参见颜素慧编著《观音小百科》，岳麓书社 2003 年版，第 145 页。

　　③ 　转引自方步和等编《河西文化——"敦煌学"的摇篮》，中国文史出版社 2004 年版，第 32 页。

　　④ 　阎文儒、王万青编：《炳灵寺石窟》，甘肃人民出版社 1993 年版，第 5—6 页。至于菩萨最早传入中国的时间，温玉成先生认为是在三国时期，他所举之例是青海平安县出土的画像砖上，就有头戴宝冠、身有披帛、右手提净瓶的菩萨像，左右肩上有日、月，尚不知这是哪位菩萨。见温玉成《"西天诸神"怎样来到中国》，《中原文物》2007 年第 3 期。

壁画"西方净土变",是我国现存最早、最大,也最完备的一幅净土变。① ③在云冈最早的昙曜五窟中,第16窟内第4号天幕尖拱大龛中和第17窟东壁龛内均雕有西方三圣造像。② 在此之后的造像中,这一组合仍是普遍应用的题材。④属于龙门石窟第一期(北魏孝文帝太和十二年至孝明帝时期,公元488—528年)的普泰洞中,有题记云:"大魏普泰元年岁次辛亥八月戊戌朔十五日壬子,比丘道慧、法咸二人造观世音像一区,为亡世所生父母师僧眷属愿不坠三涂,无诸苦难。"③ ⑤莫高窟最早有题记的观音画像出现在西魏第285窟东壁门北的无量寿佛说法图中,标志明确的观音画像出现在隋代第276窟南壁说法图中。

上述第一则材料表明,在我国早期的佛教造像中,观音数量较多,其信仰的流行自不待言。第二则材料表明,从十六国起,净土信仰就已流行,以至在全国几大石窟的早期造像中,"西方三圣"的组合样式最为常见,难怪有人说,从印度传入中国的观音已经是西方教主阿弥陀佛的左胁侍。当然,除此而外,也有一些特殊的组合样式,如龙门一期魏字洞等窟龛中,观音处于佛的位置,左右有二弟子、二菩萨胁侍。第四期中还有将观音、大势至单独雕作一龛的窟龛。④

在对印度观音造像与中国观音造像样式的对比描述中,我们清晰地看到,汉地观音造像一方面继承了印度观音的组合方式与造型样式,另一方面又在内容等方面做出了诸多改变,但总体来讲,还是以印度少有的"西方三圣"为主要雕凿对象。如果说汉地早期的观音造像因处于佛教输入的初期阶段而无法全面接受印度造像样式的话,那么隋唐以来佛教的兴盛与观音造像类别的齐备,则足以与印度诸多像式相对接。而正是基于上述对印度观音信仰、造像入华史以及中国早期观音造像样式的粗线条把握,我们对莫高窟唐代观

　　① 董玉祥主编:《中国美术全集·绘画编17·麦积山等石窟壁画》,人民美术出版社1987年版,第23页。

　　② 阎文儒:《云冈石窟研究》,广西师范大学出版社2003年版,第14、18页。

　　③ 宫大中:《龙门石窟艺术》,上海人民出版社1981年版,第34—41页。

　　④ 同上书,第34、40页。

音画像的描述才有了一个可以依托的背景和前提。

第二节　莫高窟唐代观音画像概述

观音在中国早期石窟造像中的频频出现，足以说明这一来自异域的形象在中国人心目中的地位。而之所以如此，是因为这一全新的、陌生的信仰形式引起了时人的共鸣。敦煌地区作为佛教输入中国的咽喉地，完全有可能较早接触到观音信仰；其作为北方各国的纷争之地，又更需要观音信仰的心理抚慰，所以，河西、敦煌地区的观音信仰早在北魏以前就十分流行。西晋时期，号称"敦煌菩萨"的竺法护翻译了最早有关观音的经典《正法华经》。后凉时期，曾在武威住过 17 年的鸠摩罗什于长安又重译此经，名曰《妙法莲华经》。北凉时期，昙无谶又在凉州译出了有关观音为阿弥陀太子的《悲华经》。总之，若把河西观音的诞生追溯到竺法护身上，则已有 1700 多年的历史了。信仰至此，窟庙随之。据河西各地方志记载，张掖有观音山，马蹄寺有上、中、下观音洞；武威、永昌各有观音寺，山丹有观音堂，酒泉有观音寺、观音堂、观音殿，敦煌有观音井、观音会；莫高窟三界寺有观音院。《甘州府志》中还记载有"观音菩萨斩孽龙"的故事；[①] S. 5448 号《敦煌录》中还记"南山有观音菩萨曾现之处，郡人每诣彼，必徒行来往，其敬慕如是"[②]，如此等等，都是观音信仰在河西一带盛行的主要例证。

整个汉地早期观音信仰与河西地区观音文化的合流，为敦煌观音文化的繁荣做了必要的铺垫。及至唐代，佛教中国化的进程已经完成，印度观音信仰的输入接近尾声，观音画像的艺术水准步入辉煌，观音形象的性别特征正在转变。这一切都为敦煌观音文化的发展带来了生机，而就在此时，莫高窟的观音信仰与画像也迎来了又一个高峰。就经典而言，仅藏经洞所出观音经典写卷就数量颇丰，

---

① 　《甘州府志》，甘肃文化出版社 1995 年版，第 638 页。
② 　张鸿勋：《敦煌本〈观音证验赋〉与敦煌观音信仰》，见郝春文主编《敦煌文献论集》，辽宁人民出版社 2001 年版，第 297 页。

如《妙法莲华经》写卷就有北菜①17、北新②16等约2000号，包括英、法、俄、日等国所藏，总数在5000号以上；③《观世音经》有重58等80号左右，英、法也有收藏；④《阿弥陀经》有暑75等近100号，包括英、法、俄、日等国所藏，总数约180号；⑤《佛说无量寿经》有霜28等近10号，英、法、俄、日等国所藏亦有近10号；⑥《观无量寿佛经》有重37等18号，英国有S. 4193等9号，俄罗斯有дх. 2576等2号，法国有P. 3014号，总计约30号。⑦除此而外，还有《法华经玄赞》、《法华经疏》、《观无量寿经义疏》等。这些写卷尽管上自东晋，下迄北宋初，长达6个世纪，但仍以唐及之前写卷为主，故可一窥莫高窟唐代观音信仰之厚度。而与此同时，绘制于莫高窟唐窟中的各类观音画像⑧则从另一方面表征着此时此地观音信仰之广度。据《敦煌莫高窟内容总录》统计，在历代观音画像及与观音相关的经变画中，唐代所绘者，均占较大比例。如莫高窟历代所绘千手观音变共40铺，唐代就有19铺；不空羂索观音经变共57铺，唐有23铺；如意轮观音经变共65铺，唐有24铺；观无量寿经变共84铺，唐有74铺；观音经变共13铺，唐有8铺；阿弥陀经变共63铺，唐有39铺；法华经变共36铺，唐有

---

① 北京图书馆所藏敦煌文献之编号，是采用我国传统的千字文分类法，从"地"字开始至"位"字结束，缺"天"、"玄"、"火"，共八十七字，每字编一百号，但"位"字只排到第79号，故共编8679号。常见之称有如"北秋字98号"、"北图秋字98号"、"北秋98号"、"北秋98"等。见季羡林主编《敦煌学大辞典》，上海辞书出版社1998年版，第797页，方广錩撰"千字文编号"条。

② 北京图书馆后续入藏敦煌遗书之编号。清宣统二年（1910）后的80余年间，北图后续入藏敦煌遗书1800多件，包括捐赠、购进等。这一编号常见之称有如"北新某号"、"北某号"等。见季羡林主编《敦煌学大辞典》，上海辞书出版社1998年版，第797页，方广錩撰"'新'字号"条。

③ 季羡林主编：《敦煌学大辞典》，上海辞书出版社1998年版，第688页，方广錩撰"妙法莲华经"条。

④ 同上书，第691页，方广錩撰"观世音经"条。

⑤ 同上书，第659页，方广錩撰"阿弥陀经"条。

⑥ 同上书，第658页，方广錩撰"佛说无量寿经"条。

⑦ 同上书，第660页，方广錩撰"观无量寿佛经"条。

⑧ 由于莫高窟特殊的石质结构，故以壁画为主，所以主要以画像为主。

21 铺；观音普门品共 7 铺，唐有 4 铺。① 这些都说明莫高窟此期观音画像内容的丰富性。

上述内容旨在说明莫高窟唐代译、写经典和画像在数量上对观音信仰盛行的支持与佐证。那么，单从观音画像来讲，其总体特点、类型划分、所处环境、洞窟分布及各国收藏等情况又当如何呢？

提及莫高窟唐代观音画像总体之特点，无非内容的丰富性、题材的多样性、样式的多变性和技法的纯熟性。而要说类型划分，则是一个相对复杂的问题，因为，从不同角度出发，就有不同的划分类别。笔者认为，对莫高窟唐代观音画像的类型划分，还应从信仰与绘画两方面入手。若从信仰方面来分，则有净土系统的观音画像、华严系统的观音画像、法华系统的观音画像和密教系统的观音画像。若从绘画本身来分，则又有五种分法：①从形象与名称来分，则有显宗观音、密教观音和自由创造的观音；②从身份标识来分，则有榜题明示的观音、标志明显之观音和无榜题且标识模糊之观音；③从画像组合样式来分，有单尊式、二尊式、三尊式和多尊式；④从画像所属的绘画来分，有单身观音、说法图中的观音和经变画中的观音；⑤从画像的材质分，又有壁画、纸画、绢画、幡画、版画等中的观音。

上述分类固然详细，但只是就信仰与绘画而言。若从所处的环境去考察，莫高窟唐代观音画像总体可分两大类，一类为固定的观音画像，指存在于莫高窟唐代诸窟中，并未改变其原始生存环境的观音画像（相对而言）。另一类为可移动的观音画像，主要指藏经洞所出的、画于纸、绢、幡、麻布等上的观音形象。此类作品已在西方探险家的多次"考察"中流散世界多地（国内也有，但不多），从地理上讲，已经远离了原有的存放环境。这两类观音画像作品虽然所处环境不同，但价值之珍贵、保存之艰辛是相同的。因为，二者都在保护、传承与开放、研究的矛盾空间中生存。正因如

---

① 此数据完全按照《敦煌莫高窟内容总录》"索引二：部分壁画"中所列内容计出。见敦煌文物研究所整理《敦煌莫高窟内容总录》，文物出版社 1982 年版，第 221—231 页。事实上，该索引与《总录》中所述也有不合之处，特此说明。至于各类观音画像的详细数据，本书根据需要会在各章节中另有说明。

此，尽管前辈学者就部分观音画像尤其是流失海外的观音画像有些介绍，① 但毕竟局部、零散，故此，我们对莫高窟全盛时期观音画像的总体把握仍然比较困难。所幸有《敦煌莫高窟内容总录》、《西域美术》② 及《俄藏敦煌艺术品》等书相助，才使我们得以获取莫高窟唐代观音画像之全貌。《敦煌莫高窟内容总录》对固定的观音画像做了翔实记录，《西域美术》及《俄藏敦煌艺术品》则对英、法、俄等国所藏的敦煌可移动观音画像逐一刊布。鉴于此，笔者依此三书，将其中所述、刊之观音及相关说法图、经变画等一一摘出，制成数表（见表 1—1、表 1—2、表 1—3、表 1—4、表 1—5、表 1—6、表 1—7、表 1—8、表 1—9），列之于后，以观其详。

表 1—1　　　　　　　　　　**初唐莫高窟观音画像分布**

修建时代	窟号	位置及内容
初唐	第 71 窟	北壁画阿弥陀经变一铺
初唐（西夏、清重修）	第 78 窟	主室南壁残存初唐画阿弥陀经变一角；东壁门南北初唐画观音各一身
初唐（宋重修）	第 203 窟	主室西壁有圆券龛，龛外南侧中初唐画观世音一身、龛外北侧中初唐画观世音一身
初唐、盛唐（中唐、五代重修）	第 205 窟	主室北壁西起初唐画阿弥陀经变一铺
初唐（西夏重修）	第 207 窟	西壁有斜顶敞口龛，龛外北侧上画网幔，下观世音菩萨一身

---

① 如王克孝《俄罗斯国立埃尔米塔什博物馆敦煌文物收藏品概况》一文就对俄藏的敦煌观音绢画、麻布画等做了统计与介绍，《敦煌研究》1996 年第 4 期；［俄］鲁多娃·М. А. 著，张惠明译《观音菩萨在敦煌》对俄藏的敦煌观音绢画及组合等做了介绍，《敦煌研究》1993 年第 1 期；［法］劳合·福奇兀著，杨汉璋、杨爱程译审的《伯希和在敦煌收集的文物》一文对法藏的个别敦煌观音画像有过介绍，《敦煌研究》1990 年第 4 期；［印度］洛克什·钱德拉、苏达尔沙娜·戴维·星哈尔著，杨富学译《敦煌壁画中的观音》中主要对斯坦因所藏敦煌观音做了介绍，《敦煌研究》1995 年第 2 期；马德的《散藏美国的五件敦煌绢画》中所列的五件作品，有三件虽然都是唐以后的作品，但都是观音画像，《敦煌研究》1999 年第 2 期。苏进德的《敦煌莫高窟唐观音绢画问世经历》对国内私人收藏的唐代敦煌观音绢画做了介绍，《敦煌研究》2007 年第 6 期。
② 以《西域美术》为名的书籍共有两种，一种副题为"英国博物馆所藏斯坦因收集品"，共三卷，于 1982—1984 年出版；另一种副题为"集美博物馆所藏伯希和收集品"，共两卷，于 1994 年 6 月及 1995 年出版。

修建时代	窟号	位置及内容
初唐（清重修塑像）	第211窟	西壁有斜顶敞口龛，龛外北侧画观世音菩萨一身；南北壁各画阿弥陀经变一铺
初唐（中唐、晚唐、五代、宋、清重修）	第220窟	主室南壁初唐阿弥陀经变一铺
初唐（五代、清重修）	第321窟	主室北壁画阿弥陀经变一铺；东壁门北中画十一面观音一铺
初唐（五代重修）	第322窟	主室北壁画千佛，中央阿弥陀经变一铺
初唐（五代、清重修）	第329窟	主室南壁画阿弥陀经变一铺
初唐（五代、清重修）	第331窟	主室北壁画阿弥陀经变一铺，东壁门上画法华经变一铺；东壁门北说法图中二胁侍为十一面观音
初唐（五代、元、清重修）	第332窟	东壁门上画珞珈山观音一铺
初唐（五代、清重修）	第334窟	主室北壁中画阿弥陀经变一铺，南壁中画净土变一铺，东壁门上画十一面观音一铺
初唐（中唐、宋、元、清重修）	第335窟	主室西壁有平顶敞口龛，龛外北侧画观世音菩萨一身；主室南壁画阿弥陀经变一铺（面部后修）
初唐（中、晚唐、元、清重修）	第340窟	主室南、北壁中央画净土变各一铺；主室东壁门上初唐画十一面观音一身
初唐（五代、清重修）	第341窟	主室南壁画阿弥陀经变一铺；主室东壁上两侧初唐画八臂观音各一身
初唐（五代、清重修）	第342窟	主室东壁门南、北各画观音经变一铺
初唐（盛唐、清重修）	第371窟	主室南壁上画说法观音一铺
初唐（宋、清重修）	第372窟	主室南壁画阿弥陀经变一铺（东部被穿洞毁去部分）
隋（初唐、五代、清重修）	第401窟	主室南壁西侧有方口斜顶圆券龛，龛下初唐画阿弥陀佛一铺；主室东壁门北中初唐画阿弥陀佛一铺

表1—2　　　　　　　　　　　　盛唐莫高窟观音画像分布

修建时代	窟号	位置及内容
盛唐（中唐、五代重画，清重修塑像）	第23窟	主室南披画观音普门品，北披画阿弥陀经变，东披画法华经变。南壁画法华经变见宝塔品、观音普门品、化城喻品等
盛唐（中唐、五代重修）	第32窟	主室东壁门北盛唐画十一面六臂观音一身，门南观音一身
盛唐（中唐、五代、清重修）	第33窟	前室西壁门上画十一面六臂观音一铺
盛唐（中唐、五代重修）	第44窟	主室南壁二龛之间画观音一身；北壁人字披下盛唐画西方净土变一铺，观世音菩萨三身
盛唐（中唐、五代重修）	第45窟	主室南壁盛唐画观音经变一铺，下毁，北壁盛唐画观无量寿经变一铺，东侧未生怨，西侧十六观，下毁；主室东壁门南盛唐画观世音菩萨一身，下毁
盛唐（五代、宋重修）	第46窟	西壁龛外北侧画观世音菩萨，南侧画大势至菩萨
盛唐	第66窟	西壁龛外北侧绘观音；南壁画净土变一铺；北壁画观无量寿经变一铺，东侧未生怨，西侧十六观
盛唐（五代重修）	第74窟	主室东壁门北存地藏、观音各一部分
盛唐（五代重修）	第79窟	前室南壁西段盛唐画千手眼观音（残）
盛唐（西夏、清重修）	第88窟	南壁画阿弥陀经变（残）
盛唐（清重修塑像）	第103窟	南壁画法华经变一铺；北壁画观无量寿经变一铺，西侧未生怨，东侧十六观
盛唐（五代重修）	第113窟	主室南壁画观无量寿经变一铺，东侧十六观仅存六观，西侧未生怨；东壁门上画观音普门品（下残毁）、门南画千手眼观音（下残毁）、门北画观音普门品（下残毁）
盛唐、中唐（五代、清重修）①	第115窟	主室东壁门南盛唐画观音一身（残）

① 此窟从盛唐开创，仅完成窟顶与内龛，至中唐始画完南北两壁。

续表

修建时代	窟号	位置及内容
盛唐（中唐、宋、清重修）	第116窟	主室南壁盛唐画观无量寿经变、十六观、未生怨（稿），中唐完成，宋代重描；东壁门南盛唐画观音菩萨
盛唐（五代、清重修）	第120窟	主室南壁画观无量寿经变一铺，两侧十六观
盛唐（宋、清重修）	第122窟	主室西壁龛外北侧盛唐画观世音菩萨一身；北壁盛唐画观无量寿经变一铺，东侧未生怨，西侧十六观；主室东壁门南盛唐画观世音菩萨
盛唐（五代、清重修）	第123窟	主室南壁画阿弥陀经变一铺
盛唐（五代重修）	第124窟	主室北壁画阿弥陀经变一铺
盛唐（五代、清重修）	第125窟	主室西壁龛外北侧画观世音一身，南侧画大势至一身
盛唐、中唐（五代重修）①	第126窟	主室东壁门南盛唐画观音经变一铺
盛唐（晚唐、西夏、清重修）	第148窟	主室南壁有盝顶帐形龛（无北披），龛顶中央画观音变一铺（大部毁），东披四臂观音一铺，南壁八臂观音一铺，西披三头六臂观音一铺。龛内南壁背光两侧各画屏风一扇，东侧下画如意轮陀罗尼咒诸愿；东壁屏风三扇，画如意轮陀罗尼咒诸愿，西壁屏风二扇，画如意轮陀罗尼咒诸愿。主室北壁有盝顶帐形龛（无南披），龛内北壁下屏风二扇，画梵天请问不空绢索神咒；东、西壁屏风各三扇，画不空绢索神咒诸品。主室东壁门上盛唐画千手千眼观音一铺（部分经西夏涂改），门南盛唐画观无量寿经变一铺，北侧未生怨、南侧十六观
盛唐（五代、清重修）	第162窟	甬道顶中央画八臂观音一铺

① 此窟为盛唐所建，唐德宗建中二年（公元781年）以后完成，五代曹元忠时重修。

修建时代	窟号	位置及内容
盛唐（中唐、五代、宋、清重修）	第166窟	主室南壁西起画倚坐佛一身、趺坐佛七身、药师七佛立像（其一残）、观世音菩萨三身、中中唐画观世音菩萨一身；主室东壁门南画观世音菩萨一身
盛唐（宋、清重修）	第171窟	主室西壁有盝顶帐形龛，帐门北侧画观世音一身
盛唐（宋、清重修）	第172窟	主室南壁画观无量寿经变一铺，西侧未生怨，东侧十六观，西端画观世音菩萨一身；主室北壁画观无量寿经变一铺，西侧未生怨，东侧十六观，西端画观世音菩萨三身；东壁门上画净土变一铺，门南上画地藏观音等四菩萨
盛唐（中唐、宋、清重修）	第176窟	主室南壁西起画观世音菩萨一身
盛唐（中唐、西夏重修）	第199窟	主室西壁有盝顶帐形龛，帐门南侧盛唐画观世音一身
初唐、盛唐（中唐、五代重修）	第205窟	主室西壁南侧下盛唐画观世音一身、北侧下盛唐画观世音一身；主室南壁盛唐画阿弥陀经变一铺，下药师、观音、地藏一铺，盛唐画观音经变一铺
盛唐（五代重修）	第208窟	主室南壁画观无量寿经变一铺，西侧未生怨，东侧十六观
盛唐（清塑像）	第214窟	前室西壁门北剥出底层千手千眼观音
盛唐（清重修塑像）	第215窟	主室北壁画观无量寿经变一铺，东侧未生怨，西侧十六观
盛唐（中唐重修）	第216窟	西壁有平顶敞口龛，龛外北侧存观音一身
盛唐（晚唐、五代、清重修）	第217窟	主室西壁有平顶敞口龛，龛外北侧画观世音菩萨一身，南侧画大势至一身；主室东壁画法华经变观音普门品一铺

续表

修建时代	窟号	位置及内容
盛唐（中唐、五代、西夏、清重修）	第 218 窟	南壁画观无量寿经变一铺，西侧未生怨，东侧十六观
盛唐（中唐、五代、清重修）	第 225 窟	主室西壁有平顶敞口龛，龛外南、北侧画观世音各一身
盛唐（中唐、宋、元重修）	第 320 窟	主室西壁有平顶敞口龛，龛外南、北侧各画观世音菩萨；主室南壁中央阿弥陀经变一铺（1924 年被美国人华尔纳盗劫两方）；北壁画观无量寿经变一铺，东侧未生怨，西侧十六观
盛唐（五代、清重修）	第 374 窟	主室西壁有斜顶敞口龛，龛外北侧画观世音菩萨一身
盛唐（宋、清重修）	第 444 窟	主室东壁门南、北盛唐各画观音普门品
盛唐（五代、西夏重修）	第 445 窟	主室南壁画阿弥陀经变一铺（烟熏，中部被盗走一方，东角被凿穿一洞）
盛唐（五代重修）	第 446 窟	南壁画观无量寿经变一铺，西侧未生怨（东端毁去一部分）

表 1—3 　　　　　　　　　**中唐莫高窟观音画像分布**

修建时代	窟号	位置及内容
盛唐（中唐、五代、清重修）	第 26 窟	主室南壁中部中唐画地藏、观音、势至等一组；西角中唐画菩萨三身，地藏、观音阁一身（观音被五代重描）
盛唐（中唐、五代重修）	第 32 窟	主室南壁中唐画释迦说法图一铺，东侧观音一身；北壁中唐画七佛（趺坐），下说法图一铺，东侧观音一身
盛唐（中唐、五代、清重修）	第 33 窟	主室东壁门北中唐画观音一身

修建时代	窟号	位置及内容
盛唐（中唐、五代重修）	第44窟	甬道南、北壁中唐画观音菩萨各一身；主室北壁人字披中唐画观音菩萨一身；北壁二龛之间中唐画观音一身；东壁门北中唐画观无量寿经变，两侧十六观、未生怨
盛唐（中唐、五代重修）	第45窟	主室西壁龛外南侧中唐画观音一身；主室东壁门北中唐画地藏、观音各一身，下毁
盛唐（五代重修）	第47窟	主室西壁龛外南侧中唐画观音一身，北侧中唐画大势至一身
盛唐、中唐（五代重修）	第91窟	主室南壁画观无量寿经变一铺，东侧未生怨，西侧十六观（此窟南壁为陷蕃后所绘）
中唐（清重修塑像）	第92窟	南壁画观无量寿经变一铺，东侧十六观，西侧未生怨
中唐（宋、清重修）	第112窟	主室南壁画观无量寿经变一铺，东壁门北画观音经变各一铺（残）
盛唐、中唐（五代、清重修）①	第115窟	主室北壁中唐画千手千眼观音一铺
盛唐、中唐（五代、西夏、清重修）	第117窟	主室南壁画中唐观无量寿经变一铺，东侧十六观，西侧未生怨；东壁门南中唐画如意轮观音，门北中唐画不空羂索观音
盛唐、中唐（五代重修）②	第126窟	主室西壁有盝顶帐形龛，帐门南、北侧中唐画观世音菩萨各一身；主室南壁中唐画观无量寿经变一铺（五代描人物），东侧未生怨，西侧十六观；北壁中唐画观无量寿经变一铺，东侧未生怨，西侧十六观；主室东壁门北中唐画观世音、地藏各一身
盛唐、中唐（五代重修）	第129窟	主室南壁中唐画观无量寿经变一铺，西侧未生怨，东侧十六观；东壁门南中唐画不空羂索观音一铺、门北中唐画如意轮观音一铺

① 此窟从盛唐开凿，仅完成窟顶与内龛，至中唐始画完南北两壁。
② 此窟为盛唐所建，唐德宗建中二年（公元781年）以后完成，五代曹元忠时重修。

修建时代	窟号	位置及内容
中唐（晚唐、清重修）	第 134 窟	西壁画观无量寿经变一铺，南侧未生怨，北侧十六观
中唐、晚唐（五代、清重修）	第 144 窟	主室南壁西起画法华经变一铺、观无量寿经变一铺；东壁门南画千手观音一铺
中唐（西夏重修）	第 151 窟	主室南北壁各画阿弥陀经变一铺
中唐（西夏重修）	第 154 窟	南壁下画法华经变一铺，上端画观世音一身
中唐（五代重描壁画）	第 155 窟	南壁画观无量寿经变一铺，东侧未生怨，西侧十六观
中唐（西夏重修）	第 158 窟	主室窟顶多幅净土变；北壁佛光东侧画观世音菩萨一身；主室东壁门上画如意轮观音一铺
中唐	第 159 窟	主室南壁西起画法华经变一铺，下屏风三扇，分别画随喜功德品、妙庄严王本事品、普门品，观无量寿经变一铺
盛唐（中唐、宋、清重修）	第 176 窟	主室南壁西侧下中唐画千手千眼观音一铺；主室北壁画观音一铺，中唐画观世音菩萨一身；主室东壁门上中唐画如意轮观音、千手千眼观音
盛唐（中唐、五代、清重修）	第 180 窟	主室南壁西端中唐画观音菩萨一身；主室北壁中唐画观无量寿经变一铺，东侧未生怨，西侧十六观，西端中唐画观音菩萨一身；东壁门北中唐画观无量寿经变一铺，南侧未生怨，北侧十六观
盛唐（中唐、五代、西夏、清重修）	第 185 窟	主室北壁中唐画观音经变一铺，西侧三十三现身、东侧救济诸难
盛唐、中唐（五代、宋、清重修）	第 188 窟	主室南壁中唐画观无量寿经变一铺，西侧未生怨、东侧十六观；主室北壁中唐画观无量寿经变一铺，东侧未生怨、西侧十六观；东壁门南中唐画观音一身

续表

修建时代	窟号	位置及内容
中唐（五代重修）①	第 191 窟	西壁画观无量寿经变一铺，南侧未生怨，北侧十二大愿
中唐（五代、宋重修）	第 197 窟	主室北壁画观无量寿经变一铺，东侧十六观、西侧未生怨；东壁门南画观音菩萨一身（仅存部分）、门北画如意轮观音一身
盛唐（中唐、西夏重修）	第 199 窟	主室南壁中间中唐画观世音一身、西侧中唐画观世音二身；北壁中唐画观无量寿经变一铺，东侧未生怨，西侧十六观；主室东壁门南下中唐画观音一身
中唐	第 200 窟	南壁西起画观无量寿经变一铺，东西两侧十六观，下屏风四扇画未生怨；东壁门南画不空羂索观音一铺，东壁门北画如意轮观音一铺
中唐（宋重修）	第 201 窟	主室南壁中画观无量寿经变一铺，两侧十六观，东端画观世音一身；主室北壁中画观无量寿经变一铺，两侧未生怨、十六观，东端画观世音二身（一身为白描），西端画观世音一身（白描，模糊）
初唐、中唐（宋、清重修）	第 202 窟	主室东壁门上北侧中唐画阿弥陀经变一铺
盛唐（中唐、五代、清重修）	第 225 窟	主室南壁有平顶敞口龛，龛外西侧中唐画观世音一身
中唐（宋、清重修）	第 231 窟	甬道顶中唐画千手千眼观音一铺；主室南壁西起画观无量寿经变一铺，下屏风四扇，画未生怨、十六观；法华经变一铺，下屏风四扇，画观音普门品等
中唐（五代、清重修）	第 236 窟	南壁画观无量寿经变一铺，东侧未生怨，西侧十六观

---

① 此窟为盛唐所建，唐德宗建中二年（公元 781 年）以后完成，五代曹元忠时重修。

续表

修建时代	窟号	位置及内容
中唐（西夏、清重修）	第237窟	主室南壁西起画法华经变一铺，下屏风四扇，画普门品；观无量寿经变一铺，下屏风四扇，二扇未生怨、二扇十六观
中唐（西夏重修）	第238窟	甬道南壁中唐画千手千眼观音（模糊）；南壁西起画观无量寿经变一铺，下屏风三扇，画未生怨、十六观
中唐	第240窟	南壁西起画观无量寿经变一铺，下屏风三扇，画十六观
中唐（五代、清重修）	第258窟	北壁画观无量寿经变一铺，西侧十六观，东侧未生怨；东壁门南千手千眼观音一铺（下毁）
西魏（中唐、宋、西夏、元重修）	第285窟	甬道南壁中唐画不空羂索观音一铺；甬道北壁中唐画如意轮观音一铺
中唐（五代、西夏、清重修）	第358窟	主室南壁画观无量寿经变一铺，东侧十六观、西侧未生怨；东壁门南画不空羂索观音、门北画如意轮观音
中唐（五代、清重修）	第359窟	主室南壁西起画阿弥陀经变一铺
中唐（五代、清重修）	第360窟	南壁观无量寿经变一铺，下屏风三扇，二扇未生怨、一扇十六观
中唐（五代重修）	第361窟	主室南壁西起画阿弥陀经变一铺；主室东壁门南中画不空羂索观音一铺；主室东壁门北画十一面千手千眼观音一铺
中唐（西夏重修）	第363窟	主室南壁画净土变一铺；主室北壁画净土变一铺
中唐（西夏、清重修）	第365窟	主室南、北壁上画净土变各一铺；主室南、北壁中画净土变各一铺（穿洞毁去部分）；主室东壁门南、北分别画净土变一铺
中唐（宋、清重修）	第368窟	主室南、北壁中画净土变各二铺

续表

修建时代	窟号	位置及内容
中唐（五代、清重修）	第369窟	主室南壁西起画金刚经变、阿弥陀经变等三铺
中唐（宋、清重修）	第370窟	主室南壁观无量寿经变一铺，东侧未生怨、西侧十六观；东壁门南、北中唐各画十一面观音一铺
隋（盛唐、中唐、五代、清增补重修）	第379窟	主室东壁门南中唐画观世音菩萨一身
盛唐、中唐（五代、清重修）	第384窟	主室南壁有平顶敞口龛，龛外东侧中唐画六臂不空羂索观音一铺；主室北壁有平顶敞口龛，龛外东侧中唐画六臂如意轮观音一铺
初唐（中唐、五代、清重修）	第386窟	甬道南壁中唐画如意轮观音一铺；甬道北壁中唐画不空羂索观音一铺；主室南壁中西起中唐画阿弥陀经变一铺；主室东壁门上中唐画千手千眼观音一铺
中唐（宋重修）	第449窟	主室南壁西起画法华经变一铺，观无量寿经变一铺
中唐、五代	第468窟	主室窟顶东、南、西、北披中唐画法华经变
中唐（五代重修）	第469窟	甬道西壁画观世音菩萨一身（残）
中唐	第471窟	主室南壁西起画阿弥陀经变（存一角）等二铺经变；主室东壁门北画如意轮观音，残存一部
中唐	第472窟	东壁门南存观音变，门北存观音变

表1—4　　　　　　　　　**晚唐莫高窟观音画像分布**

修建时代	窟号	位置及内容
晚唐	第8窟	主室窟顶南披画观音经变救诸苦难，西壁画观无量寿经变，南侧十六观，北侧十六观、未生怨
晚唐（宋、元、清重修）	第9窟	前室人字披顶西披原画观音三铺（大部残毁），南端一铺为如意轮观音

续表

修建时代	窟号	位置及内容
晚唐（清重修塑像）	第10窟	窟顶藻井中央画十一面十二臂观音一铺
晚唐（宋、清重修）	第14窟	主室南壁西起画金刚杵观音、十一面观音、不空羂索观音、千手千眼观音各一铺；北壁西起画金刚杵观音、观音经变、如意轮观音各一铺
晚唐（宋重修）	第15窟	南壁西起画观无量寿经变（东西两侧画十六观、未生怨各一条）
晚唐（元重修塑像）	第18窟	主室西壁盝顶帐形龛内西壁下屏风四扇，画观音普门品之救诸苦难及三十三现身；南壁下屏风三扇，画观音普门品之说法、雷击、漂溺诸事；北壁下屏风三扇，画观音普门品之三十三现身；南壁西起画观无量寿经变，下屏风三扇，一扇画画十六观，二扇画未生怨
晚唐	第19窟	南壁画观无量寿经变一铺，西侧十六观（下部模糊）
晚唐（清重修塑像）	第20窟	主室南壁西起画观无量寿经变一铺；东壁门北画不空羂索观音；南门画如意轮观音
晚唐	第24窟	西壁存阿弥陀经变部分
晚唐（五代、西夏、清重修）	第30窟	主室东壁门北画千手千眼观音一铺
晚唐	第54窟	南壁画千手千眼观音一铺；北壁两侧画观音普门品救诸苦难；东壁门南画如意轮观音
晚唐	第82窟	南壁画不空羂索观音一铺（东半毁）；北壁画千手千眼观音一铺（东半毁）
晚唐（五代、元、清重修）	第85窟	主室窟顶南披画法华经变；南壁画阿弥陀经变
晚唐	第107窟	东壁门北画如意轮观音一铺；东壁门南画不空羂索观音一铺，上毁
晚唐（清重修塑像）	第111窟	南壁画观无量寿经变一铺，两侧十六观，下部模糊
晚唐（五代、清重修）	第128窟	北壁画阿弥陀经变一铺；东壁门南观音经变一铺

续表

修建时代	窟号	位置及内容
晚唐（五代、清重修）	第132窟	主室南壁画观无量寿经变一铺（存一角），东侧十六观（存一半）
晚唐（宋、西夏、清重修）	第136窟	主室南北壁各画阿弥陀经变一铺
晚唐（五代、元、清重修）	第138窟	前室顶南端画六臂观音一铺；主室南壁画阿弥陀经变一铺
晚唐	第139窟	南壁门上画不空羂索观音一身
晚唐、五代（西夏、清重修）	第140窟	南北壁各画阿弥陀经变一铺
晚唐（宋、清重修）	第141窟	主室南壁画观无量寿经变一铺；东壁门上画不空羂索观音一铺
晚唐（宋、西夏、清重修）	第142窟	南北壁各画阿弥陀经变一铺
晚唐（五代、宋重修）	第145窟	南壁画观无量寿经变一铺，下屏风三扇，画十六观、未生怨；东壁门南画不空羂索观音一铺，下屏风二扇，画普门品；门北画如意轮观音一铺，下屏风二扇，画普门品
晚唐	第147窟	主室南壁画观无量寿经变一铺，下屏风四扇，画十六观、未生怨；东壁门南画不空羂索观音一铺，下屏风三扇，画普门品；门北画如意轮观音一铺，下屏风三扇，画普门品
晚唐（清重修）	第150窟	主室东壁门南晚唐画阿弥陀经变一铺
晚唐	第156窟	主室南披画法华经变；西壁有盝顶帐形龛，龛顶中央千手千眼观音一铺，龛南披画不空羂索观音一铺、龛北披画如意轮观音一铺
晚唐	第160窟	甬道顶画如意轮观音一身；主室西壁画观无量寿经变一铺，南侧十六观、北侧未生怨

修建时代	窟号	位置及内容
晚唐（宋重修）	第 161 窟	主室窟顶藻井井心画千手千眼观音一铺，四披画听法菩萨各十组，中央观音各一铺；主室东壁门上画珞珈山观音一铺
晚唐（清重修塑像）	第 163 窟	南壁画六臂十一面观音一铺，西侧普门品一条；北壁画不空羂索观音一铺，西侧不空羂索神咒一条
晚唐（宋、清重修）	第 167 窟	南壁画阿弥陀经变一铺，西侧观佛一条（疑为观无量寿经变一铺）
晚唐（清重修塑像）	第 173 窟	西壁画阿弥陀经变一铺
晚唐（晚唐、宋重修）	第 177 窟	西壁画观无量寿经变，北侧未生怨，南侧十六观
晚唐（宋重修）	第 178 窟	主室西壁画如意轮观音一铺；主室东壁画不空羂索观音一铺
晚唐（宋、清重修）	第 192 窟	主室南壁画阿弥陀经变一铺，东壁门南画如意轮观音一铺，东壁门北画不空羂索观音一铺
盛唐（晚唐、西夏重修）	第 194 窟	甬道南壁晚唐画不空羂索观音一铺，甬道北壁晚唐画如意轮观音一铺；主室北壁画观无量寿经变一铺，东壁门南画地藏、观音各一身，门北南下画观音一身
晚唐	第 195 窟	西壁画观无量寿经变一铺，南侧十六观、北侧未生怨；南壁门西画不空羂索观音
晚唐	第 196 窟	主室背屏下北侧画十一面观音一身；主室南壁画阿弥陀经变一铺；东壁门上画地藏菩萨、观音菩萨、金刚杵菩萨共一铺
晚唐（宋重修）	第 198 窟	主室东壁门上画十一面观音一铺；主室东壁门南上画如意轮观音一铺；主室东壁门北上画不空羂索观音一铺
晚唐	第 232 窟	南壁画观无量寿经变一铺，下屏风四扇，画未生怨、十六观；东壁门上画千手千眼观音一铺；门南画如意轮观音一铺；门北画不空羂索观音一铺

续表

修建时代	窟号	位置及内容
晚唐	第 336 窟①	南壁画观音一铺；西壁画如意轮观音一铺（模糊）；东壁画不空羂索观音一铺
晚唐（五代重修）	第 337 窟	西壁画观无量寿经变一铺，南侧十六观、北侧未生怨
初唐（晚唐、清重修）	第 338 窟	主室西壁有斜顶敞口龛，龛外北侧画观世音菩萨；前室西壁门上晚唐画十一面观音一铺；前室南壁晚唐画千手千眼观音一铺
晚唐	第 343 窟	东壁画观无量寿经变一铺，南侧十六观、北侧未生怨
晚唐（宋重修）	第 470 窟	南壁现存西角一部画千手千眼观音
晚唐	第 473 窟	南壁画观无量寿经变一铺（存部分），西侧存十六观部分

表 1—5　《西域美术》所录法国集美博物馆藏唐代观音画像②

图版序号	观音画像名称	时代	材质	藏号	尺寸
卷一 16	观经变相（中段为阿弥陀经土图）	唐（9 世纪前半期）	绢本设色	EO.1128	纵 171cm，横 118.2cm
17	观经变相（部分）中有阿弥陀三尊	唐（8 世纪末—9 世纪初）	绢本设色	MG.17669	纵 122cm，横 91.5cm
18	观经变相	唐（8 世纪后半期）	绢本设色	MG.17672	纵 145cm，横 133cm

---

① 此窟位于第 335 窟前室南壁，坐北朝南。

② 《西域美术》副题为"集美博物馆所藏伯希和收集品"。法国吉埃（Jacques Gies）编，日本秋山光和等译。共两卷，由法国集美博物馆与日本讲谈社联合分别于 1994 年 6 月及 1995 年在东京出版。观音画像主要集中在第一卷，第二卷中也有少数。表中图版序号指的是《西域美术》中图版的先后排列顺序。EO. 和 MG. 均为法国集美博物馆藏敦煌文物编号。1909 年 11 月，伯希和将他所获的敦煌文物资料数百件全部入藏卢浮宫，编号为 EO.，以后，部分资料转移到集美博物馆收藏，1947 年，集美博物馆成为巴黎国立博物馆的亚洲艺术部，原在卢浮宫的编号为 EO. 的文物资料全部移入集美博物馆。而在此之前，集美博物馆就藏有少量的敦煌文物资料，编在 MG. 号下。

续表

图版序号	观音画像名称	时代	材质	藏号	尺寸
20	阿弥陀净土图（主尊两边菩萨均有观音标识，该书的20—2为主尊右胁侍菩萨，之名为观音，慈祥特点为五官除上眼睑、唇裂线、眉毛为墨色勾线外，面部其他和身体均为朱红线）	唐（8世纪前半期）	绢本设色	EO. 1171	纵58.3cm，横54.5cm
21	阿弥陀如来与观音菩萨	唐（9世纪）	绢本设色	EO. 1159	纵69.5cm，横41cm
22	阿弥陀净土	唐（9世纪前半期）	绢本设色	EO. 1130	纵165cm，横42cm
58	救苦观音菩萨，有榜题：南无救苦观音	唐（9世纪后半期）	红地绢本银泥描（表·里）	EO. 1137	纵183.2cm，横58cm
59	延寿命观音菩萨（部分）榜题：南无寿命观音菩萨	唐—五代（9世纪后半期—10世纪前半期）	红地绢本银泥描（表·里）	EO. 3657/1	纵185cm，横54.4cm
60	救苦观音菩萨，榜题：南无救苦观世音菩萨	唐（9世纪）	绢本设色	EO. 1398（P. 147）	纵60cm，横17.7cm
65	延寿命观音与杨柳观音像左边为延寿命观音菩萨，榜题：南无延寿命菩萨，右边为杨柳观音	唐—五代（9世纪后半期—10世纪前半期）	麻布着色	EO. 1139	纵47cm，横51cm
83	水月观音	唐末—五代（9世纪末—10世纪前半期）	纸本设色	EO. 1136	纵53.3cm，横37.2cm

续表

图版序号	观音画像名称	时代	材质	藏号	尺寸
卷二 94	观音经（法华经观音普门品）画卷 上图下文，有救难与现身说法等内容	唐—五 代（9 世纪后半期—10 世纪前半期）	纸本设色	P. chinois 2010 B. N.	纵 27cm，横 27.5cm，画卷全长 520cm

注：据统计，集美博物馆的伯希和收藏品中，约有 1/4 的画是描绘不同形态的观音的。如观音（救苦救难）2 幅、观音（延寿）12 幅、观音（持一杨柳枝）8 幅、观音（引路）6 幅、不空绢索陀罗尼 5 幅曼荼罗、千手千眼观音 5 幅曼荼罗，多头观音三头、九头和六臂 2 幅，十一头 6 幅。还有茹苦观音（排解悲痛）、水月观音、马头观音等。① 据笔者根据《西域美术》统计，第一卷共收录唐代《观经变相》4 幅，《阿弥陀净土》3 幅，《观音像》5 幅，第二卷中有《法华经观音普门品》1 幅。此书中数量最多的是五代、北宋的观音画像。

表 1—6 《西域美术》② 大英博物馆藏敦煌绘画 1 所录唐代观音画像

图版序号 卷一	观音画像名称	时代	材质	藏号	尺寸	榜题
7	树下说法图中观音	唐（8 世纪初）	绢本设色	Stein painting 6. Ch. liii. 001	纵 139cm，横 101.7cm	有题识框，无榜题

---

① ［法］劳合·福奇兀：《伯希和在敦煌收集的文物》，杨汉章、杨爱程译审，《敦煌研究》1990 年第 4 期。

② 《西域美术》副题为 "英国博物馆所藏斯坦因收集品"。英国韦陀编，日本上野阿吉译。共三卷，1982—1984 年由英国博物馆与日本讲谈社联合在东京出版。选印现藏英国博物馆和英国图书馆东方写本与图书部的斯坦因三次中亚探险所得绘画品、染织品及其他考古遗物的精品。第一卷为敦煌 8 世纪以后的绢画，按佛传图、菩萨像、金刚力士像、天王像排列；第二卷为敦煌 10 世纪以后的大型绘画，然后是纸画和木版画；第三卷为染织品、雕塑、壁画等古代遗物，除敦煌发现者外，也有新疆各地的收集品。每卷有总说及彩色图版、黑白照片的文字说明。观音画像主要集中在第一卷和第二卷中。表中图版序号指的是《西域美术》中图版的先后排列顺序。S. 和 Ch. 均为英国馆藏斯坦因所得敦煌文物之编号。

续表

图版序号 卷一	观音画像名称	时代	材质	藏号	尺寸	榜题
9—5	《药师净土变相》中左上角千手千眼观音	唐（9世纪）	绢本设色	Stein painting 36. Ch. lii. 003	全幅 纵206cm，横167cm	无
10	观经变相	唐（9世纪前半期）	绢本设色	Stein painting 70. Ch. xxxiii. 003	纵168cm，横123cm	无
13	《观世音菩萨像》（局部），黑白图版 Fig. 36 为全图	唐（8世纪末—9世纪中期）	绢本设色	Stein painting 8. Ch. lvi. 0016	纵119.5cm，横55.4cm	无
14	《观世音菩萨像》（局部），黑白图版 Fig. 37 为全图	唐（9世纪中）	绢本设色	Stein painting 25. Ch. 0091	纵101.6cm，横58.5cm	无
15	《观经变相》中观音，全图为黑白图版 Fig. 39	唐（9世纪初）	绢本设色	Stein painting 35. Ch. lvi. 0034	纵173.5cm，横120cm	无
18	千手千眼观音菩萨图，头有十一面，以3、4、3、1式排列，图中还有如意轮和不空羂索画像	唐（9世纪前半期）	绢本设色	Stein painting 35. Ch. lvi. 0019	纵222.5cm，横167cm	
18—4、18—6	如意轮画像					如意轮菩萨
18—3	不空羂索观音					不空羂索

续表

图版序号卷一	观音画像名称	时代	材质	藏号	尺寸	榜题
23	四观音文殊普贤图，图上曾站立四尊观音画像	唐咸通五年（公元864年）	绢本设色	Stein painting 5. Ch. iv. 0023	纵140.7cm，横97cm	榜题自左向右依次为：大圣而意轮菩萨、大悲十一面观世音菩萨、大圣救苦观世音菩萨、大悲救苦观世音菩萨
24	二观世音菩萨像	唐（9世纪中期）	绢本设色	Stein painting 3. Ch. xxxviii. 005	纵147.3cm，横105.3cm	二菩萨之间有较长榜题
26	大悲救苦观世音菩萨像	唐大顺三年（公元892年）	绢本设色	Stein painting 28. Ch. xx. 005	纵83.3cm，横63.1cm	南无大悲救苦观世音□□□一心供养
49	观世音菩萨像	唐（9世纪末）	绢本设色	Stein painting 104. Ch. xlvi. 001	纵65cm，横18cm	
50	观世音菩萨像，黑白图版 Fig.89 为全幅图	唐（9世纪末）	绢本设色	Stein painting 124. Ch. 00113	纵56.5cm，横16.5cm	
51	观世音菩萨像	唐（9世纪）	绢本设色	Stein painting 130. Ch. lv. 0032	纵46cm，横18cm	

续表

图版序号 卷一	观音画像名称	时代	材质	藏号	尺寸	榜题
黑白图版 Fig. 25	原色图版第 9 图《药师净土变相图》左下如意轮观音像	唐（9世纪）	绢本设色	Stein painting 36. Ch. lii. 003		
黑白图版 Fig. 26	原色图版第 9 图《药师净土变相图》左下不空羂索观音像	唐（9世纪）	绢本设色	Stein painting 36. Ch. lii. 003		
黑白图版 Fig. 45	原色图版第 16 图《药师净土图》左下如意轮观音像	唐吐蕃时期	绢本设色	Stein painting 32. Ch. xxxvii. 004		
黑白图版 Fig. 46	原色图版第 16 图《药师净土图》中央下部千手千眼观音像	唐吐蕃时期	绢本设色	Stein painting 32. Ch. xxxvii. 004		
黑白图版 Fig. 50、51	观世音陀罗尼曼荼罗	唐（9世纪）	绢本墨描	Stein painting 18. Ch. xxii. 0015	纵 58.5cm，横 56.3cm	
黑白图版 Fig. 68	如意轮观音菩萨像	唐（9世纪）	绢本设色	Stein painting 61. Ch. lv. 003	纵 140cm，横 125cm	

续表

图版序号 卷一	观音画像名称	时代	材质	藏号	尺寸	榜题
黑白图版 Fig. 78	观世音菩萨像	唐（9世纪末）	绢本设色	Stein painting 53. Ch. 00221	纵 49cm，横 47.5cm	
黑白图版 Fig. 98	观世音菩萨像	唐（9世纪）	绢本设色	Stein painting 108. Ch. lv. 004	纵 46.5cm，横 17.5cm	
黑白图版 Fig. 99	观世音菩萨像（断片）	唐（9世纪）	绢本设色	Stein painting 105. Ch. lv. 0031	纵 28.5cm，横 19cm	

表 1—7   《西域美术》大英博物馆藏敦煌绘画 2 所录唐代观音画像

图版序号 卷一	观音名称	时代	材质	藏号	尺寸	榜题
1	《观世音菩萨像》	唐（世纪后半期）	绢本设色	Stein painting 13. Ch. liii. 005	纵 148.3cm，横 55.9cm	有题识框，无榜题
2	《观世音菩萨像》	唐（9世纪后半期）	绢本设色	Stein painting 21. Ch. xxxvi. 001	全幅纵 74.7cm，横 55.5cm	有题识框，无榜题
3	《观世音菩萨像》	唐（9世纪后半期）	绢本设色	Stein painting 22. Ch. 0088	纵 103.1cm，横 71.2cm	有题识框，无榜题
4	《观世音菩萨像》	唐（9世纪）	绢本设色	Stein painting 7. Ch. xviii. 003	纵 57.5cm，横 38.1cm	女弟子九娘永为供养
5	《如意轮观音菩萨像》	唐（9世纪后半期）	绢本设色	Stein painting 10. Ch. xxvi. 001	纵 111cm，横 74.5cm	无
6	《千手千眼观音像》	唐（8—9世纪初）	绢本设色	Stein painting 17. Ch. xxxiii. 002	纵 79.3cm，横 62cm	无

续表

图版序号卷一	观音名称	时代	材质	藏号	尺寸	榜题
9	《引路菩萨图》	唐（9世纪末）	绢本设色	Stein painting 47. Ch. lvii. 002	纵80.5cm，横53.8cm	引路萨
38	《观音曼荼罗断片》（部分），全图为黑白图版 Fig. 53	唐（8世纪）	麻布着色	Stein painting 55. Ch. xxii. 0017	纵47.6cm，横36.5cm	无
39	《观世音菩萨像》	唐末—五代初（9世纪末—10世纪初）	麻布着色	Stein painting 201. Ch. lv. 0035	纵139cm，横66cm	南无延寿命救苦观世音菩萨
40	《千手千眼观音菩萨像》（部分），全图为黑白图版 Fig. 55	唐（8世纪末—9世纪初）	麻布着色	Stein painting 199. Ch. xxi. 006	纵101cm，横102.5cm	无
42	《观世音菩萨像幡》（部分）全图为黑白图版 Fig. 60	唐末—五代初（9世纪末—10世纪初）	麻布着色	Stein painting 156. Ch. 00134	纵105.6cm，横25cm	无
43	《观世音菩萨像幡》（部分）全图为黑板图版 Fig. 61	唐末—五代初（9世纪末—10世纪初）	麻布着色	Stein painting 155. Ch. i. 0016	纵96.5cm，横19cm	南无延寿命菩萨

续表

图版序号卷一	观音名称	时代	材质	藏号	尺寸	榜题
44	《观世音菩萨像幡断片》	唐（9世纪）	麻布着色	Stein painting 145. Ch. xxxviii. 007	纵57cm，横17cm	无
45	《观世音菩萨像幡》	唐末—五代初（9世纪末—10世纪初）	纸本线描（墨、黄）	Stein painting 142. Ch. xx. 0013	纵38.5cm，横11.5cm	无
46	《观世音菩萨像幡》	唐末—五代初（9世纪末—10世纪初）	纸本设色	Stein painting 144. Ch. lxiv. 003	纵42cm，横16cm	无
47	《观世音菩萨像》	唐（9世纪初—中期)	纸本设色	Stein painting 160. Ch. 00401	纵30cm，横26cm	无
54	《观世音菩萨像》	唐末—五代初（9世纪末—10世纪初）	纸本设色	Stein painting 157. Ch. 00387	纵46cm，横30.4cm	无
65	《观音经册子》，黑白图版 Fig.92 为全页	唐末—五代初（9世纪末—10世纪初）	纸本墨画淡彩	Stein 6983	纵17.3cm，横10cm	无
黑白图版 Fig. 22	《千手千眼观音像》	唐（9世纪）	绢本设色	Stein painting 56. Ch. iii. 004	纵144.5cm，横130.5cm	无

续表

图版 序号 卷一	观音名称	时代	材质	藏号	尺寸	榜题
黑白 图版 Fig. 58	《观世音菩萨像》	唐末—五代初（9世纪末—10世纪初）	麻布着色	Stein painting 197. Ch. xxi. 007	纵 157.5cm，横 54cm	有题识框，无榜题
黑白 图版 Fig. 62	《观世音菩萨像》	唐（9世纪末）	麻布着色	Stein painting 204. Ch. xxxiv. 005	纵 176.5cm	南无大慈大悲观世音菩萨
黑白 图版 Fig. 64	《观世音菩萨像》	唐（9世纪初—中）	麻布着色	Stein painting 200. Ch. 00128	纵 174cm	无
黑白 图版 Fig. 65	《观世音菩萨像幡》	唐末—五代初（9世纪末）	麻布着色	Stein painting 153. Ch. lv. 0037	全长 104.5cm，幅 17cm	无
黑白 图版 Fig. 66	《观世音菩萨像幡》Fig. 67 为 66 的里面，与 66 相反	唐末—五代初（9世纪末—10世纪初）	麻布着色	Stein painting 152. Ch. liv. 008	全长 106.5cm，幅 17.5cm	无
黑白 图版 Fig. 74	《观音曼荼罗图》	唐（8—9世纪）	麻布着色	Stein painting 66. Ch. lv. 0024	纵 121cm，横 85cm	无
黑白 图版 Fig. 75	Fig. 74《观音曼荼罗图》右部中段的小观音	唐（8—9世纪）	麻布着色	Stein painting 66. Ch. lv. 0024	纵 121cm，横 85cm	无

续表

图版序号 卷一	观音名称	时代	材质	藏号	尺寸	榜题
黑白图版 Fig. 158	《观世音菩萨像版画》	唐（9世纪）	纸，木板印刷	Stein painting 252. Ch. 00418	纵18.6cm，横59cm	无
黑白图版 Fig. 162	《观世音菩萨像版画》	唐（9世纪）	纸，木板朱刷	Stein painting 257. Ch. 00422	纵25.5cm，横37cm	无

表1—8　　　　《俄藏敦煌艺术品》① Ⅰ中观音及相关图版

图版序号 卷一	观音名称	时代	材质	藏号	尺寸	榜题
37	《阿弥陀净土变》	初唐	壁画（伯108a窟）	Дx 192a. b.	纵76cm，横173.6cm	
46	《观无量寿经变》，巨幅经变画右下边缘	盛唐	绢本彩绘	Дx 222	纵189cm，横35.5cm，边宽13cm	

①　《俄藏敦煌艺术品》由俄罗斯国立埃尔米塔什博物馆编，上海古籍出版社出版。第一卷于1997年出版，第二卷于1998年出版。第三卷主要是敦煌石窟内外景，刊登了大量的壁画黑白图片；第四卷为窟内景，都于2000年出版；第五卷2002年出版，为测绘图和临摹图，主要是对图案的临摹，也对部分经变画做了临摹，如盛唐217窟南壁法华经变等、初唐57窟南壁说法图中观音等；第六卷2005年出版，为敦煌千佛洞石窟叙录，收集了奥登堡的主要文字记录内容。

图版序号 卷一	观音名称	时代	材质	藏号	尺寸	榜题
48	《观无量寿经变》,巨幅经变画,中间上部,下部,中部均缺损	晚唐	绢本彩绘	Дх 316	纵 139cm,横 88cm	
58	《阿弥陀佛和胁侍菩萨(西方三圣)》严重损坏	晚唐	绢本彩绘	Дх 263	纵 16cm,横 19.5cm	无
66	《千手千眼观音图辟毒金刚莲花座》	晚唐	绢本彩绘	Дх 168	纵 12.5cm,横 30.7cm	
67	《千手千眼观音图火头金刚莲花座》	晚唐	绢本彩绘	Дх 266	纵 18cm,横 32cm	
68	《千手千眼观音》五件残段,其中 68.1 为部分千手千眼,绘制精美	唐	绢本彩绘	Дх 283、305、303、284、282		
101	《观音菩萨》	晚唐	麻布彩绘	Дх 79	纵 166cm,横 52cm	清信弟子□赞□/敬造救苦观世音/菩萨一躯功德/一心供养

图版序号 卷一	观音名称	时代	材质	藏号	尺寸	榜题
102	《观音菩萨》下部有供养人	晚唐	麻布彩绘	Дх 95	纵170cm，横60cm	有题识框，似无榜题
103	《观音菩萨》	晚唐	麻布彩绘	Дх 100	纵116cm，横54.5cm	空白题识框
104	《观音菩萨》	晚唐	麻布彩绘	Дх 210	纵146cm，横64.5cm	左上角榜题"南无观世音菩萨"，下部有供养人，题记云："南无观世音菩萨，伏愿先亡父母神生净土□合家□□大小□□"
105	《柳枝观音菩萨》	唐	麻布彩绘	Дх 81	纵162cm，横58cm	空白题识框
106	《柳枝观音菩萨》	晚唐	麻布彩绘	Дх 93	纵155cm，横56cm	空白题识框
107	《柳枝观音菩萨》	晚唐	麻布彩绘	Дх 94	纵177cm，横56cm	无
110	《柳枝观音菩萨》	晚唐	麻布彩绘	Дх 83	纵157cm，横54cm	观世音菩萨一躯□□

表 1—9　　　　　《俄藏敦煌艺术品》Ⅱ中观音及相关图版

图版序号 卷一	观音名称	时代	材质	藏号	尺寸	榜题
黑白图版 Fig. 11	《如意轮观音》，仅存脸、颈和头光部分	唐	绢本彩绘	Дx 318	纵 18cm，横 25cm	
黑白图版 Fig. 48	《观音菩萨》，被水浸，画面几乎消失	晚唐	麻布彩绘	Дx 98	纵 175cm，横 53cm	

　　前列数表虽然未能囊括部分处于说法图及经变画中的观音画像，也无法搜尽世界各地的敦煌观音画像藏品，但足以展示莫高窟唐代观音画像之规模。要对数量如此庞大、种类如此多样的一类尊像画进行整体把握与研究，必须将其置于一个明晰的分类序列之中，而从绘画本身对其所做的五种分类方式，正是本书以下各章节赖以开展的基本依据。

第二章

莫高窟唐代说法图中的观音画像

所谓说法图，通常指内容以佛说法为主体，左右有胁侍菩萨、弟子、天龙八部护法围绕听法，背景只有简单的宝盖和树木，间有莲花水池，从画面上无法判断佛的名号、说法时间、地点及对象的壁画题材的笼统称呼。① 这里之所以将莫高窟唐代观音画像放在一个笼统的名词之下来论说，原因有四：其一，以说法图形式出现的观音三尊式造像、画像，经历了一个由印度释迦信仰系统为主向中国阿弥陀信仰系统为主的转变过程，期间观音的图像特征发生了诸多变化；其二，唐代以前，敦煌阿弥陀信仰系统中的观音画像除榜题确指以外，大多需要从观音及大势至的装束、持物等来判断，即是说，若不根据综合因素来确认，有些阿弥陀说法图没有明确标识；其三，在敦煌莫高窟唐代壁画中，除阿弥陀说法图外，观音还出现在药师佛说法图和以他自身为主尊的说法图中；其四，进入盛唐，阿弥陀系统的各类经变蓬勃发展，使阿弥陀说法图中的观音形象逐渐减少，并因构图上增加了许多新的因素而向大型经变画发展。

第一节　观音三尊像的信仰转换及其图像演变

一　印度早期的观音三尊像

有关印度观音信仰起源的时间、地点和原因，国内外学术界说

---

① 季羡林主编：《敦煌学大辞典》，上海辞书出版社 1998 年版，第 94 页，樊锦诗撰"说法图"条。

法不一，未成定论。① 然而，从相关文献与实物资料可知，印度的观音造像最早主要是以三尊式面貌出现的。其组合样式为释迦牟尼佛居中，观音与弥勒胁侍两旁的释迦说法图像。这一研究在日本学者宫治昭的《涅槃和弥勒的图像学》一书中有集中体现。宫治昭先生曾对犍陀罗 40 例三尊式造像进行了深入的探讨，得出的结论是：在犍陀罗三尊形式造像中，主尊为释迦的居多，而弥勒与观音的组合则是三尊形式中二胁侍菩萨的主流。② 他说："大概以释迦佛为中尊、弥勒和观音为二胁侍菩萨的犍陀罗三尊形式，在犍陀罗美术的后期大量制作。笈多朝以降，印度境内佛三尊像的基本形式得以存续并发展。"③ 另外，发现于印度阿旃陀石窟约公元 1—3 世纪和公元 4—6 世纪的两组观音三尊

图 2—1　印度阿旃陀石窟释迦三
尊像　4—6 世纪

式造像，也都是释迦佛居中，弥勒、观音立于两旁④（图 2—1）。还有，据《大唐西域记》载，在佛陀当年成道的地方，有一座佛寺，"外门左右各有龛室，左则观自在菩萨像，右则慈氏菩萨（弥勒菩萨）像。白银铸成，高十余尺"⑤。可见，在印度早期造像中，释迦牟尼佛居中、观音与弥勒两旁胁侍的三尊式说法图像不仅较为固定，而且持续时间长，流行范围广。

①　详见李利安《观音信仰的渊源与传播》，宗教文化出版社 2008 年版，第 57—69 页。

②　[日] 宫治昭：《涅槃和弥勒的图像学》，李萍、张清涛译，文物出版社 2009 年版，第 219 页。

③　同上书，第 229—230 页。台湾学者颜素慧也曾说："在 5 世纪以后，印度出现的三尊式，有以释迦牟尼佛居中或以阿弥陀佛居中，身旁出现的二胁侍菩萨指的都是观音与弥勒这两位菩萨，不会是别人，只不过有时无法从图像上明显辨认出来，必须靠题记说明来辨识。"颜素慧编著：《观音小百科》，岳麓书社 2003 年版，第 145 页。

④　颜素慧编著：《观音小百科》，岳麓书社 2003 年版，第 144、145 页。

⑤　唐·玄奘：《大唐西域记》卷八，《大正藏》第 51 册，第 916 页上。

对于这一组合盛行的原因，李利安先生认为："我们可以这样理解，在释迦牟尼已经灭度的期间，观音被看作是救度这个世界的主，弥勒则是未来救度这个世界的主。二者一现在，一未来，同为释迦牟尼的继承者。"① 宫治昭认为："犍陀罗三尊形式的二胁侍菩萨是以梵天、婆罗门与帝释天、刹帝利两两对立的古代印度世界观为背景的，将释迦菩萨寻求菩提的形象和救济众生的形象，即'上求菩提'和'下化众生'这菩萨信仰根本性的两个侧面分别以弥勒菩萨和观音菩萨的尊格来体现，二者具有相辅相成的作用。"② 不管做何解释，有一点是明确的，那就是：印度早期的三尊式造像所反映的观音信仰主要是属于释迦信仰系统的。

二　观音三尊像信仰系统的转变

虽然释迦、观音与弥勒的三尊式说法图像在印度较为固定，而且持续时间长，流行范围广，但在宫治昭的考察中，还是有一例有铭文的三尊像表明其中尊为阿弥陀佛，左胁侍为观音，这就证明了阿弥陀信仰在印度的存在，只不过并不流行罢了。种种迹象表明，至少在佛教传入中国之前，我们熟知的"西方三圣"组合在印度三尊形式造像中非常少见。但这种现象在佛教传入中国之后却发生了较大的变化。

相关资料表明，在佛教初传我国的一段时间里，观音在以释迦与阿弥陀为主尊的三尊形式造像中同时并存的现象仍然是存在的。如在炳灵寺西秦建弘元年（公元 420 年）的第 169 窟第 6 龛中，现存有我国最早有题名的无量寿佛三尊塑像。在这三尊像左侧绘一释迦立像，题记"释迦牟尼佛"，立像右侧绘一胁侍菩萨，题记"弥勒菩萨"，左侧为建弘元年的榜题。有趣的是，在这铺图像中，弥勒菩萨仍为释迦的胁侍，而与之对应的另一胁侍菩萨却被纪年题记所代替。而这一未被绘出的菩萨很有可能就是观音菩萨。因为，曾有学者认为，在现存炳灵寺十六国时期未有造像题名的佛三尊像

---

① 李利安：《观音信仰的渊源与传播》，宗教文化出版社 2008 年版，第 95 页。
② ［日］宫治昭：《涅槃和弥勒的图像学》，李萍、张清涛译，文物出版社 2009 年版，第 229 页。

中，应该有释迦三尊像，且在这一组合中，释迦与弥勒均已出现并有明确的榜题。这一特殊的例证，说明约在东晋十六国时期，我国观音造像同时并存于释迦三尊与阿弥陀三尊组合之中，但其信仰的分量已经明显偏向了后者。对此，西方三圣为塑像，释迦三尊为画像且只绘二身的情形已经做了很好的说明。另据《历代名画记》卷五记载，东晋大雕塑家戴逵（公元 326—392 年）就"曾造无量寿木像，高六丈，并菩萨"。在敦煌莫高窟，最早有明确纪年与题记的观音画像出现在西魏大统四至五年的第 285 窟。此窟北壁中部通壁绘七铺说法图，其中北壁东起第一铺为一佛二菩萨组合式说法图，图下方正中有发愿文一方，明确表明是无量寿佛说法图。另外，该窟东壁门南、北对称各画一铺大型说法图（图 2—2），均为一佛四弟子四菩萨的组合。其中门北说法图中榜题尚依稀可见，据早期石窟记录可知，其主尊为"无量寿佛"，佛右边内侧为"无尽意菩萨"、外侧为"观世音菩萨"，左边内侧为"文殊师利菩萨"、外侧为"大□志菩萨"。由此可知，这也是一铺无量寿佛说法图。[①]这两幅图被认为是在整个北朝莫高窟仅有的两幅无量寿佛说法图。[②]上举之例，说明魏晋以来有明确记载与题记的观音画像，已经是阿弥陀三尊像中的主要成员了。其原因自然与阿弥陀经典在我国的翻译与阿弥陀信仰的流行是分不开的。因为，从中国的译经史来看，体现阿弥陀信仰的经典早在东汉末就已传入中土了。[③]所以，有学者就认为，在观音的四类三尊式组合中，阿弥陀三尊组合在汉地是

---

① 参见潘亮文《试论敦煌观音菩萨像之形成与发展》，载敦煌研究院编《1994 年敦煌学国际研讨会文集·石窟艺术卷》，甘肃民族出版社 2000 年版，第 115 页。张元林、张志海：《敦煌北朝时期法华信仰中的无量寿佛信仰——以莫高窟第 285 窟无量寿说法图为例》，《敦煌研究》2007 年第 1 期。对于东壁门南的说法图，由于人物形象及画面布局与北侧十分相似，虽然榜题现已漫漶不识，但张元林、张志海以为很可能与北侧一样，亦是无量寿佛说法图。

② 罗华庆主编：《敦煌石窟全集 2·尊像画卷》，商务印书馆 2002 年版，第 49 页。日本学者东山健吾甚至认为 285 窟的这幅说法图是"最早的西方净土变"。见［日］东山健吾《敦煌莫高窟佛树下说法图形式的外来影响及其变迁》，贺小萍译，《敦煌研究》1991 年第 1 期。

③ 有学者认为东汉支娄迦谶所译的《般舟三昧经》是最早出现阿弥陀信仰的经典。孙昌武：《中国文学中的维摩与观音》，高等教育出版社 1996 年版，第 80 页。

从公元 5 世纪初开始的，其造像来源是《观无量寿经》。①

图 2—2　莫高窟第 285 窟东壁无量寿佛说法图

三　三尊式造像中观音图像特征的演变

由于从印度到中国，观音三尊式造像的信仰系统发生了变化，所以观音的图像特征也发生了相应的变化。而这一变化主要体现在一般用来判断佛像尊格的冠饰与持物上。

在犍陀罗释迦三尊形式造像中，观音有着较为固定的图像特征，即头戴敷巾冠饰，手持华鬘与莲花（未开或开敷）。唯独前文所提一例有铭文的阿弥陀三尊像，研究这一造像的布拉夫认为其中的观音头上有化佛，可能只是一个楔形的卡子，但这并不能确定。该观音左手持未开的莲花，这就是说在犍陀罗三尊式造像中，观音有化佛的图像非常少见。但在笈多时期的萨尔纳特地区则出现了一定数量头戴化佛冠的观音单尊像②，同时，该地区有观音的三尊形

---

① 颜素慧先生将观音三尊式造像分为四类：第一类是释迦三尊；第二类是阿弥陀三尊；第三类是三族姓尊，属于西藏密宗三尊式，指唐卡中常出现的金刚手菩萨、观音菩萨和文殊菩萨的组合；第四类为三大士，即从宋代开始出现的千手千眼观音、文殊菩萨和普贤菩萨并列的三尊式。见颜素慧编著《观音小百科》，岳麓书社 2003 年版，第 144—148 页。

② D. R. Sahni, *Catalogue of the Museum of Archaeology at Sarnath*, Calcutta, 1914, pl. XIII (b); J. Williams, op. cit., 1982, pl. 97.

式造像中，观音却少见化佛冠的图像特征。不过在萨尔纳特，无论是单尊还是三尊中，观音手持莲花的特征并未改变。在阿旃陀石窟的佛三尊像中，观音多与法华经观世音菩萨普门品中所述图像特征相符，头前有化佛，只不过手中持物除莲花外，还有水瓶、数珠。在卡乃里，佛三尊像中观音头前除化佛外，还有多数是佛塔，手中持物还是莲花、水瓶、数珠。纳西克和卡罗拉地区的三尊像中，观音头前有化佛，手持莲花或数珠。①

　　上述资料说明在印度贵霜王朝到笈多王朝这段时间里，观音在三尊形式造像中的图像特征发生了较大的变化，而这一变化主要体现为化佛冠的出现以及持物种类的增多。化佛的出现一方面说明观音在图像特征上与阿弥陀信仰发生了关系，但另一方面又为我们留下了一系列问题：①上述资料中所反映的佛三尊像中，与观音对应出现的另一胁侍大都被指定为弥勒菩萨。这就是说，在观音三尊像的发展中，观音在图像上具有了阿弥陀系统中的特征，但与其对应出现的菩萨却不是大势至，而是释迦信仰系统中的弥勒。②马图拉有弥勒戴化佛宝冠的高浮雕，卡乃里的观音则多头前有佛塔。这就是说，一般被认为与观音相关的化佛有时出现在弥勒造像中，而与弥勒相关的佛塔则又出现在观音造像中。③从持物来看，在犍陀罗，观音持华鬘或是带茎采下来的莲花，笈多王朝以后则是大地生长出来的莲花（开敷或未开）。但在阿旃陀和卡乃里，一直是弥勒持物的水瓶，则成为观音的持物。这些问题表明，观音三尊形式造像不仅在印度流行时间长、地域广，而且其作为胁侍菩萨成组出现的对象基本都是弥勒菩萨。而正因为这两尊菩萨关系甚为密切，所以二者的图像特征在长期的发展演变中就可能存在相互借用、相互替换的现象。也就是说，至少在笈多王朝之前，印度三尊像中观音和弥勒的图像标识并不是固定的。

　　再来看中国早期佛教美术中观音的图像特征。正如前文所述，我国魏晋以来有明确记载与题记的观音画像，已经是阿弥陀三尊像

---

　　①　参见［日］宫治昭《涅槃和弥勒的图像学》，李萍、张清涛译，文物出版社2009年版，第297—324页。

中的主要成员，其组合对象也主要是大势至。① 但从图像特征上看，进入阿弥陀信仰系统的观音标识还是经历了一段由模糊到明确的演变过程。首先，还是表现在化佛冠上。从炳灵寺、莫高窟、云冈等早期的观音组合图像看，观音冠上无化佛的图像曾长期存在。在随后的发展中，有化佛与无化佛的观音图像并存的时间则相当长。其次，表现在观音的持物上。观音手持莲花的图像特征在中国早期的造像中继续保持，但也有一些变化。其痕迹表现如下：公元 4 世纪的造像中，除保持持莲花的基本特征外，多持莲蕾或桃形物。自公元 5 世纪中期开始，观音图像有了突破性发展。据金申先生对山东博兴北魏太和年间十二件金铜观音造像的统计，其中有七件左手持净瓶、五件左手持披帛，而十二件造像的右手均持莲蕾。② 可见，净瓶与莲花作为观音的持物在此时已经广泛被应用。而北齐时观音的持物相对减少，多以施无畏印和与愿印的形式出现。③ 至公元 6 世纪初期，一手持杨柳、一手提瓶的"杨柳观音"像开始出现，现存较早的实例为西安历史博物馆藏萧梁普通二年（公元 521 年）造像。④ 在隋代出现的较少的几件阿弥陀整铺金铜造像中，观音的持物则有念珠（出土于河北唐县，现藏上海博物馆的隋代阿弥陀三尊像）、莲蕾（1975 年西安南郊东八里村出土，现藏西安博物院的隋开皇四年董钦造阿弥陀佛鎏金像）、宝瓶和经书（20 世纪初出土于河北赵县，现藏于波士顿博物馆隋开皇十三年的范氏造阿弥陀佛鎏金象）等。⑤ 从敦煌莫高窟看，直至隋代，才在第 276 窟南壁说法图中，出现了头戴化佛冠、右手持柳枝、左手持净瓶的观音像。自此以后，唐代的观音三尊式造像、画像中，观音的图像特征基本固定，即头戴化佛冠，手要么结印，要么持净瓶、柳枝与莲花。也

---

　　① 颜素慧认为其"造像在 5 世纪初的汉地已经出现，但印度地区的大势至造像却要到 8 世纪才出现"。颜素慧编著：《观音小百科》，岳麓书社 2003 年版，第 146 页。

　　② 金申：《山东博兴太和年造金铜观音立像的样式与源流》，《佛教美术丛考续编》，华龄出版社 2010 年版，第 36 页。

　　③ 同上书，第 39 页。

　　④ 殷光明：《从释迦三尊到华严三圣的图像转变看大乘菩萨思想的发展》，《敦煌研究》2010 年第 3 期。

　　⑤ 李柏华：《隋代三件阿弥陀佛整铺造像之解析》，《文博》2010 年第 2 期。

就是说，从印度到中国，观音在三尊形式造像中的图像特征既有继承，也有变化。当观音与弥勒的图像标识在印度波罗朝得以固定下来的时候，中国的观音图像标识在约同时期的唐代也基本固定了下来（当然此后的观音造像、画像中图像标识缺失的例子仍然是存在的，只不过数量较少）。从此，头戴化佛冠，手持莲花、杨枝、净瓶或执手印的图像特征基本成为中国后世佛教美术中观音的"标准像"。[1]

第二节　莫高窟唐代说法图中的观音画像

唐代阿弥陀佛净土信仰的盛行，使得莫高窟阿弥陀说法图日渐流行。而此期阿弥陀说法图及其中的观音画像，也自然在承接之前历代风格面貌的同时，出现了诸多发展与变化。具体而言，莫高窟唐代阿弥陀说法图中的观音画像主要集中在唐前期，尤其是初唐。因为，进入盛唐后，阿弥陀系统的各类经变蓬勃发展，构图简约的阿弥陀说法图几乎绝迹，其中的观音画像也因之减少而进入了阿弥陀经变之中。鉴于此，我们对莫高窟唐代阿弥陀说法图中观音画像的讨论，其实就是以初、盛唐为主，中、晚唐为辅了。

据统计，初盛唐阿弥陀说法图主要有四种组合，具体而言，一佛二菩萨组合 3 幅，一佛二菩萨二弟子组合 7 幅，一佛四菩萨二弟子组合 4 幅，一佛十菩萨二弟子二金刚力士组合 1 幅。[2] 这一数据表明，在唐代初期的阿弥陀说法图中，一佛二菩萨的三尊式组合图式继续存在，但相比之下，五尊式与七尊式组合则更受欢迎，而多尊式组合似乎不占主流地位。以下就以尊像数为准，对观音在各式

---

① 据洛克什·钱德拉、苏达尔沙娜·戴维·星哈尔的统计，敦煌绘画中观音的手姿中，除各种手印与持莲花、杨枝、净瓶外，还有扶膝、持内盛莲花的钵、玫瑰枝、棕榈叶、披巾、摩尼宝珠、发光宝珠、黄花、幡等，但这些在莫高窟唐代观音手姿中并不占主要地位。见［印度］洛克什·钱德拉、苏达尔沙娜·戴维·星哈尔《敦煌壁画中的观音》，杨富学译，《敦煌研究》1995 年第 2 期。

② 罗华庆主编：《敦煌石窟全集 2·尊像画卷》，商务印书馆 2002 年版，第 50 页。

组合中的位置、形象特征及持物等做一分析。

图 2—3　第 444 窟南壁中央
阿弥陀说法图

（一）三尊式

此式是在数量和构图上均与犍陀罗三尊像相对应的组合样式，也是莫高窟唐代说法图最简单的模式。盛唐第 444 窟南壁中央的阿弥陀说法图堪为代表（图 2—3）。此幅说法图中，阿弥陀佛结跏趺坐于宣字形须弥座上，上有宝盖，下有莲池，外饰十字花龟背纹边框，别具一格。观音呈四分之三侧面立于佛的左侧，右手曲于胸前持莲花，左手下垂提净瓶，但冠中无化佛。观音面部方圆，体格敦厚，与唐代其他观音形象相比，略显域外色彩。这里值得一提的是，在比例上，观音、大势至的高度基本与坐佛一致（指从须弥座底至佛头顶），三尊像比例差别不大。这与莫高窟早期说法图中主尊与胁侍菩萨比例悬殊的构图不同，而与犍陀罗三尊像的模式保持一致。另外，堪为此例者，还有第 332 窟中心柱北向面初唐绘的大型站立式阿弥陀三尊像。①

三尊式中还有较为独特一类就是观音与药师、地藏的组合。在莫高窟尊像画中主要有两例，一为盛唐第 205 窟南壁的药师说法图（图 2—4）。此图中，药师佛左手托药钵，右手持九环锡杖，立于中间，左侧为观音，头戴三珠宝冠，并无化佛。右手前曲持柳枝，左手下垂提净瓶。另一为盛唐第 176 窟北壁绘制的药师、地藏、观音三尊像，其组合样式是药师居中，西侧观音，东侧地藏。此地藏右手作印契，左手托宝珠，榜题"南无地藏菩萨"等字。观音出现在药师说法图中，显然与二者在拔除众生一切痛苦烦恼、解救众生病

---

①　季羡林主编：《敦煌学大辞典》，上海辞书出版社 1998 年版，第 118 页，施萍婷撰"阿弥陀三尊"条。

痛等方面的相同职能有关。

（二）五尊式

此式为莫高窟较常见的组合，即在一佛二菩萨的三尊式基础上增加了二弟子的形象。初唐335窟东壁门上阿弥陀说法图中有一则发愿文为："垂拱二年五月十七日净信优婆夷高奉为亡夫及男女/见在眷属等普为法界含生敬造阿弥陀二菩萨兼阿难/□（迦）□（叶）像一铺妙□真容相好具足卅二圆满百福□□/……/……"[1] 其中"敬造阿弥陀二菩萨兼阿难/□（迦）□（叶）"的表述即表明了弟子与菩萨的身份和地位。这在五尊式图像中也得以体现。如弟子一般被安排在观音、势至身后，身材也较二菩萨矮

图2—4　第205窟南壁
药师说法图

小。五尊式组合明显地丰富了人物的个性，增强了画面的形式感与空间感。更重要的是，由于观音经常与老成持重的迦叶安排在一侧，使得观音的形象更加突出。这方面最典型的例子莫过于初唐第57窟北壁的说法图（图2—5）。此图中，下段绿色宝池中莲花绽开，上段菩提树旁飞天散花，中间佛陀坐于宝池中的莲台上说法，弟子菩萨两侧侍立。观音侧身立于佛左，花朵般的鬓发衬托出庄重而丰腴的面容，目光下视，澄心静虑，一副深入阐境之态。金冠、项圈、臂钏、手镯及戒指皆以金饰，与鸟羽饰锦天衣围裙互相辉映，庄严富丽，就连曲臂向前的持瓶手姿都颇具情态，其形象的塑造完全融入了整个说法图所表现的安静、祥和的氛围当中。另外，初唐第329窟东壁北侧双树阿弥陀说法图中（图2—6），双树、宝盖下阿弥陀结跏趺坐在莲台上，观音头戴化佛冠，上身半裸，

① 敦煌文物研究所编：《中国石窟·敦煌莫高窟》第三卷，文物出版社、株式会社平凡社1987年版，第227页。

图 2—5　第 57 窟北壁说法图　　图 2—6　第 329 窟东壁北侧说法图

图 2—7　第 12 窟窟顶北披说法图

斜披天衣，罗裙透体，腰缠锦绫。右手于胸前结印，左手前曲持绳索，呈三七面立于佛右，仪态沉静含蓄。尽管构图平整严谨，但从整个画面看，颇有僵板之嫌，域外特点明显，显然没有 57 窟说法图中透出的那种松弛感和诗意。

五尊式组合在晚唐还有出现。如第 12 窟窟顶北披的千佛中央，有一观无量寿佛说法图（图 2—7），主尊无量寿佛，结跏趺坐于莲花座上，左右二菩萨均无化佛、宝瓶等标志。右侧菩萨执柳枝、左侧菩萨持净瓶。佛两旁还有迦叶、阿难侍立。二供养菩萨执宝瓶、香

图2—8　盛唐第205窟南壁上部说法图

炉跪于佛座前。二童子伎乐天吹横笛、击拍板俱供养佛。画面简洁、内容齐备、绘制工整，与四周千佛交相辉映，颇有装饰之美。这种大面积千佛中央画说法图的表现方式，显然是与初唐第57窟、322窟等一脉相承的。

在五尊式说法图中，还有一种有别于佛呈坐姿、菩萨弟子呈站姿的形式，那就是五尊画像全为站姿。这是说法图的形式之一，谓之"立式，或经行式"①。以盛唐第205窟南壁上部阿弥陀说法图为例（图2—8）。图中阿弥陀立于宝池莲花台上说法，菩萨弟子侍于两旁。观音丰满端庄，头戴化佛冠，手提净瓶，项饰璎珞，着小团花裙，一派华丽富贵之相。其三曲式身姿，与佛弟子形成鲜明对比。立式说法图不仅增强了画面的动感，还因五位尊像的并排站立，使其倍感伟岸。相比而言，位居其下的供养人像就显得渺小卑微。

五尊式中也有观音与药师的组合。如中唐第220窟甬道南龛内南壁榜题药师佛说法图中（图2—9），药师佛立于莲花上，左手托药钵说法，两侧胁侍二弟子二

图2—9　第220窟甬道南龛内南壁榜题药师说法图

①　中国敦煌壁画全集编辑委员会编：《中国敦煌壁画全集5·敦煌初唐》，辽宁美术出版社、天津人民美术出版社2006年版，第30页。

图2—10   初唐第57窟南壁正中
阿弥陀说法图

菩萨。西侧榜题为"南无药师琉璃光佛观自在菩萨眷属□□普二为先亡父母",东侧榜题为"大悲救苦观世音菩萨敬国请信佛弟子敬国清一心供养"。根据榜题与手中净瓶看,佛右侧菩萨应为观音,此画简洁疏朗,色彩鲜艳,晕染痕迹明显,是研究唐人技法的好资料。

（三）一佛十菩萨二弟子二金刚力士组合

这一组合最具代表的例子就是初唐第57窟南壁正中阿弥陀说法图（图2—10）。图中佛陀结跏趺坐,内着僧祇支,外套田相袈裟,双手做说法状。观音、大势至等十菩萨及阿难、迦叶二弟子立于两侧,金刚力士护卫于前,护法狮子守于佛座前。菩提树上宝盖悬空,表现了法堂的庄严。飞天翱翔于彩云之中,给庄严的法堂增添了生动活泼的情趣。此画中的观音是敦煌壁画中观音美的代表,她头戴化佛冠,头饰、璎珞、环钏均沥粉堆金,与僧祇支精致的装饰花纹和绚丽的色彩相配合,呈现出金碧辉煌的风格。人物面部晕染纯为中原式,红润的色泽也显示了一定的立体感,细眉长目,鼻直唇红,肌肤细腻,体态婀娜,形象秀美,神情恬静。身后的阿难与四菩萨呈圆形围绕,好似有一道头光,整个画面主次分明,笔调清新。从阿弥陀说法的造像看,这一组合样式其实在隋代的金铜造像中就已被应用。如上海博物馆藏的隋代阿弥陀三尊像,就是一佛、二菩萨、二弟子（佚）、二供养人、二护法狮子的七尊形式（图2—11）；董钦造阿弥陀佛鎏金像为一佛、二菩萨、二力士、二护法狮子的五尊形式。① 也就是说,这一构图形式很有可能受到前代金铜造

---

① 李柏华：《隋代三件阿弥陀佛整铺造像之解析》,《文博》2010年第2期。

像样式的影响。①

（四）多尊式

即是指个别人物众多、场面宏大的阿弥陀说法图。盛唐第 205 窟南壁北侧的阿弥陀三尊说法图（图 2—12），有菩萨、弟子、金刚力士等圣众近 40 身。画中阿弥陀佛居中，观音、大势至分别坐于两侧莲台之上，由于标识不清，无法辨认哪位是观音。但总体而言，两位菩萨头盘

图 2—11　上海博物馆藏的隋代阿弥陀三尊像

高髻，戴莲花三珠冠，冠缯长垂，面颊丰润，秀眉俊目，双唇紧闭，神态温柔娇雅，均堪称美的化身。此画从形式到规模，都较其他说法图复杂，明显具有经变色彩，可看作是由阿弥陀说法图向净土图转变的例证。其中的观音形象也由说法图中常见的站姿向净土经变中的坐姿过渡。另外，初唐第 332 窟东壁南侧还有阿弥陀三尊五十菩萨图（图 2—13）。据《集神州三宝感通录》载，昔天竺鸡头摩寺五通菩萨，往西方求阿

图 2—12　第 205 窟南壁北侧阿弥陀说法图

---

① 樊锦诗在《敦煌学大辞典》"说法图"条中说，隋代说法图的人物组成中增加了弟子像，唐代增加了天王、龙王、金刚力士等，这就说明敦煌壁画说法图中金刚力士、菩萨、弟子等组成要比金铜造像中同类组合晚。见季羡林主编《敦煌学大辞典》，上海辞书出版社 1998 年版，第 94 页。

图 2—13　第 332 窟东壁南侧
阿弥陀三尊五十菩萨图

弥陀佛赐降佛形象，即此一佛五十菩萨各坐莲花像。类似的画面亦见于日本法隆寺。①

在上述说法图中，观音均以胁侍菩萨身份出现。而初唐第 332 窟东壁门上的说法图则有所不同（图 2—14）。画面表现了观音作为主尊在布呾洛迦山说法的场景。据《大唐西域记》卷十载：

> 秣剌耶山东有布呾洛迦山，山径危险，岩谷敧倾，山顶有池，其水澄镜，流出大河，周流绕山二十匝，入南海。池侧有石天宫，观自在菩萨往来游舍。②

图 2—14　初唐第 332 窟东壁门上观音说法图

①　敦煌文物研究所编：《中国石窟·敦煌莫高窟》第三卷，文物出版社、株式会社平凡社 1987 年版，第 231 页。

②　唐·玄奘撰，周国林注译：《大唐西域记》，岳麓书社 1999 年版，第 578 页。

此图中观音结"吉祥坐"坐于宝池中的莲花座上，神态安详，冠中无化佛，手结说法印。化生菩萨荡漾在绿波之中围绕听法，莲花盛开，水中泛起阵阵涟漪，或许就是布呾洛迦山顶之池。蓝色天空中，化佛凌空而至。整个画面人物安排一字展开，略呈弧形，为七尊式组合，但与其他七尊式不同的是，主尊与听法菩萨均坐于池中莲座上，听法菩萨及水中波纹表现的动感与观音的宁静相互辉映，静谧而优雅。

第三节　观音、地藏的组合样式

在探讨说法图中的观音画像时，我们提及一类不同于释迦三尊像与阿弥陀三尊像的组合样式，即观音、药师、地藏组合。如前所述，观音出现在药师说法图中，应与二者在拔除苦恼、解救病痛等方面的相同职能有关。但由这一组合反映的观音与地藏之关系，则是自唐以来观音信仰及其样式组合上的新变化。故在此做一附述。

一　现世拯救与地狱拯救的结合

中国的冥世观念早已有之，佛教传入后，其地狱观念也一道融入了华夏思想之中。早在汉末安世高所译的佛教经典中，言及地狱内容者就有若干。[①] 南北朝时期，随着佛教在中国的空前发展，地狱观念在中国民众中得到了普及。但这一观念也与佛教本身一样，在中国经历了一个被选择、接受和吸收的过程。从现有资料来看，这一过程的最后完成大约是在初唐时期。例如善导曾大谈地狱诸苦，使众弟子"心惊毛竖，怖惧无量"[②]；僧人惠宽曾宣讲《地狱经》，"大众闻皆流汗"[③]；画家吴道子在景云寺绘地狱变相图，使

---

① 如《佛说罪业应报教化地狱经》、《佛说分别善恶所起经》、《佛说十八泥犁经》、《佛说骂意经》、《佛说鬼问目连经》等。以上均见《大正藏》卷十七。

② 唐·善导：《转经行道愿往生净土法事赞》卷上，《大正藏》第47册，No. 1979。

③ 唐·道宣：《续高僧传》卷二十《唐益州净慧寺释惠宽传》，《大正藏》第50册，No. 2060。

京都屠沽鱼罟之辈"惧罪改业","率皆修善"①。凡此种种,无一
不表明地狱观念在初唐时期已经深入人心。然而,这种观念的盛
行,并不是让人们"领略"地狱的阴森恐怖,而是使这一时期的人
们比以往任何时候都需要地狱拯救。因为,地狱观念的深入,使人
们认识到冥府的终极审判不可避免,所以,对唐人而言,在继续注
重解脱现实苦难的同时,更加注重如何避免死后堕入地狱的问题。
可以说,如何免去自身的罪责而逃脱死后审判和地狱受苦,便是时
人人生重要的问题之一。② 于是,人们把地狱拯救的全部希望寄托
在地藏菩萨身上。因为从唐代及后世有关地藏的经典、感应故事、
造像以及造像题记来看,地藏菩萨的主要功能不仅在于地狱拯救,
还在于监督阎王执法,是地狱终极审判中公平正义的化身。如敦煌
中晚唐时期的写卷《佛说地藏菩萨经》(S. 197) 中就说到地藏菩
萨见地狱中受苦众生"受诸苦恼,无有休息。地藏菩萨不忍见之,
即从南方来到地狱中,与阎罗王共同一处,别床而坐。有四种因
缘:一者恐阎罗王断罪不凭;二者恐文案交错;三者未合死;四者
受罪了,出地狱池边"。在藏经洞发现的《地藏十王图》(晚唐五
代),就是对地藏菩萨地狱拯救功能的很好表现。

其实,地藏菩萨除了地狱拯救和监督审判的功能外,还有拯救
现世苦难的功能。如玄奘于唐高宗永徽二年(公元 651 年)重译的
《十轮经》中宣扬了地藏菩萨救苦救难,为方便说法而有四十四变
化身。这与《法华经》"观世音菩萨普门品"中观音救苦救难、变
化诸身的作用几乎一样,甚至篇幅也大致相等,可谓"地藏菩萨普
门品"。③ 而观音也具有地狱救度性格:"十方诸国土,无刹不现
身,种种诸恶趣,地狱鬼畜生。"这说明观音与地藏在悲悯和救难
方面有着一定的相似性。正因如此,在中古民众心目中,这两位菩

---

① 唐·朱景玄:《唐朝名画录》,载何志明、潘运告编《唐五代画论》,湖南美术
出版社 1997 年版,第 85 页。

② 参见姚崇新、于君方《观音与地藏——唐代佛教造像中的一种特殊组合》,《艺
术史研究》第十辑,中山大学出版社 2008 年版,第 474 页。

③ 参见王惠民《地藏信仰与地藏图像研究论著目录》,《敦煌学辑刊》2005 年第
4 期。

萨常常被视为强有力的拯救者而联系在一起。但我们从有关观音功能的资料记载和以上对地藏信仰的论述来看，同样是拯救者，观音以拯救现实苦难为主，而地藏则以地狱救度为主。由于人们在思考终极关怀的同时，并没有忘却对现世的关怀，所以在唐以来，观音和地藏在现世拯救与来世拯救方面便有了自然的分工。二者在现世与来世上的分工，非但没有削弱他们的拯救功能，反而使其关系更为紧密。因为只有二者分工协作，人们在生前和死后的苦难才会得以圆满的解救。所以，观音和地藏在悲悯和救难功能上的相似性以及人们对二者信仰的整合是观音地藏组合样式出现的原因之一。①除此而外，观音与地藏组合的另一主要原因就是净土信仰与地藏信仰的结合。

二　净土往生与地狱拯救的结合

从现有造像资料看，唐代以来，观音与地藏组合的另一主要样式就是所谓的"新西方三圣组合"②。也就是随着地藏信仰的兴起，地藏菩萨取代了大势至，从而与观音一道出现在阿弥陀的两侧，使原有的三圣模式发生了变化。而这正是净土与地藏信仰关系发生变化的反映。

众所周知，入唐以来，阿弥陀净土信仰空前流行。其主要动机和目的就是永隔三涂（轮回畜生、饿鬼、地狱三道）诸苦，以期死后往生西方净土。实现途径则是念诵阿弥陀名号的方便法门。也就

---

① 在这一问题上，多数学者都有相似的观点。如美国学者 Zhiru Ng 认为在中古民众的心理，观音与地藏常被视为强有力的拯救者而联系在一起。见 Zhiru Ng, *The Formation and Development of the Dizang Cult in Medieval China*, Ph. D. dissertation, University of Arizona, 2000, p. 183。尹富先生认为，地藏的救济范围与观音相似，当时的信众很可能是通过观音来认识和理解地藏。因而在信仰心理上，将二者并列崇拜，以求叠加的效果，见尹富《中国地藏信仰研究》，博士学位论文，四川大学，2005年。王惠民先生认为，观音和地藏在救难和方便说法等方面的相似性以及二者分工合作，是观音地藏组合像出现的原因，见王惠民《地藏信仰与地藏图像研究论著目录》，《敦煌学辑刊》2005年第4期。姚崇新和于君方先生认为观音地藏组合造像是观音信仰与地藏信仰一定程度整合的反映，见姚崇新、于君方《观音与地藏——唐代佛教造像中的一种特殊组合》，《艺术史研究》第十辑，中山大学出版社2008年版，第485—488页。
② 此命名见于姚崇新、于君方《观音与地藏——唐代佛教造像中的一种特殊组合》一文，《艺术史研究》第十辑，中山大学出版社2008年版。

是说，在净土理论中，不论何人，只要临终时诵念阿弥陀名号，均可"与三涂诸苦永隔"。既然如此，在阿弥陀净土法门中，地狱拯救的环节便可以忽略不计，甚至在一些上层僧侣看来，地藏菩萨的地狱拯救在净土法门中根本不需要①，那么，为什么还会出现地藏与观音、阿弥陀的组合造像呢？这只能从信众的信仰心理寻找答案。

在中国人的心里，地狱与天堂总是结伴而行，尤其是在佛教传入后，宣教者往往怖以地狱，诱以天堂，用因果报应、天堂地狱来鼓动信众。② 所以，每当地狱观念深入人心之时，也是天堂观念深入人心之时，人们因对地狱的极度畏惧而产生了对天堂的极度向往。可以说，净土信仰在唐代的空前高涨，正是地狱观念深入人心的间接体现。而把地藏与净土相结合，正是人们不能释然于阿弥陀佛过于简单的法门，并以期弥补地狱救度这一中间环节的心理所致。③

以下两则资料可以帮助我们认识地藏在向净土靠近时所发生的变化：

> 长寿二年四月廿三日，任智满为亡母敬造弥陀像、地藏菩萨、观音菩萨，愿亡母往生西方。④

> 若有人造地藏菩萨像，写地藏菩萨经，及念地藏菩萨名，此人定得往生西方极乐世界。此人舍命之日，地藏菩萨亲自来

---

① 唐·窥基：《西方要决释疑通规》中说："念地藏名，苦中望救。今劝专心念佛，誓往西方。大命将终，诸佛来应。既生净国，永绝三涂。苦事不经，无劳请救也。"见《大正藏》第47册，No. 1964。

② 参见侯旭东《五、六世纪北方民众佛教信仰》，中国社会科学出版社1998年版，第66—68页。

③ 参见姚崇新、于君方《观音与地藏——唐代佛教造像中的一种特殊组合》，《艺术史研究》第十辑，中山大学出版社2008年版，第490、492页。姚、于二位先生认为，唐代以来，地狱观念的不断深入，使得人们越来越认识到地狱的终极审判不可避免，于是对净土所倡导的过于简单的方便法门产生了怀疑，因为单靠称颂阿弥陀或无量寿佛就能直接往生净土这一逻辑，似乎总是缺少中间环节，也就是在终极审判之后，如何往生净土的问题。

④ 龙门石窟研究所编：《龙门石窟碑刻题记汇录》，中国大百科全书出版社1998年版，第280页。

迎，常得与地藏菩萨共同一处。问佛所说，皆大欢喜，信
受奉行。①

第一则材料反映了地藏、观音和阿弥陀组合造像的终极愿望是
期生西方净土；第二则表明地藏菩萨不但可以满足往生西方极乐世
界的愿望，还具有了接引菩萨的功能，同时承担了地狱拯救和导引
往生的双重任务。合而论之，地藏在完成地狱拯救与终极审判的监
督工作之后，直接引导人们去往西方乐土。在这一环节上，地藏因
担负了救度—送—接引的多重任务而代替了大势至，与观音一道充
当了接引菩萨的角色。

至此，我们较为清晰地看到，地藏信仰与净土信仰的结合是地
藏进入西方三圣组合，从而构成观音、地藏另一组合样式的另
一原因。

三　莫高窟唐代观音与地藏组合画像

有关观音、地藏组合画像的记载较早出现在宋代僧人常瑾的
《地藏菩萨像灵验记》中。其"梁朝善寂寺画地藏放光之
记"条载：

> 梁朝汉州德阳县善寂寺东廊壁上，张僧繇画地藏菩萨并观
> 音各一躯，状若僧貌敛披而坐，时人瞻礼，异光焕发。②

这一记载，虽把观音与地藏同时提及，但不见于早期画史，所
以还当存疑。从造像遗存看，唐代净土、观音及地藏信仰的盛行使
得观音与地藏组合的造像大量出现于龙门、彬县大佛寺、邯郸响堂
山及巴蜀地区的石窟寺与摩崖雕刻中，③ 且于开元天宝年间基本形

---

① 《佛说地藏菩萨经》，《大正藏》第 85 册，No. 2909。
② 《续藏经》第 87 册，No. 1638。
③ 参见罗世平《地藏十王图像的遗存及其信仰》，载荣新江主编《唐研究》第四卷，
北京大学出版社 1998 年版，第 379 页；姚崇新、于君方《观音与地藏——唐代佛教造像中的
一种特殊组合》，《艺术史研究》第十辑，中山大学出版社 2008 年版，第 469—470 页。

成定制。① 而这一样式无疑也遍及西北边陲。如唐景云二年（公元711年）《凉州卫大云寺古刹功德碑》载：

> ……山门内各画神王二，东西两门各画金刚。其后地狱变，中观音菩萨二地藏，一齐空放光，久而不灭……②

这充分说明了唐代河西一带观音与地藏组合在寺院中的绘制情况。作为佛教圣地的莫高窟，观音、地藏的组合画像在初唐、盛唐、中唐也曾盛极一时，晚唐时期似乎沉寂，不再出现，这一变化正说明了地藏信仰在唐代的盛衰情况。③

据王惠民先生统计，唐前期地藏与观音的组合有6例，均为盛唐时期作品，分别是第32、116、122、166、176、205窟。④ 中唐时期观音与地藏的组合像有13例，分别是第26窟南壁东侧、第26窟南壁西侧、第32窟南壁西侧、第33窟东壁门南、第45窟龛外北侧、第115窟南壁、第115窟北壁东侧、第126窟东壁门南、第197窟南壁、第199窟东壁门南、第201窟南壁西侧、第225窟南壁龛外东侧、第379窟东壁门南。⑤

从笔者所掌握的资料来看，莫高窟观音与地藏的组合主要有以下几种方式。

其一，观音与地藏均为立像，并列而画为二尊式组合。目前笔者所见到的图片是莫高窟第45窟东壁门北中唐画观音与地藏相并而

---

① 参见罗世平《地藏十王图像的遗存及其信仰》，载荣新江主编《唐研究》第四卷，北京大学出版社1998年版，第376页。
② 清·董诰等编：《全唐文》卷二百七十八，中华书局1983年版，第2822页。
③ 五代以后观音地藏组合还有延续，并且出现了披帽地藏与水月观音的组合，如第6、331窟，但总体来讲，莫高窟的画像表明，晚唐以后，地藏信仰日渐衰落，观音与地藏结合样式也随之减少。
④ 王惠民：《唐前期敦煌地藏图像考察》，《敦煌研究》2005年第3期。
⑤ 王惠民：《中唐以后敦煌地藏图像考察》，《敦煌研究》2007年第1期。由于王惠民统计的着眼点在于地藏图像，其对窟内位置的表述均以地藏菩萨所在位置为主，所以，对中唐以后观音与地藏组合中观音的位置未做说明，由此，对部分洞窟中二者的具体组合样式也难以确定。

立（图 2—15）。观
音头戴宝冠①，身披
红色袈裟，双眉高
扬，双目下视，左手
举于胸前，右手托一
绿色宝盒。地藏菩萨
也双目下视，作慈悯
像，左手托一宝珠，
右手持物已不可见，
右肩所披袈裟，衣纹
晕染较细。盛唐第
166 窟东壁门南画观

图 2—15　第 45 窟东壁门北侧地藏、观音组合

音、地藏立像，中间榜题可见"救苦观世音菩萨"、"地藏菩萨"
字样。第 197 窟是盛唐未完工窟，东壁门南北侧画头戴化佛冠观音
像一身、地藏立像一身，也当属此类。

　　其二，观音、地藏、金刚杵菩萨三尊式组合。如晚唐第 196 窟
东壁门上（图 2—16），画面中间是观音菩萨，头戴化佛冠，手执
净瓶，结跏趺坐于水池莲座上，圆光后是普陀珞珈山。左侧为金刚
杵菩萨，执金刚杵为众生消除魔障。右侧是地藏菩萨，形似比丘，
右手执如意珠，左手施无畏印，均呈坐姿。两下角画有二供养菩萨
二明王像。② 三菩萨形象不同，各有专司，分别救护众生世间与地
狱一切苦难，画于库门上方，信徒出入皆可观照，在内容与形象设
计上非常完美。

---

　　①　王惠民先生在统计时，把第 45 窟东壁门北与第 153 窟龛内北壁的地藏与菩萨组
合像作为单独的两例列出，是因为其中的菩萨不具备观音的标志。但他同时也认为，由
于观音有时也是宝冠，所以此二例中的菩萨也有可能是观音。见王惠民《中唐以后敦煌
地藏图像考察》，《敦煌研究》2007 年第 1 期。但其他的出版物则把第 45 窟中的组合定
为观音与地藏组合。如敦煌研究院、江苏美术出版社编《敦煌石窟艺术·莫高窟第四五窟
附第四六窟（盛唐）》，江苏美术出版社 1993 年版。
　　②　王惠民认为，第 196 窟东壁门上画菩萨说法图 1 铺（未定名），主尊化佛冠，北
侧胁侍菩萨、南侧地藏。王惠民：《中唐以后敦煌地藏图像考察》，《敦煌研究》2007 年
第 1 期。

图2—16　第196窟东壁门上观音、地藏、金刚杵菩萨组合

其三，地藏居中，观音位于旁侧，均作立像的三尊式组合。如第176窟便是如此（图2—17）。此窟属于盛唐未完成窟，壁画多数属于中唐，其中东壁门南画三尊立像。地藏居中，南侧为观音，头戴化佛冠，左手下垂提净瓶，右手前屈持杨枝。北侧菩萨头戴宝冠，左手托花瓶，右手持杨枝。这种地藏居中的表现，显示了地藏信仰的兴盛。

其四，观音与地藏分别画于东壁门南北两侧。如盛唐第116窟东壁门南观音立像一身，头戴化佛冠。对应门北为地藏像。盛唐第122窟东壁门南观音立像，头戴化佛冠。对应门北，地藏立像，双手持锡杖。

其五，观音与地藏分别画于龛外两侧，均作立像。这种组合样式在某种情况下其实就是我们前面所说的"新西方三圣组合样式"，与一般绘塑结合之西方三圣样式一样，但正如前文所述，地藏代替了大势至，体现了地藏信仰与净土信仰的糅合。① 如第45窟龛外北侧画地藏菩萨，南侧则画观音菩萨。第225窟为盛唐未完工的窟，

①　这种情况当然是在确定龛内主尊为阿弥陀的情况下才得以成立。

三壁开龛，其中南壁龛内盛唐画，龛外西侧中唐画化佛冠菩萨立像，榜题："南无观世音菩萨"。龛外东侧画比丘立像，榜题："南无地藏菩萨。"左手托宝珠，右手施无畏印。

其六，观音、地藏、药师三尊式组合。这一组合前文已经提到，除此而外，见于相关资料的观音、地藏组合还有：盛唐第 32 窟东壁门北的十一面六臂观音、观音、地藏组合，画面正中为十一面六臂观音立像，北侧地藏立像，南侧观

图 2—17　第 176 窟东壁门南地藏观音三尊像

音立像，头戴化佛冠，地藏、观音的形象较小。对应门南观音、药师各一身。集美博物馆有一幅画描绘一个十二头六臂的观音，站在戴着旅行者头巾的地藏之旁。另一幅画描绘地藏和千手千眼观音。① 敦煌一些幡画上，也有不同构图的观音和地藏组合，具体有：①千手观音像，在其下部有地藏菩萨，并有供养人像。②有十王的地藏菩萨像，图中有引路观音菩萨和供养人。③观音和地藏菩萨像，这是一种印度式单纯红色的画，图的下部有十王像和供养人。④千手观音和地藏菩萨十王像。②

以上对唐代观音所在说法图的各种组合样式及其每一种组合背后的信仰融合与转化等做了总体的勾画。从中我们不难看出，从信仰上讲，观音从释迦三尊进入阿弥陀信仰之中，进而又与药师信仰、地藏信仰等相融合，以其特殊的职能游走于多种信仰之中；从

---

① ［法］劳合·福奇兀：《伯希和在敦煌收集的文物》，杨汉章、杨爱程译审，《敦煌研究》1990 年第 4 期。

② ［俄］鲁多娃·M. A.：《观音菩萨在敦煌》，张惠明译，《敦煌研究》1993 年第 1 期。

其所在的说法图式上讲，观音组合尽管出现了三尊、五尊、七尊等形式的树下说法图，但其在表现形式上与犍陀罗三尊有许多相同之处；从其本身的图像特征讲，尽管长期的演变使其入唐以后，在身份与图像标识上得以相对固定和一致。但在唐代观音画像中，冠中化佛也时有时无，手中持物还是变化多样。正如日本学者东山健吾所说，敦煌壁画"在特定图像上并不拘泥于一种形式的情况，一直延续到 7 世纪初"①。但我们从观音形象及相关的其他图像来看，可以说这一现象始终贯穿在敦煌莫高窟之中。

---

① ［日］东山健吾：《敦煌莫高窟佛树下说法图形式的外来影响及其变迁》，贺小萍译，《敦煌研究》1991 年第 1 期。

第三章

莫高窟唐代经变画中的观音画像

　　"经变"亦称"变"或"变相",其定义向来是学界广为关注的问题之一,尤其是它与变文的关系更是聚讼不休。本书无力陷入这一讨论之中,但有几点应该明晰:其一,从词义上讲,唐代佛教典籍与艺术范畴中"变相"之"变",主要还是沿用了该词的神变、变现之义;① 其二,从表现内容来讲,广义的"变相"包括"经变"、佛教故事变相与佛教人物变相;② 其三,从表现形式看,从盛唐开始,"变"与"变相"所指的主要是宗教性的、复杂的绘

---

　　① 关于变相之"变",学界主要有三种解释:一是变更、改变说。持此说者有郑振铎、周绍良、施萍婷等,他们的共同点是认为"变相"主要指将经文变更、改变为图像。二是梵语翻译说。如周一良、关德栋、饶宗颐等,他们的共同点是认为"变"是由对应的梵语翻译而来。三是傅芸子、孙楷第、程毅中等人提出的神变、变现说。他们认为"佛家所谓变,就是显现出某种幻境,又称变现","变相就是变现出来的景象,所以人们就把描绘这种变相的图画也叫变"(程毅中语)。于向东在对前人各种说法进行梳理的过程中,从我国两汉时期的世俗典籍以及后来的佛教典籍、佛教艺术论著等方面加以考察,认为唐代佛教典籍与艺术范畴中"变相"之"变",主要还是沿用了该词的神变、变现之义。见于向东《敦煌变相与变文研究》,甘肃教育出版社 2009 年版,第 26—38 页。笔者认为,神变与变现是宗教艺术与世俗艺术的区别之一。从存世的画史画论看,被称为变相的一般均指宗教内容而非世俗内容。而这也正是体现宗教神秘感的主要方面所在,故而,神变、变现说还是颇有道理的。

　　② 广义的变相是指"凡依据佛经绘制之画",而经变,既有别于本生故事画、因缘故事画、佛传故事画,又有别于单身尊像,专指将某一部分乃至几部有关佛经之主要内容组织成首尾完整、主次分明的大画。见施萍婷《敦煌经变画略论》,敦煌研究院编《敦煌研究文集·敦煌石窟经变篇》,甘肃民族出版社 2000 年版,第 1 页;另见季羡林主编《敦煌学大辞典》,上海辞书出版社 1998 年版,第 82 页。于向东先生直接把变相分为经变、佛教故事变相与佛教人物变相三类。见于向东《敦煌变相与变文研究》,甘肃教育出版社 2009 年版,第 38 页。

画表现形式。① 在敦煌壁画中，"变相"仅指"经变"，专指将某一部分乃至几部有关佛经之主要内容组织成首尾完整、主次分明的大型绘画，即经变画。②

经变画是莫高窟入唐以来极为兴盛的佛画种类之一。据统计，在莫高窟共有的 33 种经变中，唐代就有 27 种。而在这些经变中，内有观音画像者，主要有西方净土变（无量寿经变、阿弥陀经变、观无量寿经变）、密教观音经变（如意轮观音经变、不空羂索观音经变、千手千眼观音经变）和观音经变，这三类经变在莫高窟不仅持续时间长，而且数量大。密教观音经变后有专章论述，故本章主要就西方净土变和观音经变中的观音画像及其相关内容做一探讨。

第一节　净土经典的输入与净土往生型观音信仰的盛行

在观音信仰的研究中，学者们多把净土往生型视为古代印度观音信仰发展历程中的第一个阶段，由此出发，认为后世的观音信仰都是以此为源头发展而来的。③ 但也有学者通过对印度早期观音造像及相关经典的研究，认为救难型信仰是观音信仰的最初形态，而净土型观音信仰中接引众生脱离苦海的内容则是现世救难信仰的自然延伸。而且根据净土经典，观音也只有在人间修行圆满之后，才

---

①　巫鸿先生通过研究认为："从盛唐开始，变和变相使用更加严格，两词不再指雕刻，而仅仅能用来指绘画。在绘画之中，所指的主要是复杂的佛经绘画而非单体偶像，包括图绘的单体偶像。"见［美］巫鸿《礼仪中的美术——巫鸿中国古代美术史文编》，郑岩、王睿编，郑岩等译，生活·读书·新知三联书店 2005 年版，第 350 页。但根据于向东的研究和资料，隋唐以后，绘画虽然是变相采用的主要表现形式，但其他形式如雕塑、刺绣等还是比较常见。见于向东《敦煌变相与变文研究》，甘肃教育出版社 2009 年版，第 35 页。

②　季羡林主编：《敦煌学大辞典》，上海辞书出版社 1998 年版，第 81—82 页，施萍婷撰"经变"、"变相"条。

③　持此观点者多为外国学者，如日本的后藤大用、美国东方大学哲学博士圣印法师及西方学者 Soper 等，详见［日］后藤大用《观世音菩萨本事》，黄佳馨译，台湾天华出版社 1994 年版，第 252 页；圣印《普门户户有观音——观音救苦法门》，台湾圆明园出版社 1992 年版，第 24 页。

得以往生西方并执行净土接引任务。① 对于这一问题，本书在前章论述中已明确了赞同后者的态度，接下来的问题就是印度净土型观音信仰及经典是如何输入我国、发展演变并对净土经变的绘制产生影响的。

关于净土信仰在印度最早产生的时间，因相关资料的缺乏，也是学界颇有争议的一个话题。如日本学者滕田弘达认为大约于公元200年以前形成了西方净土思想，其中"《无量寿经》是公元1—2世纪库欣王朝时坎达拉地方的化地部教团结集的，《阿弥陀经》则在此之后形成于北印，《观无量寿经》集成较晚，应是4世纪末形成于西域地方"②。印顺法师认为阿弥陀佛净土信仰与波斯宗教很接近，并推测阿弥陀净土思想是以大夏（Thohkar）的缚喝，即今天的Balkh为中心而发展起来的。③ 不论如何，从中国的译经史来看，体现阿弥陀信仰的经典早在东汉末就已传入中土。④ 而最为著名，且最能代表净土往生信仰的主要经典便是被称为"净土三经"的《无量寿经》、《阿弥陀经》和《观无量寿经》。如下就对此三经略做介绍。

其一，《佛说无量寿经》，又名《大无量寿经》，据经录所载，此经前后有十二译，五存七缺。现存五经中，以三国时魏嘉平四年（公元252年）康僧铠之译本最为著名。该经叙述过去自在王时，有一国王闻佛法出家，号法藏，他立下庄严国土、利乐众生的四十八大愿，累积德行，于十劫前成佛，号"无量寿"，成就无量功德庄严的安乐净土，众生分上、中、下辈往生彼国。在此经中，观音

---

① 持此观点的有如日本学者滕田弘达，他认为，印度佛教中的净土思想是在原始《般若》、《法华》等经典出现以后形成的大乘佛教中的另一个重要的思想潮流。这一观点实际上也间接否定了净土观音信仰为最早观音信仰形态的看法。滕田弘达之观点参见孙昌武《中国文学中的维摩与观音》，高等教育出版社1996年版，第79—80页。另外，对此问题有深入研究的还有中国学者李利安，详见李利安《观音信仰的渊源与传播》，宗教文化出版社2008年版，第79—84页。

② 孙昌武：《中国文学中的维摩与观音》，高等教育出版社1996年版，第80页。

③ 参见李利安《观音信仰的渊源与传播》，宗教文化出版社2008年版，第89—90页。

④ 有学者认为东汉支娄迦谶所译的《般舟三昧经》，是最早出现阿弥陀信仰的经典。孙昌武：《中国文学中的维摩与观音》，高等教育出版社1996年版，第80页。

是彼佛国中的"一生补处菩萨①",即谓经过此生,来生补前佛位处之菩萨。经中如此描述:

> 佛告阿难:"彼国菩萨,皆当究竟一生补处。除其本愿,为众生故,以弘誓功德而自庄严,普欲度脱一切众生。阿难,彼佛国中,诸声闻众身光一寻,菩萨光明照百由旬。有二菩萨最尊第一,威神光明,普照三千大千世界。"阿难白佛:"彼二菩萨其号云何?"佛言:"一名观世音,二名大势至,是二菩萨,于此国土修菩萨行,命终转化生彼佛国。"②

其二,《阿弥陀经》,又名《无量寿经》、《小无量寿经》、《小经》,后秦鸠摩罗什弘始四年(公元 402 年)译。此经说:"从是西方过十万亿佛土,有世界名曰极乐。其土有佛,号阿弥陀",此佛之所以名为"阿弥陀",是因为"彼佛光明无量,照十方国无所障碍","彼佛寿命及其人民,无量无边阿僧祇劫"③。其所在的西方极乐世界有种种妙胜庄严与功德,信众若执念阿弥陀名号,心不颠倒,即得往生阿弥陀佛极乐国土,安享诸乐。《阿弥陀经》虽然为净土三经之一,但经中并未提及观音,这从侧面证明了净土往生型观音信仰并非与阿弥陀净土信仰一样悠久。

其三,《观无量寿佛经》,此经为南朝宋元嘉年间(公元 424—453 年)畺良耶舍所出。经中讲述印度摩揭陀国国王因年老无子,特请相师占卜,相师说,山中有一道人,死后将投胎转世为太子。国王求子心切,派人杀死道人,道人死后转世为兔子,国王又钉死兔子,不久王后果然怀孕,生下太子,名阿阇世。阿阇世长大后,夺王位,囚父王,母亲韦提希夫人探望国王并偷偷为其送饭,阿阇

---

① 《佛学大辞典》"一生补处"条云:"原为'最后之轮回者'之义。谓经过此生,来生定可在世间成佛,略称补处,即指菩萨之最高位——等觉菩萨"。丁福保《佛学大辞典》"补处"条云:"前佛既灭后,成佛而补其处是名补处。即嗣前佛而成佛之菩萨也,隔一生而成佛,则谓之一生补处。"
② 三国魏·康僧铠译:《佛说无量寿经》,《大正藏》第 12 册,No. 0360。
③ 十六国后秦·鸠摩罗什译:《佛说阿弥陀经》,《大正藏》第 12 册,No. 0366。

世得知后，遂幽禁母亲，此即"未生怨"。韦提希夫人向佛祖祈祷，愿往生净土，释迦为其说阿弥陀净土之无限美好，教其"十六观"法，并述九品往生法门。这是表现观佛思想的经典，就观音信仰而言，此经不仅描述了观音、势至在形象上的区别，明确了二菩萨作为阿弥陀胁侍的身份，使之成为"西方三圣"的依据，还介绍了观音的观想法门与彼岸接引职责，可以说是净土三经中提及观音最多的经典。

　　统观净土三经，其主要内容无非两点，即尽情渲染西方乐土之美妙、庄严、功德以及苦难世界的众生如何到达彼国的往生法门。而观音在这一体系中的角色则主要有四：其一，他是阿弥陀佛的上首弟子，在净土神团体系中，与大势至一道侍佛左右，合称"西方三圣"；其二，其身相可供信众观想，由此引导众生往生极乐净土；其三，他在西方极乐世界的任务是协助阿弥陀佛说法并接引众生前往极乐世界；其四，他在净土系统中的未来命运是"一生补处菩萨"，即将继承阿弥陀佛而成为西方极乐世界的教主。由此可见，"净土体系中的观音信仰，主要体现在对观音作为阿弥陀佛胁侍和助手这种角色的认同，对观音殊妙身相的热爱与观想，对观音接引的期盼和对观音各种庄严法物如莲台等的向往，以及对观音未来成佛的坚信"[1]。所以，"观音在净土系宗教实践中并不占主要地位，他的存在始终是与阿弥陀佛联系在一起的"[2]。

　　由于魏晋以来动荡、战乱的社会环境并非追求往生净土的理想土壤。所以，在净土经典及净土型观音信仰传入中国的很长一段时间内，并未广泛流行。直到东晋，这一信仰才逐渐被推广，至唐时大为兴盛。而在此期间，几位大师的阐释与推动至关重要，不得不提。

　　第一位是东晋的慧远（公元334—416年），他倡导"念佛为先"，并于元兴元年（公元402年），与刘遗民、雷次宗、周续之、毕颖之、宗炳等123人，在庐山般若台精舍阿弥陀佛像前，建斋立誓，结社念佛，共期往生西方。他们的倡导与实践，使净土信仰开

---

① 李利安：《观音信仰的渊源与传播》，宗教文化出版社2008年版，第91页。
② 同上。

始流传，但却没有获得广泛的传播。

第二位是东魏的昙鸾（公元476—542年），他早年皈依释门，研习佛理，但恨生命短促，遂于梁大通中（公元527—528年）南游，向著名道士陶弘景求长生不死法。北魏永安二年（公元529年）辞还魏境，行至洛阳，遇菩提流支，流支"即以《观经》授之曰：'此大仙方，依之修行当得解脱生死。'鸾寻顶受"①。他对净土系观音的品格、地位以及在接引众生往生方面的作用给予了充分的肯定，还把阿弥陀佛与观音比作君臣，对二者的关系做了进一步发挥。昙鸾的净土思想实际上杂糅佛道，追求延年益寿、长生不死之法，已经是中国化了的净土思想。除此而外，他还把净土型和救难型观音信仰联系起来，并对慈悲、般若和方便三者的关系作了论述。他的此等贡献，推动了南北朝时期观音信仰尤其是净土信仰的发展，使此期有关净土观音的感应信仰与造像开始流行，而前章所述诸多阿弥陀三尊造像的出现，也与此有着密切的关系。

第三位是隋代的智顗（公元538—597年），他在昙鸾的基础上明确提出口唱心念相结合的修行捷径。这对扩大阿弥陀净土信仰的影响起到了推动的作用。在有关观音信仰的问题上，他将三圣的关系比作国王与随从："二大士是眷属庄严，如王来即有营从，有佛必有菩萨也。"②并对观音势至的形象以及观音观等做了进一步阐释，如"但观手相者，有作头首解者，上言观音头上，天冠中有一立化佛，势至头上有宝瓶，以此为别。作手解者，上云其手柔软，有八万四千画，以此宝手接引众生"③。并在《净土十疑论》④中尽力拉近信徒同西方世界的距离，给人以可靠实在的心理感受。

第四位是隋唐之际的道绰（公元562—645年），把口唱心念简化成口唱念佛，信之者益众，史称："自绰宗净业……熔铸有识，师训观门，西行广流，斯其人矣。"⑤道绰在拉近信徒同西方世界的

① 唐·道宣：《续高增传》，《大正藏》第50册，No. 2060。

② 隋·智顗：《观无量寿佛经疏》，《大正藏》第37册，No. 1750。

③ 同上。

④ 隋·智顗：《净土十疑论》，《大正藏》第47册，No. 1961。

⑤ 唐·道宣：《续高增传》，《大正藏》第50册，No. 2060。

距离方面也做了一定的努力，他说："阿弥陀佛与观音、大势至，先发心时，从此界去，于此众生偏是有缘，是故释迦处处叹归。"①就是说，阿弥陀佛和观世音、大势至都是从我们所在的这个世界发心、修行并最终往生西方的，所以，三圣同我们这个世界的众生还是特别有缘的。这种阐释，使得观音信仰更加通俗易懂，也更加真实可信。

第五位是初唐的善导（公元613—681年），贞观十五年（公元641年），他于玄中寺访道绰，道绰授以《观无量寿佛经》并净土教义。善导到长安后，盛唱念佛法门，极受道俗的敬信，成为道绰以后唐代净土教史上最杰出的人物。他的净土著述颇多，其中不乏对观音信仰的认识与阐述。他说："弥陀、观音、势至等宿愿缘重，誓同舍恶，等至菩提，影响相随，游方化益。""观音愿重，影现十方。宝手停辉，随机引接。""救苦观音缘法界，无时不变入婆娑。势至威光能震动，随缘照摄会弥陀。"② 这就是说，西方净土中的观音可以随时来到婆娑世界，由净土接引观音变成现世救难观音。这就使净土法门因观音的双重职能而更具诱惑力。另外，他在《观经正宗分定善义》中对观音、势至在形象上的区别与联系做了详尽的分析，这为我们认识净土信仰中观音的形象提供了充分的资料，他一生也制作了三百余壁净土变相。

综上所述，净土型观音信仰随净土经典输入中国之后，曾一度被冷落而不甚流行。但在众多高僧的引导与推动下，其在有唐一代得到了普遍的认同与欢迎，并在实践中具有明显的生活化特征。而此时的净土观音形象也已变得愈加人性化、亲近化和真切化。佛教艺术作为宣扬佛教教义的一种形式，向来是各期佛教信仰变化的直观反映。所以，净土观音信仰在唐代的流行，使得完整体现西方三圣的造像及画像大量出现。更重要的是，此期的造像尤其是画像，已明显不满足于魏晋以来的说法图模式，而是向更大的规模，即经变形式发展。

---

① 隋唐·道绰：《安乐集》卷下，《大正藏》第47册，No. 1958。
② 唐·善导：《观经正宗分定善义》卷第三，见《观无量寿佛经疏》，《大正藏》第37册，No. 1753。

　　行文至此，我们不禁要问，在净土观音信仰及相关经典输入中国大地并渐次流传的时候，本书的重点关注对象——敦煌莫高窟究竟如何。这一问题的答案，其实在第一章有关藏经洞所出净土经典写卷，及观无量寿经变、阿弥陀经变的数量统计中给予了很好的说明，但仍有三则材料有必要补充。

　　第一，敦煌藏经洞所出的《佛说无量寿经》写卷中，题记年代最早的藏于日本大谷大学图书馆，题记为"大魏神瑞二年（公元415年）四月，弟子王澄为父母供养经"，由于此写卷笔迹做作，故有学者疑此题记有伪。比较可靠的最早题记是上海图书馆的100号，约写于公元530年，题记为："瓜州刺史元太荣所供养经，比丘僧保写"。另，北霜28题记表明出家僧人为父母积德而与俗家兄弟共同写经。北鳞39、官39题记分别为："白衣贾伏生写"、"白衣赵业受持"，这说明该经不但在上层官员、佛教僧侣中流行，而且也普遍流传于在家信徒中。①

　　第二，敦煌藏经洞所出的《阿弥陀经》写卷总数约180号。若干写卷在抄写本经后，接着抄写《阿弥陀佛咒》、咒语念诵法、念诵功德文及《往生西方记验》，说明与此经相关的念诵法等也备受重视。此经有题记的写卷较多，北芥35卷末题记云："施主清信佛弟子诸三窟教主兼五尼寺判官法宗，福集二僧同发胜心，写此《阿弥陀经》一百卷，施入十寺大众。故三业清净，罪灭福生，莫逢灾难之事。比来生之时，共释迦牟尼佛同其一绘（会）"，从中可见敦煌教团组织之间的此经信仰情况。S. 3542题记中多武周新字，当为武则天时写本。S. 2424题记为："景龙三年十二月十一日，李奉裕在家，未时写了。十二月十一日，清信女邓氏敬造《阿弥陀经》一部，上资天皇、天后圣化无穷，下及法界众生，并超西方，俱同上品之果。"此当为李唐皇族成员写本。S. 1023题记为："弟子释门法律绍进，比爱年衰月厄，求少福分，充为怨家债主，转生人道、天中。领受功德，莫违仇对。"这反映了当时人们对写此经

────────────────

　　①　季羡林主编：《敦煌学大辞典》，上海辞书出版社1998年版，第658页，方广錩撰"佛说无量寿经"条。

消灾招福的愿望。从此经的题记、纸张、笔体看，各个时期的抄本均有，这些都是此经在敦煌各级信众中广泛并长期流行的最好说明①。

第三，敦煌藏经洞所出的《观无量寿佛经》写卷总数约 30 号。S. 4631 卷末有题记云："清信士胡思节夫妻因患，敬写受持。"S. 2537 卷末题记云："比丘昙济所写，受持、流通、供养。"S. 1515 题记云："大唐上元二年（公元 675 年）四月二十八日佛弟子清信女张氏发心敬造《无量寿观经》一部及《观音经》一部，愿以此功德，上资天皇、天后圣化无穷，下及七代父母并法界仓生，并超烦恼之门，俱登净妙国土。"这些都是此经信仰与流行的反映。②

以上三则材料的列举，集中呈现了敦煌、莫高窟净土信仰的盛行情况。我们从三经的部分题记可以看出，各类信众抄写净土经典的主要目的还是侧重于祈福消灾。而这一愿望所产生的信仰实际上是救难型观音信仰的主要成分，把《无量寿观经》与《观音经》一起抄写即说明人们救难信仰与往生信仰并重的心理。所以，我们可以说，在敦煌的净土三经写卷中，的确包含了人们对观音的部分信仰，而这也是我们探讨经变画中观音形象的信仰背景所在。

第二节　西方净土变中的观音画像及相关问题

唐代净土三经在敦煌地区的流行，使得这一时期莫高窟净土变相甚多。如依《阿弥陀经》绘制的阿弥陀经变就有 20 铺（初唐 6 铺、盛唐 4 铺、中唐 5 铺、晚唐 5 铺）；依《无量寿经》绘制的无量寿经变有 17 铺（初唐 8 铺、盛唐 1 铺、中唐 2 铺、晚唐 6 铺）；依《观无量寿经》绘制的观无量寿经变多达 74 铺（初唐 2 铺、盛唐 20 铺、中唐 34 铺、晚唐 18 铺）③。这些变相的共同特点就是对

---

① 季羡林主编：《敦煌学大辞典》，上海辞书出版社 1998 年版，第 660 页，方广锠撰"阿弥陀经"条。

② 同上书，第 660—661 页，方广锠撰"观无量寿佛经"条。

③ 施萍婷：《敦煌经变画略论》中"敦煌莫高窟经变画统计表"，见敦煌研究院编《敦煌研究文集·敦煌石窟经变篇》，甘肃民族出版社 2000 年版，第 7 页。

净土世界美妙庄严的尽情渲染。所以，从经变画的组织结构上看，其基本遵循了一种三段式的构图模式。所不同的是，无量寿经变中表现的"化生"情节为阿弥陀经变所无，而对"未生怨"与"十六观"的表现则是观无量寿经变的独有内容。在这些经变画中，观音作为不可缺少的形象，不仅在观念和宗教情感上有助于净土信仰的深入，而且在图像上提供了一定的视觉审美和心理暗示。

一　净土经变中观音的图像特征

净土经典中对观音形象的描述主要有以下五种情况：一是说她为净土佛国中最尊的二菩萨之一，"威神光明，普照三千大千世界"①。这一描述中，只言观音神力及所属佛土，而不言其形象。二是说她与大势至侍立无量寿佛左右，但"光明炽盛，不可具见"②。或与大势至坐佛左右之华座上，"皆放妙光"③。这一描述提供了西方三圣的组合样式及观音的两种姿势，然亦不见观音形象。三是说她与大势至"常在佛侧坐侍政论"④，"无数菩萨周匝围绕"⑤。这一描述在重复三圣组合的同时，言明了观音与周围菩萨、眷属等的关系。四是说她常与大势至协助阿弥陀如来接引九品众生，手执金刚台或金莲华或替佛说法。这一描述，提供了其在净土系中的主要持物和手印。五是对其"真实色身"做详细描述，说她"身长八十亿那由他恒河沙由旬。身紫金色，顶有肉髻，项有圆光，面各百千由旬，其圆光中有五百化佛，如释迦牟尼。一一化佛，有五百菩萨无量诸天，以为侍者。举身光中五道众生，一切色相皆于中现。顶上毗楞伽摩尼妙宝，以为天冠，其天冠中有一立化佛，高二十五由旬。观世音菩萨面如阎浮檀金色，眉间毫相备七宝色，流出八万四千种光明。一一光明，有无量无数百千化佛，一一化佛，无数化菩萨以为侍者，变现自在满十方界，臂如红莲花色。有八十亿微妙光

---

① 曹魏·康僧铠译：《佛说无量寿经》，《大正藏》第 12 册，No. 0360。
② 南朝宋·畺良耶舍译：《佛说观无量寿佛经》，《大正藏》第 12 册，No. 0365。
③ 同上。
④ 《佛说大阿弥陀经》，《大正藏》第 12 册，No. 0364。
⑤ 《阿弥陀鼓音声王陀罗尼经》，《大正藏》第 12 册，No. 0370。

明，以为璎珞，其璎珞中，普现一切诸庄严事。手掌作五百亿杂莲华色，手十指端，一一指端有八万四千画，犹如印文，一一画有八万四千色，一一色有八万四千光，其光柔软普照一切，以此宝手接引众生。举足时，足下有千辐轮相，自然化成五百亿光明台。下足时，有金刚摩尼花，布散一切莫不弥满。其余身相众好具足，如佛无异，唯顶上肉髻及无见顶相，不及世尊"①。

这五种描述，除了一些只能在观念上理解与把握的虚幻形象外，也为我们勾勒出了净土系统中观音的诸多图像特征。若将这些能诉诸人的视觉并可转化为平面视像的描述归结起来，便得如此印象：在庄严美妙的净土佛国中，观音与大势至要么站立于阿弥陀佛左右，要么坐于阿弥陀佛左右的莲花座上，众菩萨周匝围绕，此言其位置与姿势；她顶有肉髻，顶上戴毗楞伽摩尼妙宝冠，冠中有一立化佛，眉间有白毫，足下有千辐轮相，此言其形象；她身长八十亿那由他恒河沙由旬，面各百千由旬，冠中化佛高二十五由旬，此言其比例；她身紫金色，面如阎浮檀金色，手掌作五百亿杂莲华色，此言其肤色；她项有圆光，以光明为璎珞，此言其装饰；她手执金刚台或金莲华或替佛说法，此言其持物和手印。

在这些图像特征中，虽然对观音的形象做了较为详细和严格的规定，但仍有一些在绘画中不易表现或不具个性的东西，如足下千辐轮、手掌的五百亿杂莲华色及其比例等就不易在画像中表现。而圆光、璎珞则为多数菩萨所共有，又不具个性。更重要的是，这些经典对观音的坐姿、站姿、面向、手姿等均无明确表述，这就为净土经变中观音像式的多样性预留了空间，也为整个经变画增添了美的因素。

莫高窟唐代净土经变中的观音画像正是既遵循佛典，又追求变化的典型例证。为了使问题清晰明了，下面我们就从组合样式、姿势、面向、手姿等方面对莫高窟唐代净土经变中观音的图像特征做一分析。

（一）姿势

从实物与图片资料看，莫高窟唐代净土经变中的观音姿势主要

---

① 南朝宋·畺良耶舍译：《佛说观无量寿佛经》，《大正藏》第 12 册，No. 0365。

有立式与坐式两种，这与经中记载相符。其中呈立式者较少，初唐第 322 窟北壁与第 220 窟南壁《阿弥陀净土变》（图 3—1）中的观音

画像堪为代表。观音立姿在经变画中的稀少，暗示了这一说法图中惯见的姿势正在向坐姿转变，这可能与《观经》中"复作一大莲华在佛右边，想一观世音菩萨像坐左华座"[1] 的观像思想有关。所以，坐姿是唐代净土变中观音的主要姿势，而最常见的又有三式：一是观音呈游戏坐姿坐于莲花座上，如初唐第 321 窟主室北壁、第 329 窟主室南壁、第 335

图 3—1　初唐第 220 窟南壁阿弥陀净土变

窟主室南壁（图 3—2），盛唐第 217 窟北壁东侧、第 445 窟南壁西侧《阿弥陀经变》中的观音均呈此式；

二是观音呈盘腿坐姿坐于莲花座上，如盛唐第 320 窟北壁、第 45 窟北壁，中唐第 112 窟南壁《观无量寿经变》（图 3—3），晚唐第 156 窟南壁中央《阿弥陀经变》中的观音均呈此式；三是双腿下垂的坐姿，如盛唐第 172 窟南壁、9 世纪初藏经洞绢画《观无量寿经变》中观音坐姿（图 3—4）。

（二）组合图式

观音姿势的不同，使得净土经变画中的三圣组合图式走向多样化，要者有三：一为倒"凹"字形图式，因观

图 3—2　第 335 窟主室南壁
阿弥陀经变

① 　南朝宋·畺良耶舍译：《佛说观无量寿佛经》，《大正藏》第 12 册，No. 0365。

图3—3　第112窟南壁观无量寿经变　　　图3—4　绢画观无量寿经变

音站姿而得。此图式中，观音、势至与佛头顶基本齐平，由于佛呈坐姿，菩萨呈站姿，故三圣组合颇似倒"凹"形。如初唐第322窟北壁、第220窟南壁《阿弥陀净土变》。二为"三角形"图式，因观音坐姿而得。此图式中，佛顶高于二菩萨，三圣组合呈三角形。如盛唐第320窟北壁《观无量寿经变》（图3—5）。三为"一"字形图式，亦因观音坐姿而得。此图式中，三圣顶顶齐平，呈一字排开。如盛唐第445窟南壁西侧《阿弥陀经变》（图3—6）、晚唐第18窟南壁《观无量寿经变》（图3—7）。这三种图式中，由二菩萨与佛之间距离远近的不同，也使三尊组合在横向布局上呈现出诸多变化。

（三）手姿

如果说双腿的姿势变换使观音坐姿免于呆板的话，手臂的屈伸及手指的"表情"更使观音在肃穆中透出几分活态。从唐代经变画中观音的手臂姿势来看，大致可分一手屈举、一手抚膝，一手屈举、一手平屈；双手均屈举及双手摊开等样式，尤其是第335窟主室南壁《阿弥陀经变》中的观音，双臂舒展，自然摊开，双手抚托膝顶，虽为菩萨，却有几分俏皮活泼之感。

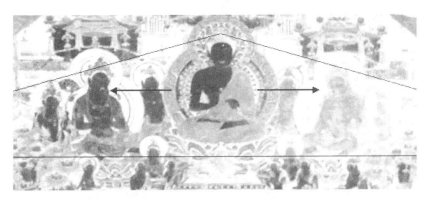

图 3—5　盛唐第 320 窟北壁观无量寿经变，三角形
组合图式，二菩萨距佛较近

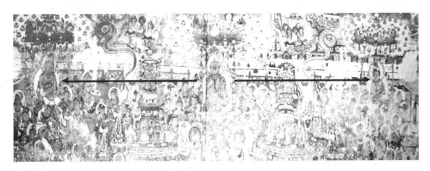

图 3—6　盛唐第 445 窟南壁西侧阿弥陀经变，一字组合
图式，二菩萨距佛较远

图 3—7　晚唐第 18 窟南壁观无量寿经变，一字形组合
图式，二菩萨距佛较近

按照《观无量寿经》的描述，观音常替佛说法，由此可推，说法印应为她在净土变中惯用的手印。莫高窟唐代净土经变中观音的手印也以说法印为主，间或有双手合掌之式（第 320 窟北壁《观无量寿经变》）。关于持物，经中说"观世音菩萨执金刚台"①，这是一种"由金刚而成之台座"②。在莫高窟唐代净土观音手中，这一持物几乎不见，而最为常见的则有莲蕾（中唐第 112 窟南壁、第 154 窟北壁《观无量寿经变》）与插花器皿（盛唐第 445 窟南壁西侧《阿弥陀经变》、中唐榆林窟第 25 窟南壁、9 世纪初藏经洞绢画《观无量寿经变》）。另外，从初唐第 220 窟南壁《阿弥陀净土变》看，净瓶也为观音所持，但从整个唐代净土变相中的观音持物来看，净瓶也是少之又少，可见，净瓶在净土往生型观音信仰中并不如救难型信仰中重要。

（四）面向

依经所载，观音、势至常在阿弥陀佛左右听法或"坐侍政论"，由此，观音脸面的朝向与正侧便可根据画师对佛教听法心理的理解去描绘。也正因如此，画师们在长期的实践中总结了"三辨四视"之诀。其中"四视"就是指道释人物画而言，即仰视心恭，俯视心慈，平视心直，侧视心快。在莫高窟唐代净土经变中，观音脸面主要有正面与三七面两类。正面绘制者并不多见，堪为代表者有中唐第 154 窟北壁《观无量寿经变》中的观音（图 3—8）。其双目下视，似与观者对视，在人佛相接中起到桥梁作用。三七面者，有的目视下方，沉思内省；有的抬头望佛，全神贯注；有的目光

图 3—8　第 154 窟北壁观
无量寿经变

---

① 南朝宋·畺良耶舍译：《佛说观无量寿佛经》，《大正藏》第 12 册，No. 0365。

② 丁福保：《佛学大辞典》，"金刚台"条。

平视，息心静听；有的会心微笑，好似陶醉于美妙的佛法之中。对观音脸面正侧、朝向及神情的着力描绘，既是"四视"画诀之体现，也是观佛思想对佛教绘画之要求。因为，当信众观看观音画像时，画中观音的各种内心体现均会引导人们进入相同的宗教心理体验。

（五）化佛

净土信仰对观音形象的最大影响，就是给他贴上了冠戴"化佛"的身份标签。从此，化佛就成了观音图像上的主要标识。所以，《观无量寿佛经》中说："观世音菩萨及大势至，于一切处身同。众生但观首相，知是观世音，知是大势至。"① 慧远对此解释说："观音、势至，于一切处身同，众生难以取别。"② 于是，他便教大家一个区别观音、势至的最佳办法，即"但观首相，即知二别。此观头首，非观手足。观音顶上有其化佛，势至顶上有其宝瓶。故观二首便知别矣"③。这就说，观音与势至在形象上主要的区别是化佛与宝瓶，舍此二者，实难区分。莫高窟唐代净土经变中的观音、势至画像，均以对称的形式面对面坐佛左右，的确十分相似。然化佛、宝瓶却不是识别二者身份的唯一标志。因为，在有些经变中，只有一菩萨有标识，有些则二菩萨均无，二菩萨标识均明显者也只占一部分。④ 所以，从前人研究、刊印图片及文字说明来看，学界对莫高窟净土经变中观音的识别除化佛外，还主要依靠两点：一是其手中持物（主要是莲花），二是其在佛两侧的位置（经中所说的"左胁侍"）。至于部分净土图像中观音不绘化佛冠的原因，在没有深究之前，唯一的解释就是，在净土三经中，只有《观无量寿佛经》中有观音化佛的记述，由此，观音冠中有无化佛，对

---

① 南朝宋·畺良耶舍译：《佛说观无量寿佛经》，《大正藏》第 12 册，No. 0365。

② 东晋·慧远：《观无量寿经义疏》，《大正藏》第 37 册，No. 1749。

③ 同上。

④ 对于胁侍菩萨冠中有化佛的净土变相，王惠民曾局部做过统计，如初唐第 123 窟北壁、第 124 窟北壁、第 211 窟北壁、第 379 窟北壁，盛唐第 66 窟南壁、第 205 窟南壁、第 445 窟南壁《观无量寿经变》等。在统计中，王惠民不但根据观音、势至的标志将原来认为是《阿弥陀经变》的图像更名为《观无量寿经变》，而且对个别洞窟的年代也提出了不同看法。详见王惠民《敦煌隋至唐前期西方净土图像考察——以观无量寿经变为中心》，载［新加坡］古正美主编《唐代佛教与佛教艺术》，觉风佛教艺术文化基金会 2006 年版，第 199—202 页。

于整个净土信仰以及净土变相传达的主要信息来讲，并无大碍。

通过上述对比分析，净土经变中观音的图像特征已然明晰。而就其作为净土信仰中的一位胁侍菩萨，在整幅净土绘画中所处的地位及作用，又将是本章需要探讨的另一个问题。

二　"偶像式"构图中的次中心

西方净土经典弘扬的主要对象是阿弥陀佛，观音在这一信仰体系中始终居于次位。所以，为了渲染极乐世界之妙曼，区分佛与菩萨之地位，净土经变在画面结构与布局上仍然采用了源自印度的"偶像式"对称模式①。在这一模式中，作为偶像的阿弥陀佛，以其高大的形体与庄严的相貌形成了视觉的中心，而侍立左右的观音、势至以及周匝环绕的眷属、菩萨，还有建筑，均将观者的目光引导至中心偶像身上，形成了一种"向心式"的结构图式。②

"偶像式"构图无疑是为每幅绘画中的主尊而设定，学者们对这一构图模式的研究，也是试图以中心偶像为起点，依次向外扩展，关注周围诸形象，这恰好是此构图模式的目的及成功所在。但问题是，当我们的研究对象并非画中主尊（阿弥陀佛），而是一位胁侍菩萨（观音）的时候，由此带来的视角可能就不再投向画面的视觉中心，而是聚焦于偏离主位的"次中心"。即是说，单就观音画像而言，其在"偶像式"经变中所处的位置虽次于中心偶像，但相比其他菩萨与眷属，却又具备"中心"的特点。

① "偶像式"构图是巫鸿先生在研究汉画像及敦煌艺术时经常使用的一个概念。他认为这一构图是印度佛教艺术表现宗教崇拜主题的主要方式，并在传入中国后，对西王母图像的构图及后来的绘画构图产生了深远的影响。见［美］巫鸿《武梁祠——中国古代画像艺术的思想性》，柳扬、岑河译，生活·读书·新知三联书店2006年版，第151页。
② 巫鸿先生说偶像式构图强化了"向心式"视觉效果。见［美］巫鸿《礼仪中的美术——巫鸿中国古代美术史文编》，郑岩、王睿编，郑岩等译，生活·读书·新知三联书店2005年版，第360页。于向东受巫鸿的启发，提出了"向心式变相"的概念。见于向东《敦煌变相与变文研究》，甘肃教育出版社2009年版，第114页。贺世哲先生也使用"向心式经变"的称呼，且认为此类经变是受中原影响而成的，因为初唐时净土宗的创始人善导在长安"画净土变相二百铺"，其中以"铺"为单位，即说明这些经变已非横卷式。见贺世哲《敦煌壁画中的法华经变》，载敦煌研究院编《敦煌研究文集·敦煌石窟经变篇》，甘肃民族出版社2000年版，第153页。

观音作为净土变相中的"次中心"，既有源自印度的净土经典与"偶像式"构图为依据，又有中国固有儒家文化做支撑。首先，净土诸经典对观音胁侍身份的规定，决定了其在净土经变中的次要地位。其次，中国高僧在阐释西方三圣关系时，糅合了儒家的等级观念，使其自然地进入"君臣"思想体系之中。如昙鸾和智顗就将佛比作"明君"与"帝王"，将观音、势至比作"贤臣"与"营从"，具有明显的儒家色彩。再次，净土经变所采用的"偶像式"构图，原本就是印度佛教艺术表现宗教崇拜主题的产物。它入华之后，对中国传统的绘画产生了深远的影响，使中国的宗教崇拜与君臣主题找到了理想的表现形式。而这一图式在魏晋时走向成熟，至唐代已经达至高峰，不仅用于佛教题材，也用于世俗题材。其共同的特点就是通过人物形象的比例大小及所处位置来区别身份等级。所以，观音在净土图中的大小、位置可以说已经成为此类绘画长期形成的定式。

观音在西方三圣中的地位及"偶像式"构图所体现的等级观念，在某种程度上反映了佛教"平等"思想的悖论。但相比世俗之人，经变中的观音与其他眷属一样，"由于前世长期的修炼，感性需要已经消磨殆尽，到了'天国'，他们已经'自觉'地接受了既定的地位"①。

莫高窟唐代净土经变中的观音画像无疑也暗示上述宗教、文化内涵，但作为一种视觉图像，她又必然被纳入绘画自身的结构体系之中。也就是说，在不同的净土变相中，观音画像因画面整体设计思路、规模大小、人物多寡、构图繁简的不同而不同，其作为"次中心"的视觉效果也会随之发生变化。从莫高窟唐代净土经变画的结构方式来看，最主要的有四类，每一类构图中，观音所处的位置及给人的视觉感受均不相同。

第一类为圆形模式。这一模式又分圆形与弧形两种，前者以中唐第112窟南壁东侧的《观无量寿经变》为例（图3—9）。在这一画面中，整体设计思路是以圆为基调的，佛、观音、势至以及各自身后的眷属分别被安排在三个圆形结构中。由于这三个圆在面积大

---

① 穆纪光：《敦煌艺术哲学》，商务印书馆2007年版，第150页。

小及人物组合方式上基本相同，且距离极近，所以，它们给人的视
觉感受也应是相同的。但是，佛所在的圆要高于二菩萨所在的圆，
这就从纵向上确立了三个圆的主从地位。弧形结构以中唐第 201 窟
南壁中央的《观无量寿经变》为例（图 3—10）。在这一画面中，
二菩萨贯穿在背向的两条弧线上，从整体上将画面划分为左中右三
等分，但由于佛与菩萨比例上的差别及三圣之间的距离较远，从而
又在视觉上确立了主从关系。

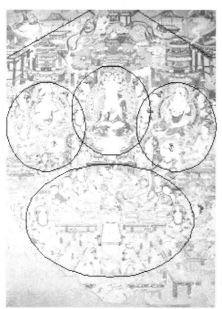 

图 3—9　中唐第 112 窟南壁东侧　　　图 3—10　中唐第 201 窟南壁中
　　　　观无量寿经变　　　　　　　　　　　　观无量寿经变

　　第二类为三角形模式。这是净土经变中常用的构图模式，一般
是在画面中段的宝池上，横向排列三座平台，平台之间以小桥连
接，而观音常见于两个位置，第一是与佛一起被安排在最中间的平
台上，以初唐第 321 窟主室北壁的《阿弥陀经变》为例（图 3—
11）。此图中，三圣位于中间透视感较强的平台上，平台的透视线延伸
形成稳定的三角结构，观音与势至各领眷属侍佛左右。由于二菩萨眷属

图 3—11　左：初唐第 321 窟主室北壁阿弥陀经变；右：该经变局部

众多，与周围留有一圈空白的佛形成鲜明对比，这使得观音在视觉上显得"人多势众"，而佛却"势单力薄"。可见，在这一结构中，观音"次中心"的地位在视觉上并非真正变成"次中心"。第二是三圣分别被安排在三个平台上，以盛唐第 445 窟南壁西侧的《阿弥陀经变》为例（图 3—12）。此图基本采用了焦点透视的方法，整个画面的每组内容均渐次变小，最后消失在最上方的一点上。观音率众坐于佛左侧的平台之上，由于画面阵容庞大，且三圣距离较远，所以，观音尽管比例大小及随众与佛相仿，但在视觉上仍是名副其实的"次中心"。

　　第三类为平行模式。此模式在一些小型净土变中出现，以初唐第 334 窟北壁的《阿弥陀净土变》为例（图 3—13）。在此图中，三圣及眷属被有序地组织在一个平行的画面结构之中，由于构图简洁疏朗，人物较少，加之观音极富美感的姿态，使其形象较为突出。但她与佛在比例上的悬殊及色彩上的冷暖处理又决定了其在画面中"次中心"的地位。

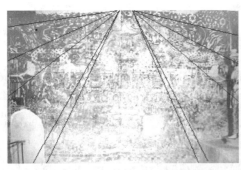

图 3—12　盛唐第 445 窟南壁西侧　　　图 3—13　初唐第 334 窟北壁
　　　　　阿弥陀经变　　　　　　　　　　　　　阿弥陀净土变

　　第四类为网格形模式。这类构图总体上应属于三角形结构模式，但因画面人物较少，色彩对比鲜明，平台楼阁整齐有序，清新明快，宝池纵横交错，形如网格，故另列一类。以初唐第329窟主室南壁的《阿弥陀经变》为例（图3—14）。观音率众坐于佛左平台上，在绿色宝池的映衬下，显得格外突出。

图3—14　左：初唐第329主室南壁阿弥陀经变；
右：该经变局部《观音菩萨与众菩萨》

　　以上所举只是几个典型之例，远远无法穷尽莫高窟唐代净土经变的所有构图模式及观音作为"次中心"的视觉感受。但我们从中也似乎看到，观音在净土经变类绘画中，一方面服从于整个画面的设计需求，为净土经变的完整性与宗教氛围"尽职尽责"；另一方面却又保持着一定的独立性，有时甚至在比例、面积、随从等方面与佛相当。然而，她作为"次中心"的地位还是没有改变，其中之因，除位置的安排而外，还有一个观看方式的问题。

　　三　"偶像式"构图中观音的观看方式
　　这里所说的"观看方式"包括两个方面，一是指净土图中观音画像在画面内部的观看方式，即前文所讲观音脸面的正侧、朝向及视线所传达的信息；二是指信众观看净土图中观音画像的方式。
　　先说第一种观看方式。巫鸿先生曾说："在偶像式绘画中，中心偶像被表现成一位正面的庄严的圣像，毫不顾及环绕的众人，却凝视着画像以外的观者，尽管偶像存在于画面体系内部，然而它的含义却依赖画面之外的观者或礼拜者的参与，因而这种结构不是闭合式的。"① 这就很好地说明了佛的观看方式，决定了偶像式绘画的开放式结构，因为"这种开放式绘画结构的基础是假定有一位礼拜者试图与偶像发生直接的联系"②。那么，在莫高窟唐代净土图中，观音的观看方式又将如何呢？通过前文论述，我们得知她在画面体系内部的观看方式大体不出四种：一是抬头观佛、二是低头沉思、三是与势至对视、四是低头俯视，前三种多为三七面，数量居多，第四种为正面，数量极少。这就是说，在大多数净土经变画中，观音的目光并没有投向画外的观者，而是投向画面内部的佛、势至及与势至同侧的其他圣众。与佛相比，这种观看方式势必缺少与观者的目光对接和直接联系。这也就决定了观音画像即使在比例、面积、随从等方面都与佛相当的情况下，也无法改变其"次中心"的地位。

然而，也正是佛与观音在画面内部观看方式的不同，使观者在观看二者画像时获得了完全不同的视觉感受和宗教体验。这就是我们接下来要说的第二种观看方式，即信众观看净土图中观音画像的方式。

正如前文所述，偶像式绘画是一种开放的结构，观者一旦进入佛窟，便被纳入了佛说法的体系之中，成了壁上画面的延伸和组成部分。而当礼拜者进入这一体系，试图与偶像发生联系时，却发现，佛的观看方式与观者的视线是相对抗的。因为，从视觉心理上讲，画中任何向前的倾向都会违背观者向深处释读画面的愿望。③

---

① ［美］巫鸿：《礼仪中的美术——巫鸿中国古代美术史文编》，郑岩、王睿编，郑岩等译，生活·读书·新知三联书店 2005 年版，第 361 页。

② 同上。

③ 德国雕塑家及艺术理论家阿道夫·希尔德布兰德认为：透视缩短法是一种倒退的运动，但也能引起向前运动的感觉。例如一个向观者鞠躬的人像，当我们想象其鞠躬的动作时，自然有一种顺着向前释读的倾向。但这显然是与人们一贯从前向后释读透视的做法是相违背的。所以，他说："任何向前的倾向，必定反抗图画中往深处运动的普遍倾向，甚至可以抵消它。"见［德］阿道夫·希尔德布兰德《造型艺术中的形式问题》，潘耀昌等译，中国人民大学出版社 2004 年版，第 40 页。在莫高窟净土图中，佛一般也会被安排在一个具有透视感的结构中，所以，当我们观看佛时，其正面端坐、目视画外的形象与那个向观者鞠躬的人像在视觉上是相差无几的。由于佛的形象在整个画面中是最具向前运动倾向的，故而，也是最容易与观者向画面深处释读的愿望相悖的。我们后面所讲的观看方式中的对抗也与此有关。

而净土图中的佛恰恰就是这样一个先以前进倾向在视觉上与观者产生对抗，进而以其高大的体貌与神秘的宗教力量让人拜倒的形象。相比之下，观音的观看方式及姿势、面向不但在视觉上与观者不产生对抗，反而通过自己的神情，将观者引入一个庄严祥和、禅静愉悦的听法氛围之中。由此可见，作为一幅体现净土思想的画面，其中真正引导观者进入佛境的并不是佛本身，而是周围听法的菩萨。从这个意义上讲，观音在净土图中所谓的"次中心"地位并不次要。

除此而外，观音在画面中的观看方式与观者对整个画面及观音画像的观看方式，还有助于我们对偶像式绘画中"飞升感"的理解。可以说，飞升的感觉是宗教升天思想在绘画中的反映与追求。在偶像式绘画中，对称是最为主要的构图方式，它给人的视觉感受是稳定与整齐。然而，一旦观者的观看方式与画中人物的观看方式相结合时，这一稳定感就会发生微妙的变化。前面已经说过，画中任何向前的倾向都会违背观者向深处释读画面的愿望，同样，任何迎面走来的形象也会与观者投向远方的目光发生对抗。在部分净土经变画中，观音的目光投向画面内部的势至及与势至同侧的其他圣众，若观者的视线参与其中，就会感受到势至一行与观音在目光上的对抗，反之亦然。当然，观者也早已感受到自身目光与佛的相抵。这就是说，当观者与整个画面发生关系时，其目光在前、左、右的运动都会遇到画中人物的对视，而这实质上是一种视线运动过程中力的聚集与对抗。当这种力达到平衡而使几组画面形象处于稳定时，上下空间的处理就显得至关重要，因为这两个空间面积的大小以及安排其中的任何形状，都会使这一稳定的格局遭到破坏而趋于运动。而偶像式净土绘画的处理方式恰恰是多采用透视法，将宝池平台等绘制于下，飞天、云气、不鼓自鸣之乐悬浮于上。这不仅符合了在上为天、在下为地的观念，而且在面积上也形成了上小下大的格局。这种处理方式，无疑使上述四周所聚的平衡之力与稳定之形遭到破坏，并呈向上运动的趋势，从而造成了"飞升"的视觉效果（图3—15）。

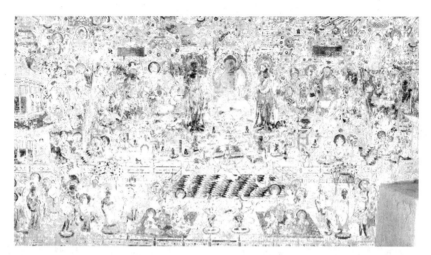

图 3—15　观音的观看方式，初唐第 220 窟南壁阿弥陀净土变

　　莫高窟唐代净土系统中的观音，除了被精心绘制在主体经变之中外，还出现在观无量寿经变的"十六观"内容中。下面就对"十六观"中的观音画像做一论述。

四　《十六观》中的观音画像

　　如前文所述，在《观无量寿经》中，讲述了王子阿阇世因禁父王母后的逆缘。其母韦提希夫人向佛祖祈祷，愿往生净土，释迦为其说阿弥陀净土之无限美好，教其"十六观"法。这十六种观法分别为：第一观，日想；第二观，水想；第三观，地想；第四观，树想；第五观，八功德水想；第六观，总想；第七观，华座想；第八观，像想；第九观，遍观一切色身相；第十观，观观世音菩萨真实色相身；第十一观，观大势至色身相；第十二观，普观想；第十三观，杂想观；第十四观，上辈生想；第十五观，中辈生想；第十六观，下辈生想。在此十六观中，涉及观音形象的有第七观（想阿弥陀佛的莲花座），第八观（观想三圣像，进而想见一化佛二化菩萨"遍满彼国"），第十观（观观音诸相好），第十二观（想自己生活在极乐世界，与三圣在一起），第十三观（想宝池中有丈六像，进而想见观音、势至，或现大身，或现小相，满虚空中），第十四观、十五观、十六观（九品往生中观音迎接或说法），其中以第十观对观音形象描述最为详尽。

正因"十六观"是《观无量寿经》的主要内容，所以，它向来是观无量寿经变相的表现情节之一。如《历代名画记》中就记东都敬爱寺大殿内西壁有"《西方佛会》（赵武端描）、《十六观》及《阎罗王变》（刘阿祖描）"①。《寺塔记》中也记长乐坊赵景公寺"三阶院西廊下，范长寿画西方变及十六对事、宝池尤妙绝"②。在莫高窟唐代的 74 铺观无量寿经变中，"十六观"也是主要表现内容之一。它常与中间表现西方净土说法会的主体画面相结合，以凹字式、棋格对称式、条幅对称式、屏风式、条幅屏风混合式及其他一些不易归类的特殊构图形式出现。③ 由于前人研究多从整个观无量寿经变相出发，着眼于"十六观"在整体构图中的形式、内容等问题，故对其中的观音画像并无太多关注与描述。即便如此，我们在如下几则资料中仍可窥其一斑。

第一则材料来自王惠民先生对初盛唐几个以条幅与屏风形式绘制"十六观"的洞窟内容的考察。④ 该考察显示，在初唐第 431，盛唐第45、148、320、172 等窟中，对涉及观音形象的各观绘制情况如下。

第七观（华座观）：第 320、172、148 窟绘韦提希静观宝池中的莲座；45 窟没有绘出宝池，莲座较大。第八观（像想观）：第431、45、148 窟绘韦提希观宝池内一佛二菩萨树下说法；第 320、172 等窟只绘宝池，没有绘出一佛二菩萨。第十观（观音观）：第45、148、320 窟绘韦提希静观一菩萨，其中第 148 窟菩萨身光后有宝光，光中有佛无数，但却没有绘出化佛冠。第十二观（普观想）：第 148 窟绘宝池，上有放光大莲花，光中有佛无数；320 窟画韦提

　　① 唐·张彦远撰，俞剑华注释：《历代名画记》卷三，江苏美术出版社、凤凰出版传媒集团 2007 年版，第 89 页。
　　② 唐·段成式撰，秦岭云点校：《寺塔记》上，人民美术出版社 1964 年版，第 8 页。
　　③ 孙修身：《敦煌石窟中的观无量寿经变相》，见敦煌研究院《敦煌研究文集·敦煌石窟经变篇》，甘肃民族出版社 2000 年版，第 263—265 页。
　　④ 王惠民：《敦煌隋至唐前期西方净土图像考察——以观无量寿经变为中心》，载〔新加坡〕古正美主编《唐代佛教与佛教艺术》，觉风佛教艺术文化基金会 2006 年版，第 191—192 页。

希静观一出家者；第45窟只绘韦提希一人静观。第十三观（杂想观）：第320、148窟绘韦提希静观一立佛；第45窟无立佛，绘韦提希观一佛二菩萨。

第二则材料来自孙修身先生对盛唐第171窟3铺观无量寿经变中"十六观"内容的考察。[①] 该考察显示，在第171窟中，对涉及观音形象的各观绘制情况如下。

图3—16　第45窟北壁十六观中的"观音观"

第七观（华座观）：绘韦提希静观一佛二弟子，前方又画一佛二菩萨，三像端立。第八观（像想观）：绘韦提希静观坐于水中莲花座上的一佛二弟子。第十观（观音观）：韦提希面对一菩萨住心谛观，菩萨结跏趺坐莲花座，有项光、背光，顶有众多化佛。第十二观（普观想）：空中画佛像六尊。第十三观（杂想观）：绘韦提希对二佛像作观想。九品往生主要绘于说法会下方的九个画面中，虽漫漶不清，但与第431窟所绘极为相似，与观音相关的一般是绘制一佛二菩萨，或二菩萨抱持金刚台（或莲花）"授手迎接"。

第三则材料来自《敦煌石窟艺术》中刊登的相关图片。以第45窟"十六观"中的观音画像为例[②]（图3—16），左上画韦提希双膝跪于毯上，对面画一莲台高座，座上有一菩萨说法，是为观音观。接着

① 孙修身：《敦煌石窟中的观无量寿经变相》，见敦煌研究院编《敦煌研究文集·敦煌石窟经变篇》，甘肃民族出版社2000年版，第272—274页。

② 敦煌研究院、江苏美术出版社编：《敦煌石窟艺术·莫高窟第四五窟附第四六窟（盛唐）》，江苏美术出版社1993年版，第123页。

所画与上略同，不过菩萨头上无宝盖，着绿裙，双手合掌，是为大势至观想。下右画韦提希跪于毯上，对面画一佛二菩萨坐于莲台之上，是为杂想观。

从绘画的角度讲，以上资料给我们的总体感受无非两点：其一，莫高窟唐代"十六观"中所绘的内容，有些与经典所述同，有些则不同，涉及观音的内容亦是如此；其二，凡是绘有观音内容的，如三圣像中的观音、观音观中的观音，其画像均非常简单。这两点无疑与佛经及后来诸种注疏中对"十六观"与观音观想的严格要求是不相符合的。① 那么，"十六观"中出现这种不合经载及观音画像粗简的原因究竟是什么呢？

首先，经典依据不同是"十六观"中观音内容及顺序相异的主要原因。据载，《观无量寿经》的译本有三种，注疏就有十余种②，而这些均为"十六观"的视觉表达提供了选择与参考的依据。就莫高窟《观无量寿经变》而言，"大都是依据《观经》的内容和顺序绘成的，少数是依据疏注和有关经典绘出的，更有少数是依当地的信仰特点、画家取舍绘成的"③。由此，有关观音的内容在"十六观"

---

① 如慧远就曾对"观音观"的观想内容及顺序进行了精细的剖析，故在相关注疏中也颇受关注。如他说："观相有十：一观身相、二观顶相、三观圆光、四观宝冠、五观面相、六观毫相、七观璎珞、八观手相、九观足相、十其余，下并举余相，指同前佛。初观身中，先观身量，向前佛身长六十万亿那由他恒河沙由旬，此菩萨身长八十亿那由他恒河沙由旬。后观身色，色如紫金，观顶可知，观圆光中句别有三：一观光中化佛多少；二观化佛侍者多少；三观化佛色身光明，五道众生皆于中现。观宝冠中，先观宝冠，后观冠中化佛大小。第五门中观其面色，如阎浮金。观毫相中句别有五：一观毫色，色如七宝；二观毫光；第三观察毫相光中化佛多少；四观化佛侍者多少；五观化佛所现神变。现自在满十方界下观璎珞及手足等。"慧远：《观无量寿经义疏》，《大正藏》第 37 册，No. 1749。

② 此经的翻译，人谓有菩提流志、畺良耶舍二译本，天台宗智者大师谓："大本二卷，晋永嘉中竺法护译，此本是宋元嘉时畺良耶舍于扬州译。"见《观无量寿佛经疏》，《大正藏》第 37 册，No. 1750。至于《观经》的各家疏注，丁福保《佛学大辞典》"观无量寿经"条共列举十六种。其中隋唐时期有五种，分别是："观无量寿佛经疏一卷，隋智者大师说。观无量寿经义疏二卷，隋慧远撰。观无量寿经义疏一卷，隋吉藏撰。观无量寿佛经疏四卷，唐善导集记。释观无量寿佛经记一卷，唐法聪撰。"

③ 孙修身：《敦煌石窟中的观无量寿经变相》，见敦煌研究院编《敦煌研究文集·敦煌石窟经变篇》，甘肃民族出版社 2000 年版，第 280 页。据孙修身先生考证与研究，莫高窟十六观是依慧远、智顗、吉藏等人的注疏，善导的集记《观无量寿佛经疏》和《照明菩萨经》，或单独依之作画，或综合诸书内容作画。

画面中的顺序及主次也会有所不同。这在一些榜题与写卷中也可得到印证。例如在唐第 76 窟的榜题与 P. 3352 号敦煌遗书均书 "第十观世音菩萨观",而在宋第 55 窟榜题中则书 "第十三观世音菩萨观",P. 3304 号敦煌遗书则又说:"尔时韦提希夫人观往生时。尔时韦提希夫人观见观音菩萨时。尔时韦提希夫人观丈六金身时。尔时韦提希夫人观见大势至菩萨时……"① 这显然与经中的顺序也不尽相同。

其次,观想的目的与方式是 "十六观" 中观音画像粗简的原因之一。我们知道,《观无量寿佛经》是 "观想" 类经典高度发展的代表。它虽然从 5 世纪中叶就已存在于中国,但直至唐代,这一宗教实践才以经变画的形式广泛流行。然而,经变画的绘制,对于 "观" 这一禅定幻想来讲,也只是一个诱因,"因为在神学层面上,一个人工制作的画像是绝对不可能表现真正的佛和净土的——佛和净土只能存在于信徒的心念之中"②。所以,在 "观想" 实践中,一为 "粗见",此当与视觉形象相关,而另一则为 "心眼"③,当心眼打开时,信徒才能见到真正的净土世界,这才是 "观" 的最终目的。也就是说,观画中之像,只是 "粗见",是刺激与诱导,而在想象中建立一套完整而精细的视觉形象才是 "观想" 目的所在。正因如此,在具体观画的方式上也会有所不同,譬如在观无量寿经变中,画面一侧的 "未生怨" 讲述了人生错误行为的根源,但另一侧的 "十六观" 却又给人以希望,如果人们能以韦提希为榜样的话,罪孽也能导致善果。故对观画者来讲,这一系列的因缘因此导向中心画面——阿弥陀净土。即是说,信众 "观想" 的最终场面并不在边景中描绘,而是在画面中央的乐土中表现。既然如此,"十六观" 中观音画像粗简的原因也就可见一二了。我们可以这样说,真正要观想的观音首先在 "十六观" 中,再进一步是在中心画面佛的旁

---

① 孙修身:《敦煌石窟中的观无量寿经变相》,见敦煌研究院编《敦煌研究文集·敦煌石窟经变篇》,甘肃民族出版社 2000 年版,第 278—279 页。

② [美] 巫鸿:《礼仪中的美术——巫鸿中国古代美术史文编》,郑岩、王睿编,郑岩等译,生活·读书·新知三联书店 2005 年版,第 412 页。

③ 《观经》中就说了 "粗见" 与 "心眼"。如 "水想成已,名为粗见极乐国地"。"像既坐已,心眼得开,了了分明"。南朝宋·畺良耶舍译:《佛说观无量寿佛经》,《大正藏》第 12 册,No. 0365。其后的注疏中也对此均有论述。

侧，更进一步便在信众心里。而在这一渐进的序列中，"十六观"中的观音显然是最次要的。

再次，净土信仰方式的改变是"十六观"中观音画像粗简的又一原因。众所周知，《观无量寿经》的信仰在道绰之前是偏重观想的，而在道绰之后，净土宗的修行方式改为口唱念佛，即只念阿弥陀佛的名号就可达到目的的方式。这一改变，直接影响到莫高窟的观无量寿经变。据相关研究，莫高窟唐代观经变相的内容，越早越详备，越晚越简单、越程式化。而这种变化的分水岭是在盛唐末期。[①] 由此可见，整个观无量寿经变在唐代后期出现的简单和程式化倾向，无疑会使"十六观"中的观音画像愈加粗简。

分析完"十六观"中画面顺序不一与观音画像粗简的原因，我们对整个净土三经中观音画像的论述也将结束。如果说西方净土变相很好地表现了净土信仰体系中观音形象的话，还有一类变相却充分体现了救难信仰体系中的观音形象，这就是"观音经变"。

第三节　观音救难经典的输入与流传

如前所述，称名救难型信仰是印度观音信仰的最初形态，它属于法华体系，而又集中在《普门品》之中。所以，其在中国的传播也是从《法华经》的翻译开始的。

从中国的佛经翻译史来看，早在三国时期支谦所译的《佛以三车唤经》[②] 及魏甘露元年（公元256年）西域人支疆梁接所译的《法华三昧经》[③]，就为《法华经》之异译，但因这两部经典早佚而无法

---

① 参见孙修身《敦煌石窟中的观无量寿经变相》，见敦煌研究院编《敦煌研究文集·敦煌石窟经变篇》，甘肃民族出版社2000年版，第276页。

② 隋·费长房：《历代三宝纪》卷五云："《佛以三车唤经》一卷（出法华经）。"《大正藏》第49册，No. 2034。

③ 梁·僧祐撰：《出三藏记集》卷四载："《正法华三昧经》六卷（疑即是正法华经之别名）"，《大正藏》第55册，No. 2145；另《弘赞法华传》载："《法花三昧经》六卷（一本加正字），外国沙门支疆梁接，魏言正无畏。以魏高贵卿公世甘露元年七月，于交州译。"唐·惠详：《弘赞法华传》卷二，《大正藏》第51册，No. 2067。

证实。所以，中国佛教史上所说的《法华经》主要是指如下三个译本：其一是西晋竺法护于西晋太康七年（公元286年）译出的《正法华经》，共十卷廿七品，为此经最初的全译本；其二是十六国后秦鸠摩罗什于弘始八年（公元406年）所译的《妙法莲华经》，共七卷廿八品，为此经内容与文风最佳之译本；其三是隋代阇那崛多和达摩笈多于隋仁寿元年（公元601年）所译的《添品妙法莲华经》，共七卷廿七品。

在上述几部经典中，《佛以三车唤经》虽为《法华经》翻译之较早者，但据《开元释教录》称，其"应出第二卷《譬喻品》"①，可见当时单独的《普门品》还并不被人所关注。而自竺法护以来，此经的翻译中出现了一种普遍关注《普门品》的现象。如隋代费长房在《历代三宝记》卷六"竺法护译经"条中就载：法护"有《光世音经》一卷，出《正法华经》"②。《弘赞法华传》载，《普门品经》、《光世音经》，"亦沙门法护别出"③。此外，还有东晋西域释诃支所译《普门品经》、北凉河西王沮渠蒙逊从弟京声所译《观世音经》和隋阇那崛多所译的《妙法莲花经普门品重诵偈》。④《普门品经》与《光世音经》的另行别出，无疑反映了其在中国信众心中的重要地位，而之所以如此，是因为《普门品经》对古代印度占主流地位的观音救难信仰，尤其是观音慈悲救难的能力、方法、效果以及众生如何回应等都做了明确、简练的表述，而这正是后世中国观音信仰最基本的信念。

关于敦煌地区观音救难信仰及《普门品经》的流行，则与鸠摩罗什所译的《妙法莲华经》以及北凉河西王沮渠蒙逊有着密切的关系。相关记载来自于《法华传记》，其卷一云：

> 此等多是失本。唯有什公《普门品》，于西海而别行。所以者何？昙摩罗忏，此云法丰，中印度婆罗门种，亦称伊波勒

---

① 唐·智升撰：《开元释教录》载："《佛以三车唤经》一卷（见长房录云出法华应出第二卷譬喻品）。"《大正藏》第55册，No. 2154。
② 隋·费长房：《历代三宝纪》，《大正藏》第49册，No. 2034。
③ 唐·惠详：《弘赞法华传》卷二，《大正藏》第51册，No. 2067。
④ 同上。

菩萨。弘化为志，游化葱岭，来至河西。河西王沮渠蒙（逊），归命正法，兼有疾患，以语菩萨，即云："观世音此上有缘。"乃令诵念，病苦即除。因是别传一品，流通部外也。①

这就是说，流传于河西一带的《观世音经》，主要是鸠摩罗什所译《妙法莲华经·观世音菩萨普门品》的单行本②，经中所述内容主要有如下几项。

其一，观世音菩萨名号的由来，即"若有无量百千万亿众生受诸苦恼，闻是观世音菩萨，一心称名，观世音菩萨即时观其音声，皆得解脱"③。

其二，观音救诸苦难，即若遇自然界诸灾难如火难、水难、坠难、兽难、毒虫难、雷暴难等；社会诸灾难如刑戮难、囚难、贼难、毒药难、诉讼怨、怖畏军阵等及鬼怪诸难如罗刹难、夜叉难等时，"念彼观音力"，均可"释然得解脱"④。

其三，观音使人离"三毒"，即"若有众生多于淫欲，常念恭敬观世音菩萨，便得离欲。若多瞋恚，常念恭敬观世音菩萨，便得离瞋。若多愚痴，常念恭敬观世音菩萨，便得离痴"⑤。

其四，观音有求必应，满足众生求子愿望，即"若有女人，设欲求男，礼拜供养观世音菩萨，便生福德智慧之男，设欲求女，便生端正有相之女"⑥。

其五，观音广显应化，现三十三身说法，即"应以佛身得度者，观世音菩萨即现佛身而为说法；应以辟支佛身得度者，即现辟支佛身而为说法；……应以执金刚身得度者，即现执金刚身而为说法"⑦。

---

① 《法华传记》，《大正藏》第 51 册，No. 2068。
② 从藏经洞所出此类写卷来看，敦煌地区流传的《观世音经》也正是鸠摩罗什之译本。莫高窟壁画及绢画中的相关内容也主要是以鸠摩罗什之译本为依据的。
③ 十六国后秦·鸠摩罗什译：《妙法莲华经·观世音菩萨普门品》，《大正藏》第 9 册，No. 0262。
④ 同上。
⑤ 同上。
⑥ 同上。
⑦ 同上。

该经所讲的种种神奇，使人们深信，"《观音经》含慈救生，怀悲拔苦；随声念而即至，应物感而现形。皆金口谈言，并大乘之教；开卷则众福臻集，发声则万祸俱消。偈乃破暗除昏，咒则遣邪殄魅。……一披一读，便生智慧之牙；再念再思，随灭无明之惑"①。由此，抄写经文与绘制经变就成为一种无上的功德。

从藏经洞所出的《观世音经》写卷来看，现除英法等国所藏之外，仅北图就有重58等80号左右。② 从敦煌石窟艺术中绘制的经变来看，仅《观音普门品变》和《观音经变》就多达29铺，绢画7幅，纸画5卷。绘制时间，上至隋代，下迄西夏，历时六百余年。③ 而有唐一代的观音救难信仰及观音经变就含在其中。

第四节　观音变相④中的观音画像及相关问题

从壁画内容看，莫高窟唐代《观音经变》主要以鸠摩罗什之译本为依据；从画面表现形式看，它又是印度及国内早期观音救难图的承接和后继。因为，当我们把目光回到印度公元4—6世纪的笈多王朝时，就会发现，在阿旃陀、奥兰加巴德、坎赫利等石窟中，均有表现《普门品》和观音救难内容的石雕作品。⑤ 其中公元6世纪初营建的阿旃陀石窟第4、6窟均有《普门品变相图》，构图以观

---

① 此为 P. 2588 卷《庆经文》。见张鸿勋《敦煌本〈观音证验赋〉与敦煌观音信仰》，载郝春文主编《敦煌文献论集》，辽宁人民出版社2001年版，第298页。

② 季羡林主编：《敦煌学大辞典》，上海辞书出版社1998年版，第691页，方广锠撰"观世音经"条。

③ 罗华庆：《敦煌艺术中的〈观音普门品变〉和〈观音经变〉》，《敦煌研究》1987年第3期。

④ 敦煌艺术中根据《妙法莲华经·观世音菩萨普门品》，即单行本《观世音经》绘制的变相其实包括《观音普门品变》和《观音经变》。二者在表现形式上的区别仅在于：《观音普门品变》一般是作为《法华经变》的一个附属部分或一品绘制的，没有脱离《法华经变》的主题而独立；而《观音经变》则是脱离《法华经变》的主题而独立存在，在经变的中心部位出现了观音的说法像，形成了以表现观音为主题的经变。由于此二者的严格区分对本文论述并不造成影响，故为行文方便，就仅以"观音变相"称之。

⑤ ［日］滨田隆：《菩萨——他的起点和造型》，白文译，李爱民审译，《敦煌研究》1991年第2期。

音为中心，左右两侧分别配置救诸苦难图；① 奥兰加巴德石窟第7窟前廊正壁的《普门品变相图》中（图3—17），观音左手下垂持长茎莲花，右手施无畏，左右两侧分别表现火难、水难、王难、风难与狮难、蛇难、象难、罗叉难；② 坎赫利石窟中表现了观音八难解救图和观音十难解救图。③ 另外，在埃罗拉石窟中，有观音八难解救图。④ 在纳西库的洞窟寺庙中，也有表现观音八难救济的浮雕⑤。在中国，成都万佛寺遗址出土南朝宋元嘉二年（公元425年）的石刻画像中，就有《普门品变相图》⑥（图3—18）。与此同出一处但并无明确纪年的另一件石刻画像中，也雕刻了观世音普门品各情节⑦（图3—19）。

图3—17　普门品变相图　　图3—18　南朝宋元嘉　　图3—19　成都万佛寺
　　（6世纪下半叶）　　　　二年石刻画　　　　　出土南朝石刻

---

　　① 贺世哲：《敦煌壁画中的法华经变》，敦煌研究院编：《敦煌研究文集·敦煌石窟经变篇》，甘肃民族出版社2000年版，第140页。

　　② 晁华山：《佛陀之光——印度与中亚佛教胜迹》，文物出版社2001年版，第103页。

　　③ 同上书，第106—107页。

　　④ 同上书，第106页。

　　⑤ 《亚洲佛教史·印度编Ⅲ·大乘佛教》，佼成出版社1973年版，第93页。转引自李利安《观音信仰的渊源与传播》，宗教文化出版社2008年版，第87页。

　　⑥ ［日］吉村怜：《南朝的法华经普门品变相——刘宋元嘉二年铭石刻画像的内容》，载《天人诞生图研究——东亚佛教美术史论文集》，卞立强、赵琼译，中国文联出版社2002年版，第245—255页。

　　⑦ 金维诺：《中国美术·魏晋至隋唐》，中国人民大学出版社2004年版，第76页。

由此可见，《普门品变相图》在印度公元4—6世纪的佛教雕刻艺术中广泛被表现。而在我国，有学者认为最晚在公元4世纪后期就已经完成了可作后世规范的《普门品变相图》。① 从时间上看，莫高窟的此类经变最早出现在隋代，且在一些救难情节的表现上与南朝宋元嘉二年石刻画像相似。这或许与隋代统一全国，"破斥南北"、"定慧双弘"的举措有关。即是说，隋代的统一，促进了南北文化交流，而在南朝业已完成的《普门品变相》程式，自然会传至敦煌，对莫高窟此类变相的绘制产生影响。② 隋代的《普门品变相》虽然得到表现，但仍未能脱离《法华经变》，且数量极少。而到了唐代，不但《法华经变》中的《普门品变相》有所发展，而且以专门表现观音救难为主题的、独立的《观音经变》也开始出现。其中的观音画像及与之相关的诸多问题都有待我们进一步探讨。

一　构图模式与观音的画像特征

从前人研究与相关资料来看，莫高窟唐代《观音普门品变》和《观音经变》的洞窟分布大致是：前期主要集中在盛唐，绘制洞窟有第23、45、113、126、205、217、444窟。③ 后期绘制《观音普门

---

① 吉村怜先生认为，营造万佛寺的四川地区，在南北朝战乱中相对安定，且作为南朝的领域，在《法华经》与《观音经》传至南朝佛教中心建康及江南地区时，四川必受影响。所以，万佛寺出土的观音普门品变相石刻是可以成立的。而在建康，最晚在公元4世纪后期恐怕就已经完成了可作后世规范的普门品变相。[日]吉村怜：《南朝的法华经普门品变相——刘宋元嘉二年铭石刻画像的内容》，载《天人诞生图研究——东亚佛教美术史论文集》，卞立强、赵琼译，中国文联出版社2002年版，第254页。

② 对此，贺世哲先生认为元嘉二年石刻与莫高窟隋代第303、420窟的《普门品变相》虽在构图与布局上有所不同，但在一些具体情节的图像表现上还是有相似之处，所以，他也认为应该是敦煌接受了南朝的影响。贺世哲：《敦煌壁画中的法华经变》，载敦煌研究院编《敦煌研究文集·敦煌石窟经变篇》，甘肃民族出版社2000年版，第140—141页。

③ 对唐前期《观音普门品变》与《观音经变》的统计，前人研究中稍有出入。如罗华庆先生认为"盛唐时期的观音变相，现有莫高窟第45、217、23、444、205、126窟"，这当是对有关观音的两种变相的总说。贺世哲先生则说："盛唐时期，观音信仰比较流行，除第217、23窟的法华经变中，专辟一壁画《观世音菩萨普门品》外，第45、74、205、444窟还画单独的观音经变。"这其实是对有关观音的两种变相进行了区分，因为，根据贺世哲先生的描述，第217窟的《普门品》画于东壁，窟门上部绘释迦佛讲述观世音菩萨名号因缘。窟门北侧下半部与窟门南侧上半部绘观音救诸苦难。（转下页）

品变》的有中唐第 7、231、159、237、468 窟，晚唐第 141、18、12 窟；绘制《观音经变》的有中唐第 112、185、472 窟和晚唐第 14、128 窟。① 由于《观音普门品变》和《观音经变》的细微差别，二者在设计与布局上也不尽相同。但从总体上讲，其构图主要体现为如下几大模式。

一是主体式对称模式，即画面正中绘观音说法像，两侧绘观音救诸苦难和三十三现身，如盛唐第 45 窟（图 3—20）、晚唐第 14 窟等。

二是主体式中堂模式，即画面分成中间宽、两边窄的三竖条幅，正中较宽的画幅中绘观音说法像，两侧较窄的条幅中绘观音救诸苦难。代表窟有盛唐第 205、126 窟，中唐第 112（图 3—21）、185、472 窟，晚唐第 128 窟。这两种无疑是印度构图模式影响的结果。

三是无主体对称模式，即利用石窟门洞之形，在窟门两侧绘制救难与现身等内容。与第一类模式相比，缺少了主体说法的观音像。代表窟有第 217 窟和第 444 窟。

四是屏风画模式，即模仿屏风构图模式，把经变依次绘于《法华经变》下部或佛龛内条形屏风中的形式，屏风数量一般 3—10 屏

接上页注③：第 23 窟也是在南壁中间绘《见宝塔品》之"虚空会"，左右两侧及下部绘《化城喻品》与《观世音菩萨普门品》等。这就说明在这两窟中，《普门品》还没有真正脱离法华经变，所以，还不能归为纯粹的《观音经变》。但贺先生所列第 74 窟，《敦煌莫高窟内容总录》中并无相关记述。据《敦煌莫高窟总录》载，盛唐绘有观音经变的还有第 113 窟。罗文在调查表中注明，此窟因漫漶不清而未录。见罗华庆《敦煌艺术中的〈观音普门品变〉和〈观音经变〉》，《敦煌研究》1987 年第 3 期。贺世哲：《敦煌壁画中的法华经变》，载敦煌研究院编《敦煌研究文集·敦煌石窟经变篇》，甘肃民族出版社 2000 年版，第 152、154、157 页。敦煌文物研究所整理：《敦煌莫高窟总录》，文物出版社 1982 年版，第 227 页。

　① 罗华庆：《敦煌艺术中的〈观音普门品变〉和〈观音经变〉》，《敦煌研究》1987 年第 3 期。其中中唐第 472 窟罗文调查表中注明，此窟因漫漶不清而未录，按《敦煌莫高窟总录》记，此窟东壁门南、北，中唐画观音经变各一铺。见敦煌文物研究所整理《敦煌莫高窟总录》，文物出版社 1982 年版，第 227 页。

不等。此类形式的变相有第 7、231、159、237、141、18、12 窟（图 3—22）。①

图 3—20　第 45 窟南壁　　图 3—21　第 112 窟　　图 3—22　第 12 窟南壁
主体对称模式　　　　东壁主体中堂模式　　屏风画模式

　　五是覆斗形模式，即将观音说法图及救难、现身诸内容同绘于覆斗形窟顶之一披，或一披画观音说法图，相邻两披分别画现身等内容。如盛唐第 23 窟窟顶南披绘观音说法图，左右两侧及下部绘救难与现身内容；中唐第 468 窟窟顶西披绘观音说法图，左右两侧绘救难，南、北披画三十三现身。合此例者，还有晚唐第 8 窟。

　　六是落花形模式，这一模式主要指《观音普门品变》而言，即《普门品》诸内容在法华经变中有时被穿插安排，貌似落花款。如晚唐第 85 窟《法华经变》中的《普门品》就采用了"见缝插针，遍布画面"的排布方式，这一构图方式填补空白的痕迹明显，稍显简单、凌乱。

---

　　①　对于此类观音经变，张元林、夏生平二位先生通过释读，认为中唐第 359 窟西壁龛内屏风画中原来被认为是《药师经》中"九横死"的内容，也是"观音救诸苦难"的内容。见张元林、夏生平《"观音救难"的形象图示——莫高窟第 359 窟西壁龛内屏风画内容释读》，《敦煌研究》2010 年第 5 期。

　　七是插图形式，这主要指敦煌遗书中的纸画《观音普门品变》，也算是该内容在构图形式上的一个类别。敦煌遗书中的纸画《观音普门品变》共有五卷，均为唐代之作。其中斯坦因所得二卷为白描本，编号 Ch. xxvi. a. 009 与 Ch. xxiv. 003（图3—23），伯希和所得三卷为彩绘本，编号 P. 4100、P. 4513 与 P. 2010。这些纸画装成册子或卷子，上部绘《普门品》变相，下部配写经文，图文并茂。①

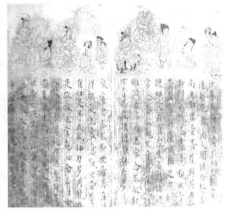

图3—23　插图形式

左：Ch. xxiv. 003 号册子；右：Ch. xxvi. a. 009 号卷子

　　在这七类观音变相图中，观音的形象大致又有如下几类。

　　其一，《法华经变》中的观音。据法华经《序品》载，观音是参加法华会、听佛宣讲《法华经》的大菩萨。莫高窟初唐第331窟东壁的《法华经变》是表现此经的早期形式，画面分上中下三层，呈横卷向心式展开，以《见宝塔品》为主体，描绘二佛并坐说法。两侧绘制观音、势至、文殊、普贤诸菩萨及其他听法圣众（图3—24）。其中观音菩萨被安排在佛座右下侧，坐束帛高座，双腿下垂，

　　①　参见罗华庆《敦煌艺术中的〈观音普门品变〉和〈观音经变〉》，《敦煌研究》1987年第3期。中国社会科学院历史研究所、中国敦煌吐鲁番学会敦煌古文献编辑委员会、英国国家图书馆、伦敦大学亚非学院合编：《英藏敦煌宝藏》（汉文佛经以外部分）第二卷，四川人民出版社1990年版，第186—208页。

低头听法，面部以赭红晕染，璎珞严身，着红裙。侍者立于身后，均作素面。从整个画面看，观音画像色彩突出，形体较大，仅次于二佛并坐的七宝塔，甚至超过了同处一画的文殊、普贤，足见其在法华信仰中的特殊地位（图3—25）。

图3—24　初唐第331窟东壁门上法华经变　图3—25　观音及随从（局部）

其二，作为主尊的观音。《观音经变》的主要特点就是脱离《法华经变》，单独表现《普门品》，而这对于观音画像来讲，也是一个巨大的转折。她从《法华经变》中的"配角"变为《观音经变》中的"主角"。所以，其在画面中的形象不但高大伟岸，而且绘制极其精细。此类观音画像又可分两类：一为立姿，一为坐姿，前者以盛唐第45窟与中唐第112窟为代表，后者以晚唐第14窟为代表。

第45窟观音头顶悬宝盖，端庄肃穆，立于画面中央（图3—26）。发髻高挽，大耳垂肩，耳旁绀发散披；头戴宝冠，上饰珍宝明珠，正中明珠前莲座上有一化佛；慈眼细长，绿眉入鬓，鼻直唇红，画三绺蝌蚪状髭须；裸上身，披帛、天衣、璎珞、环钏、珍宝严身，值"百千万两黄金"；腰束带，绘菱形花纹，红巾于正中挽结，长巾短带，璎珞串珠，繁而不乱，交叉有序；左手收于腹前，提一净瓶，上绘云纹、莲瓣等纹样，右手上举于胸，轻拈柳枝。此画像虽下部残毁且因后人重描，使墨线粗重处多不可观，然总体而言，描绘精细，红、绿、赭、青等色彩相杂，华丽而和谐，颇得盛唐大象。① 第 112 窟观音亦有化佛冠、净瓶等标志，富丽华贵（图 3—21），在装束佩戴等方面均可与第 45 窟观音相媲美，所不同的是此观音画像应用了沥粉技法，在色彩上也偏于黄绿调，显得温润典雅，与中唐画风相吻合。

　　第 14 窟《观音经变》混于密教画中，故而显得比较特别（图 3—27）。观音绘作女身男相，面如满月，五官清秀，亦绘绿眉蝌蚪髭，两耳垂肩，头戴化佛冠，圆光别致；右手轻捻杨柳枝，左手提净瓶，形体腴美；背倚宝石屏，结跏趺坐于莲台之上，座下宝池莲花。画像主要用土红线描，细劲有力，设色单纯，整个画像工细有余，生动不足。从以上三幅作品看，作为主尊的观音在画家的笔下被精心地描绘，堪称莫高窟观音画像中的杰作。

图 3—26　第 45 窟南壁主尊观音　　　　图 3—27　第 14 窟北壁主尊观音

　　①　参见敦煌研究院、江苏美术出版社编《敦煌石窟艺术·莫高窟第四五窟附第四六窟（盛唐）》，江苏美术出版社 1993 年版，第 159 页。

　　其三，画像供养的观音。据法华经《普门品》载："佛言：'若复有人受持观世音菩萨名号，乃至一时礼拜、供养，是二人福，正等无异，于百千万亿劫不可穷尽。无尽意！受持观世音菩萨名号，得如是无量无边福德之利。'"① 这就是说，画形供养，是一项功德之事，故在莫高窟的观音变相中也多有表现，最典型的还数第45窟南壁《观音经变》（图3—28）。此经变中，在主尊观音说法图上层最西侧绘观音坐双树宝盖之下的莲台上，接受供养，面前摆有饮食、卧具、医药等。复画一人身着绿袍双膝跪地，双手合十，供养观音菩萨，该图左上榜题中抄写对应的"画形供养"之经文。这幅观音画像设色、线描均较简单，显然没有像主尊那样被浓墨重彩的描绘。另外，在Ch. xxvi. a. 009号卷子中（图3—29），也有画形供养的白描插图，图下配以相应经文。该卷中的观音画像双手合十，身体后仰，与壁画中的稍有不同。从技法上讲，线条流畅，面部用铁线描，衣带略作兰叶描，造型准确，形象生动，可见画家的造型与用线功力。

图3—28　第45窟南壁
"画形供养"图

图3—29　Ch. xxvi. a. 009号
卷子"画形供养"图

---

　　① 十六国后秦·鸠摩罗什译：《妙法莲华经·普门品》，《大正藏》第9册，No. 0262。

　　其四，解脱三毒与满足二求的观音。据法华经《普门品》载："观世音菩萨摩诃萨，威神之力巍巍如是。若有众生多于淫欲，常念恭敬观世音菩萨，便得离欲。若多瞋恚，常念恭敬观世音菩萨，便得离瞋。若多愚痴，常念恭敬观世音菩萨，便得离痴。""若有女人，设欲求男，礼拜供养观世音菩萨，便生福德智慧之男，设欲求女，便生端正有相之女。"[①]在 Ch. xxvi. a. 009 号卷子中，也有配以"解脱三毒"与"满足二求"经文的白描插图（图3—30），图中供养之观音，在形象上与"画形供养"中的基本无别，技法上因同处一卷也与前者同。

图3—30　Ch. xxvi. a. 009 号卷子中"解脱三毒"与"满足二求"插图中的观音像

　　其五，闻声救难的观音。闻声救难是观音的主要品格，也是她在中国备受欢迎的主要原因。按经中所讲，"若有无量百千万亿众生受诸苦恼，闻是观世音菩萨，一心称名，观世音菩萨即时观其音声，皆得解脱"。所以，无论在《观音普门品经变》还是在《观音经变》中，救难情节都是重点描绘的内容之一。莫高窟早期的"观音救难"图出现在隋第420窟窟顶东披南侧的《法华经变》中。此图中的观音画像姿态优美，尽管由于变色，细节不明，但其慈祥悲

———————

① 十六国后秦·鸠摩罗什译：《妙法莲华经·普门品》，《大正藏》第9册，No. 0262。

悯的神情依然可见，被认为是受中原画风影响的代表作品，[①] 将之与唐代救难图中的观音相比，可单列一类。唐代救难图中观音画像主要有两种表现方式，一是画观音乘祥云，从空而至，施以解救。此类观音画像呈斜势，加之飘带云气，势若旋风，动感极强，较好地表现了观音"闻声即至"的内涵。最具代表性的要数晚唐第14窟（图3—31）、盛唐第217窟（图3—32）及Ch. xxvi. a. 009号卷子。尤其是217窟的每一个救难场景中，均画有此式观音，Ch. xxvi. a. 009号卷子也与此相仿。唐代救难图中观音画像的第二种表现方式是观音合掌盘坐在莲座上对称颂者施救，代表作是Ch. xxiv. 003号册子。此册前大半部分白描中杂用朱、赤、黄绿等色，人物面部施浅赭，后少半部分则全为白描不设色。观音造型笨拙，表情木然。可见，若将隋唐时期"救难图"中的观音画像加以分类，则有站立式、飞降式和盘坐式三种，而唐代则主要是后两种。

图3—31　晚唐第14窟北壁　　　图3—32　盛唐第217窟东壁"救难图"中
　　　　　救难图　　　　　　　　　　　　　多处表现观音施救形象

① 隋代展子虔、郑法士被称为"密体"绘画的代表，且据画史载，展子虔曾作过《法华经变》，莫高窟隋代第420窟的《法华经变》向来被美术史家与敦煌研究专家作为见证展子虔等人画迹的代表作。

通过上述分析与归类，则可看出，在唐代《观音普门品变》与《观音经变》中，观音画像其实可为两大类，即精雕细琢的一类与粗疏简约的一类。前者主要是指作为主尊的观音画像，后者则可包括救难、供养、法华经变中的观音画像。这些画像，不论精细还是简约，总归是一种视觉形象，而在这两类经变中，其实还有一种观音形象，虽在画中未被表现，但却给她留有一席之地。

二　观音变相中的"位"

巫鸿先生在其墓葬与宗教艺术研究中多次提到一个关于"位"的概念。如在《反思东亚墓葬艺术：一个有关方法论的提案》一文中，他谈到东亚墓葬艺术中"为灵魂设位"的问题，并说："作为死者灵魂在墓中存在的标志，'位'可以由墓主形象或无形空间表现"①，"'位'这个概念可以解释很多墓葬中所特殊安排的'空'间"②，"当肖像成为绘画的一个门类，死者有时会以人物的形象出现在墓中。这种新兴的图像并没有否定'位'的观念，而实际上更加强了对死者在墓中存在的表现"③。在《无形之神——中国古代视觉文化中的"位"与对老子的非偶像表现》一文中，他又指出："'位'是一种特殊的视觉技术（visual technology），通过'标记'（marking）而非'描绘'（describing）的方法以表现主体。"④ 如果深入阅读巫鸿的其他著述，就会发现，在他的研究范畴中，"许多文本和图像都是基于'位'的概念而产生的"⑤。

巫鸿的这一概念虽然并未涉及《观音经变》，更未直指观音形象，但当我们讨论这一问题时，却深受他的启迪。因为，我们在莫高窟唐代的《观音普门品变》及《观音经变》中常会看到这样的现象，即在"救难图"中，有的画面均不表现前来施救的观音形象，

---

① ［美］巫鸿：《反思东亚墓葬艺术：一个有关方法论的提案》，刘聪译，载《艺术史研究》第十辑，中山大学出版社 2008 年版，第 10 页。

② 同上。

③ 同上书，第 11 页。

④ ［美］巫鸿：《礼仪中的美术——巫鸿中国古代美术史文编》，郑岩、王睿编，郑岩等译，生活·读书·新知三联书店 2005 年版，第 513 页。

⑤ 同上。

有的画面在个别情节中有所表现，而有的画面则在多个情节中加以表现。最典型者当属盛唐第 217 窟的《观音普门品变》（图 3—32），此经变在东壁窟门北侧下半部与窟门南侧上半部绘"观音救难"图，窟门北侧北上角绘"解脱三毒"图。其中在"救难图"的每一个场景中，均画乘云而降的观音菩萨，而在"离淫欲毒图"中却没有出现观音形象。对此，贺世哲先生也曾倍感疑惑地说："尤其耐人寻味的是其他'救难图'中大多画观音飞来解救，而此图中却没有，听任自由，这难道是画师一时疏忽吗？"① 我们认为，这一问题的答案或许也与"位"的观念有关。

　　由于"位"的观念及应用在中国文化中有着悠久的传统，所以，在佛教美术中加以应用也是非常自然的事情。在莫高窟唐代的观音"救难图"中，凡绘有观音施救形象的场景，其画面布局一般是：求救者或立或跪，双手合十，低头默念观世音菩萨名号；而观音则稳坐莲座或端坐云头，双手合十，画于求救者前方或上空。这一图式，显然在视觉上最能体现"求救"与"施救"之间的关系。而就观音变相的绘制者和观音的信仰者来讲，"施救"一方在画面中的缺失，并不影响对这一情节的理解。因为，他们深知，威力无边的观音，在求救者的称颂中，随时都会闻声而至，于求救者周围的任何一个地方对其进行"施救"。正因如此，在一些"救难图"中，虽未绘制观音施救的形象，但却给她留有一个虚空的、隐形的"位"，而这个"位"就在那个低头合掌、默默念诵的人的周围，或者确切地说就在这个人的前方或上方。

　　由于《观音经变》中的救难情节众多，构图形式多样，所以，又使观音"救难图"具有了多处设"位"的特点（图 3—33）。也就是说，画中每一个情节中其实都有一个观音之"位"，有时甚至榜题无形中也具有了"位"的功能，因为，当人们观看榜题内容时，想象中的观音已然闻声而至，归位其中了。

---

　　①　贺世哲：《敦煌壁画中的法华经变》，载敦煌研究院编《敦煌研究文集·敦煌石窟经变篇》，甘肃民族出版社 2000 年版，第 153 页。

图3—33　第45窟南壁"救难图"中多处设位

　　总之，观音变相中绘制出的是一种直观的、诉诸视觉的观音形象，未绘制出的是一种隐性的、观念之中的观音形象。但无论哪一种，都是观音本身的形象，与之相比，观音的三十三化身，则是一种角色的置换，人们对他的理解需要在视觉形象与观念形象之间的不断转化中来完成。

三　观音三十三现身与世俗人物画

　　"三十三现身"是《普门品》的主要内容，讲述观音广显应化，"以种种形，游诸国土，度脱众生"①的神力与功德。其中包括三圣身、七种天身、七种人身、佛门四众身、四众妇女身和八部身。②这些均是观音随缘而现的化身，尽管从形象上讲，他（她）们都不是

---

　　①　十六国后秦·鸠摩罗什译：《妙法莲华经·观世音菩萨普门品》，《大正藏》第9册，No. 0262。

　　②　参见马书田《全像观音》，江西美术出版社2006年版，第44页。

观世音菩萨，但从观念上讲，他（她）们又都是观世音菩萨。所以，作为一种观念上的观音形象，其化现的诸种身形也当进入本书的考察之列。

总体而言，观音的"三十三化身"无非两类，一为佛国神祇，一为世俗凡人。而要将这两类形象转化为视觉图像，就需要在佛教与世俗图像库中去检阅。因为，佛教经典与各类造像已为佛国诸神廓清了形象，而现实生活中又有着世俗凡人的众生相。从莫高窟唐代"三十三现身"的画面来看，观音的诸种"化身"尤其是七种天身、八部身等，在形象上明显地经历了两次转化，一是中国化，二是世俗化。

先说观音"化身"的中国化。我们从相关经典及注释得知，观音化身中提及的诸尊佛教神祇均有其独特的图像特征。如《佛学大辞典》称帝释天"通常呈天人形，乘白象，右手执三钻杵，左手置于胯上"[1]；大自在天"为三目、八臂，骑白牛，执白拂之天人形"[2]。白化文先生也曾依《摄无碍经》等各种经典、仪轨记载，对观音各化身的典型形象做了详细的概述，其中帝释天身为白脸，戴宝冠，披璎珞，着天衣，左手结拳印，右手挂杵；自在天身为白脸，手持红莲花，戴宝冠，穿王者服；大自在天身为紫棠色脸，戴天冠，披璎珞，着天衣，乘黑色水牛或野猪，双手抱剑。[3]

三方比对，莫高窟唐代观音变相中的帝释天、自在天与大自在天，在形象上却迥异于如上两则描述。仍以盛唐第45窟为例，此窟南壁的《观音经变》中，"三十三现身"被绘在经变的上层，以抬高诸神之地位。其中帝释天、自在天与大自在天自西向东依次画在主尊观音右边的最上层。从图像特征看，这三身画像基本相同，面部丰腴，体态肥胖，符合唐人审美。但从其服饰中飘扬的长带，以及巨大而上卷的喇叭形裙摆来看，却又颇具晋人遗韵（图3—34）。因为，类似的造型，我们在顾恺之的《女史箴图》（图3—35）、

---

① 《佛学大辞典》"帝释天"条。
② 《佛学大辞典》"大自在天"条。
③ 白化文：《汉化佛教与寺院生活》，天津人民出版社1989年版，第88—90页。

《洛神赋图》，以及受其影响的司马金龙墓漆屏风画（图3—36）中均可见到。而这种造型在唐窟的出现（图3—37），不仅是佛教图像中国化的结果，也可以说是我国佛教艺术中仙佛模式的延续①。

图3—34　莫高窟第45窟大自在天身　　图3—35　顾恺之《女史箴图》局部

---

① 中国的仙佛模式，由来已久，应该说源于佛教传入以后中国人对佛与神仙的混同理解。在出土实物中，东汉永元五年（公元93年）的老子浮屠镜、青海平安县出土的汉画像砖、山东沂南画像石墓及江苏连云港孔望山摩崖等中的造像均可说明我国宗教艺术中仙佛模式的存在（见温玉成《中国的仙佛模式再探》，载敦煌研究院编《2000年敦煌学国际学术讨论会文集·石窟考古卷》，甘肃民族出版社2003年版，第447—497页）。陈传席先生认为，顾恺之所处的时代玄学盛行，加之他本人信奉道教，所以，他画佛画，只是当一种艺术创造，其风格也势必符合他本人及社会审美，而这种审美情趣就是"清赢示病之容"，这对陆探微的"秀骨清像"产生了很大影响（见陈传席《陈传席文集2》，河南美术出版社2001年版，第391页）。由此，可以说，魏晋时期以顾恺之为首的画家们，以中国固有的思维与绘画样式为基础，创造了更高一级的"仙佛模式"。而这一模式又在后来流行的"秀骨清像"风格之中得以发展并波及敦煌。王伯敏先生就曾提到顾恺之《女史箴图》对司马金龙墓漆屏风画、莫高窟第285窟壁画的影响（见王伯敏《中国绘画通史》上册，生活·读书·新知三联书店2000年版，第141页）。而陆探微"秀骨清像"风格对敦煌的影响为世人所熟知，其在敦煌早期的画像中体现出来的特点正是衣带飘举，一派神仙之像。所以说，第45窟的帝释天、自在天和大自在天在造型上既是佛教图像中国化的结果，也是中国"仙佛模式"的延续。

图3—36　司马金龙墓漆屏风画　　　图3—37　莫高窟第 285 窟菩萨

　　再说观音"化身"的世俗化。世俗化是唐代佛教美术的主要特点，这在观音"三十三现身"的画面中得到了很好的表现。如"梵王身"中所说的梵王即大梵天王，他原是印度教、婆罗门教的三大神之首，其"形象是红色，有须，坐在莲花座上。他原有五个头，后被另一大神湿婆砍掉一个。剩下的四个脑袋面向四方。有四个身子、八只手"①。佛教产生后，他被吸收为护法神，其形象也是"白脸，四面，面各三目，八臂，双足。裁天冠，着天衣，披璎珞，外罩袈裟"②。可以说，这个形象只有在宗教中存在，但在莫高窟的梵王画像中，他完全被处理成一个世俗的凡人之形，与作为人身的小王形象相差无几（图3—38）。还有作为天身的天大将军，也与其他人身如长者身、居士身、宰官身等作相同描绘（图3—39）。我们从这些画像看，他们就是唐代世俗的人物画，在造型、线条等方

① 马书田：《全像观音》，江西美术出版社 2006 年版，第 50 页。
② 白化文：《汉化佛教与寺院生活》，天津人民出版社 1989 年版，第 88—90 页。

面均与同期的墓室壁画及纸绢画颇多相似。

图3—38　左：现梵王身　右：现小王身

图3—39　左：现天大将军身　右：现长者身

概言之，观音的这些"化身"，在艺术领地，即以世俗人物为原型绘出，在佛教领域，当以观音视之；而作为佛教的表现形式，它还是偏向于后者。因为，对观音"化身"的绘制，本质上还是一种"奉献式艺术"，它注重的是"图像的制作"而非"图像的观看"①。即是说，在昏暗的洞窟中绘制如此之小的画像，其预设的观看者不仅包括前来礼拜的信众，而且也包括看不到的神。所以，即便是观音的诸化身被中国化、世俗化，只要她的信仰继续盛行，信众就必然将这些画中的世俗形象与观念中的观音等同起来。不仅如此，他们还深信，那个神秘莫测的观音本身，也可看见自己的种种画形，并随时都有附身其上的可能。

四　观音经变中的格套与榜题

由于"格套"与"榜题"在我国古代绘画中有着悠久的传统，且涉及绘画内容的表现与辨识、绘画与书法及画工与书手的关系诸问题，故而颇受学界关注。对于敦煌壁画中的"格套"与"榜题"，除了上述问题外，主要还牵涉到变相与变文的关系，若深究起来，较为复杂。所以，此处仅就观音变相中的相关问题做一浅述。其中的"格套"主要指在绘画表现《观音经》内容时所遵循的基本框架和构图模式，而"榜题"则是指写于观音变相旁，说明变相内容的文字。

对于"格套"，台湾学者邢义田有过一段精论，他说：

　　格套并不是一套单一、固定不变的形式框架，而是最少包含概念、空间和时间向度，既具规范作用，又允许相当程度形式甚至内容变化的制作习惯或依据。它们是画像制作者和需求者之间长期互动下的产物。所谓概念向度包括当时的人在哪些

---

① 巫鸿在讨论变相与变文关系时，指出佛教艺术主要是一种奉献式艺术，其本质上是一种"图像的制作"而非"图像的观看"。巫鸿将佛教图像的制作放置在整个信仰、佛事活动、石窟设计及石窟条件等背景中加以考察，并得出这一结论，无疑是有说服力的。见［美］巫鸿：《礼仪中的美术——巫鸿中国古代美术史文编》，郑岩、王睿编，郑岩等译，生活·读书·新知三联书店 2005 年版，第 366 页。

概念的指导下（例如对死后世界的认识、孝道伦理观……），使用哪些"类型"的画像（例如升仙、辟邪、彰显墓主的功业生平、历史故事、奇禽异兽……）去装饰墓室或祠堂；这些画像在流行风气的影响下，又以哪些基本构图元件的组合和形式，以传达必要的意义讯息等。空间向度是指不同地域的流行风尚和作坊集团，使得同一寓意的画像在不同地区可能有不尽相同的表现；也指如何将不同类型的画像安排在祠堂或墓室不同的空间以及在各空间内的画像安排等。时间向度则指某一区域不同时期的画像题材、技法和风格变化等。小而言之，也指题材故事在时间情节上的选择等。①

　　邢义田的论述主要是针对汉画故事，但同样适用于莫高窟唐代的观音变相。因为，观音变相中也包含有概念、空间和时间向度，其概念向度无疑是人们对观音的信仰和对《观音经》的认识；空间向度是敦煌地区对观音经变的表现方式和窟中的空间安排；时间向度则是莫高窟唐代该经变的技法与风格变化。正因如此，莫高窟唐代观音经变不仅在画面构图形式上形成了一种基本的"格套"，而且在基本的构图元件和组合形式上也拥有自己的"格套"。例如，对于火难的表现，几乎全是画一人于一团火苗中合掌诵念，囚难的表现是画一人戴枷锁，常于一城堡中，等等。正是这些构图元件的多次出现，使其成为识别观音变相的标志性图像。也正因这些元件的"格套"使这一变相易于识别，故有学者也曾对这类人所熟知的经变中"榜题"的价值和意义提出疑问，并认为这是壁画蓄意设置的一个"谜语"。②

　　那么，观音经变中的榜题、格套、绘画创作者与观者之间的关系究竟如何呢？笔者认为主要有以下几个方面。

---

　　①　邢义田：《格套、榜题、文献与画像解释——以一个失传的"七女为父报仇"汉画故事为例》，见颜娟英主编《美术与考古》上册，中国大百科全书出版社 2005 年版，第 189 页。

　　②　见［美］巫鸿《礼仪中的美术——巫鸿中国古代美术史文编》，郑岩、王睿编，郑岩等译，生活·读书·新知三联书店 2005 年版，第 366 页。

　　首先，"榜题"本身也是观音变相"格套"的一部分。"榜题"在绘画中的应用或以"河图洛书"为先声，以"左图右史"①的互识方式为依据。所以，无论在汉画还是唐画中，榜题都是主要的组成部分。可以说，它早已进入了古代绘画，尤其是画像石、墓室壁画、石窟壁画的"格套"之中。在莫高窟观音经变中，"榜题"也是惯用框架和构图模式中的一部分。

　　其次，作为奉献式绘画，观音变相中的"榜题"与"格套"都是一种功德的体现。即是说，尽管观音变相中的格套足以让人们辨识相关内容，但还要不惜笔墨去设"榜"并书写榜题。这充分说明，绘画表现与榜题文示在某种程度上具有相同的功能，这可能就是佛教修持中常说的写经、画像均为功德的实际体现。从观音经变的榜题看，其内容多是经文摘要，属于"内容简介型"②，可以说是佛教写经在壁画中的延伸。

　　再次，从视觉形式上看，榜题在整个观音变相的图绘格套中，一方面起着填补空隙，分割、闭合画面的作用，另一方面又体现了我国古代书画结合的一种式样，而这种式样又传递着书画一处的"附益关系"。③

　　最后，观音变相中的榜题，为我们提供了古代画工与书手之间的关系，让我们得以窥探观音变相制作的过程。对于古代石刻画像或窟壁画像中刻（绘）、写分别由不同工匠担任的问题，学者已有讨论。而在观音经变中，这一现象也同样存在，如第 45 窟中，经

---

　　① "左图右史"与"左史右经"、"左图右书"、"左右图史"等同义。如明·宋濂《黄氏义门铭》："视其斋庭，左史右经，踵武绳绳。"明·郑堂《长江天堑赋》："桂楫兰舟，左图右书。"清·龚自珍《阮尚书年谱第一叙》："乃设精舍，颜曰诂经，背山面湖，左图右史。"《新唐书·杨绾传》："独处一室，左右图史，泊如也。"可见，前人的"左图右史"一般是用来形容博览群书，或藏书丰富。但后来"左图右史"又被引申为左边是图，右边是说明性文字，所以被人们认为是一种图文互识的代名词。

　　② 邢义田先生将榜题分为四种类型，即标题型、元件标示型、内容简介型和画赞型。邢义田：《格套、榜题、文献与画像解释——以一个失传的"七女为父报仇"汉画故事为例》，见颜娟英主编《美术与考古》上册，中国大百科全书出版社 2005 年版，第 196—197 页。

　　③ 见史忠平《浅探徐复观"书画异系"观——兼论中国古代书画结合之关系》，《解放军艺术学院学报》2009 年第 3 期。

变画前后风格一致，但救难图与三十三现身中的榜题却明显不同，前者是典型的写经体，并在技法上稍显生涩，但后者却书写流畅，堪称较好的行楷作品（图3—40）。这就充分说明，在敦煌，除了有些画工兼善题壁外，在抄经队伍中或许也存在同时善题壁者，抑或还有职业的题壁人。

图3—40　第45窟《观音经变》中的榜题
左：榜题的总体设置；中：胡商遇难榜题；右：现大自在天身榜题

以上几点表明，榜题与一些构图元件均是观音变相的格套，它们其实都是观音信仰及修持的一种需要。所以，并不是按众人熟知的格套表现内容就不需要榜题提示，也不是因为内容生疏而需要榜题的注明。① 另外，从视觉艺术的角度讲，观音经变中的榜题是古

---

① 邢义田曾认为榜题是制作者的有意提示，希望观众能正确地掌握画像的意义。如果创作者依据一定的格套去描绘大家熟悉的故事，观者就不一定需要榜题的帮助。见邢义田《汉代画像中的"射爵射侯图"》，《中央研究院历史语言研究所集刊》2000年第七十一本第一分，第3页。他还曾认为榜题基本是为大家不熟悉的主题而设计，由于观者不熟悉，故需要榜题的帮助。见邢义田《汉代画像内容与榜题的关系》，《故宫文物月刊》1996年第十四本第五分，第70—71页。但经过一些反例的提出，邢义田也否定了自己之前的一些观点，又将工匠的自由度作为理解榜题多样性的一个因素，此外，还指出了榜题在视觉上的作用。见邢义田《格套、榜题、文献与图像解释——以一个失传的"七女为父报仇"汉画故事为例》，颜娟英主编《美术与考古》上册，中国大百科全书出版社2005年版，第196页。

代书画结合的一种形式，若以现代眼光视之，部分壁画与书法均有较高的艺术价值；从艺术考古的角度讲，其中榜题不一的现象又为我们认识当时画工与书手之间的分工及壁画绘制顺序提供了一定的资料。

综上所述，莫高窟唐代经变画中的观音画像主要存在于净土信仰体系与法华信仰体系之中，舍此之外，尽管一些其他的经变画中也有观音画像，但数量较少，故不多述。但正如本章开首所说，对观音画像集中表现的还有一个体系，那就是密教观音信仰体系。

第四章

莫高窟唐代密教观音画像

印度佛教分显教与密教两部分，显教是化身佛释迦牟尼公开宣说之教，是一种显明易懂的教法。而密教则是法身佛大日如来秘密传授的深奥教旨，它认为佛祖的真言、密语不能见诸文字，广为流传，只能对受过灌顶礼的弟子秘传，是一种秘密难懂的真言教法，故称密教。具体而言，二者的区别就在于：其一，显教注重于对理论的系统解释，其典籍主要是经、律、论、戒；密教则偏重于对理论的形象表达，其主要经典除了经、律、论、戒而外，更有颂、赞、法、咒、仪轨、契印、瑜伽等。其二，显教主张公开宣扬佛法，教人悟道；而密教则重视传承、真言和密咒，教人修持。①

学界一般认为，印度密教起源于公元 2 世纪，兴起于公元 7 世纪，有杂密与纯密之分，② 是大乘佛教、婆罗门教和印度民间信仰的混合物。其基本特征主要体现在口诵真言咒语（"语密"）、手结印契（手势和身姿"身密"）和心作观想（"意密"）三方面，若三密相印，则可即身成佛。密教产生以后，印度大乘佛教发生了重大变革，其观音信仰形态也开始步入密教化的道路。

研究表明，早在公元 7 世纪纯密产生之前，有关观音的杂密经典就多达 30 余部，从听闻神咒到护持神咒，再到自己说咒的陀罗尼观音信仰已经成型。这一时期的观音信仰特点，除了各种观音咒

---

① 参见夏广兴《密教传持与唐代社会》，上海人民出版社 2008 年版，第 2、350 页。

② 密教奉大日如来为最上根本佛，以《大日经》与《金刚顶经》为其两部根本经典，在这两部经典未流传之前，由释迦佛公开宣讲佛典中的密法、陀罗尼密咒、仪轨等称为杂密。公元 7 世纪，两部经典产生并流行后，密教有了完整的理论与实践体系，自此而起的密教被称为纯密。

术的大量出现外，还继承了称名救难型、净土往生型和智慧解脱型等已有的观音信仰形态，并与之融合在一起。① 及至公元 7 世纪，随着密教主要经典《大日经》和《金刚顶经》的产生与密教理论体系的完整和系统化，全面密教化的观音信仰形态也随之形成。相关的曼荼罗盛极一时，且由于"各类密教观音均有其独特的神咒和印契，于是观音成为密教宣扬其教义理论与修道方法的重要凭借。作为密教重要特征的'三密相应'在密教化的观音信仰中也表现得淋漓尽致"②。也正是这个时期，古老的中国正值唐朝盛世，其开放的政策与频繁的外交，使印度的观音密典适时而大量地输入进来。尤其是唐玄宗开元年间，"开元三大士"的相继东来及译经、弘法活动，更促成了中国密教理论的系统化和完整化。综观此期输入的观音密典，其在种类、数量及完整和可靠程度上均堪称最。据统计，在现存隋唐两宋时期输入中国的 108 种密教观音经典中，出自唐代的就有 74 部。③ 在这些经典中，各种密教观音咒语被赋予了神奇的力量，既有护国色彩，又有明显的简易性、生活性和功利性特点，而这对于中国的统治者与普通民众来讲，无疑具有极大的诱惑力。由此，一股上至朝廷、下至僧侣信徒与民间百姓的密教观音信仰热便在东土大唐骤然兴起并盛行开来。

唐朝密教观音信仰热遍及全国，而敦煌尤甚。从现存遗迹来看，主要体现在两个方面：其一是大量观音密典被新译或重译。有关数字表明，敦煌出土的《大悲心陀罗尼经》写卷就有许多，其中智通译本《千眼千臂观世音菩萨陀罗尼神咒经》14 部，伽梵达摩译本《千手千眼观世音菩萨广大圆满无碍大悲心陀罗尼经》就多达 23 部。除此而外，敦煌遗书中保存的密教观音经典还有《观世音及世尊符印十二通及神咒》（P. 3874）、《观世音不空羂索心王神咒功德法门名不空成就王法》（S. 0232）、《观世音不空羂索心王神咒》（S. 5741）、《观世音不空羂索告像成验》（P. 4018）、《观世

---

① 参见李利安《观音信仰的渊源与传播》，宗教文化出版社 2008 年版，第 121—124 页。

② 李利安：《观音信仰的渊源与传播》，宗教文化出版社 2008 年版，第 128 页。

③ 同上书，第 340 页。

音菩萨咒》（S. 5801）、《观世音菩萨救头痛咒》（S. 6978）、《观世音菩萨秘密藏无障碍如意心轮陀罗尼神咒经》（S. 2498、S. 4367、S. 5586、P. 3835）、《观世音菩萨秘密藏无障碍如意心轮陀罗尼藏义经》（P. 2799）、《观世音菩萨如意轮陀罗尼章句咒》（S. 2498、P. 2153）、《观世音菩萨符印》（S. 2498、P. 2602v）、《观自在如意轮菩萨瑜伽法要》（P. 3916）等①。这些经典中虽有大量隋唐伪作，但足见敦煌密教观音信仰的盛行。其二是大量密教观音图像被绘制。据统计，仅莫高窟现存唐代密教遗迹的 140 个洞窟中，绘有密教观音及经变的就多达 52 个（见表 4—1，下加着重号者为绘有密教观音的洞窟）。经典的翻译与造像、画像的塑、绘，向来是某一佛教信仰盛行与否的有力证据，而藏经洞发现的密教观音经典写卷及莫高窟唐代密教观音遗迹，无疑是这一时期莫高窟乃至敦煌地区密教观音信仰发展、变化的具体反映。

表 4—1　　　　　　　　　　**莫高窟唐代密教遗迹统计**②

时代	洞窟编号	总窟数
初唐	<u>321</u>、<u>331</u>、332、<u>334</u>、340、341	6
盛唐	31、<u>32</u>、39、45、74、<u>79</u>、91、103、109、<u>113</u>、115、116、118、120、122、123、126、<u>148</u>、166、170、172、176、180、194、205、<u>214</u>、444、445	28
中唐	7、26、32、33、45、53、92、112、<u>115</u>、<u>117</u>、126、<u>129</u>、134、135、<u>144</u>、153、154、155、<u>158</u>、159、<u>176</u>、185、186、188、197、199、<u>200</u>、201、202、205、222、225、231、235、236、237、<u>238</u>、240、<u>258</u>、<u>285</u>、288、340、<u>358</u>、359、360、<u>361</u>、363、366、<u>370</u>、379、<u>384</u>、<u>386</u>、447、468、<u>471</u>、472	56

---

①　李利安：《观音信仰的渊源与传播》，宗教文化出版社 2008 年版，第 375—376 页。
②　本表参见彭金章主编《敦煌石窟全集 10·密教画卷》，商务印书馆 2003 年版，第 12 页。

时代	洞窟编号	总窟数
晚唐	8、9、10、12、14、18、19、20、29、30、54、82、85、107、111、127、128、138、139、140、141、142、145、147、150、156、160、161、163、167、168、177、178、181、190、192、194、195、196、198、217、227、232、241、336、337、338、340、459、470	50

第一节　唐代敦煌密教的发展与莫高窟密教观音概况

唐代是敦煌密教发展的重要时期①，也是莫高窟密教观音发展的重要时期，但其在初、盛、中、晚四个时期的具体情况又有所不同。

一　初唐敦煌密教与莫高窟密教观音

初唐时期，汉译密典开始流行。据《开元释教录》载，从唐高宗显庆元年（公元 656 年）至唐中宗景龙三年（公元 709 年），知名高僧玄奘、义净等新译或重译了大量的密教典籍，其中密教观音经典甚多。如《十一面神咒心经》、《不空羂索神咒心经》、《不空羂索神变真言经》、《如意轮陀罗尼经》、《千手千眼观世音菩萨姥陀罗尼身经》等。在敦煌藏经洞中，上述密教观音经典，除《不空羂索神咒心经》外，均有写本发现，这说明初唐所译的观音密典已大量流传于敦煌地区。

初唐观音密典在敦煌的传播，使得在这一时期出现于莫高窟和榆林窟 7 个洞窟的密教形象，全是密教观音，其中十一面观音 7 幅、八臂观音 2 幅、珞珈山观音 1 幅（表4—2）。

---

① 敦煌石窟现存的密教遗迹按时代可分为早、中、晚三个时期，其中隋代、初唐、盛唐属于汉密的初创期；中唐、晚唐、五代、北宋初期属于汉密的鼎盛期；西夏、元代是汉密的衰落期和藏密的发展、鼎盛期。

表 4—2　　　　　　　　　　　初唐敦煌密教观音分布①

窟号	观音名号	窟内位置	数量
莫高窟第 321 窟	十一面观音	主室东壁门北	1 幅
莫高窟第 331 窟	十一面观音	主室东壁门北	2 幅
莫高窟第 332 窟	珞珈山观音	主室东壁门上	1 幅
莫高窟第 334 窟	十一面观音	主室东壁门北	1 幅
莫高窟第 340 窟	十一面观音	主室东壁门上	1 幅
莫高窟第 341 窟	八臂观音	主室东壁门上	2 幅
榆林窟第 23 窟	十一面观音	甬道南、北壁	2 幅

这一时期的观音往往以独尊或胁侍形式出现，十一面观音或以菩萨为眷属，或无眷属，已经出现了布局简单的经变形式，但曼荼罗样式尚未形成。其形象多绘制于甬道南北壁或主室东壁，尚未进入洞窟的主要位置，更未出现专门绘制密教题材的洞窟，这些都说明密教观音在初唐相比其他密教形象较受欢迎，但跟显教形象相比却又逊色一筹的状况。

二　盛唐敦煌密教与莫高窟密教观音

盛唐是唐代历史上的黄金时期，此时密教的发展也进入一个新的阶段，具有重大意义的"开元三大士"译经活动就在此期，他们先后汉译了密教金刚界与胎藏界的本经，还有多部密教经典与大量念诵仪轨，其中不乏观音经典与仪轨。如金刚智的《千手千眼观自在菩萨广大圆满无碍大悲心陀罗尼咒本》，不空的《金刚顶瑜伽千手千眼观自在菩萨修行仪轨经》、《十一面观自在菩萨心密言念诵仪轨经》、《观自在菩萨如意轮念诵仪轨》等。开元三大士在中国的译经与传教活动，由于受到了唐朝皇帝的尊崇、支持而得以顺利进

---

①　本表参见彭金章主编《敦煌石窟全集 10·密教画卷》，商务印书馆 2003 年版，第 23 页。

行，也正因如此，密教在盛唐时期开始完整而系统地传播并进入一个蓬勃发展的新时期。但从全国的密教遗迹来看，现存的盛唐密教形象并不多见，有学者认为，这可能与历史上多次灭佛或其他因素有关。

对于敦煌盛唐密教的发展而言，不可不提的一件大事就是不空的河西译经活动。唐天宝十二、十三年（公元753—754年），密教大师不空应河西节度使哥舒翰的邀请，亲赴武威开元寺"请福疆场"，译经弘法。作为中国密教的创始人之一，不空曾亲自为唐代宗主持过灌顶仪式，并被代宗加封为"肃国公"，赐号"大广智三藏"，所以，他的此次河西之行，必然对敦煌密教的兴起与发展产生深刻影响。在莫高窟现存有盛唐密教遗迹的洞窟中，尤其是盛唐后期的洞窟中，不但密教形象数量大大增加，而且还出现了一些前所未有的新题材、新形象，这一现象的出现，不能说与不空的河西弘教没有关系。另外，在藏经洞发现的不空河西译著写卷中，虽不见观音密典，但也不代表不空所译的观音密典对敦煌就没有影响。

从盛唐敦煌密教发展与密教遗迹来看，莫高窟盛唐密教观音画像较之初唐有诸多新变化，具体表现在以下几个方面：

第一，出现了观音新题材、新形象。研究表明，在莫高窟现存盛唐密教遗迹的28个洞窟中，密教形象有58幅，题材多达16种，其中部分为此时出现的新题材和新形象，而在这些新题材和新形象中，涉及观音的就有千手千眼观音经变、如意轮观音经变、不空羂索观音经变、观音经变、四臂观音等。

第二，出现了如意轮观音经变与不空羂索观音经变对称的格局，开创了敦煌石窟密教绘画中对称组合布局的先河。

第三，出现了最早的如意轮观音龛和不空羂索观音龛。盛唐后期的莫高窟第148窟，是盛唐密教的代表窟，窟内以绘塑结合的形式在南、北壁分别建造了如意轮观音龛和不空羂索观音龛，是敦煌石窟最早，也是唯一根据《如意轮陀罗尼经》绘塑的如意轮观音经变和根据《不空羂索神咒心经》绘塑的不空羂索观音经变。

第四，首次出现了千手千眼观音经变。第148窟东壁门上绘制的千手千眼观音经变，是敦煌石窟首次出现的颇具规模的密教经变。

盛唐时期莫高窟密教观音画像的新变化，无疑是敦煌地区这一时期密教观音信仰的具体反映，是敦煌密教发展告别初创期、步入鼎盛期的标志。

三　中唐敦煌密教与莫高窟密教观音

从全国来看，中唐时期的密教因武宗灭佛和宣宗恢复佛教而一度衰微，继而又恢复并有所发展。而敦煌的中唐时期正处于吐蕃统治之下，吐蕃人对佛教的崇信，使得敦煌密教的发展同中原相比呈现出一派繁荣景象。据统计，敦煌石窟中存有中唐密教作品的洞窟共59个，其中涉及密教题材22种，密教形象共计172幅（藏经洞所出纸绢画除外），比盛唐时期多出114幅①，这组数字足以说明中唐密教在敦煌的进一步发展情况。此时的密教观音画像亦出现了一些新的变化。

第一，出现了三种新的组合形式。即千手观音经变与地藏菩萨、千手千眼观音经变与千手千钵文殊经变，以及两幅十一面观音经变成组对称的形式。

第二，出现了具有印度波罗密教艺术风格的曼荼罗壁画。波罗密教风格源于公元8世纪中叶兴起的波罗王朝，从敦煌绘画遗迹看，这一风格至迟在公元9世纪中叶传入西藏，并由西藏传入敦煌，其在敦煌壁画中的人物形象特点是曲发披肩，袒胸露背，斜披天衣、着紧身透体长裤，佩饰华丽。而观音画像中这一风格的出现，则主要体现在八大菩萨曼荼罗，以及藏经洞发现的不空羂索五尊曼荼罗绢画上。

第三，如意轮观音经变和不空羂索观音经变继续盛行不衰。出现在盛唐第148窟的如意轮观音经变和不空羂索观音经变，因主尊塑像的毁坏，其如意轮观音和不空羂索观音形象无从得知。而存于中唐的12幅如意轮观音经变（包括藏经洞绢画）和9幅不空羂索

---

① 彭金章主编：《敦煌石窟全集10·密教画卷》，商务印书馆2003年版，第61页。

观音经变，不但使我们得以目睹以主尊形象出现的如意轮和不空羂索观音，而且也清楚地看到，这两种始于盛唐的密教题材，在中唐时期仍然盛行不衰，反映了其在当地人们信仰中的特殊地位。

中唐时期的敦煌密教观音画像无论在内容与数量上，还是在形式与技法上，均进入了一个新的阶段，尤其是在吐蕃的统治下对外来艺术形式的吸收与借鉴，使其创造了不同以往的新风格。

四　晚唐敦煌密教与莫高窟密教观音

晚唐是敦煌密教的鼎盛期，据统计，敦煌此期存有密教遗迹的洞窟多达 55 个，共涉及密教题材 26 种（包括 7 种新出现的密教题材），密教形象 196 幅。[①] 其中《不空羂索观音》18 铺、《如意轮观音》16 铺、《千手千眼观音》9 铺、《十一面观音》7 铺、《观音经变》4 铺。[②] 不仅在题材与数量上多于中唐，而且原来陪侍主尊的部分眷属也发展为各自的经变与曼荼罗，这些都说明晚唐时期敦煌密教的繁荣和兴盛。

观音画像在前期的基础上有了更多的发展，首先，一些观音经变在洞窟中的位置发生了变化。晚唐以前的密教观音内容虽然随代而变，但其在窟内的位置多不占主要地位，而到了晚唐，千手千眼观音经变、十一面观音经变等密教观音题材开始占据主室顶部的中心位置。如在最具代表的晚唐第 161 窟中，千手千眼观音经变被绘于窟顶顶心，十一面观音经变位于西壁，东壁门上又绘有珞珈山观音。此窟中观音的数量不但很多，而且位置重要，故而有学者认为该窟很可能就是一处供奉密教观音的坛场。[③] 其次，此期密教观音画像除继续流行中唐时期的对称组合形式外，又出现了十一面观音

---

① 彭金章主编：《敦煌石窟全集 10 · 密教画卷》，商务印书馆 2003 年版，第 99 页。

② 关友惠：《变相多门、意蕴乡情的晚唐壁画》，载《中国美术分类全集——中国敦煌壁画全集 8 · 晚唐》，天津人民美术出版社 2001 年版，第 4 页。

③ 同上。另外，关友惠先生指出，专一绘制密教观音的石窟的出现，也是晚唐密教变相地位突出的特点之一，代表窟有如第 14 窟、第 161 窟、第 336 窟等。见关友惠《变相多门、意蕴乡情的晚唐壁画》，载《中国美术分类全集——中国敦煌壁画全集 8 · 晚唐》，天津人民美术出版社 2001 年版，第 6 页。

经变与观音经变或不空羂索观音经变、千手千眼观音经变与不空羂索观音经变等组合的新样式。再次，晚唐时期出现了根据玄奘《十一面神咒心经》绘制的十一面观音经变。此经变出现在晚唐第14窟，这在敦煌石窟现存的34幅十一面观音或十一面观音经变（藏经洞纸绢画与版画除外）中可算孤例。

总之，唐代是敦煌密教发展的初创期与鼎盛期，其密教遗迹数量可观，规模宏大。而在这些密教绘画中，观音题材又最受青睐，即便是在统治者灭佛时代，敦煌的密教观音还是得到了一定的发展，① 至中晚唐时盛极一时。从现存遗迹看，莫高窟唐代的密宗观音像均为汉传密宗观音②，其中有四臂观音③、八臂观音④、珞珈山观音⑤、马头观音⑥、十一面观音、如意轮观音、不空羂索观音和千手千眼观音等。而在这些观音像中，十一面观音、不空羂索观音、如意轮观音和千手千眼观音数量多、流行时间长，是莫高窟唐代密

---

① 盛唐时期由于密教经典的大量翻译与个别统治者的大力支持，密教蓬勃发展，但又因个别统治者的灭佛活动，中原地区的密教形象非常少，据彭金章先生调查，其中见存有者：西安唐代安国寺遗址出土的十尊不动明王石雕像；河南方城县千佛石窟保存的千手千眼观音；新疆库车库木吐拉石窟的三头八臂观音、大日如来、马头观音等。可见在这些为数不多的密教遗迹中，又以观音像为最多。相比之下，敦煌此时的密教形象数量可观，而观音则是其中的主要组成部分。彭金章主编：《敦煌石窟全集10·密教画卷》，商务印书馆2003年版，第36页。

② 密宗菩萨有汉密菩萨与藏密菩萨，汉密菩萨的法相与显宗正菩萨相似，只是多首、多臂、多目，但面容慈悲，姿态优美。而藏密菩萨则不仅多首、多臂、多眼，而且面目狰狞、阴森可怕。敦煌莫高窟中，初唐时才有密宗菩萨，主要是汉密菩萨，至元代才有藏密菩萨（只有第465窟一个洞窟中绘有藏密菩萨），所以，莫高窟唐代的密宗观音像均为汉传密宗观音。

③ 莫高窟盛唐第148窟南壁龛顶西披有三面四臂观音经变，主尊三面四臂，戴宝冠，冠中有化佛，四臂或持三叉戟、或火焰手、或莲华、或结手印。有头光和背光，头顶上有宝盖，结跏趺坐在莲花座上，左右各有眷属四身；晚唐第156窟西壁龛顶西披存有三面四臂观音经变，主尊是三面四臂观音，结跏趺坐于莲花座上，眷属有天王、火天神、菩萨等。

④ 莫高窟初唐第341窟东壁门上有两尊八臂观音，作为佛的胁侍出现，戴宝冠，无化佛，站于莲花上。

⑤ 莫高窟初唐第332窟东壁门上，存有珞珈山观音，观音戴宝冠，合掌，结跏趺坐在从水中生出的莲花上。

⑥ 敦煌莫高窟第161窟中绘制有马头观音像，不过此身画像已是心慈面善的人身菩萨，只是头戴高大的马头头盔式宝冠罢了。

宗观音中一道亮丽的风景线。下面就这几种观音画像做一论述。

第二节　莫高窟唐代十一面观音画像

十一面观音是六观音之一，顾名思义，"具十一个颜面之观音也"①。"又作十一面观自在菩萨、大光普照观世音菩萨，渊源于印度婆罗门教之十一荒神，或于西元五六世纪顷掺入佛教"②，其经典于北周时期被翻译成汉译本并传入我国。③随后，唐高宗永徽四年（公元 653 年），中印度三藏阿地瞿多译有《十一面观音神咒经》；④唐高宗显庆元年（公元 656 年），玄奘译有《十一面神咒心经》；盛唐开元年间，不空译就《十一面观自在菩萨心密言念诵仪轨经》。四部经典，唐代有三，足见《十一面观音经》在时人心中的地位。之所以如此，是因为此经种种神奇、充满诱惑，且看经文描述：

> 持此咒者（《十一面观音经》），现身即得十种果报⑤（或现身获得十种胜利⑥。或现世得十种胜利⑦）。何等为十？一者，身常无病（或身常无病。或离诸疾病）；二者，恒为十方诸佛忆念（或恒为十方诸佛摄受。或一切如来摄受）；三者，一切财物、衣服、饮食，自然充足，恒无乏少（或财宝衣食受用无

---

①　丁福保：《佛学大辞典》，"十一面观音"条。

②　同上。

③　据《历代三宝记》卷十一载，我国最早的一部汉译本《佛说十一面观世音神咒经》（一卷）是北周保定四年（公元 564 年），由"优婆国三藏法师耶舍崛多共小同学阇那崛多为大冢宰宇文护"于长安旧城四天王寺从十万偈的《金刚大道场神咒经》中略出的。

④　此经为唐·阿地瞿多译的《佛说陀罗尼集经》卷四。见《大正藏》第 18 册，No. 0901。

⑤　北周·耶舍崛多译：《佛说十一面观世音神咒经》，《大正藏》第 20 册，No. 1070。此段括号外经文均出此经。阿地瞿多译的《佛说陀罗尼集经》卷四的《十一面观世音神咒经》经文与此经相同。

⑥　唐·玄奘译：《十一面神咒心经》，《大正新修大藏经》第 20 册，No. 1071。此段括号内第一句经文均出此经。

⑦　唐·不空译：《十一面观自在菩萨心密言念诵仪轨经》卷上，《大正藏》第 20 册，No. 1069。此段括号内第二句经文均出此经。

尽。或任运获得金银、财宝、诸谷麦等）；四者，能破一切怨敌（或能伏怨敌而无所畏。或一切怨敌不能沮坏）；五者，能使一切众生皆生慈心（或令诸尊贵恭敬先言。或国王王子在于王宫先言慰问）；六者，一切蛊毒、一切热病，无能侵害（或蛊毒鬼魅不能中伤。或不被毒药蛊毒，寒热等病皆不着身）；七者，一切刀杖不能为害（或一切刀杖所不能害。或一切刀杖所不能害）；八者，一切水难不能漂溺（或水不能溺）；九者，一切火难不能焚烧（或火不能烧）；十者，不受一切横死（或终不横死。或不非命中夭）；是名为十。现身复得四种果报（或复得四种功德胜利。或又获四种功德）。何者为四？一者，临命终时得见十方无量诸佛（或临命终时得见诸佛。或临命终时得见如来）；二者，永不堕地狱（或终不堕诸恶趣。或不生于恶趣）；三者，不为一切禽兽所害（或不因险厄而死。或不非命终）；四者，命终之后生无量寿国（或得生极乐世界。或从此世界得生极乐国土）。

从此段经文来看，有关十一面观音的四部主要经典中，关于诵念此经好处的描述基本是相同的。其"十种果报"与"四种功德"的巨大诱惑，不仅使《十一面观音经》广为传播，而且在高昌、榆林窟、东千佛洞、莫高窟、西安、天龙山石窟、龙门石窟，还有四川资中、天津蓟县等地都出现了雕凿或图绘的十一面观音形象和十一面观音经变。而在这些现存十一面观音的图像资料中，尤以莫高窟为最，其保存数量之多、质量之完好、延续时间之长，在敦煌石窟乃至全国均堪为首。

据统计，敦煌石窟共发现十一面观音经变 41 幅（包括壁画 32 幅，绢、麻、纸质绘画 9 幅[1]）。其中绘于莫高窟唐代者 15 幅，均为壁画，按时代划分为：初唐 5 幅（包括第 331 窟 2 幅，第 321、334、340 窟各 1 幅），盛唐 1 幅（第 32 窟），中唐 3 幅（第 370 窟

---

[1]　此统计为彭金章先生的不完全统计。见彭金章《敦煌石窟十一面观音经变研究》，载敦煌研究院编《段文杰敦煌研究五十年纪念文集》，世界图书出版公司 1996 年版，第 73 页。

2 幅，第 144 窟 1 幅），晚唐 6 幅（第 10、14、161、163、198、338 窟各 1 幅）①。这 15 幅作品，便是我们讨论唐代十一面观音画像的主要对象（表 4—3）。

表 4—3　　　　　　　　　莫高窟唐代十一面观音统计②

时代	洞窟开凿、重修时代	窟号	位置	姿势			面相					手臂数量	手印与持物	眷属	窟内对称题材
				结跏趺坐式	游戏坐式	站立式	菩萨面	瞋面	狗牙面	大笑面	佛面	面相排列（从上到下）			
初唐	初唐开凿	321	主室东壁门北			√	7	1	2		1	1·2·5·3	6	左下手澡瓶，右下手柳枝，中二手施无畏，上二手无物	菩萨2身	一佛二菩萨
	初唐开凿	331a	主室东壁门北		√		10				不详	1·7·3	2	左手托澡瓶，右手施无畏	无	说法图

① 彭金章：《敦煌石窟十一面观音经变研究》，载敦煌研究院编《段文杰敦煌研究五十年纪念文集》，世界图书出版公司 1996 年版，第 73—74 页。彭先生的统计与《莫高窟内容总录》所记基本一致，只有个别出入。如彭文中盛唐仅存第 32 窟 1 幅，但《总录》中还记述第 33 窟西壁门上画十一面六臂观音 1 铺，根据《总录》的表述体例，应为盛唐之作。《总录》中还记述了晚唐第 196 窟背屏下北侧画十一面观音 1 身，但不在彭文统计之列。另外，彭文中唐第 144 窟、晚唐第 161 窟各有 1 幅，但《总录》中无记述。鉴于彭先生的研究成果在《总录》之后，以及作为对敦煌十一面观音的专题研究，彭先生全面细致的调查研究风格，本书且以彭文统计数据为准。

② 此表根据彭金章《敦煌石窟十一面观音经变研究》中的表 1、表 3 绘制而成。见敦煌研究院编《段文杰敦煌研究五十年纪念文集》，世界图书出版公司 1996 年版，第 83、85 页。

续表

时代	洞窟开凿、重修时代	窟号	位置	姿势			面相						手臂数量	手印与持物	眷属	窟内对称题材
				结跏趺坐式	游戏坐式	站立式	菩萨面	瞋面	狗牙面	大笑面	佛面	面相排列（从上到下）				
同上	同上	331b	主室东壁门北	√			10				不详	1·7·3	2	左手托澡瓶，右手施无畏	无	说法图
同上	同上	334	主室东壁门上	√			10				1	1·2·3·2·3	2	左手与愿印，右手施无畏	菩萨2身	无
同上	同上	340	主室东壁门上			√	11				无	2·6·3	2	左手托澡瓶，右手施无畏	菩萨6身	无
盛唐	盛唐开凿	32	主室东壁门北			√	9				2	1·7·3	6	澡瓶、施无畏等	菩萨弟子各1身	观世音

续表

时代	洞窟开凿、重修时代	窟号	位置	姿势			面相						手臂数量	手印与持物	眷属	窟内对称题材
				结跏趺坐式	游戏坐式	站立式	菩萨面	瞋面	狗牙面	大笑面	佛面	面相排列（从上到下）				
中唐	中唐开凿	144	甬道顶部	∨			不详	1	不详	不详	不详	1·2·5·3	8	日精摩尼、月精摩尼、澡瓶、施无畏等	日光、月光、奏乐菩萨	无
	同上	370a	主室东壁门北		∨		8	2			1	1·2·5·3	8	日精摩尼、月精摩尼、澡瓶、施无畏、莲花等	飞天2身	十一面观音
	同上	370b	主室东壁门南			∨	9	2				1·2·5·3	8	日精摩尼、月精摩尼、澡瓶、施无畏、莲花等	飞天2身	十一面观音
晚唐	晚唐开凿	10	主室顶部	∨			8	2			1	1·2·5·3	12	锡杖、宝珠、澡瓶、柳枝、三叉戟、宝钵、入定印、与愿印、施无畏印	天王、愤怒尊、龙王等7身	无

续表

时代	洞窟开凿、重修时代	窟号	位置	姿势			面相					手臂数量	手印与持物	眷属	窟内对称题材
				结跏趺坐式	游戏坐式	站立式	菩萨面	瞋面	狗牙面	大笑面	佛面	面相排列（从上到下）				
	同上	14	主室南壁	√			5	3	3			3·5·3	6	澡瓶、施无畏、数珠、莲花、与愿印	无	观音经变
	同上	161	主室西壁	√			8	2			1	1·2·5·3	不详	不详	愤怒尊、龙王等18身以上	无
	同上	163	主室南壁	√			8	2			1	1·2·5·3	6	日精摩尼、月精摩尼、莲花、与愿印	天王、愤怒尊等25身	不空羂索观音
	同上	198	主室东壁门上	√			不详	不详			1	3·2·3·3	8	日精摩尼、月精摩尼、澡瓶等	菩萨2身	无
晚唐重修		338	前室西壁门上	√	·		8	2			1	1·2·5·3	4	不详	菩萨2身	无

关于十一面观音的形象，四部经轨分别有如下表述。

耶舍崛多译的《佛说十一面观世音神咒经》曰：

善男子、善女人，须用白旃檀作观世音像。其木要须精实，不得枯箧，身长一尺三寸，作十一头。当前三面作菩萨面，左厢三面作瞋面，右厢三面似菩萨面狗牙上出，后有一面作大笑面，顶上一面作佛面，面悉向前后着光，其十一面各戴花冠，其花冠中各有阿弥陀佛。观世音左手把澡瓶，瓶口出莲花，展其右手以串璎珞施无畏手，其像身须刻出璎珞庄严。①

阿地瞿多译的《陀罗尼集经》曰：

善男子、善女人，用白栴檀作十一面观世音像。其木要须精好坚实，不得枯箧，其像身量长佛一肘（若人肘量二肘一磔），若不得者，一尺三寸作之亦得。作十一面，当前三面作菩萨面，左厢三面当作瞋面，右厢三面似菩萨面狗牙上出，后有一面当作笑面，其顶上面当作佛面，其十一面各戴华冠，其花冠中，各安一阿弥陀佛，其像左手把一澡罐，其澡罐口插一莲华，右臂垂下，展其右手，以串璎珞施无畏手，其像身上，刻出璎珞种种庄严，作其像身，若以金银鍮石画等，悉皆得之。②

玄奘译的《十一面神咒心经》曰：

世尊若欲成立此神咒者，应当先以坚好无隙白栴檀香，刻作观自在菩萨像。长一搩手半，左手执红莲花、军持，展右臂以挂数珠，及作施无畏手，其像作十一面，当前三面作慈悲相，左边三面作嗔怒相，右边三面作白牙上出相，当后一面作暴恶大笑相，顶上一面作佛面像，诸头冠中皆作佛身，其观自

---

① 北周·耶舍崛多译：《佛说十一面观世音神咒经》，《大正藏》第20册，No. 1070。
② 唐·阿地瞿多译：《陀罗尼集经》，《大正藏》第18册，No. 0901。

在菩萨身上，具璎珞等种种庄严。①

不空译的《十一面观自在菩萨心密言念诵仪轨经》曰：

> 若欲成就者，以坚好无隙白檀香，雕观自在菩萨身。长一尺三寸，作十一头，四臂，右边第一手把念珠，第二手施无畏，左第一手持莲花，第二手执君持，其十一面，当前三面作寂静相，左三面威怒相，右三面利牙出现相，后一面作笑怒容，最上一面作如来相，头冠中各有化佛，观自在菩萨身种种璎珞庄严。②

以上四经，从手臂数量、手印持物、面相排列等方面所做的规定，不但廓清了十一面观音的基本形象，而且引导我们从图像类型的划分入手，对存在于莫高窟唐代洞窟中十一面观音画像的手臂数量、手印持物、面相排列等做一深入的比对和研究。

一　手臂数量与手印持物

据上四经得知，十一面观音有二臂、四臂之分，其所结手印为施无畏印，手中持物有澡瓶（或曰澡罐、军持、君持）、莲花及璎珞（或曰数珠、念珠）。而在莫高窟唐代现存的十一面观音及经变中，其手臂数量、所结手印及持物与经中所载略有不同。

首先，莫高窟唐代十一面观音的手臂数量，除了二臂、四臂外，还有六臂、八臂、十二臂等。具体而言，初唐时期的 5 幅作品中，有二臂者 4 幅（第 331a、331b、334、340 窟），六臂者 1 幅（第 321 窟）；盛唐 1 幅（第 32 窟）为六臂；中唐 3 幅（第 144、370a、370b 窟）均为八臂；晚唐时期的 6 幅中，有四臂者 1 幅（第 338 窟），六臂者 2 幅（第 14、163 窟），八臂者 1 幅（第 198 窟），十二臂者 1 幅（第 10 窟），臂数不详者 1 幅（第 161 窟）。由此可

---

① 唐·玄奘译：《十一面神咒心经》，《大正藏》第 20 册，No. 1071。
② 唐·不空译：《十一面观自在菩萨心密言念诵仪轨经》，《大正藏》第 20 册，No. 1069。

知，初唐时期十一面观音虽出现了六臂形象，但主要以二臂为主。[①]
中唐时期均为八臂。晚唐时期则不见有二臂者，但六、八臂继续流
行，甚至出现了像第 10 窟这样，虽仅 1 幅，却是敦煌石窟中臂数
最多的十二臂十一面观音形象。这一变化告知我们，尽管初唐时期
出现了不见经传的六臂十一面观音形象，但此时流行的手臂数还是
与耶舍崛多、阿地瞿多、玄奘所译之经相吻合的二臂。而盛唐之
后，虽然不空经中出现了四臂的描述，但这一数字显然不能满足人
们对此形象的期望，加之十一面观音与千手千眼观音之间的密切关
系[②]，这可能是其臂数增多的原因所在。

其次，在手印与持物方面，左手持澡瓶、右手施无畏的记载，
为前述四经所共有。这在莫高窟唐代所存的 15 幅十一面观音中多
有印证，尤其是初唐时期的 5 幅作品中，就有 3 幅（第 331a、
331b、340 窟），不但在臂数上，而且在手印和持物上均与此期所
出的经典记述完全一致。剩余 2 幅中，1 幅为左手与愿印、右手施
无畏（第 334 窟）；另 1 幅左下手持澡瓶，右下手持柳枝，中间二
手施无畏，上二手无物（第 321 窟），也基本一致。这就说明，在
唐代早期的密教观音图像绘制中，虽然出现了佛经未载的与愿印和
杨柳枝，但对经、轨的尊重与依附还是此时的主要特点之一。而至
中唐，3 幅作品中，除了符合经、轨的澡瓶、施无畏、莲花以外，
新出现了左手托日精摩尼、右手托月精摩尼之形象。这一远离佛经
的现象持续存在，继而在晚唐时期，又出现了手持锡杖、宝珠、三
叉戟、宝钵以及双手结入定印的新手姿。

---

① 发现于印度甘赫瑞（Kanheri）石窟第 41 窟的十一面观音造像是目前发现最早
的十一面观音，时代在公元 5 世纪末至 6 世纪初，此像呈二臂形式，故而有学者推断，
十一面观音可能是最早的变化观音，也就是从一首二臂的常人模式，开始向多首多臂的
非人模式转变。这正好也可以解释为初唐以后十一面观音手臂数量增加的原因之一。见
颜素慧编著《观音小百科》，岳麓书社 2003 年版，第 74 页。

② 在长期的研究中，人们也容易将十一面观音混入千手观音中，因为，十一面观
音与千手观音在相关经典中被合为一体，十一面千手观音的出现，实质上是对两类观音
形象的新发展，是一种密教思维的结果，也即是说，十一面观音由于其威力，可以由二
臂变为四臂、六臂、八臂、十二臂，乃至千臂，同样，千手千眼观音为了实现愿力，也
可以由一面变为三面、五面、九面、十一面乃至千面。

诚然，十一面观音手印与持物上的"离经"倾向，正像一些学者所说的那样，是受其他经、轨、经变的影响以及画师们不为经典所拘、艺术想象的结果。①　但在此想说的是，唐代以来，十一面观音信仰的流行，使其在造型上不断摄入诸多显宗形象，以期从视觉上不断修正、完善，最后塑造一个神通广大、无所不能、确能给人以"十种果报"、"四种功德"的十一面观音图像，唐代后期观音臂数的陡然增多便是例证。而正是这一臂数上的变化，使得手印与持物不得不随之而变，这一变，虽然远离了经典，却走近了信仰者的心灵。

二　面相的选择与排列

十一面观音的面相及其排列是一个颇有趣味的话题。因为，在上述四经的记载中，十一面观音最大的特征不仅是具有十一个面孔，而且面相每有不同。尤其是其嗔怒相和狗牙上出相，与我们通常所见的显宗观音大不一样。而位于脑后的大笑相，更是超出了绘画艺术的能力范围。那么，莫高窟唐代十一面观音画像中，对其面相如何描绘呢？

（一）面相的选择

据经中描述，十一面中，只有"当前三面作菩萨面（或曰慈悲相、寂静相）"，但在莫高窟唐代 15 幅作品中，对菩萨面的描绘，除 2 幅不详外，其余无一例外地超出了三面。具体为：十一面均为菩萨面者 1 幅（初唐第 340 窟），十一面中有十面为菩萨面者 3 幅（初唐第 331a、331b、334 窟），有九面为菩萨面者 2 幅（盛唐第32 窟，中唐第 370b 窟），有八面为菩萨面者 5 幅（中唐第 370a，晚唐第 10、161、163、338 窟），有七面为菩萨面者 1 幅（初唐第321 窟），有五面为菩萨面者 1 幅（晚唐第 14 窟）。对于菩萨面以外的面相描绘情况是：瞋面在中唐以前，只见初唐第 321 窟绘有一面，而在中唐以后，除第 144 窟绘有一面、晚唐第 198 窟不详外，中唐第 370a、370b 窟，晚唐第 10、161、163、338 窟均绘有二面，

① 彭金章：《敦煌石窟十一面观音经变研究》，见敦煌研究院编《段文杰敦煌研究五十年纪念文集》，世界图书出版公司 1996 年版，第 77 页。

晚唐第 14 窟绘有三面；狗牙上出面只有初唐第 321 窟绘有二面，晚唐第 14 窟绘有三面，中唐第 144 窟不详；佛面除初唐第 340 窟、中唐第 370b、晚唐第 14 窟无，第 331a、331b 窟，中唐第 144 窟不详，盛唐第 32 窟为二面外，其余可辨认者均为一面。

通过上述分析可见，初、盛唐时期，对十一面观音面相的描绘，主要以菩萨面为主，瞋面与狗牙面很少。至中、晚唐时期，菩萨面数尽管仍多于佛经所载，但在数量上明显让步于瞋面与狗牙面，而佛面则是唯一依据佛经而少有变化的面相。总之，存在于莫高窟唐代，乃至整个敦煌石窟中的十一面观音画像，其面相的选择与刻画无不钟情于菩萨面。究其原因，主要有二：其一是受汉文化与民族审美习惯的影响。我们知道，每一种佛教教义与经典在中土的流布、发展，无不受到中国传统文化的审查与过滤，密教的传入亦然。就敦煌地区的十一面观音而言，其经典虽早于北周就已传入，但直至唐代才得以广布。即便是入唐的信仰者，对这种相貌丑陋、面目狰狞的观音形象，还是不能欣然接受。在他们心目中，只有当前三面的菩萨面、慈悲相或寂静相，才是符合宗教情感和民族审美习惯的。经过盛唐开元三大士的弘法，密教大兴，这才使得瞋面与狗牙面在十一面中争得了一席之地。其二是受绘画本身的限制。二维平面是绘画的主要依附者，而在平面的墙壁上，要表现"当后一面的大笑相"是不大可能的，所以，在唐代可识别的十一面观音面相中，不见有大笑面绘制。

（二）面相的排列

佛经除了对面相的面数有所规定外，对它们的排列亦有说明，为了论述方便，我们再回顾一下经典的描述，以最早的耶舍崛多译经为例：

> 当前三面作菩萨面，左厢三面作瞋面，右厢三面似菩萨面狗牙上出，后有一面作大笑面，顶上一面作佛面。

经中明确规定了前、后、左、右分别为菩萨面、大笑面、瞋面与狗牙面的排列顺序，但对前三面、左三面、右三面的具体排列方式并未说明，而十一面观音面相排列的多样性正出于此。因为，在这十一面中，菩萨面居前，瞋面居左，狗牙面居右，佛面居于顶上，这些都是"定量"。而菩萨面、瞋面、狗牙面在各自的区域内如何排列则是一个"变量"。至于大笑面，由于位居其后，故而要在画面上加以表现则更是充满变数。由此，对此经文最简单的理解就有横向与纵向两种思路：横向的理解是，菩萨面为中间横向平排的三个面，瞋面是像左边横向平排的三个面，狗牙面是像右边横向平排的三个面，然后是在后的大笑面和最上的佛面，如此排列可分两层；纵向的理解是，菩萨面是竖排的三个中间面，瞋面是像左边由下而上的三个面，狗牙面是像右边由下而上的三个面，然后是在后的大笑面和最上的佛面，如此排列可分四层①（图4—1）。由于横向与纵向排列所得的图像样式有着不同的视觉感受，所以，这两种排列方式在不同文化圈的造像系统中各有偏重。

图4—1 （左）横向排列·唐代十一面观音头像
（右）纵向排列·印度甘赫瑞石窟第41窟十一面观音

从实物资料来看，现存于印度的十一面观音面相排列主要有1·3·3·3·1和3·3·3·1·1（自下而上）两种，共5层，是

---

① 持此理解思路者，还有李翎先生。

典型的纵向排列。① 考虑到印度是佛教经像的产生地，加之这一排列有着对应的宗教内涵，② 所以，其很有可能就是佛典描述的正确样式。而这一样式在中国的传播，却出现了两种不同的脉系，即在汉地主要以横向排列为主，而在藏地则主要以纵向排列为主。③ 也就是说，藏传佛教忠实地保留了印度的这一像式，④ 而汉地佛教在接

---

① 最早的十一面观音造像，发现于印度甘赫瑞石窟第 41 窟，时间约为公元 5 世纪末至 6 世纪。这一造像的面相自下而上呈 1·3·3·3·1 式。现藏克利夫兰美术馆的克什米尔公元 9—10 世纪的十一面观音造像的面相自下而上呈 3·3·3·1·1 式。分别见颜素慧编著《观音小百科》，岳麓书社 2003 年版，第 74 页；李翎《十一面观音像式研究——以汉藏造像对比研究为中心》，《敦煌学辑刊》2004 年第 2 期。

② 《佛说造像量度经续补》曰："秘密部所出，多面广臂诸异相，或借外相示内义，或为调伏诸异怪。"而印度及藏地十一面观音正是这一说法的典型代表，其头有五层十一面，象征观音菩萨修完大乘的十个阶位，达到第十一地即功行最终圆满的佛地（也暗含着菩萨具备了大日如来的五佛五智）。其第一层代表法身三面，第二层代表应身三面，第三层代表报身三面。这三层从纵向看，前方三面作善目慈悲相，代表宝部；左侧三面作白牙上出喜悦相，代表莲花部；右侧三面作颦眉直视微怒相，代表金刚部；第四层在前方三面之上，名单面大怒明王，面容狞狞作暴怒大笑相，代表揭摩部；第五层为阿弥陀佛面，即以上一切总成佛的方便，代表佛部。见刘彦君《十一面观音》，《文物春秋》2005 年第 3 期；另见《佛学大辞典》。

③ 据研究，十一面观音显示出两个鲜明的图像系统，横式主要为汉地和日本的造像，纵式主要为印度、西藏的造像。横向排列的十一面观音像最早出现在汉地，实物是一件大约公元 5—8 世纪的擦擦，也称善业泥，这种供养物大约在北魏开始出现于汉地，唐代较多。横向排列的像式，出现最多的年代在公元 8 世纪，以及 10—12 世纪，相当于武则天时代和五代、宋时期，从造像生产地看，基本上为汉地和日本。李翎：《十一面观音像式研究——以汉藏造像对比研究为中心》，《敦煌学辑刊》2004 年第 2 期。

④ 清代工布查布所译的《造像量度经》是一部以体现藏地佛教艺术审美观为主的经典，其中对十一面观音面相的排列做了明确的规定："如十一面千臂观世音（功德尼式、番王式等，有番汉数样，今择一合本足证者述之）身量同佛立像，而脐密间添四指，通身白色，元正面纵分同佛面，广十指，慈相，其右厢面蓝色，左厢面红色，此二面纵分同正面，而广分只得其半，外添鼻准高分一指（画像之谓也，若胎偶则横分只作八指，凸且扁，此三面谓之法身三面）；第二层正面竖横同作八指，色黄白，悲相，发际三指（两眉微颦而无笑容），其右面正黄色，左面赤黄色，此二旁面纵分同正面，而广只得其半，外边添鼻分六麦分（胎偶则广分六指，此三面谓之增长三面）；第三层正面七指，色赤白，喜相（具微笑容），发际同前而其右面绿色，左面紫色，此二面纵分同正面，而广分只得其半，外添鼻分五麦（胎偶则广分作五指，此谓之报身三面，以上三层，右三面皆作颦眉直视微怒相，左三面皆喜悦相）；第四层单面，大怒明王相，竖横平六指，青色，发之崇分亦然（发梢旋髭如狮子鬃鬣）；顶上弥陀佛头化身面相（红色。或作金色）。"这种自下而上 3·3·3·1·1 式排列其实就是印度像式的很好继承。见《佛说造像量度经续补》，《大正藏》第 21 册，No. 1419。

受这一像式的同时对其进行了改变。前面已经提到，对外来文化的选择
吸收是汉文化的主要特点之一，所以，若将这一改变与汉人的宗教情感
与审美习惯相联系，则极易理解。横式与纵式排列的主要区别就在于，
前者主面与身体呈正常比例，其余各面被缩小并紧密排列在主面周围，
使其冠饰化，故而没有怪异之感。而后者则是将头面以渐变的方式向上
排列，排列的层数可达五层之多，叠头如塔，有明显的怪异感。相比之
下，前者显然以其协调、美观的视觉感受赢得了汉人的青睐。

　　莫高窟唐代十一面观音面相的排列自然是这一审美趣味的产物。
从统计数字来看，其排列方式主要有6种（表4—3）。其中从上到下
（下同）呈1·2·5·3式（图4—2）排列者最多，共有8幅，占唐
代十一面观音画像的一半；呈1·7·3式（图4—3）排列者3幅；
呈2·6·3式（图4—4）、1·2·3·2·3式（图4—5）、3·5·3
式（图4—6）、3·2·3·3式排列者各1幅。这一数据表明，莫高窟
唐代十一面观音面相排列多为三或四层，从视觉样式上看，其横向及
冠饰化倾向非常明显。尽管初唐第334窟出现了叠头如塔、体现印度
造像风格的1·2·3·2·3式五层排列画像，但仅此一例。这一方面
说明纵向排列的印度样式曾传入敦煌，但并未得到广泛流传，另一方
面更佐证了汉文化对横向排列的钟情与偏好。

图4—2　1·2·5·3式：

第321窟

图4—3　1·7·3式：

第331窟

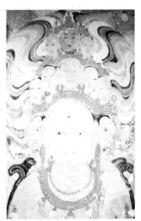

图4—4　2·6·3式：第340窟　　图4—5　1·2·3·2·3式：第334窟　　图4—6　3·5·3式：第14窟

　　如上所述，横向与纵向排列的思路，为我们明晰了几个问题：其一，汉地盛行横向排列，藏地盛行纵向排列；其二，汉地排列冠饰化，颇具亲切感，藏地排列塔状化，具有怪异感；其三，汉地排列多不过四层，藏地排列多为五层。然而，对于以敦煌为首的汉地面相来讲，还有一个问题有待明晰，那就是，随着层数的变化，其各层的面数也在发生变化，菩萨、瞋、狗牙、大笑与佛面的位置也将发生变化，那么，这一变化的依据是什么？难道仅仅是画工的随意创造和安排吗？如此设问，就会发现，横向与纵向排列的思路，对于解释十一面观音面相层数及各层数量的多变性还远远不够，原因有二：其一，在这一理解中，前、左、右、后的概念是按四周环绕的思路进行的，而体现在绘画中，同样的概念则要向平面的思路去转化，而这一转化的唯一有效方案，就是把左右两侧的面相向平面展开，后面的移至上部，使其形象在最大限度内得以展现，在这一转变中，其原有的组合方式势必会发生很大变化；其二，在横向与纵向的理解中，处于前、左、右的每一种面相在不出其所属范围的情况下，各自至少有8种组合方式（图4—7）。这8种组合，若在由四周向平面转化的过程中再次重组，就会得出非常之多的排列图式①。而在众多的图式中，最容易想到、最直观、最能表现佛典描述的则有8种（图4—8）。

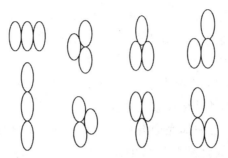

图4—7 每一种面的8种组合方式

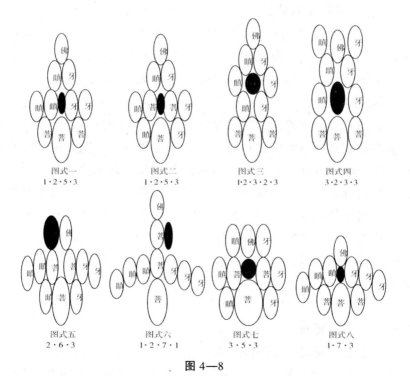

图式一
1·2·5·3

图式二
1·2·5·3

图式三
1·2·3·2·3

图式四
3·2·3·3

图式五
2·6·3

图式六
1·2·7·1

图式七
3·5·3

图式八
1·7·3

图4—8

① 由于经文所述的是一种四周环绕的立体形象，而绘画却不能充分表现左右和后面的面相，所以只能把左右的向两侧平面展开，后面的移至上部，所以，我们所得的图式是将经文的立体描述平面化了的图式。

　　在所举的 8 种图式中，由于大笑面在后，对它的安排应在保证其他面相充分展示的同时，较为自由地处理，故以黑色椭圆表示。若将表示大笑面的黑色椭圆也计入其中，则图式一、图式二均呈 1·2·5·3 式排列，图式三呈 1·2·3·2·3 式排列，图式四呈 3·2·3·3 式排列，图式五呈 2·6·3 式排列，图式六呈 1·2·7·1 式排列，图式七呈 3·5·3 式排列，图式八呈 1·7·3 式排列，这与前述莫高窟唐代十一面观音面相的 8 种排列方式基本吻合，但这一吻合只是在层数及各层数量上。至于面相类别，由于在敦煌石窟中，没有一幅完全与佛经一致，所以，初唐第 321 窟与晚唐第 14 窟的画像就是可辨认的图式中与佛典最相近的作品了。从这两幅作品中看，第 321 窟有狗牙面两个，均在右第二层，这与图式一相似。第 14 窟瞋面、狗牙面的排列则与图式七极为一致。当然，对于某一排列样式，与之对应的图式可能有多个，我们摘取的不过是最能说明莫高窟唐代十一面观音面相的组合样式。但这并不能简单视为巧合，也不能由此否认二者之间的内在必然性。

　　这里值得说明的是，严格来讲，这种组合序列是无数的，故而所得的图式也是无数的，这固然可以支持画师随意排列的说法。但作为佛教绘画，画家的随意创造实质上是较少的，尤其是对时人崇敬的十一面观音面相的排列，画师们是不会如此草率的。相反，对佛经的阅读、理解与阐释理应是他们的修养之一（一般画匠除外）。而我们对面相图式的排列，正是试图走近唐代画师的心理，去揭示这一可能存在于他们脑中的创作思路与构型观念。沿着这一思路，我们对莫高窟唐代十一面观音面相排列的图式就会有一个新的认识。

三　姿势面向

　　关于十一面观音的姿势，在上述四经中，除阿地瞿多译的《陀罗尼集经》有"其佛右边，画十一面观世音菩萨，结跏趺坐"[1] 的记载外，其余均未明确表述。但有一则信息却为四经所共有，即对

---

① 唐·阿地瞿多译：《陀罗尼集经》，《大正藏》第 18 册，No. 0901。

十一面观音造像尺寸的记载。其中玄奘《十一面神咒心经》曰：
"长一搩手半"，其余三经均为"身长一尺三寸"。那么，"一搩手
半"、"一尺三寸"究竟代表着什么样的度量标准呢？丁福保《佛
学大辞典》"一搩手半"条解释说：

　　　　（杂语）造佛之尺也。壒囊钞十五曰：一搩手半者，一尺
　　三寸也，即自母之肘节以至腕节也，或云一尺二寸、一搩八
　　寸，半乃四寸也。人在母胎之时，至第二十七日，人相皆备，
　　以手推面，蹲踞而坐，其时身体之长，与母之一搩手半齐等故
　　也。但此亦非人人皆同，略有差异。概言之，一搩手半，大约
　　为普通之一尺或一尺二三寸。造佛之所以取一搩手半者，乃取
　　胎内等身之义。①

　　由此可见，经中所述十一面观音的尺寸，应是"蹲踞而坐"的
身高尺寸。即是说，十一面观音的姿势主要是坐式。但我们从现存
最早的印度甘赫瑞第41窟十一面观音来看，其造像为站立式；日
本奈良法隆寺金堂有一幅相当于我国初唐时期的十一面观音壁画，
其姿势呈站立式；② 在国内，陕西西安原宝庆寺唐长安三年（公元
703年）的十一面观音石雕、山西太原天龙山第9窟初唐的十一面
观音石雕③、天水市博物馆藏唐晚期十一面观音鎏金铜像④，也均呈
站立式；在莫高窟唐代十一面观音画像或经变中，主尊的姿势除了
站立式以外，还有游戏坐式与结跏趺坐式。具体情况如下：初唐呈
站立式者2幅（第321、340窟），呈游戏坐式者2幅（第331窟主
室东壁门北），呈结跏趺坐式者1幅（第334窟）。盛唐时期第32
窟仅有的1幅十一面观音经变中，主尊为站立式。中唐呈站立式者

　　① 丁福保：《佛学大辞典》，文物出版社1984年版。
　　② 彭金章：《敦煌石窟十一面观音经变研究》，见敦煌研究院编《段文杰敦煌研究
五十年纪念文集》，世界图书出版公司1996年版，第74—75页。
　　③ 同上。
　　④ 花平宁：《甘肃馆藏十一面观音铜造像的造型风格》，《丝绸之路》1998年第
4期。

2 幅（第 370 窟主室东壁门南、北），呈结跏趺坐式者 1 幅（第 144 窟）。晚唐时期的 6 幅经变中，主尊均呈结跏趺坐式。

综观上述造像实物，我们发现，存于印度、日本及中国唐代前期的十一面观音像尤其是雕、塑像，其姿势主要以站立式为主，这显然与佛经所载不符。而到唐代后期，以坐式为主的画像样式则呈上升趋势。对于这一现象，我们在没有深究原因之前，浅显的解释就是：源于印度的十一面观音造像姿势，可能另有所依，其立式造型亦为中国密教初期阶段的造像所承袭。而至后期，随着十一面观音经典在唐代的盛行，其坐式造型方为信众所接受并广为塑绘。

至于面向，其实就是十一面观音所处的方位，这在经中均有记载，如《佛说十一面观世音神咒经》曰："在其室中，量七肘地纵广正等，四角竖柱周匝悬幡，处中施一高座置观世音像，像面向西。"①《陀罗尼集经》曰："正坛中央，施一高座，置十一面观世音像，像面向西。"②《十一面神咒心经》曰："于一静处敷清净座，安置所造观自在菩萨像，面向西方。"③《十一面观自在菩萨心密言念诵仪轨经》曰："则于道场中，全身舍利塔东面，安本尊像，像面向西。"④依经所载，十一面观音像应为坐东向西，这在莫高窟初唐到中唐的十一面观音画像中均有体现。如初盛唐时期的 6 幅画像均绘制于主室东壁，中唐 3 幅中有 2 幅在东壁，这都与"像面向西"的记载相符。但到了晚唐，6 幅作品中，绘于东壁者，仅有 1 幅。及至五代、北宋、西夏时，则无有"像面向西"者。但就其位置变化的迹象来看，中唐以后，明显有向主室顶部及南、北壁发展的趋势。这在表面上看似偏离了经典，但实际上则是更切近了经典，因为经典的所载、所述，均为更好地宣扬十一面观音之品格、咒法，而十一面观音画像位置的变化，正说明偏安一隅的东壁已无

① 北周·耶舍崛多译：《佛说十一面观世音神咒经》，《大正藏》第 20 册，No. 1070。
② 唐·阿地瞿多译：《陀罗尼集经》，《大正藏》第 18 册，No. 0901。
③ 唐·玄奘译：《十一面神咒心经》，《大正藏》第 20 册，No. 1071。
④ 唐·不空译：《十一面观自在菩萨心密言念诵仪轨经》，《大正藏》第 20 册，No. 1069。

法满足信仰需求，只有移入要位，才更有利于该经的宣扬和流布。

四　眷属

"眷属"二字最早见于史记，《史记·樊哙传》曰："大臣诛诸吕，吕须婘属。"① "婘属"在此通"眷属"。在佛教术语中，眷属有大、内之分，也有在家、出家之别。② 总之，"眷为亲爱，属为隶属，指亲近、顺从者"③。十一面观音画像中的眷属，既是佛经的体现，也是决定整个经变构图与布局的主要因素。在莫高窟，初唐三窟十一面观音画像中的眷属均为菩萨，或二身（第321、334窟），或六身（第340窟）；盛唐为一菩萨，一弟子；中唐时期的3幅作品中，第144窟十一面观音眷属多达八身，并首次出现了日光和月光菩萨，而第370窟的2幅中，眷属均为二身飞天；晚唐时期，除了第198、338窟为二身菩萨以外，第10、161、163窟眷属数量大增，尤其是第163窟，甚至多达25身，并在此时首次出现了天王、愤怒尊、龙王、婆薮仙、功德天、毗那夜迦、金刚面天等。唐代前后期十一面观音眷属数量的变化一则反映了十一面观音信仰的变化，二则反映了十一面观音与其他密教观音的互融，三则促进了十一面观音经变布局形式的多样化。

在莫高窟唐代十一面观音画像中，还有两种情况，即十一面观音均无眷属，但一种是作为胁侍菩萨出现在说法图中，如初唐第331窟2幅均是如此；另一种是在主尊四周绘制称颂十一面观音经所获"十种果报"与"四种功德"的画面，晚唐第14窟即为特例。

有关十一面观音画像、经变的艺术特色及美学意蕴，我们留置后文论述，故而，本节论述就此告一段落。

---

① 汉·司马迁撰：《史记》卷九十五，《樊郦滕灌列传第三十五》，上海书店1988年版，第1691页。

② 见丁福保《佛学大辞典》。

③ 同上。

第三节　莫高窟唐代不空羂索观音画像

不空羂索观音，又名"不空羂索观世音菩萨"、"不空王观世音菩萨"、"不空广大明王观世音菩萨"、"不空羂索菩萨"、"不空悉地王观世音菩萨"。"不空"意指心愿不空，"羂索"原指古印度战争或狩猎中捕获人马的绳索，这里用以说明此观音救度人间众生于菩提解脱之岸的"羂索"。羂索即出，必有所获，故知，所谓"不空羂索"者，救度心愿终不落空之义也。

印度佛教史上出现了许多介绍不空羂索观音的经典，但从中国的译经史来看，翻译成汉语并保存下来的主要有九个译本，即隋开皇七年（公元587年），由阇那崛多译的《不空羂索经》；唐显庆四年（公元659年），由玄奘译的《不空羂索神咒心经》；唐长寿二年（公元693年），由菩提流志译的《不空羂索咒心经》和宝思惟译的《不空羂索陀罗尼自在王咒经》；天后圣历三年（公元700年），由李无谄译的《不空羂索陀罗尼经》；景龙三年（公元709年），菩提流志译的《不空羂索神变真言经》；唐开元年间，由不空译的《不空羂索毗卢遮那佛大灌顶光真言》、由阿目佉译的《佛说不空羂索陀罗尼仪轨经》以及宋代施护所译的《佛说圣观自在菩萨不空王秘密心陀罗尼经》。[①] 九个译本中，唐代就有七个[②]，不空羂索观音信仰在此时的兴盛不言自明。而之所以如此，还是由于此经无所不能、无所不包的神秘法力。据经载，持诵《不空羂索经》者，是人现世得二十种功德胜利并复有八法，何名二十、八法？经中说：

何名二十？一者身无众病，若有宿业病生，速令除差；二者身肤细软，姝悦妙好；三者恒为众人观视爱乐，不相厌怠；四者六根常定，财宝自然；五者不为劫贼侵夺衣服财宝；六者

---

① 彭金章：《敦煌石窟不空羂索观音经变研究——敦煌密教经变研究之五》，《敦煌研究》1999年第1期。

② 本节中所引佛经内容均出自这几部经典，特此说明。

不为水火焚漂一切财宝；七者不为侵陵杀害，强取财宝，令饥饿死；八者不为崖山自坠死；九者加持净灰净水，洒散一切果实苗稼，恶风霜雹虫兽之类，悉不灾难苗稼滋茂；十者不为军阵斗争而杀害死；十一者不为世间诸恶鬼神吸啖精气，怨酬害死；十二者常为众人赞叹称誉，更相恋慕不值恶时死；十三者若见一切外道恶人，自然和穆；十四者不为一切恶人诽谤谋害，若有起者速自便灭；十五者恒无怕怖一切人非人等；十六者不为世间恹蛊咒诅荼枳尼鬼而得便死；十七者一切诸恶随眠烦恼自然销薄；十八者不为水火焚漂，刀箭毒药毒虫殃害身死；十九者一切诸天常当守护；二十者当所生处具大慈大悲大喜大舍四无碍心。世尊复有八法，何名为八？一者临命终时，观世音菩萨自变现身作沙门相，善权劝导将诣佛刹；二者临命终时体不疼痛，去住自在如入禅定；三者临命终时眼不谩顾现恶相死；四者临命终时手脚安隐右胁卧死；五者临命终时不失大小便利恶痢血死；六者临命终时不失正念而不面卧端坐座死；七者临命终时种种巧辩，说深妙法乃寿终死；八者临命终时愿生佛刹，随愿往生诸佛净刹，莲华化生，常睹一切诸佛菩萨摩诃萨，恒不退转。[①]

依经所载，不空羂索观音之神通，绝不止此，故不赘述，然而，这对其流行原因的说明，则是自不待言了。一种信仰的流行，必伴有造像的出现，不空羂索观音亦然。而在现存此类造像、画像中，尤以敦煌为最。据统计，敦煌石窟现存不空羂索观音经变 80 幅，其中包括藏经洞所出的绢画 5 幅。在这 80 幅作品中，唐代共有 30 幅，其中盛唐 1 幅，中唐 9 幅，晚唐 20 幅；另，五代 34 幅，北宋 13 幅，西夏 3 幅。在唐代 30 幅作品中，除中唐时期西千佛洞 1 幅外，其余 29 幅均于莫高窟中（包括晚唐藏经洞绢画 1 幅）（表4—4）。莫高窟不空羂索观音形象始于盛唐，这表明《不空羂索经》虽出现于隋代，但并不为当地群众所信仰，而自盛唐后，才被大量绘制，直至西夏，

---

① 唐·菩提流志译：《不空羂索神变真言经》，《大正藏》第 20 册，No. 1092。

从而反映了不空羂索观音信仰在敦煌地区长达 4 个世纪的真实情况。

表 4—4　　　　　　　　莫高窟唐代不空羂索观音统计①

时代	洞窟开凿重修时代	窟号绢画号	位置	姿势	面数	冠中化佛	鹿皮衣	手臂数量	手印与持物	眷属		窟内对称题材
										名称	数量	
盛唐	盛唐	148	主室北壁龛北壁	不详	不详	不详	不详	不详	不详	日光、月光菩萨，另 6 身塑像仅存像座（此经变绘塑结合）	8	如意轮观音经变
中唐	盛、中唐	117	主室东壁门北	结跏趺坐	1	有	有	6	三叉戟、宝瓶、手印、莲花、羂索、军持	龙王 2 身	2	如意轮观音经变
	盛、中唐	129	主室东壁门南	同上	1	有	有	8	三叉戟、宝瓶、手印、柳枝、数珠、羂索、军持	婆薮仙、辩才天各 1 身，飞天、日光菩萨、月光菩萨、愤怒尊、夜伽神各 2 身，龙王 4 身	16	如意轮观音经变
	中唐修	285	甬道南壁	同上	1	有	有	6	三叉戟、宝瓶、手印 2（表示数量，下同）、军持，其余不详	菩萨 3 身	3	如意轮观音经变

①　此表根据彭金章《敦煌石窟十一面观音经变研究》中的表 1、表 3 绘制而成。见敦煌研究院编《段文杰敦煌研究五十年纪念文集》，世界图书出版公司 1996 年版，第 83、85 页。

续表

时代	洞窟开凿重修时代	窟号绢画号	位置	姿势	面数	冠中化佛	鹿皮衣	手臂数量	手印与持物	眷属		窟内对称题材
										名称	数量	
中唐		200	主室东壁门南	同上	1	有	有	8	三叉戟、宝瓶、宝印、莲花2、柳枝、羂索、军持	日光菩萨、月光菩萨各1身，天王4身，菩萨7身	13	如意轮观音经变
中唐修		368①	甬道北壁	同上	1	有	有	6	三叉戟、宝杖，其余4手不详	日光菩萨、月光菩萨各1身，龙王2身	4	如意轮观音经变
中唐		358	主室东壁门南	同上	1	有	有	8	三叉戟2、莲花2、柳枝、宝瓶、军持2	婆薮仙、辩才天各1身，飞天、菩萨、愤怒尊、龙王各2身，天王4身	14②	如意轮观音经变
中唐		361	主室东壁门南	同上	1	有	有	8	三叉戟、宝瓶、军持、宝杖、莲花2，其余2手不详	婆薮仙、辩才天、日光菩萨、月光菩萨、愤怒尊各1身，龙王2身，菩萨8身	15	壁画已毁

① 据《莫高窟内容总录》记载，第368窟不见有不空羂索观音的记述，而第386窟记述"甬道南壁中唐画如意轮观音一铺，甬道北壁中唐画不空羂索观音一铺"，这与彭表中的描述相一致，故此窟应为第386窟。

② 彭表中总数为19，与名称记述不一致，不知何意。且以名称栏中数字为准，以下如有与彭表不符者也是如此。

时代	洞窟开凿重修时代	窟号绢画号	位置	姿势	面数	冠中化佛	鹿皮衣	手臂数量	手印与持物	眷属		窟内对称题材
										名称	数量	
盛、中唐		384	主室南壁龛外东侧	同上	1	有	有	6	三叉戟、宝瓶、莲花2、羂索、军持	婆薮仙、辩才天、日光菩萨、月光菩萨各1身，飞天、愤怒尊、龙王、夜伽神各2身，天王4身	16	如意轮观音经变
晚唐		82	主室南壁	同上	1	有	有	不详	仅能辨别数珠	仅能辨别日光菩萨、月光菩萨各1身，菩萨、天王各2身	不详	千手千眼观音经变
同上	晚唐	138	前室南侧方柱西向南	同上	不详	不详	有	不详	不详	不详	不详	如意轮观音经变
同上		336	主室东壁	同上	1	有	有	8	三叉戟2、宝瓶、军持、莲花2，其余2手不详	天王、菩萨、愤怒尊各2身	6	如意轮观音经变
同上		198	主室东壁门北	同上	1	无	有	6	三叉戟2、宝瓶、手印、军持2	婆薮仙、辩才天、日光菩萨、月光菩萨各1身	4	如意轮观音经变

续表

时代	洞窟开凿重修时代	窟号绢画号	位置	姿势	面数	冠中化佛	鹿皮衣	手臂数量	手印与持物	眷属 名称	眷属 数量	窟内对称题材
	同上	163	主室北壁	同上	1	有	有	8	三叉戟 2、柳枝、宝瓶、莲花 2，其余 2 手不详	仅能辨别婆薮仙、辩才天各 1 身，天王、愤怒尊各 2 身，菩萨 11 身	不详	十一面观音经变
	同上	232	主室东壁门北	同上	1	有	有	6	三叉戟、宝瓶、莲花 2、羂索、军持	仅能辨别日光菩萨、月光菩萨各 1 身，天王、愤怒尊各 2 身，菩萨 15 身	不详	如意轮观音经变
	同上	20	主室东壁门北	同上	1	有	有	8	三叉戟、宝瓶、军持、宝杖、莲花 2，其余 2 手不详	不详	不详	如意轮观音经变
	同上	145	主室东壁门南	同上	1	有	有	6	三叉戟、宝瓶、莲花 2、羂索、数珠	婆薮仙、辩才天、日光菩萨、月光菩萨各 1 身，菩萨 5 身	9	如意轮观音经变
	同上	147	主室东壁门南	同上	1	有	有	6	三叉戟 2、莲花 2、羂索、数珠	日光菩萨、月光菩萨各 1 身，天王 2 身	4	如意轮观音经变

时代	洞窟开凿重修时代	窟号绢画号	位置	姿势	面数	冠中化佛	鹿皮衣	手臂数量	手印与持物	眷属		窟内对称题材
										名称	数量	
同上		192	主室东壁门北	同上	1	有	有	6	三叉戟2、莲花2、军持2	愤怒尊2身	2	如意轮观音经变
晚唐修		194	甬道南壁	同上	1	有	无	不详	不详	飞天2身、菩萨6身	8	如意轮观音经变
同上		141	主室东壁门上	同上	1	有	有	8	三叉戟2、宝印、宝瓶、军持2、莲花2	日光菩萨、月光菩萨各1身，菩萨4身	6	无
中、晚唐修		340①	前室顶西披南侧	同上	不详	不详	不详	不详	不详	仅能辨别婆薮仙、辩才天各1身，龙王、愤怒尊各2身	不详	如意轮观音经变

---

① 《莫高窟内容总录》中记载此窟时，只说"前室顶存残画部分"，并未言及不空羂索与如意轮观音。

续表

时代	洞窟开凿重修时代	窟号绢画号	位置	姿势	面数	冠中化佛	鹿皮衣	手臂数量	手印与持物	眷属		窟内对称题材
										名称	数量	
晚唐	160①	甬道顶	同上		1	无	有	8	三叉戟、如意轮莲花2、柳枝、羂索、军持、手印	无		无
同上	195	主室东壁门西	同上		1	有	有	6	不详	日光菩萨、月光菩萨各1身，菩萨2身	4	不详
同上	14	主室南壁	同上		1	有	有	8	三叉戟、宝杖、莲花2、柳枝、宝瓶、军持2	婆薮仙、辩才天、日光菩萨、月光菩萨各1身，飞天、龙王、愤怒尊、夜伽神各2身，天王4身，菩萨20身	36	如意轮观音经变
同上	156	主室西壁龛顶南披	同上		1	有	有	8	宝印、宝瓶、莲花2、手印3、军持	菩萨10身、天神2身	12	如意轮观音经变

————————

① 《莫高窟内容总录》中记载此窟甬道顶画如意轮观音一身，不见有不空羂索观音的记述，与彭表中不一致。

续表

时代	洞窟开凿重修时代	窟号绢画号	位置	姿势	面数	冠中化佛	鹿皮衣	手臂数量	手印与持物	眷属 名称	眷属 数量	窟内对称题材
同上		139	主室南壁门上	同上	1	无	有	6	三叉戟、如意轮羂索2、手印2	无		无
同上		107	主室东壁门南	不详	不详	不详	不详	不详	不详	仅能辨别菩萨2身	不详	如意轮观音经变
同上		西I—18①	同上	3	无	无	6	宝珠、梵夹、军持、手印3	无		

一　手臂数量与手印持物

关于不空羂索观音臂数及手印、持物的记载颇多，归纳起来，凡言手臂数者，有二臂、四臂、六臂、八臂、十臂、十八臂、三十二臂；言手印者，有施无畏印、施愿印、羂索印、期克印、扬掌、合掌、伸施无畏雨众宝等；言持物者，有三叉戟、羂索、莲花、澡瓶、澡罐、宝瓶、君持、花盘、宝幢、宝杖、梵夹、金刚钩、金刚杵、金刚锁、金轮、钺斧、如意宝珠、数珠、棠子枝柯叶果等。②

---

① 指《西域美术·大英博物馆》第1卷。
② 关于不空羂索观音手臂、手印、持物的记载见菩提流志译《不空羂索神变真言经》，《大正藏》第20册，No. 1092；宝思惟译《不空羂索陀罗尼自在王咒经》，《大正藏》第20册，No. 1097；阿目佉译《佛说不空羂索陀罗尼仪轨经》，《大正藏》第20册，No. 1098；法贤译《佛说持明藏瑜伽大教尊那菩萨大明成就仪轨经》，《大正藏》第20册，No. 1169等。

莫高窟唐代不空羂索观音形象中的手臂、手印与持物的表现情况是：盛唐 1 尊为塑像，其臂数、手印与持物不详；中唐时期的 8 幅作品中，六臂、八臂者各 4 幅。其手姿除部分结印外，持物者具多，计有三叉戟、宝瓶、莲花、羂索、柳枝、宝杖、数珠、宝印、花蕾等 10 种。晚唐时期的 20 幅作品中，六臂者 8 幅，八臂者 7 幅，臂不详者 5 幅。其手姿除部分结印外，持物种类比中唐多出了金轮、宝珠、梵夹，却少了花蕾。

从以上经载与绘画实物的比对可知，莫高窟绘制的不空羂索观音只见六臂和八臂，而不见其他臂数，其手中持物有与经同者，[①] 也有不见经载者，如柳枝、宝印、花蕾等。这表明，不空羂索观音形象绘制中的"离经"现象依然存在。当我们无法回避这一现象的成因之时，"历代画师在进行艺术再创造时并没有拘泥于佛经记载"的说法还是可以采用的。当然，我们也应看到部分佛经的描述本身对绘制这一题材造成的难度，如前述菩提流志所译的《不空羂索神变真言经》中，卷二、卷五载不空羂索观音有二臂；卷十一、卷十五、卷十七、卷二十曰有四臂；卷二十二、卷二十五、卷二十七均言六臂；卷二十言一十八臂；卷十三又云三十二臂；卷八则记六臂、四臂、一十八臂；卷二十一则记十臂、四臂。同一经中，说法如此多样，同一卷中，表述如此不一。如此看来，若要画、经同一，绝非易事。

二　面数、眼目与面相

根据上述诸经典的记载，不空羂索观音的面数主要有一面、三面、四面和十一面。其中一面者有一面二目与一面三目之分，其面相"颜貌熙怡"[②]，"首戴宝冠，冠有化佛"；三面者有三面六目、

①　这里值得一提的是羂索。如前所述，不空羂索观音，因"持不空之羂索钩取人天之鱼于菩提之岸"而得名，故似羂索为此观音必持之物，但从相关经典的记述来看，有的却不言此物，而在记载手持羂索的佛教神祇中，又不单不空羂索观音，莫高窟唐代密教观音画像也证明了这一点。据此可知，羂索并非不空羂索观音所独有，持有羂索者未必是不空羂索观音，而未持羂索者，也有可能是不空羂索观音。

②　见菩提流志译《不空羂索神变真言经》，《大正藏》第 20 册，No. 1092；阿目佉译《佛说不空羂索陀罗尼仪轨经》，《大正藏》第 20 册，No. 1098 等。

三面七目、三面九目之别，其面相可分两类，一类为"三面面目慈悲熙怡，首上各戴众宝月冠，冠有化佛"①，另一类为"正面熙怡，左面颦眉，努目张口，狗牙上出，右面颦眉，努目合口，首戴宝冠，冠有化佛"②；四面者有四面十二目，面相佛经罕载；十一面者有十一面二十三目，其面相"正面熙怡，眉间一目，左面大自在天面，右面那罗延天面，左焰摩王面，右水天面，左俱废罗天面颦眉努目，右俱摩罗天面颦眉努目，左摩醯首罗天面颦眉怒目，狗牙上出，右伊首罗天面颦眉怒目，狗牙上出，右日天面，面状赤黄，左月天面，面状白黄，各戴天冠，冠有化佛，作摩顶相"③。可见，不空羂索观音面相，除三面与十一面中，正面悲悯、左右怖畏的特点与十一面观音颇为相似外，其他面相尤其是眼目数量上的变化均有所不同。

在莫高窟现存的 29 幅唐代不空羂索观音画像中，盛唐一尊不空羂索观音为塑像，面目不详。中唐时期的 8 幅作品中，其主尊均一面二目，面相熙怡，头戴宝冠，冠中有化佛。晚唐时期的 20 幅作品中，一面二目者 15 幅，一面三目者 1 幅，面相均为熙怡面。其中戴化佛冠者 13 幅，冠中无化佛者 3 幅。三面六目者 1 幅，面相熙怡，所戴花冠无化佛。面数、面相不详者 3 幅。

这一统计数据表明，莫高窟唐代不空羂索观音画像中，除藏经洞所出 1 幅绢画为三面外，余者均为一面，且全是壁画，四面和十一面者始终未见；④ 面相均为熙怡面，嗔怒面、狗牙上出面以及其他面始终未见；头戴宝冠中，除 4 幅无化佛外，余者均有化佛；眼目中，除三目、六目各 1 幅外，余者均为二目，其他眼目数始终未见。彭金章先生认为，这一现象说明"一面并戴化佛冠者自始至终受到当地信徒的喜欢。……三面、四面、十一面的不空羂索观音艺术形象在敦煌始终不受欢迎"⑤。除此而外，笔者还以为，不空羂索

① 唐·菩提流志译：《不空羂索神变真言经》，《大正藏》第 20 册，No. 1092。

② 同上。

③ 同上。

④ 在整个敦煌石窟自盛唐到西夏的不空羂索观音像中，三面者仅此一幅，四面与十一面者均未见。

⑤ 彭金章：《敦煌石窟不空羂索观音经变研究——敦煌密教经变研究之五》，《敦煌研究》1999 年第 1 期。

观音形象可能与十一面观音有着一定的关系。由于十一面观音信仰及画像在敦煌早于不空羂索观音，所以，汉人对其菩萨面的审美偏好与选择，自然影响着人们对不空羂索观音熙怡面的审美偏好与选择。而在面数的选择上，多面形象已经在十一面观音画像中得以充分表现，那么，对不空羂索观音来讲，要不要以弱化自身特点为代价而在造型上与十一面观音雷同，便是画工需要思考的问题之一。既然十一面观音的多面特点已然深入人心，佛经中对不空羂索面数又有一面、三面、四面和十一面的选择空间，那么，避多面而求一面，则可谓佳选了。

三 姿势、眷属、鹿皮衣

经典所载的不空羂索观音姿势主要有"结跏趺坐"、"半跏趺坐"、"坐莲花座"① 和"立莲花上"② 四式。从莫高窟现存的 29 幅不空羂索观音形象来看，除盛唐第 148 窟、晚唐第 107 窟姿势不详外，余者均呈"结跏趺坐"式（图 4—9）。这与五代、北宋和西夏时期，站立姿势比例大增的趋势不太一样。

关于不空羂索观音眷属的描述主要集中在李无谄译的《不空羂索陀罗尼经》、宝思惟译的《不空羂索陀罗尼自在王咒经》与菩提流志译的《不空羂索神变真言经》中。尤其是《不空羂索神变真言经》卷

图 4—9 不空羂索观音
中唐第 384 窟南壁东侧

① "结跏趺坐"、"半跏趺坐"、"坐莲花座"见菩提流志译《不空羂索神变真言经》，《大正藏》第 20 册，No. 1092；阿目佉译《佛说不空羂索陀罗尼仪轨经》，《大正藏》第 20 册，No. 1098 等。
② "立莲花上"见宝思惟译《不空羂索陀罗尼自在王咒经》，《大正藏》第 20 册，No. 1097 等。

八、卷十一、卷十三、卷十七、卷二十、卷二十一、卷二十二、卷二十五、卷二十七中记载颇多。观此三经，不空羂索观音眷属数量众多，名称有多罗菩萨、无垢慧菩萨、毗俱服观世音菩萨、大白身观世音菩萨、白衣观世音菩萨、莲花孙那利菩萨、莲花种族生菩萨、不空奋怒王、焰摩王、四天王、毗罗遮那王、罗睺罗王、毗摩质多罗王、婆稚王、光明阿素洛王、罗贴罗阿素洛王、毗摩质恒罗阿素洛王、吼声阿素洛王、婆伽罗龙王、阿那跋答多龙王、难陀龙王、跋难陀龙王、摩醯首罗天、伊首罗天、大梵天、功德天、辩才天、大自在天、毗摩夜天、地天、火天、风天、水天、摩尼鸡神、金刚神、多罗神、日天子、净居天子、伊首罗天子、月天子、苦行仙众、度底使者、罗刹女使者、大顶金刚，等等。除此而外，有些经中还未涉及不空羂索观音眷属。这就是说，不空羂索观音眷属的配置不但存在有无之分，而且在位置、多寡及名称上都不尽相同。

　　不空羂索观音眷属在莫高窟唐代绘画中的配置情况是：盛唐时期的 1 幅有眷属 8 身，可见者，仅影塑日、月光菩萨各 1 身，另 6 身名称不详。中唐时期的 8 幅不空羂索观音均有眷属，晚唐时期的 20 幅不空羂索观音中，16 幅有眷属，4 幅无眷属。从眷属的形象及少数字迹可辨认的榜题分析得知，这些眷属的名称有菩萨（18 幅）、辩才天和婆薮仙（16 幅），日、月光菩萨（14 幅），天王（12 幅），愤怒尊（11 幅），龙王（8 幅），夜伽神（3 幅），化生童子（1 幅），天神（1 幅）。通过与经轨的比对，就会发现，一些眷属如龙王、毗那夜伽、化生童子等，与经轨所载的不空羂索观音眷属名称多不相同，但却与同期洞窟内千手千眼观音眷属有诸多相同或相似之处，这无疑是受后者影响的结果。①

　　关于不空羂索观音肩披鹿皮衣的记述见于《不空羂索神变真言经》、《不空羂索陀罗尼自在王咒经》、《不空羂索陀罗尼经》、《不空羂索神咒心经》、《佛说持明藏瑜伽大教尊那菩萨大明成就仪轨经》等经中，其中有言披鹿皮衣者，也有言披黑鹿皮者。从莫高窟

---

① 彭金章：《敦煌石窟不空羂索观音经变研究——敦煌密教经变研究之五》，《敦煌研究》1999 年第 1 期。

唐代不空羂索观音画像看，除 2 幅不详（晚唐第 340、107 窟），2 幅无鹿皮衣（晚唐西Ⅰ—18、194 窟①）以外，其余均身披鹿皮衣，且为红色，上饰一点、三点或四点花纹。可见，身披鹿皮衣几乎成了莫高窟唐代不空羂索观音的重要标志，凡有此标识者，便可肯定是不空羂索观音，对于个别画像来讲，虽未披鹿皮衣，但从其榜题中仍可定其身份，如西Ⅰ—18 中就无鹿皮衣，但却有"不空羂索"的榜题。

在有关不空羂索观音的论述与统计中，我们发现，这一密教观音在莫高窟出现的时代比十一面观音晚，连续绘制的时间又不如千手千眼观音经变长，然而，他却在数量上达到了敦煌密教观音之最，这无疑是盛唐至西夏这一时期当地信徒供奉不空羂索观音的具体反映；而与不空羂索观音等数量、共存亡者，就是如意轮观音。②

第四节　莫高窟唐代如意轮观音画像

如意轮观音，为六观音之一，全称如意轮观世音菩萨，又作如意轮菩萨、如意轮王菩萨。此菩萨持如意宝珠及法轮，以广济一切众生之苦，成就众生之愿望。如意宝珠，指世间之珍宝及出世间实相之宝，此二宝能令众生生出福德；法轮，即转法轮之意，能令众生生出智德。③

从中国的译经史来看，有关此菩萨的经轨多达十余部，并且多为唐代译本。如初唐时期义净的《佛说观自在菩萨如意心陀罗尼咒经》，宝思惟的《观世音菩萨如意摩尼陀罗尼经》，实叉难陀的《观世音菩萨秘密藏如意轮陀罗尼神咒经》，菩提流志的《如意轮陀

---

① 彭金章先生在统计表中记晚唐第 194 窟不空羂索观音无鹿皮衣，但在正文所列的无鹿皮衣洞窟中又不包括此窟，故笔者暂以其表中标记为准。

② 据彭金章先生统计，敦煌石窟共有不空羂索观音经变 80 幅，如意轮观音经变 80 幅，千手千眼观音经变 71 幅，十一面观音经变 41 幅；与不空羂索观音经变同时出现、同时绝迹者只有如意轮观音经变。见彭金章《敦煌石窟不空羂索观音经变研究——敦煌密教经变研究之五》，《敦煌研究》1999 年第 1 期。

③ 《佛学大辞典》。

罗尼经》；盛唐时期善无畏的《都表如意摩尼转轮圣王次第念诵秘密最要略法》，金刚智的《观自在如意轮菩萨瑜伽法要》，不空的《观自在菩萨如意轮念诵仪轨》、《七星如意轮秘密要经》、《观自在菩萨如意轮瑜伽》等，都是如意轮观音的主要经典。据经记载，持诵如意轮经轨的神力与功效也是无所不容的，如菩提流志《如意轮陀罗尼经》就如此说：

> 举心诵念，一切所为，悉得成就。……所以者何？是陀罗尼若有能信受持之者，过现造积四重五逆十恶罪障，应堕阿毗地狱之者悉能消灭。若一日二日三日四日，乃至七日热病风病，癀病痰病蛊毒厌祷，疔疮疥癫癫痫风痒，头鼻眼耳唇舌牙齿，咽喉胸胁心腹腰背，手足支节一切疾病，种种灾厄魍魉鬼神，由经诵念皆得除灭；一切药叉啰刹毗那夜迦，恶神鬼等悉不能害；刀兵水火恶风雷雹，王难贼难怨仇等难不相横害；一切恶相鲜福之业，恶星变怪皆自消灭；蚖蛇蝮蝎守宫蜘蛛，狮子虎狼一切恶兽亦不相害；若有军阵斗战官事诤讼，由明成就皆得解脱；若常五更诵此陀罗尼一千八十遍者，如上诸事皆得解脱自在如意。若能每日六时时别，诵此陀罗尼一千八十遍者，圣观自在梦觉现身。住是人前告言善男子勿怖，欲求何愿一切施汝。或见阿弥陀佛，或见极乐世界、宫殿楼阁庄严之事，或见极乐世界菩萨会众，或见十方一切诸佛菩萨大众一切集会，或见圣观自在所住补陀落山七宝宫殿，或见自身内外清净，或见国王大臣恭敬供养，或见自身过世所造一切罪障皆得消灭。……①

如意轮经轨的种种诱惑自然刺激了如意轮观音艺术形象的发展。有唐一代，不但画史上一些著名的画家参与了如意轮观音画像的制作，就连一些文人士大夫也对此观音深爱有加。如《宣和画谱》中就著录有吴道子如意轮观音像一、杨庭光如意轮观音像一、

---

① 唐·菩提流志译：《如意轮陀罗尼经》，《大正藏》第20册，No.1080。

辛澄如意轮观音像二。^①另外，范琼自大中至乾符年间（公元847—879年），于圣慈寺、圣寿寺、圣兴寺等处作观音像，其中主要是密教观音画像。^②大诗人王维就有《绣如意轮像赞并序》。^③考察全国如意轮观音造像、画像遗迹，最集中、最丰富者，还属敦煌石窟；而敦煌石窟中，又数莫高窟；莫高窟中，唐代如意轮观音又占较大比重。

据统计，敦煌石窟现存如意轮观音经变共80幅，其中有壁画72幅，藏经洞所出纸绢画8幅。各期数量分别为盛唐1幅、中唐12幅、晚唐19幅、五代32幅、宋代13幅、西夏3幅。^④其中属于莫高窟唐代的如意轮观音画像共30幅，分别为：盛唐壁画1幅，中唐壁画10幅、绢画1幅，晚唐壁画15幅、绢画3幅（表4—5）。下面仍从手臂数量与手印持物、姿势、眷属等方面对其做一考察。

表4—5 **莫高窟唐代如意轮观音统计**^⑤

时代	洞窟开凿重修时代	窟号绢画号	位置	姿势	冠中化佛	手臂数量	手印与持物	眷属 名称	数量	窟内对称题材
盛唐	盛唐	148	主室南壁龛	不详	不详	不详	不详	不详	6	不空羂索观音经变

---

① 于安澜编：《画史丛书》第二册，上海人民美术出版社1963年版，第15、17、22页。

② 详见吕建福《中国密教史》，中国社会科学出版社1995年版，第353—356页。

③ 清·董诰等编：《全唐文》卷三百二十五，中华书局1983年版，第3299页。

④ 樊锦诗、彭金章：《敦煌石窟如意轮观音经变研究》，见［新加坡］古正美主编《唐代佛教与佛教艺术》，觉风佛教艺术文化基金会2006年版，第132页。

⑤ 此表根据樊锦诗、彭金章《敦煌石窟如意轮观音经变研究》中的"敦煌石窟如意轮观音经变一览表"绘制而成。见［新加坡］古正美主编《唐代佛教与佛教艺术》，觉风佛教艺术文化基金会2006年版，第140—144页。

续表

时代	洞窟开凿重修时代	窟号绢画号	位置	姿势	冠中化佛	手臂数量	手印与持物	眷属		窟内对称题材
								名称	数量	
中唐	盛、中唐	117	主室东壁门南	坐	有	6	右手：思维、宝珠、与愿印；左手：如意轮、莲花、光明山	龙王2身	2	不空羂索观音经变
	盛、中唐	129	主室东壁门北	坐	无	6	右手：思维、宝珠、数珠；左手：如意轮、莲花、光明山	日光菩萨、月光菩萨、婆薮仙、大辩才天各1身，飞天、愤怒尊、龙王、夜伽神各2身，菩萨4身	16	不空羂索观音经变
	中唐修	285	甬道北壁	坐	有	6	右手：思维、宝珠、手印；左手：如意轮、光明山；另一手不详	天王、菩萨、愤怒尊各2身	6	不空羂索观音经变
	中唐	200	主室东壁门北	坐	有	6	右手：思维；另两手不详；左手：如意轮、莲花、光明山	日光菩萨、月光菩萨各1身，天王4身，菩萨7身，龙王2身	15	不空羂索观音经变
	中唐修	386	甬道南壁	坐	有	6	右三手不详；左手：宝瓶、光明山；另一手不详	仅能辨别日光菩萨、月光菩萨各1身，龙王2身	不详	不空羂索观音经变

续表

时代	洞窟开凿重修时代	窟号绢画号	位置	姿势	冠中化佛	手臂数量	手印与持物	眷属 名称	眷属 数量	窟内对称题材
	中唐	358	主室东壁门北	坐	有	6	右：思维；另二手均结印；左：如意轮、宝珠、光明山	婆薮仙、辩才天各1身，飞天、愤怒尊、龙王各2身，菩萨7身，天王4身	19	不空羂索观音经变
	中唐	158	主室东壁门上	坐	无	6	右手：思维、宝珠、羂索；左手：如意轮、莲花、光明山	菩萨、天王各2身	4	无
	中唐修	176	主室东壁门上	坐	无	6	右手：思维、宝珠、数珠；左手：如意轮、莲花、光明山	龙王2身	2	无
	盛、中唐	384	主室北壁龛外	坐	有	6	右手：思维、宝珠、手印；左手：如意轮、莲花、光明山	日光菩萨、月光菩萨各1身，愤怒尊、龙王、夜伽神各2身	8	不空羂索观音经变
	中唐	471	主室东壁门北	坐	有	6	不详	不详	不详	不详

续表

时代	洞窟开凿重修时代	窟号绢画号	位置	姿势	冠中化佛	手臂数量	手印与持物	眷属		窟内对称题材
								名称	数量	
中唐	中唐	西大Ⅰ—16①	藏经洞所出绢画	不详	不详	不详	可辨别者有右手思维，左手如意轮	不详	不详	不空羂索观音
晚唐	晚唐	138	前室北侧方柱西向面	坐	有	6	右手：思维、手印；一手不详；左手：如意轮、宝珠、光明山	仅能辨别天王1身，愤怒尊2身，菩萨5身	不详	不空羂索观音经变
	晚唐	336	主室西壁	坐	有	6	右手：思维、宝珠；一手不详；左手：如意轮；余两手不详	仅能辨别天王、菩萨、愤怒尊各1身	不详	不空羂索观音经变
	晚唐	198	主室东壁门南	坐	有	5	右手：思维；余两手不详；左手：如意轮、光明山	婆薮仙、功德天、日光菩萨、月光菩萨各1身	4	不空羂索观音经变

---

　　① 指《西域美术·大英博物馆》卷Ⅰ之图版16。此图为藏经洞出土的药师净土变中如意轮观音（残），与其对称者为不空羂索观音。

续表

时代	洞窟开凿重修时代	窟号绢画号	位置	姿势	冠中化佛	手臂数量	手印与持物	眷属		窟内对称题材
								名称	数量	
	晚唐	54	主室东壁门南	不详	不详	不详	可见如意轮	不详	不详	不详
	晚唐	232	主室东壁门南	坐	有	6	右手：思维、宝珠、数珠；左手：如意轮、莲花、光明山	日光菩萨、月光菩萨、婆薮仙、功德天各1身，天王、龙王、愤怒尊各2身，菩萨21身	31	不空羂索观音经变
	晚唐	20	主室东壁门南	不详	有	不详	右手：思维；其余不详	仅能辨别日光菩萨、月光菩萨各1身	不详	不空羂索观音经变
	晚唐	145	主室东壁门北	坐	有	6	右手：思维、莲花、数珠；左手：宝瓶、宝珠、光明山	日天、月天、功德天、婆薮仙各1身，天王、龙王各2身，菩萨5身	13	不空羂索观音经变
	晚唐	147	主室东壁门北	坐	有	6	右手：思维、手印、数珠；左手：如意轮、宝珠、光明山	日光菩萨、月光菩萨各1身，龙王、菩萨各2身	6	不空羂索观音经变

续表

时代	洞窟开凿重修时代	窟号绢画号	位置	姿势	冠中化佛	手臂数量	手印与持物	眷属 名称	眷属 数量	窟内对称题材
	晚唐	192	主室东壁门南	坐	有	6	右手：思维、宝珠、手印；左手：如意轮、莲花、光明山	飞天、龙王、愤怒尊各2身	6	不空羂索观音经变
	晚唐修	194	甬道北壁	不详	有	8	手托日、月、宝瓶，其余不详	仅能辨别菩萨1身，天王2身	不详	不空羂索观音经变
	中、晚唐修	340①	前室顶西披北侧	坐	不详	不详	仅能辨别数珠与光明山	仅能辨别婆薮仙、功德天各1身，龙王、愤怒尊、夜伽神各2身，菩萨3身	不详	不空羂索观音经变
	晚唐	9	前室顶西披南侧	坐	不详	不详	可见数珠，其余不详	仅能辨别天王1身，龙王2身	不详	不详

---

① 《莫高窟内容总录》中记载此窟时，只说"前室顶存残画部分"，并未言及不空羂索与如意轮观音。

续表

时代	洞窟开凿重修时代	窟号绢画号	位置	姿势	冠中化佛	手臂数量	手印与持物	眷属 名称	数量	窟内对称题材
	晚唐	14	主室北壁	坐	有	6	右手：思维；另二手均结手印；左手：如意轮、宝珠、光明山	婆薮仙、功德天、日光菩萨、月光菩萨各1身，飞天、龙王、愤怒尊、夜伽神各2身，天王4身，菩萨14身	30	不空羂索观音经变
	晚唐	156	主室西壁龛顶北披	坐	有	6	右手：思维、宝珠、手印；左手：如意轮、莲花、光明山	菩萨10身、天神2身	12	不空羂索观音经变
	晚唐	107	主室东壁门北	不详	不详	6	右手：思维、手印；余一手不详；左手：如意轮、余二手不详	仅能辨别菩萨1身	不详	不详
	晚唐	西大Ⅰ—18①	藏经洞所出绢画	坐	有	6	右手：思维、宝珠、手印；左手：如意轮、手印、光明山	无		不空羂索观音

① 指《西域美术·大英博物馆》卷Ⅰ之图版18。此画为千手千眼观音经变中的如意轮观音，本身作为千手观音的眷属出现，与不空羂索观音相对称。

续表

时代	洞窟开凿重修时代	窟号绢画号	位置	姿势	冠中化佛	手臂数量	手印与持物	眷属 名称	眷属 数量	窟内对称题材
晚唐		西大 Ⅰ—23①	藏经洞所出绢画	立	有	2	右手：手印；左手：莲花	无		
晚唐		西大 Ⅱ—5②	藏经洞所出绢画	坐	有	6	右手：思维；余二手不详；左手：如意轮、光明山；余一手不详	仅能辨别菩萨4身	不详	

一 手臂数量与手印持物

据《佛学大辞典》称，如意轮观音之手臂有二臂、四臂、六臂、八臂、十臂、十二臂等不同。③但从汉译本如意轮观音经典看，其手臂数量主要有二臂与六臂两种。其中具有二臂的如意轮观音像为密教以前之佛像④，其手印与持物在不同的佛经中亦有所不同。如"左手执开莲花，当其台上画如意宝珠，右手作说法相"⑤、"左掌摩尼珠，慧舒施愿印"⑥、"右手把钩杖，左手持羂索"⑦、"右手

---

① 指《西域美术·大英博物馆》卷Ⅰ之图版23。此画为四观音文殊普贤图中的如意轮观音，立式二臂，榜题为：大圣而意轮菩萨咸通五年。
② 指《西域美术·大英博物馆》卷Ⅱ之图版5。
③ 丁福保：《佛学大辞典》。
④ 同上。
⑤ 唐·菩提流志译：《如意轮陀罗尼经》，《大正藏》第20册，No. 1080。
⑥ 《大圣妙吉祥菩萨说除灾教令法轮》，《大正藏》第19册，No. 0966。
⑦ 宋·慈贤译：《佛说如意轮莲华心如来修行观门仪》，《大正藏》第20册，No. 1090。

当棒持如意摩尼宝，左手当执持金色大莲华"① 等。至于六臂如意轮观音所持之物及其宗教内涵，《佛学大辞典》云：

> 自古以来，即将此菩萨之六臂配于六观音及六道，即：右方第一思维手配于圣观音、地狱道，第二如意宝珠手配于千手观音、饿鬼道，第三念珠手配于马头观音、畜生道；左方第一光明山手配于十一面观音、阿修罗道，第二莲花手配于准胝观音、人道，第三金刚轮手配于如意轮观音、天道。上述乃表示此菩萨之六臂，能救度六道众生，拔苦与乐。②

此外，于诸经论中，尚有多种如意轮观音之描述。如《观自在菩萨如意轮瑜伽》云：

> 手持如意宝，六臂身金色。皆想于自身，顶髻宝庄严。冠坐自在王，住于说法相。第一手思维，愍念有情故。第二持意宝，能满一切愿。第三持念珠，为度傍生苦。左按光明山，成就无倾动。第二持莲手，能净诸非法。第三掣轮手，能转无上法。六臂广博体，能游于六道。以大悲方便，断诸有情苦。③

《观世音菩萨如意摩尼轮陀罗尼念诵法》中载：

> 其菩萨形相造思维之形，有六臂，其左上作金轮之手，中手执莲花，下手按山；右手作思维相，中手执如意珠，下手执念珠。④

可见，在二臂如意轮观音画像中，莲花、摩尼珠、钩杖、羂索、如意摩尼宝是主要持物，说法相、施愿印为主要手印。而在六臂中，思维手、如意宝珠、念珠、光明山、莲花、金刚轮是其主要手印与持物。

---

①　宋·慈贤译：《佛说如意轮莲华心如来修行观门仪》，《大正藏》第 20 册，No. 1090。
②　《佛学大辞典》。
③　唐·不空译：《观自在菩萨如意轮瑜伽》，《大正藏》第 20 册，No. 1086。
④　唐·宝思惟译：《观世音菩萨如意摩尼轮陀罗尼念诵法》，《大正藏》第 20 册，No. 1084。

　　从莫高窟唐代30幅如意轮观音画像来看，其六臂者居多，共21幅（图4—10），二臂、五臂、八臂者各1幅，臂数不详者6幅。二臂者，左手执莲花，右手结印。五臂者，右一手思维手，余两手不详，左一手执如意轮、一手按光明山。八臂者手托日精摩尼、月精摩尼、宝瓶，其余手不详。六臂者，有思维手、如意宝珠、念珠、光明山、莲花、如意轮、羂索、军持、手印等。如此看来，莫高窟唐代二臂、六臂、八臂如意轮观音画像的臂数基本与相关记载相符，五臂者在整个敦煌石窟中也仅此一幅，所以很有可能是因画家疏忽所致。但在持物、手印方面，却有所不同，这里想说的就是"如意轮"。如前所述，此菩萨持轮宝，表转法轮，故名如意轮，然而，在莫高窟唐代壁画中，有的如意轮观音不见挈轮手，却出现了宝瓶、羂索等持物。这就是说，此观音虽名如意轮观音，但"如意轮"并非他的唯一标识，相比之下，思维手在唐代30幅作品中除个别不详者外，多达23幅，可见，思维手是此观音的重要标志之一，这可能与佛经中"其菩萨形相造思惟之形"①的要求有关。

图4—10　如意轮观音

左：中唐第384窟北壁；中：中唐第176窟东壁门上；右：晚唐第145窟东壁门北

二　姿势面向及眷属

　　佛经中对如意轮观音姿势与面向的记载有："于花台上画如意

---

① 唐·宝思惟译：《观世音菩萨如意摩尼轮陀罗尼念诵法》，《大正藏》第20册，No. 1084。

轮圣观自在菩萨，面西结跏趺坐"、"坛上置圣观自在像，像面向西"①、"坐于月轮中"②、"右手把钩杖左手持羂索佛前右边立"③、"菩萨处之而坐，又垂左足，右按左足上"④。莫高窟唐代 30 幅如意轮观音画像中，呈坐式者 23 幅，姿势不详者 6 幅，站立者 1 幅，可见主要以坐姿为主。至于面向，处于东壁而"面西"者 15 幅，其余则分处于主室南、北、西壁及甬道、前室等地，这说明与佛经相符者还是占多数。

菩提流志的《如意轮陀罗尼经》对如意轮观音的眷属及所处的位置均做了详细的说明：

> 于花台上画如意轮圣观自在菩萨，面西结跏趺坐，颜貌熙怡身金色相，首戴宝冠，冠有化佛。菩萨左手执开莲花，当其台上画如意宝珠，右手作说法相，天诸衣服珠珰环钏，七宝璎珞种种庄严，身放众光。东面画圆满意愿明王，左画白衣观世音母菩萨，北面画大势至菩萨，左画多罗菩萨，西面画马头观世音明王，左画一髻罗刹女，南面画四面观世音明王，左画毗俱胝菩萨。是等菩萨宝冠珠璎耳珰环钏，天诸衣服种种庄严，坐莲花上半跏趺坐。外院东面画天帝释，左右画诸天众围绕，南面画焰魔王（云阎罗王），左右画诸鬼母众围绕，西面画水天王，左右画难陀龙王，乌波难驮龙王及诸龙王众围绕，北面画多闻天王，左右画诸药叉众围绕，东南面画火天神，左右画苦行仙众围绕，西南面画罗刹王，左右画诸罗刹众围绕，西北面画风天王，左右画风天众围绕，东北面画大自在天王，左右画宫槃荼鬼众围绕，又东面画日天子，左右画七星天众围绕，又西面画月天子，左右画七星天众围绕，又西面画地天神，左

①　唐·菩提流志译：《如意轮陀罗尼经》，《大正藏》第 20 册，No. 1080。

②　唐·不空译：《观自在菩萨如意轮瑜伽》，《大正藏》第 20 册，No. 1086；金刚智：《观自在如意轮菩萨瑜伽法要》，《大正藏》第 20 册，No. 1087。

③　宋·慈贤译：《佛说如意轮莲华心如来修行观门仪》，《大正藏》第 20 册，No. 1090。

④　转引自樊锦诗、彭金章《敦煌石窟如意轮观音经变研究》，见［新加坡］古正美主编《唐代佛教与佛教艺术》，觉风佛教艺术文化基金会 2006 年版，第 135 页。

右画诸药叉神围绕，又东面画大梵天王，左右画诸梵众天围绕，又西面画阿素落王，左右画阿素洛仆从围绕，又西门画始缚（无可反）婆歌（呼我反）明王。是等天神各执器仗，种种衣服如法庄严半跏趺坐。①

莫高窟唐代如意轮观音画像中眷属不详者4幅，无眷属者2幅，可辨者名称主要有日光菩萨、月光菩萨、婆薮仙、大辩才天、飞天、愤怒尊、龙王、夜伽神、菩萨、天王、日天、月天、功德天等，这与经中所记多不相符。

如意轮观音作为与不空羂索观音相对称的流行题材，在数量上达到了敦煌密教观音之最，然而，其在连续绘制的时间上，以及对后世产生的影响上，均不及千手千眼观音。所以，我们接下来就要谈及这位家喻户晓的大菩萨——千手观音。

第五节　莫高窟唐代千手千眼观音画像

千手千眼观音，全称千手千眼观自在，又作千手观音、千眼千臂观音、千手圣观自在、千臂观音、千光观自在、千眼千首千足千舌千臂观自在②（注：本书一律称千手观音）。他是密教观音中最具影响力的一位，其名远播，家喻户晓，相关经典多达十余部，留存后世者有：智通之《千眼千臂观世音菩萨陀罗尼神咒经》，伽梵达摩之《千手千眼观世音菩萨广大圆满无碍大悲心陀罗尼经》、《千手千眼观世音菩萨治病合药经》，苏嚩罗之《千光眼观自在菩萨秘密法经》，善无畏之《千手观音造次第法仪轨》，菩提流志之《千手千眼观世音菩萨姥陀罗尼身经》，不空之《金刚顶瑜伽千手千眼观自在菩萨修行仪轨经》、《千手千眼观世音菩萨大悲心陀罗尼》、《大悲心陀罗尼修行念诵略仪》、《摄无碍大悲心大陀罗尼经仪轨》，

---

① 唐·菩提流志译：《如意轮陀罗尼经》，《大正藏》第20册，No. 1080。
② 《佛学大辞典》。

金刚智之《千手千眼观自在菩萨广大圆满无碍大悲陀罗尼咒本》、《千手千眼观世音菩萨大身咒本》、《世尊圣者千眼千首千足千舌千臂观自在菩提萨埵怛嚩广大圆满无碍大悲心陀罗尼》，等等。另外，敦煌遗书中的《大悲启请》（S2566、S4378、S5598、P2105、P2197 号等）也是当时流行的千手观音供奉用本。①

　　佛经中的千手千眼菩萨并不止观音一位②，然而，千手观音的声名与地位却无人能比。有关其"千手千眼"之来历，主要有二：其一是佛经记载，当为印度原有之说法，即观自在菩萨于往昔闻广大圆满无碍大悲心陀罗尼，为利益一切众生，乃发具足千手千眼之愿，而即刻得其身。③ 其二是妙善传说，是为我国信徒之改写，即观音名妙善，舍手眼而合药，为其父王医病，而后方成千手千眼观音。④ 前者继观音大悲救苦之职能，后者续观音以孝道之品格。如此传诵、改写，使得千手观音经、轨广布，造像大兴。而说起千手观音之造像，见诸记载者颇多，现择其要典而述之。

　　智通《千眼千臂观世音菩萨陀罗尼神咒经》序云：

　　　　千手千眼菩萨者，即观世音之变现，伏魔怨之神迹也。自唐武德之岁，中天竺婆罗门僧瞿多提婆，于细氎上图画形质，

---

　　①　王惠民：《敦煌千手千眼观音像》，《敦煌学辑刊》1994 年第 1 期。

　　②　据《千眼千臂观世音菩萨陀罗尼神咒经》载："除不至心其千眼千臂观世音菩萨像法，过去毗婆尸佛亦现作降魔身，千眼各出一佛，以为贤劫千佛也，千臂各化出一轮王，为千代转轮圣王，此菩萨降魔身中最为第一"，即具有千手眼的菩萨还有毗婆尸佛。见智通译《千眼千臂观世音菩萨陀罗尼神咒经》，《大正藏》第 20 册，No. 1057b。

　　③　据伽梵达摩《千手千眼观世音菩萨广大圆满无碍大悲心陀罗尼经》载，观音于普陀珞珈山对佛发愿说："若我当来堪能利益安乐一切众生者，令我即时身生千手千眼具足，发是愿已，应时身上千手千眼悉皆具足，十方大地六种震动，十方千佛悉放光明照触我身，及照十方无边世界。"见《大正藏》第 20 册，No. 1060。

　　④　此说又有三：其一，《八琼室金石补正》卷 109 宋蒋之奇《大悲成道赞》略谓观音名妙善，修行于香山，其父为王，患沉疴不治，有异僧自诩能医，但需用"无瞋人"手眼合药，妙善即自去手眼为王疗疾，疾愈，入山感谢，王见其手眼不全，乃以舌舐其目并欲续其手，斯时忽失妙善所在，随即"天地震动，祥云调覆，乃见千手千眼大悲观音"。其二，《图书集成·神异典》卷 79 引《汝州志》曰：妙善为楚庄王三女儿，以手眼合药愈王沉疴，后受封为大悲菩萨，建寺香山，塑千手千眼。其三，管道升《观世音传略》说妙善公主挖双眼、砍双手，为其父妙庄王医病，父病痊愈，为纪念女儿，命工匠塑"全手全眼观音像"，塑匠误听，塑就"千手千眼观音像"。

及结坛手印经本至京进上，太武见而不珍，其僧悒而旋辔。至贞观年中，复有北天竺僧，赍千臂千眼陀罗尼梵本奉进，文武圣帝敕令大总持寺法师智通，共梵僧翻出咒经并手印等。……神功年中，有一仁者自京都至，……又佛授记寺有婆罗门僧达摩战陀，乌伐那国人也，善明悉陀罗尼咒句，常每奉制翻译，于妙氍上画一千臂菩萨像并本经咒进上，神皇令宫女绣成，或使匠人画出，流布天下，不坠灵姿。①

朱景玄《唐朝名画录》载：

贞观初……乙僧今慈恩寺塔前功德，又凹凸花面中间千手眼大悲，精妙之状，不可名焉。②

《宣和画谱》载：

乙僧尝于慈慧寺塔前画《千手眼降魔像》。③

段成式的《寺塔记》载：

翊善坊保寿寺，本高力士宅，天宝九载，舍为寺。……寺有先天菩萨帧（笔者按：段成式之意，先天菩萨，即为观音），本起成都妙积寺，开元初，有尼魏八师者，常念大悲咒，双流县百姓刘乙，名意儿，年十一，自欲事魏尼，尼遣之不去，常于奥室立禅，尝白魏云："先天菩萨见身此地。"遂筛灰于庭，一夕有巨迹数尺，轮理成就，因谒画工，随意设色，悉不如意，有僧杨法成，自言能画，意儿常合掌仰祝，然后指授之，以近十稔，工方毕。后塑先天菩萨凡二百四十二首，首如塔

---

① 唐·智通译：《千眼千臂观世音菩萨陀罗尼神咒经》序，《大正藏》第20册，No. 1057a。
② 唐·朱景玄：《唐朝名画录》，载何志明、潘运告编《唐五代画论》，湖南美术出版社1997年版，87页。
③ 俞剑华注释：《宣和画谱》卷一，江苏美术出版社2007年版，第56页。

势，分臂如意蔓，其榜子有一百四十二，曰鸟树一，凤四翘，水肚树，所题深怪，不可详悉，画样凡十五卷，柳七师者，崔宁之甥，分三卷，往上都流行，时魏奉古为长史，进之，后因四月八日，赐高力士，今成都者，是其次本。①

宋张邦基《墨庄漫录·襄阳天仙寺》载：

襄阳天仙寺，在汉江之东津，去城十里许，正殿大壁画大悲千手眼菩萨像。世传唐武德初，寺尼作殿，求良工图绘，有夫妇携一女子应命。期尼以扃殿门，七日乃开，至第六日，尼颇疑之，乃辟户，闻其无人，有二白鸽翻然飞去，视壁间圣像已成，相好奇者，非世工所能，独其下有二长臂结印手未足，乃二鸽飞去之应也。郡有画工武生者，独能摹传其本，大观初，有梁宽大夫寓居寺中，心无信向，颇轻慢之，武生云："菩萨之面正长一尺。"宽以为诞，必欲自度之，乃升梯，欲以尺加菩萨面，忽梁间有声如雷，宽震悸而坠，损其左手，僧教宽悔过自忏，后岁余方如旧，兹御侮于像法事者，怒其慢渎耳。②

《益州名画录》载：

左全者，蜀人也。世传图画，迹本名家。宝历年中，声驰阙下。於大圣慈寺中殿画维摩变相、师子国王、菩萨变相。三学院门上三乘渐次修行变相、降魔变相。文殊阁东畔水月观音、千手眼大悲变相。③

---

① 唐·段成式撰，秦岭云点校：《寺塔记》卷下，人民美术出版社1964年版，第20—22页。
② 宋·张邦基、陈思、苏象先撰：《四部丛刊三编·子部·墨庄漫录·小字录·丞相魏公谭训》，上海书店1936年版，《墨庄漫录》卷十，第8—9页。
③ 宋·黄休复撰，秦岭云点校：《益州名画录》卷上，人民美术出版社1964年版，第12页。

敦煌遗书 S4860 号《建伽蓝功德记并序》云：

> 西壁彩（绘）大圣千臂千眼一菩萨一铺。①

上述记载不但说明千手观音信仰的广泛影响，而且透视出如下信息：其一，千手观音形象始于初唐；② 其二，其像以画、塑、绣等形式流传；其三，画像主要在细棉布（细氎或妙氎）或壁上；其四，参与绘制者，既有民间画工，也有当时画坛名家；其五，千手观音像的制作主要靠画样流行。然而，对千手观音之形象究竟如何，却并未言明。而回答这一问题的，无疑只有两点，其一是佛经记载，其二是绘塑遗迹。

佛经所载的千手观音形象并不一致，其不同主要体现在面数、眼目数和手臂数上，归纳起来，则有以下几种情况：第一，身作檀金色，一面三目二臂或一面三目千臂，于千手掌中各有一眼。③ 第二，身作黄金色，十一面千臂。④ 第三，身大黄色，五百面千眼千臂。⑤ 第四，千眼千首千足千舌千臂。⑥ 第五，一首三首五首七首九首十一首，乃至八首千首万首。⑦ 除经典记载外，造像、画像遗迹中，还存留有其他的千手观音形象，如一面二目二臂、三面四臂、四面千臂、五面二臂、十三

---

① 转引自王惠民《敦煌千手千眼观音像》，《敦煌学辑刊》1994 年第 1 期。

② 也有学者认为千手观音像为开元时刘意儿所创，所以开元前的相关记载均不准确。见冯汉铺《千手千眼观音圣像源流考》，《文史杂志》1996 年第 2 期。从敦煌来看，千手观音像始于盛唐；但从全国来看，我国现存最早的龙门石窟千手观音造像，则是初唐之作。见李文生《龙门唐代密宗造像》，《文物》1991 年第 1 期。

③ 唐·智通译：《千眼千臂观世音菩萨陀罗尼神咒经》，《大正藏》第 20 册，No. 1057a；唐·菩提流志译：《千手千眼观世音菩萨姥陀罗尼身经》，《大正藏》第 20 册，No. 1058。

④ 唐·苏嚩罗译：《千光眼观自在菩萨秘密法经》，《大正藏》第 20 册，No. 1065；宋·天息灾译：《佛说大乘庄严宝王经》，《大正藏》第 20 册，No. 1050。

⑤ 唐·苏嚩罗译：《千光眼观自在菩萨秘密法经》，《大正藏》第 20 册，No. 1065；唐·善无畏译：《千手观音造次第法仪轨》，《大正藏》第 20 册，No. 1068；唐·不空译：《摄无碍大悲心大陀罗尼经仪轨》，《大正藏》第 20 册，No. 1065。

⑥ 唐·金刚智译：《世尊圣者千眼千首千足千舌千臂观自在菩提萨埵怛嚩广大圆满无碍大悲心陀罗尼》，《大正藏》第 20 册，No. 1062B。

⑦ 唐·般剌密谛译：《大佛顶如来密因修证了义诸菩萨万行首楞严经》，《大正藏》第 19 册，No. 0945。

面七十二臂、十三面千臂、十四面千臂、二十七面千臂等。①

　　敦煌石窟的千手观音像，内容丰富、数量庞大、持续时间长，其在制作时代、内容、材料等方面，均可与佛经及相关文献互参。其中存留在莫高窟的22幅唐代壁画与5幅纸绢画②，不但是我们考察千手观音形象的珍贵资料，也是认识唐代千手观音信仰在敦煌地区流行的主要例证（表4—6）。下面仍按本章体例对莫高窟唐代千手观音画像做一具体分析。

表4—6　　　　　　　　　莫高窟唐代千手观音统计表③

时代	洞窟修建时代	窟号绢画号	位置	姿势	面数	正大手数	眷属④			窟内对称题材
							数量	名称	保存情况	
盛唐	盛唐	79	前室南壁	不详	不详	不详	不详	王表中亦无名称与数据	残	卢舍那佛
	盛唐	113	主室东壁门南	站立	1	42	不详	王表中亦无名称与数据	残	观音普门品

　　①　详见王惠民《敦煌千手千眼观音像》，《敦煌学辑刊》1994年第1期。
　　②　据统计，在敦煌石窟自盛唐至元代的70余铺千手观音画像中，仅莫高窟壁画就多达40铺，而在这40铺壁画中，仅唐代就有22幅，除此而外，还有唐代纸绢千手观音画像5幅。此数据参见《莫高窟内容总录》；王惠民《敦煌千手千眼观音像》，《敦煌学辑刊》1994年第1期；彭金章：《千眼照见、千手护持——敦煌密教经变研究之三》，《敦煌研究》1996年第1期。以下详细数据均主参彭金章文。
　　③　此表根据彭金章《千手照见、千手护持——敦煌密教经变研究之三》中的附表一、二、五、六，《敦煌研究》1996年第1期；王惠民《敦煌千手千眼观音像》中的"敦煌千手千眼观音经变调查表"，《敦煌学辑刊》1994年第1期；以及《莫高窟内容总录》绘制而成。
　　④　对于敦煌千手观音的眷属，王惠民表中对名称及其数量做了详细的统计，但有一点需要说明，即王先生表中的日天、月天，婆薮仙、功德天，饿鬼、贫儿均相伴出现，其后数量有的为1，有的为2，故在不明眷属总数的情况下，数量为2者，不知是日天、月天各1身，总数为2，还是各2身；数量为1者，不知是各1身，还是相伴出现的两位眷属中只有1位。所以，本表中眷属名称与数量中仍沿用王表，只是把以上三组眷属置于括号内，括号外表其数量。彭金章表中只有眷属总数量，却没有名称，二者相对，大多相符，但也有不合之处，由于笔者无条件核实，不能使二者严格对应，故本表在眷属栏中的数据，除个别有注释说明之外，总数均以彭表为主，而在名称与保存情况均以王表为主。只见总数，不见眷属名称与保存情况者，即为王表中未列入的画幅。

续表

时代	洞窟修建时代	窟号绢画号	位置	姿势	面数	正大手数	数量	眷属 名称	眷属 保存情况	窟内对称题材
	盛唐	148	主室东壁门上	结跏趺坐	1	40	20	菩萨8、天王2、龙王2、明王2、(婆薮仙、功德天)2、毗那夜迦2、其他2	全	无
	盛唐	214①	前室西壁门北	不详	不详	不详	不详		残	不详
	盛、中唐	115	主室北壁	站立	1	40	4	(日天、月天)2、明王2	全	地藏菩萨
	中、晚唐	144②	主室东壁门南	结跏趺坐	1	40	20	(日天、月天)2、菩萨8、天王2、龙王2、明王2、(婆薮仙、功德天)2	全	千手千钵文殊
中唐	中唐修	176东	主室东壁门上	结跏趺坐	1	40	6	(日天、月天)2、龙王2、明王2	全	无
	中唐	176南	主室南壁	不详	不详	不详	不详	王表中亦无名称与数据		观世音菩萨
	中唐修	231	甬道顶	结跏趺坐	不详	不详	16③	菩萨8、龙王2、明王2、(婆薮仙、功德天)2、毗那夜迦2	残	无

①　此窟只见于彭表，王表中无。查《莫高窟内容总录》，上载第214窟"前室西壁门北剥出底层千手眼观音"，与彭表同。

②　此窟王表中列入晚唐，彭表中列入中唐，《莫高窟内容总录》中的修建年代为中唐、晚唐，对此窟千手观音的描述中也没有明确指出具体时期。

③　彭表中总数为14，但在其注释中也说明由于残损不清，眷属数应多于14，王表中眷属名称相加总数为16，故以此为准。

续表

时代	洞窟修建时代	窟号绢画号	位置	姿势	面数	正大手数	数量	眷属		窟内对称题材
								名称	保存情况	
中唐	中唐	238	甬道南壁	不详	不详	不详	不详	（日天、月天）1、菩萨2、天王1、明王1	残	千手千钵文殊
中唐	中唐	258	主室东壁门南	不详	不详	不详	不详	王表中亦无名称与数据	残	千手千钵文殊
中唐修	中唐修	361	主室东壁门北	结跏趺坐	11	40	18	（日天、月天）2、菩萨4、天王4、明王2、龙王2、（婆薮仙、功德天）2	全	千手千钵文殊
盛、中唐		386	主室东壁门上	结跏趺坐	1	不详	6	菩萨4、天王2	全	无
中唐		西大Ⅰ—9	藏经洞所出绢画	结跏趺坐	1	40	无			
中唐		西大Ⅱ—6	藏经洞所出绢画	结跏趺坐	1	40	2			
		西大Ⅱ—55	藏经洞所出绢画	结跏趺坐	1	40	10			

续表

时代	洞窟修建时代	窟号绢画号	位置	姿势	面数	正大手数	眷属		窟内对称题材
							数量	名称	保存情况	
晚唐	晚唐	14	主室南壁	结跏趺坐	1	42	26	飞天2、（日天、月天）2、菩萨12、天王4、明王2、龙王2、（婆薮仙、功德天）2	全	千手千钵文殊
	晚唐	30①	主室东壁门北	站立	1	24	12			千手千钵文殊
	晚唐	54	主室南壁	结跏趺坐	1	40	26	有菩萨、天王等护法神，具体数量不详	残	千手千钵文殊
	晚唐	82	主室北壁	不详	不详	不详	8	（日天、月天）1、菩萨2	残	不空羂索观音
	晚唐	156	主室西壁龛顶	结跏趺坐	1	40	20	菩萨10、天王4、明王2、（婆薮仙、功德天）2	全	无
	晚唐	161	主室顶	结跏趺坐	1	12	4	飞天2、菩萨2	全	无

---

① 此窟只见于彭表，王表中无。查《莫高窟内容总录》，上载第30窟"东壁门北千手眼观音一铺"，与彭表同。

续表

时代	洞窟修建时代	窟号绢画号	位置	姿势	面数	正大手数	数量	眷属		窟内对称题材
								名称	保存情况	
晚唐		232①	主室东壁门上	结跏趺坐	1	不详	12			无
晚唐		338	前室南壁	结跏趺坐	1	不详	18	飞天 2、菩萨 4、天王 1、龙王 2、明王 1、(婆薮仙、功德天) 1	残	千手千钵文殊
晚唐	修	470	主室南壁	结跏趺坐	1	不详	12	有十方诸佛、菩萨 3、天王 1、龙王 2、明王 1、(婆薮仙、功德天) 1、(饿鬼、贫儿) 1	残	不详
晚唐		西大 I—18	藏经洞所出绢画	结跏趺坐	11	40	28			
晚唐		附 171②		结跏趺坐	1	42	8			

一　手臂数量与手印持物

如前所述，诸经对千手观音手臂数的记载并不相同，然则以"千手"称之，是言其手臂之多、神通之大，而真正要表现出一千只手臂，必需妙法。按佛经描述，"千手"分正大手和小手两部分，

---

① 此窟只见于彭表，王表中无。查《莫高窟内容总录》，上载第 232 窟"东壁门上画千手眼观音一铺"，与彭表同。

② 指〔日〕松本荣一《敦煌画の研究》附图，东方文化学院东京研究所 1937 年版。

而持物和结手印一般指正大手而言。

在涉及千手观音正大手手印与持物的经轨中，般剌密谛的《大佛顶如来密因修证了义诸菩萨万行首楞严经》记述最全，该经所载正大手数量有"二臂、四臂、六臂、八臂、十臂、十二臂、十四十六，十八二十至二十四，如是乃至一百八臂，千臂万臂，八万四千母陀罗臂"①，可谓涵盖各经所载之臂数，但这样的经典毕竟不多，我们所见记述最多者还是四十臂。以伽梵达摩之《千手千眼观世音菩萨广大圆满无碍大悲心陀罗尼经》为例，经中就有正大手四十，分别是：如意珠手、羂索手、宝钵手、宝剑手、跋折罗手、金刚杵手、施无畏手、日精摩尼手、月精摩尼手、宝弓手、宝箭手、杨枝手、白拂手、胡瓶手、旁牌手、斧钺手、玉环手、白莲华手、青莲花手、宝镜手、紫莲华手、宝箧手、五色云手、军迟手、红莲华手、宝戟手、宝螺手、骷髅杖手、数珠手、宝铎手、宝印手、俱尸铁钩手、锡杖手、合掌手、化佛手、化宫殿手、宝经手、金轮手、顶上化佛手、葡萄手。在这四十只正大手中，第三十四手为合掌手，应是两只手，第三十九手为顶上化佛手，造像实例中大多为两只手托化佛于头顶。所以，四十正大手其实为四十种手势，共四十二臂。

另外，不空所译《千手千眼观世音菩萨大悲心陀罗尼》所载的正大手数为四十一，仅比伽梵达摩之经多出了甘露手，合掌手和顶上化佛手则情况相同。所以，四十一正大手其实为四十一种手势，共四十三臂。其另一部译经《摄无碍大悲心大陀罗尼经仪轨》中亦为四十三臂。苏嚩罗之《千光眼观自在菩萨秘密法经》中载有"四十手法"，但加上合掌手和顶上化佛手多出的二手，则为四十二臂。还有，菩提流志的《千手千眼观世音菩萨姥陀罗尼身经》云："若画千手千眼观世音菩萨摩诃萨者……其正大手有十八臂。"② 由此可见，十八、四十、四十二、四十三是佛经记述较多的正大手数，也

---

① 唐·般刺密谛译：《大佛顶如来密因修证了义诸菩萨万行首楞严经》，《大正藏》第19册，No. 0945。

② 唐·菩提流志译：《千手千眼观世音菩萨姥陀罗尼身经》，《大正藏》第20册，No. 1058。

可能是千手观音具有代表性的正大手数。

莫高窟唐代千手观音手臂数的情况是：正大手有四十只者 11 幅，不详者 11 幅，四十二只者 3 幅，二十四只者 1 幅，十二只者 1 幅。这一数字表明，在整个唐代，莫高窟千手观音正大手为四十或四十二只者占绝大多数，尤其是盛唐、中唐时期的作品中，无一例外的呈四十或四十二只正大手，显然，这一数字是当时绘制千手观音正大手的基本形式。晚唐时期出现的十二只和二十四只正大手观音画像，虽然数量极少，但却是莫高窟乃至整个敦煌石窟千手观音正大手数走向多样化的标志。自此以后，五代出现了二十、五十和七十二只正大手的千手观音，宋代出现了二、八、二十八只正大手的千手观音，西夏甚至出现了三十、六十二、一百正大手的千手观音画像。①

至于持物与手印，与经轨相吻合者有如盛唐时期的第 148、113 窟千手观音画像，但从中唐开始，观音正大手就出现了像曲尺（第 386 窟、西大Ⅱ—6）、秤（西大Ⅱ—6）等不见经载的世俗生活用具。这一转变，终于在西夏时期榆林窟第 3 窟的五十一面千手观音画像中达到顶峰，其六十二只正大手及部分小手所持之物或手托人物活动场面 83 种，其中反映世俗生活而不见经载者竟多达 52 种。②

前文已经提到，持物和手印一般指正大手而言，然而，在佛经中也有"其余九百八十二手，皆于手中各执种种器杖手印"③之记载。即便如此，莫高窟唐代千手观音中还是不见小手持物、结印的绘、塑实例。其通用的形式是，众多小手呈圆或椭圆形，像背光一样，层层环绕于观音周围，一一手中各有一眼。这既表达了"千手千眼"之意，也构成了一个使后人所倾倒的审美符号。

二　眼目、面相及其排列

根据经轨规定，千手观音之眼目分为面中之眼与掌中之眼。面

---

① 参见彭金章《千眼照见、千手护持——敦煌密教经变研究之三》，《敦煌研究》1996 年第 1 期。

② 同上。

③ 唐·菩提流志译：《千手千眼观世音菩萨姥陀罗尼身经》，《大正藏》第 20 册，No. 1058。

中之眼主要指千手观音各面中的眼目，一般有二目与三目两种，掌中之眼，即指千手观音各手掌中均有一眼。而千手千眼观音之"千眼"正是依此来表示。其一是观音有五百个头，一面二目而成千眼，即所谓"顶上五百面，具足眼一千"[①]；其二是观音一千只手掌中各具一眼而成千眼，即所谓"一千臂，一一掌中各有一眼"[②]。莫高窟唐代千手观音画像均采用掌中之眼来表示"千眼"。至于主面眼目数则主要有三目和二目，前者如中唐第115、144窟，晚唐第14、30、156窟（图4—11）；后者如中唐第176（东壁）窟，晚唐第54、161窟。[③]

图4—11　千手千眼观音　晚唐莫高窟
第156窟西壁龛顶中央

佛经中提到的千手观音面数主要有一面[④]、十一面[⑤]、五百面[⑥]、一面乃至千面万面[⑦]。另外，部分佛经对此观音面相的排列也做了说明，如苏嚩罗译《千光眼观自在菩萨秘密法经》云："画摩尼与愿观自在菩萨像，作慈悲体黄金色，顶有十一面，当前三面作菩萨相，右边三面白牙出上相，左边三

①　唐·不空译：《摄无碍大悲心大陀罗尼经仪轨》，《大正藏》第20册，No. 1065。

②　唐·智通译：《千眼千臂观世音菩萨陀罗尼神咒经》，《大正藏》第20册，No. 1057a。

③　王惠民：《敦煌千手千眼观音像》，《敦煌学辑刊》1994年第1期。

④　唐·智通译：《千眼千臂观世音菩萨陀罗尼神咒经》，《大正藏》第20册，No. 1057a；唐·菩提流志译：《千手千眼观世音菩萨姥陀罗尼身经》，《大正藏》第20册，No. 1058。

⑤　唐·苏嚩罗译：《千光眼观自在菩萨秘密法经》，《大正藏》第20册，No. 1065；宋·天息灾译：《佛说大乘庄严宝王经》，《大正藏》第20册，No. 1050。

⑥　唐·不空译：《摄无碍大悲心大陀罗尼经仪轨》，《大正藏》第20册，No. 1065；唐·善无畏译：《千手观音造次第法仪轨》，《大正藏》第20册，No. 1068。

⑦　唐·般刺密谛译：《大佛顶如来密因修证了义诸菩萨万行首楞严经》，《大正藏》第19册，No. 0945。

面忿怒相，当后一面暴笑相，顶上一面如来相。"善无畏译的《千手观音造次第法仪轨》云："其尊之正面天冠上有三重，诸头面之数有五百，当面之左右造两面，右名莲华面，左名金刚面也。"由于五百头者不见实例，十一面者，不但与十一面观音面相排列的记载相同，在实际造像中也有诸多同处。

莫高窟唐代 27 幅千手观音画像中，除部分不详外，一面者共18 幅，其中盛唐 2 幅、中唐 7 幅、晚唐 9 幅。十一面者共 2 幅，其中中唐 1 幅（第 361 窟），十一面自下而上呈 3·5·3 式排列；晚唐 1 幅（西大 I—18），十一面自下而上呈 3·4·3·1 排列。可见，一面千手观音为唐代流行的造型样式，中唐出现的十一面千手观音的面相排列与同期的十一面观音颇为相似。十一面千手观音虽然在唐代出现较少，但若放置在敦煌石窟千手观音艺术形象发展的背景中去考察，就会发现，它开启了多面千手观音造像之先河，之后，五代出现了三面千手观音，宋代出现了七面千手观音，至西夏、元代，不仅流行十一面千手观音，还出现了目前所知国内面数最多的五十一面千手观音。[1]

三　姿势、眷属

千手观音的姿势佛经中有如下记载："住于莲华台，放大净光明……庄严大悲体，圆光微妙色，跏趺右押左"[2]、"中有本尊像，号千手千眼……跏趺右押左"[3]、"身大黄金色，结跏趺坐大宝莲华台上"[4]、"（观音）身上现出一千宝臂，各执宝物，即从座起"[5]、"次说画像法，……广十肘此土一丈六尺，长二十肘此土三丈二尺"[6]、"若画千手千眼观世音菩萨摩诃萨像变者，当用白氎纵广十

---

①　参见彭金章《千眼照见、千手护持——敦煌密教经变研究之三》，《敦煌研究》1996 年第 1 期。

②　唐·苏嚩罗译：《千光眼观自在菩萨秘密法经》，《大正藏》第 20 册，No. 1065。

③　唐·不空译：《摄无碍大悲心大陀罗尼经仪轨》，《大正藏》第 20 册，No. 1065。

④　唐·善无畏译：《千手观音造次第法仪轨》，《大正藏》第 20 册，No. 1068。

⑤　唐·苏嚩罗译：《千光眼观自在菩萨秘密法经》，《大正藏》第 20 册，No. 1065。

⑥　唐·智通译：《千眼千臂观世音菩萨陀罗尼神咒经》，《大正藏》第 20 册，No. 1057a。

肘或二十肘"①。可见千手千眼观音有结跏趺坐与站立两种姿势。②

从全国发现的千手观音造像、画像遗迹看，也是以这两种姿势为主，整个敦煌石窟及莫高窟唐代的千手观音画像也不例外。莫高窟唐代 27 幅画像中，除 6 幅不详外，呈立式者仅 3 幅（盛、中、晚各 1 幅），剩余 18 幅均为结跏趺坐式。说明唐代千手观音的姿势主要以结跏趺坐式为主，但从整个敦煌石窟来看，自五代以后，站立式的千手观音画像数量呈上升趋势，自宋至元，站立式几乎成了千手观音的主要姿势或唯一姿势。

关于千手观音的眷属，诸经记述不尽相同，名称与数量也各有差异。由于数量最多者达到 120 身，所以，在此不一一罗列，只就莫高窟唐代画像中的千手观音眷属做一说明。

从现存千手观音形象看，大部分雕塑作品没有眷属，如山西太原崇善寺、河南开封相国寺、河北承德普宁寺，以及日本京都大报恩寺、京都月轮寺等都是如此。而敦煌画中则有多寡不一的眷属，少者 2 身、多者 30 余身。王惠民根据榜题对敦煌画中的千手观音眷属做了详细的调查，并将其分为四类：

> 助会类，如十方诸佛、胁侍菩萨、供养菩萨、飞天、婆薮仙、功德天等。增益类，如贫儿、饿鬼等，这些眷属的出现体现了观音的慈悲。降伏类，如毗那夜迦等，降伏这些恶神则展示了观音的威力。守护类，如四天王、明王、龙王、地神、水神、火神、风神、伊舍那神、阿修罗、摩醯首罗天等。③

---

① 唐·菩提流志译：《千手千眼观世音菩萨姥陀罗尼身经》，《大正藏》第 20 册，No. 1058。

② 丁福保《佛学大辞典》如此解释"一肘"："（杂语）印度尺数名。俱舍论十二谓，七麦为一指节，三指节为一指，横列二十四指为一肘，竖布四肘为一弓。西域记二谓，七宿麦为一指节，二十四指为一肘，四肘为一弓。据此而论，俱舍论之一肘，当一指节之七十二倍。四肘为一弓。据此而论，俱舍论之一肘，当一指节之七十二倍。西域记之说，仅当二十四倍。人指之广狭不同，肘之长亦无一定，惟有一说，一尺八寸乃至一尺四寸为一肘，佛之量倍之。"如此看来，经中画像法有关十肘和二十肘的规定都比较长，当为站立之尺寸。

③ 王惠民：《敦煌千手千眼观音像》，《敦煌学辑刊》1994 年第 1 期。

上述四类基本构成了敦煌石窟千手观音的眷属群。

通过对莫高窟唐代千手观音眷属的统计，可以发现，其眷属类别与名称多不出王惠民所说的四类眷属群，在数量上的变化是：无眷属者 1 幅，眷属为 2 位者 1 幅，4 位者 2 幅，6 位者 2 幅，8 位者 2 幅，10 位者 1 幅，12 位者 3 幅，16 位者 1 幅，18 位者 2 幅，20 位者 3 幅，26 位者 2 幅，28 位者 1 幅，不详者 7 幅。可见，不同数量的眷属几乎平均分配在莫高窟唐代的千手观音画像中，但就这些眷属出现的频率而言，还数菩萨最多，在 27 幅作品中，有菩萨者就有 13 幅，数量达 67 身之多，除此而外、愤怒尊、婆薮仙、功德天、四天王也是千手观音像中比较多见的眷属。他们中间部分特征明显，有些成组出现而左右对称，有些自上而下，排列有序，共同构成了千手观音的完整画面。

在莫高窟唐代千手观音画中，大部分只有主尊和眷属，但也有绘制经轨所载"十五善生、十五恶死"的，如盛唐第 113 窟东壁门南绘千手千眼观音，门上、门北绘"十五善生、十五恶死"，晚唐第 54 窟正中绘观音及眷属，两侧以条幅形式绘"十五善生、十五恶死"。这些无疑是既忠实于经轨，又丰富画面的代表作品。

千手观音可以说是密教观音的代表。她和其他密教观音一样，不仅在信仰与宗教理念上有别于显宗观音，而且其千手千眼的形象，也迥异于一面二臂的显宗观音形象。即便如此，画工们还是按照艺术的原则，将其神秘、怪异的特点审美化，从而使之成为一个象征美的符号并立足于佛教美术之中。

第六节　密教观音画像的艺术特色

密教观音的产生和流行说明显教观音信仰出现了危机，但作为视觉艺术的密教观音画像，却是显教观音的继承与发展。

一　密教观音像的画法

在前述相关的密教经典中，部分记有观音画像法，但多为面相、手臂、眼目数量的说明，至于具体像法却并不明确。清乾隆七年（1742 年），由番学总管工布查布所译的《造像量度经》，虽然时隔唐代数百年，并体现着藏地佛教艺术的审美观，但它却成为近代国际造像学研究者的必参经典。其中《造像量度经续补》菩萨像部分就附有秘密部多面广臂像法，而所举之例正是十一面千臂观音像（图 4—12）。所以，该经典也是我们认识莫高窟唐代密教观音像画法的主要资料，为了方便起见，现将原文附录于本节之后，以观其详。

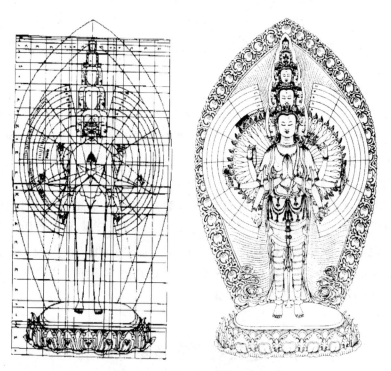

图 4—12　十一面千手观音草图

概括此量度经对十一面千手观音的规定，主要体现在以下几个方面。①

① 参见《造像量度经续补》，同时参见李翎《佛教造像量度与仪轨》，宗教文化出版社 1998 年版，第 30—38 页。

　　第一，十一面的排列与量度。从下向上，呈 3·3·3·1·1 式排列。第一层三面称法身三面，正中一面长十二指，发际宽只十指，均与佛面同，慈相。左右两面长与正面同，宽只为长的一半（雕塑宽则八指），鼻头高出一指，右面为蓝色，左面为红色。第二层三面称为增长三面，正面长宽都是八指，悲相，发际三指，淡黄色。左右两面长与正面同，宽为长的一半，鼻高四分之三指（雕塑则宽六指），右面为中黄色，左面为橙色。第三层三面为报身三面，正面长宽七指，发际三指，喜相，粉红色。左右两面长与正面同，宽为长的一半，鼻高半指，右面为中绿色，左面为紫色。以上三层的右面三相均为微怒相，左面三相都是喜悦相。第四层一面为大怒明王相，长宽六指，发梢旋转如狮子鬃须，为青色；顶端一层为弥陀佛的化身面，面长宽五指，发际半指，肉髻一指，宝髻半指，颈长一指，五官可审度而定，颜色为红色，也可为金色。十一面中，除佛面外，余十面皆俱三目，正面两耳，贴在旁面之腮上（雕塑则第二层三层正面之两耳，各向前移一分）。

　　第二，千手的分布与量度（图4—13）。具体的绘制办法是：先从心窝而上六指，再向左右横量十二指至两腋。而后以此两点为记号，各向外以五十指为半径画一圆环，使所有的手，无论如何伸展都不能越出此环，且分布自然，形成扇状。接着，以此圆环为限，从外向内画五层同心圆，每层递减四指，组成六层圆环，最里层圆环两边各均分三份，左右共计六份。第二层两边各均分十二份，左右共计二十四份。第三层两边各均分十四份，左右共计二十八份。第四层两边各均分十六份，左右共计三十二份。第五层两边各均分十八份，左右共计三十六份。第六层两边各均分二十份，左右共计四十份。如此分割，除身体外，千手便在每份之内。各层手臂具体的布置方法与数量如下：

　　最里层圆环两边各分三份，左右合计六份，用以绘制法身八臂。具体的布置方式是，二主臂当心合掌，其余六臂，或结手印，或持器物，各在左右均分的六份内依次排开，"而画像不出内圈之外"。也就是说，最里层圈内合掌二臂，持法器六臂，共有八臂。

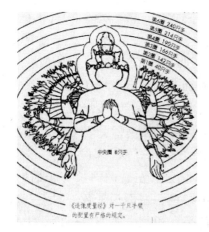

图 4—13　千手观音的手臂安排

左：《造像量度经》圈数的划分及每圈手数；右：莫高窟晚唐

第 161 窟窟顶千手观音藻井的圈数划分

内第一层圈中画报身四十臂。左右各二十手，结手印或持宝物、法器，从上向下如扇状排成一排。"此四十手，不出内头一层圈外"。

从内向外第二至六圈用以表现化身手九百五十二臂。依次为：将第二层圈的十二份，再各分六份，得七十二份，每份一手，左右共一百四十四手，因最下两手不用，故实为一百四十二手。同理，第三圈的十四份再各分六份，左右共得一百六十六手。第四圈的十六份再各分六份，左右共得一百九十手。第五圈的十八份再各分六份，左右共得二百一十四手。第六圈的二十份再各分六份，左右共得二百四十手。此九百五十二手均作施愿印，掌中眼目，一一分明。除此而外，还有对服饰等的规定，读者可以参看附录，自不赘述。

总之，对于密教观音画像法的认识，工布查布有两句话可以总结：第一，"多面广臂之数分法，诸家传授互有所异，然其义理不忒。明其一，则余者可推度而易知也"；第二，"凡一切广臂相，俱以此为元式"（前面所讲的十一面千手观音的像法）。也正是从这一角度出发，我们才敢于跨越几百年，以清人所译的造像量度法去认知和理解唐人所画的密教观音像。

二　信仰混融与形象互借

日本学者中村元认为，密教东传为中国观音信仰带来的重大变化，突出表现在观音信仰的复杂化方面，而复杂化又主要表现在各种不同名称观音的相互混合上。① 这正是我们讨论莫高窟唐代密教观音信仰及认识此期密教观音画像多样性特点的佛教背景和逻辑起点。

密教的传播形式秘密而繁缛，"许多原来属于显教经典的壁画题材，后来进入密教经典，成为密教壁画题材；或者原来属于显教的艺术形象，后来进入密教经变或密教曼荼罗，成为密教壁画的组成部分"②。而敦煌壁画告诉我们，原属显教或中土创造的艺术形象，并不是同时加入密教行列，而是在密教不断发展壮大的过程中，一个一个逐步被吸收的。就观音形象而言，亦是如此。譬如，以观音为主尊而又不属于《法华经·观音普门品》的观音经变，就是同文殊变、普贤变、地藏等一道，从盛唐时期加入密教行列的。③

从莫高窟唐代密教观音画像看，显教观音的加入对其产生的影响主要体现在两个方面：其一就是从民族审美的角度出发，在造型上对其进行规范，将一面二臂的显教观音形象渗透其中，使其本有的慈悲与亲和力始终如一地贯穿在新兴的密教观音画像之中。这在前文已多有提及，此不赘述。其二就是从画面的整体布局和结构出发，使显教观音经变的构图样式在密教观音经变中得以沿用。例

---

① ［日］中村元：《中国佛教发展史》第一卷，余万居译，天华出版公司1993年版，第358页。

② 彭金章主编：《敦煌石窟全集10·密教画卷》，商务印书馆2003年版，第11页。对于这一问题学术界有不同的看法，有人认为，显教艺术形象虽然被密教所利用，进入了密教经变或曼荼罗，但他们仍然属于显教形象，不属于密教题材。有人认为，密教的传播对显教经典的重译与新译都产生了影响，因此，密教传入以后的部分显教经典实际上已经不是纯粹的显教经典，而从密教本身来讲，吸收显教神祇及中土创造的神祇的形象，是其发展壮大的需要。笔者赞成后一种说法，因为任何一种事物的发展都不是孤立的，密教与显教的互渗是二者发展的需要。

③ 参见彭金章主编《敦煌石窟全集10·密教画卷》，商务印书馆2003年版，第11页。

如，观音信仰的流行，使得《普门品》单经别行，成为颂扬观音的经典之经典。由此产生单独表现此经的观音经变，于盛唐第45窟得以完美地呈现。而表现这一内容的形式，即主尊居中，"十二难"分别绘于四周的形式，则在同期及后来的密教观音经变中同样被采用。前文所述盛唐第113窟和晚唐第54窟就是实例，前者于东壁门南绘千手千眼观音，门上、门北绘"十五善生、十五恶死"；后者于正中绘观音及眷属，两侧以条幅形式绘"十五善生、十五恶死"。晚唐第14窟的十一面观音经变也是如此，十一面观音周围有凹形排列的十九幅画面，分别表现观世音菩萨作大仙人和大居士时受得《十一面神咒心经》，以及受持、书写、念诵该经"现身即得十种胜利"和"复得四种功德胜利"的情节①（图4—14）。另外，盛唐第148窟的不空羂索观音经变与如意轮观音经变中也以屏风画形式图解经典内容。由此，我们不难看出，这种显教经变中惯用的布局方式，在唐代初兴的密教经变中继续传承。然而，值得说明的是，在莫高窟唐代密教观音经变中，这种表现"善生"、"恶死"、"胜利"和"功德胜利"情节的画面并不多见。如唐代绘制"十五善生、十五恶死"的千手观音经变仅第113窟和第54窟两窟②，而在敦煌地区现存的45幅十一面观音经变中，既突出主尊十一面观音形象，又将《十一面神咒心经》的主要内容用画面表现出来的，也仅第14窟一例。③究其原因，大致有二：显教观音主要以胁侍菩萨身份出现，即便是在其经变中，也只与其救难内容相伴，而密教观音的不同之处就在于，他们在经典的描述中都有众多眷属，作为依附于有限空间的画面，对密教观音眷属的表现，势必会占用其他内容的空间，此为其一；其二，在密教经典记载中，观音为了"利益安乐一切众生"，变现多首多臂，然而，其给予众生的种种帮助和解救（诸如"善生"、"恶死"、"胜利"和"功德胜利"等），在内容与功能上并没有超越《普门品》。故此，对多首多臂形象的着力描绘，一方面承担了"利益安乐一切众生"的宗教内涵，另一

① 彭金章：《莫高窟第14窟十一面观音经变》，《敦煌研究》1994年第2期。
② 王惠民：《敦煌千手千眼观音像》，《敦煌学辑刊》1994年第1期。
③ 彭金章：《莫高窟第14窟十一面观音经变》，《敦煌研究》1994年第2期。

方面也因符合密教观音多臂救众的思想而取代了类《普门品》的情节画面。

图4—14　莫高窟第14窟十一面观音经变中表现

《十一面神咒心经》内容的画面

显教观音的融入，在造型与构图上维系了汉民族的审美习惯，沿用了汉传佛教的图像样式，丰富了密教观音形象。然而，真正促成密教观音形象多样化的，还是各种不同密教观音之间的混融与互借。而这种混融与互借，一方面是信仰上的，另一方面是艺术形象上的。从信仰方面来讲，尽管不同名称的观音在功能上有所不同，但其多首多眼、多手多臂的特点及其因此而具的无边法力是共同的。所以，在信众心中，不管哪位观音，在趋福、避祸的需求面前，均可信仰。尤其是千手观音的出现，不但在手臂数量上代表了密教观音多手多臂的特点，而且还集十一面观音的多面特点、不空罥索观音的多目特点等于一身。可以说，千手观音是密教观音形象的集大成者。其千手千眼，甚至千足千舌、万手万眼的描述足可让人咋舌，这样的数量和神力，即便是佛经的描述也无能为力。如伽梵达摩的《大悲心陀罗尼经》在描述其正大手功德时，就因不能一一描述而发出"如是可求之法共有其千条，今粗略说少耳"的惋叹。这或许也是敦煌石窟中千手观音在连续绘制的时间及对后世产生的影响上均胜于其他观音的原因所在。

信仰上的混融，自然导致形象上的互借。正如前文所述，借用外教神祇形象，本是佛教的特点之一，而密教观音在功能与形象上的相似性，更方便了造型上的相互借用。但从莫高窟密教观音画像或经变来看，其造型上的互借，无非就是增减手臂和面目数量、更换眷属持物，在总体的形象特点上并无太多改变。如第 14 窟十一面观音周围凹形排列的画面中，有七面观音，有学者认为可能是十一面观音之简化。① 再如宋第 76 窟北壁有十一面八臂观音，人们多以十一面观音论之，日本学者松本荣一在《敦煌画的研究》② 中也将其作为十一面观音来研究，但同时提出可能是简略的千手观音，而彭金章的研究证实了松本的推测。因为，在敦煌千手观音中，"凡是正大手手掌中有慈眼或正大手手掌虽无慈眼，但众多小手手心却有慈眼者，无一例外均属于千手观音"③。至于在眷属与持物上的互相借用前面已经有所提及，在此不想多言。

质言之，信仰上的混融与造型上的互借，正是莫高窟密教观音画像"离经"现象出现的主要原因之一，也是密教观音形象丰富多样的原因之一。然而，若再深究，这一混融与互借，也是中国文化的特性使然。中国文化在"道"与"器"中讲求"道"，中国绘画在"形"与"理"中讲求"理"。正如苏轼所说："山水竹石，水波烟云，虽无常形，而有常理。常形之失，人皆知之，常理之不当，虽晓画者有不知。"④ 以此来说明莫高窟唐代密教观音画像确为

① 彭金章：《莫高窟第 14 窟十一面观音经变》，《敦煌研究》1994 年第 2 期。

② ［日］松本荣一：《敦煌画の研究》，东方文化学院东京研究所 1937 年版，第 682 页。

③ 彭金章：《莫高窟第 14 窟十一面观音经变》，《敦煌研究》1994 年第 2 期。据彭金章调查，敦煌千手观音中，手掌中无慈眼者仅有一幅，即绘制于第 294 窟前室北壁，仅有七十二只正大手的千手观音。他推测这种正大手手掌中无慈眼者或许属于千手观音的简化。

④ 宋·苏轼：《苏东坡全集》上，卷三十一《净因院画记》，中国书店 1986 年版，第 381 页。

恰切。因为，密宗观音画像相对于显宗观音画像来讲是变化观音，当属"无常形"之观音了，其多头多臂的形象不仅与正观音的常形相去甚远，而且也时有不符密教经轨，随意增减手臂数量、更换持物眷属者。然而，这些表面的变化，并不能改变对密教观音神力与功能的认识，更不能因此而阻止信众对密教观音的信仰，当然，这也并不影响人们对密教观音形象的识别与膜拜。因为这些形象虽然不合佛经，却符合佛理，也符合画理，更符合信仰者的心理。

三　形体的共用与互生

各密教观音除信仰上的混融与造型上的互借外，还有一大特点就是形体的共用与互生。共用形作为一种独特的艺术形式，备受古今中外艺术家们的青睐，尤其是在工艺美术与民间美术领域内，其作为创意图形的一种，久用不衰。而 20 世纪以来西方艺术心理学理论著作在中国的翻译与介绍，又为我们认识莫高窟唐代密教观音画像形体的共用与互生提供了新的视角和理论依据。

从概念上讲，"共用形是创意图形的一种，它是指两种或两种以上图形完全共用或共享同一空间，或共用同一边缘，构成相互依存的统一体图形"①。这一概念告诉我们，共用形分为完全共用形、部分共用形和共线共用形。而我们要讨论的密教观音造型，正是部分共用形的典型代表。工布查布在《造像量度经续补》中谈及十一面千臂观世音造像法时说："手足虽多，根同生于一枢，其式约略似扇把横轴所拦"②，这就形象地说明了密教观音众多手臂共用一形的造型特点。③ 按照格式塔心理学派的理论，任何形都是建立在视觉经验之上的一种组织建构，形式自身与视觉心理的相互作用，决定了图形的最终视觉效应。那么，密教观音一形共用的视觉形式，又会对应什么样的视觉心理呢？

---

①　张智艳、吴卫：《创意图形之共用形》，《郑州轻工业学院学报》（社会科学版）2007 年第 6 期 。

②　清·工布查布译解：《佛说造像量度经解》，《大正藏》第 21 册，No. 1419。

③　密教观音的共用形主要是人体的躯干部分，当然，也有一些密教形象表现千手千臂千足时，就有一个完整的人体充当了共用形。

首先，共用形使密教观音形象秩序化。秩序化是人们对艺术形式的一种天然渴求，因为，有序而均衡的自然界，使得人们积累了对称、节奏、重复等秩序感的视觉经验。而对于密教观音而言，其"千眼照见，千手护持"的形象只存在于宗教理念之中，至于其在艺术作品中的处理，就必然要遵循艺术自身的规律。如其不然，则多个手臂杂乱无章，毫无秩序，所以，千手观音中便有正大手与小手之分。尤其是小手，从观念上讲，它仍然"根同生于一枢"，但艺术的处理则使其秩序化，并以背光的形式出现。这种装饰性排列，无疑给人有序、和谐之美。

其次，共用形使密教观音形象简约化。密教观音在功能与神力上复杂多变是宗教信仰的需求，但当其转化为艺术形象时，却往往让人倍感棘手而不知所措。那么，一种观念中变幻莫测、多首多臂的形象如何以艺术形式出现呢，最有效的方法就是使其简约化。因为，"人类的眼睛倾向于把任何一个刺激样式看做是一个已知的条件所允许达到的最简单的形状"①。而密教观音对躯干的共用不仅节约空间，而且也取得了一形多义、以少胜多的极简效果，正所谓"（手臂）数虽千名，而观者自不觉其多矣"②。

再次，密教观音之手臂与共用形相生共用。关于这一问题，《造像量度经续补》中的三段话均可说明：

适手举者，余手从上向下排，适手垂者，余手自下往上排。

掌中眼目，参差互见，一一分明，诸臂相皆极柔顺圆好，如正开之莲华，各不侵碍，数虽千名，而观者自不觉其多矣。

胎偶者，其四十八手，但可收之无碍者，向前随宜收之，则后层诸手得松爽矣，故或举，或垂，或伸，或屈，左右对

---

① ［美］鲁道夫·阿恩海姆：《艺术与视知觉——视觉艺术心理学》，滕守尧、朱疆源译，中国社会科学出版社 1984 年版，第 64 页。

② 清·工布查布译解：《佛说造像量度经解》，《大正藏》第 21 册，No. 1419。

偶，意自相应。盖亦观其执物之势，随宜布置，不必尽以边圈为度。①

这里说的，其实就是诸多手臂在共用形上相互生发的问题。也就是说，密教观音的各手臂，是根据最先出现的手臂顺势而生的，由此得出的各手臂之间存在一种相互依存与制约的关系。尤其是千手观音，为了表现千手，就需分层排布，为了让千手均能出现在人的视线之内，后一层手臂就必须穿插在前排二臂之间，这便是通常所说的"邻近形适应邻近形"。邻近形相互适应在密教观音手臂布局中的应用，使得千手（主要是正大手）在空间与形上因势利导、自动调节、互相生发，从而将千手组织在一定的秩序之中，既体现了各手臂姿态的完整性，又减少了多重叠压带来的负重感。

复次，共用形增加了密教观音形象的神秘感。有学者认为："'以共用形相生'的适型造型方法，往往会给造型带来一种神秘感，因为它把感觉形象转化为联想形象，脱离了自然所垄断的生长形式，使主观幻觉进入了造型世界"②。密教观音原本就是一个虚幻的联想形象，所以，即使忠实于经典的绘画作品，也必然是一个联想的形象，只不过是联想之联想，倍增神秘感而已。

最后再说一下密教观音共用形的闭合性问题。一般来讲，共用形与普通图形的区别就在于，共用形的公共空间是同时与不同的部分闭合而形成多个完整形象的。如在敦煌图案著名的"三兔争耳"中（图4—15），三只耳朵是三只兔子的共用形，每一个兔身必须与三只共用耳中相应的两只在形上相闭合，才能得到一只完整的兔子形象。这种闭合性原理，在密教观音中仍然存在，但又与工艺美术和民间美术中的情形有别。其主要不同就在于密教观音画像中共用形所传达的形象是立体的，其各手臂之间有前后层次与遮挡关系。这就是说，密教观音画像中，每一种手姿与身姿的闭合都不是平面的、直观的，而是分层闭合的（图4—16）。所以，对它的理

① 清·工布查布译解：《佛说造像量度经解》，《大正藏》第21册，No. 1419。
② 李安宁：《变形》，新疆美术摄影出版社1994年版，第81页。

解，或许只有透过一层、数层，甚至千万层才能完成。

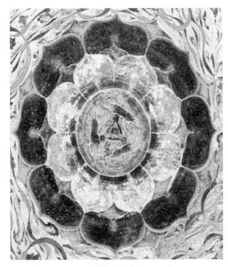 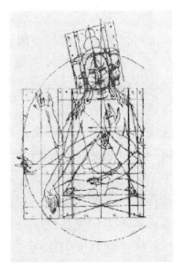

图4—15　第407窟三兔莲花藻井中 　　图4—16　《造像量度经》中
　　　　共用形的平面闭合 　　　　　　　造像共用形的立体闭合

　　对于密教观音的共用形的讨论，这里还想说明一点，即密教观音的形象在相关经典中，原本就是多首多臂多足共用一身，其众多手臂均是为了"安乐一切众生"而从身体之中生出来的。所以，其共用形在观念上与工艺美术中的图案和民间美术中的装饰绘画是不同的。但当它作为平面的绘画形式出现时，尤其是从造像度量的严格样本来看，其所呈现的确是一个有关共用形的视觉图像。正因如此，它就具备了形共用的视觉效应与视觉心理，也正因如此，它才成了我们讨论的话题。

四　静穆与律动

　　这是一个涉及密教观音画像观察方式、表现方法与审美追求的话题。其中包含两个方面，其一是密教观音尽管形象怪异，但在汉传绘画中，对其宁静、肃穆的审美追求并没因此而变；其二是密教观音尽管宁静、肃穆，但其多首多臂的形象又充满着律动，而这种律动,一方面来自于动态的观察方式,另一方面来自于对速度与节律的把握和追求。

静穆本是西方美学中的一个主要命题,尤其是在表现宗教人物与伟大人物时,其美学意味更能彰显。作为佛教神祇,观音的静穆形象深入人心,无须多言,此处单就律动做一论述。在字典中,"律动"一词表示有节奏的跳动、有规律的运动,多指人听到音乐后,按照节奏而通过身体的方式表达出来的一种感觉。那么,这与我们的密教观音又有何关系呢?

其一,密教观音画像中体现了一种有规律的运动,并暗含了一种不可思议的速度感。我们知道,在西方20世纪以来兴起的多种现代艺术思潮中,未来主义就是以追求运动和速度为宣言的艺术流派,他们甚至宣称"世界被一种新的美——速度之美——所丰富。一辆疾驰的汽车比萨摩色雷斯的胜利女神更美"[1]。在这种理念下,艺术家们旨在把万物的运动应用到绘画中,以求表现对象的动态感。由此产生的两幅代表作便是巴拉的《铁链上的小狗》和杜尚的《下楼梯的裸女》(图4—17),其共同特点是,为了表现运动感而将人或狗的腿按照运动的方向进行叠加。未来主义因赞美运动与速度而在艺术史上产生了深远的影响。然而,当我们把目光投向公元7世纪莫高窟所存的密教观音画像时,我们发现,他们在理念与表现方法上更具"未来主义"的特点。且看千手观音状似光环的手臂,逐层规律的排布,在静态之中包含了运动,这堪与巴拉的作品相媲美,何况观音千手闻声解救不同众生,其观念上暗含的速度感是不可思议的。再看《造像量度经续补》所云:"凡一切广臂相,俱以此为元式。其有多足者,则自两元足外边,起两股根枢,画余足边际,渐广之,以至于足指尖,其足跌与诸指,但得分明现见。"即是说,如作多足像者,其分布方法是从腿根逐层向外画,层层遮挡,渐出渐广,由最里层只见腿脚内边,直到画出脚趾尖,使其脚背、脚趾等都清晰可见(图4—18)。若将这一规定与其相应的配图相对,就会惊奇地发现,密教广足像的表现方法,与杜尚之作如

① 转引自王林主编《美术概念100问》,四川美术出版社2004年版,第99页。

出一辙。由此，我们说密教观音是充满速度感和运动感，同时又颇具现代感的艺术作品。

图4—17　杜尚《下楼梯的裸女》

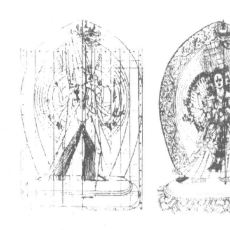

图4—18　《造像量度经》中千手千眼佛母的多足画法

其二，密教观音画像中体现了有节奏的跳动，也暗含了人听到音乐后，按照节奏而通过身体的方式表达出来的那种感觉。若是以前，人们或许不留意这一感觉，然而，自舞蹈《千手观音》于2005年央视春晚一炮走红之后，相关文章约有上百篇。① 从艺术方面言论者，无非节奏、韵律、舞美、灯光等，这些固然重要，但作为对古代佛教艺术的再创造，我们在敬佩发现者眼光的同时，也应该注意到这一密教观音本身所具有的审美潜质。千手观音舞蹈的成功之处其实并不单在它自身的艺术魅力上，而是潜藏在石窟、庙宇中的艺术因子被发掘、创造之后，带给人们的那份惊喜，以及为自己祖国拥有这样的宝藏而产生的艺术自豪感。我想，这才是其震撼人心的主要原因所在。如此说来，莫高窟密教观音画像中体现的律

---

① 如冯双白《"千手观音"辩》，《艺术评论》2005年第6期；谢生保、谢静《敦煌艺术中的千手观音》，《寻根》2005年第4期；蒋苏黎《〈千手观音〉艺术创作特色研究》，《歌海》2010年第4期；等等。

动便自不待言了。

静穆与律动实际上是指单身密教观音画像在形象上给人的艺术感受，而作为莫高窟唐代密教观音画像的研究，我们还应该将其置于整个石窟设计的背景中去考察。

五　对称布局与结构样式

对称布局是敦煌艺术惯用的形式。我们通过前面几节中的附表统计情况可知，莫高窟唐代绘制的密教观音画像或经变，大多都有与之对称的题材。如与十一面观音对称的有说法图、观音、观音经变等，与千手观音对称的主要有千手千钵文殊、观音等，尤其是不空羂索观音与如意轮观音，大到题材，小到姿势，都是对称出现的。据统计，在不空羂索与如意轮二位观音互相对称的实例中，若有一位呈坐式，另一位也呈坐式；若有一位呈站立式，则另一位也必然呈站立式，概莫能外。①

对称在密教观音画像中不单表现在窟内位置上，而且表现在同一画面上。也就是说，就某一幅经变而言，其眷属也是左右对称，成组出现的。如在千手观音中，常见的组别就有日光菩萨和月光菩萨、婆薮仙和功德天、金刚面天和毗那夜迦等。考查敦煌千手观音绘画就会发现，"当洞窟壁画或绢、麻、纸画千手经变的左侧出现某组的某一眷属后，其右侧必定是该组的另一眷属，概莫例外，但孰左孰右却无定制"②。当然，在密教观音眷属的安排上，也有左右不对称者，经考察，这类情况往往出现在主尊的绘制偏向一侧之时，为弥补另一侧的空缺，就以菩萨或飞天填空，但尚未发现成组眷属中的任何一身充当补缺者③，这无疑是确保眷属组合与左右对称格局不受破坏的有效做法。

---

① 彭金章：《敦煌石窟不空羂索观音经变研究——敦煌密教经变研究之五》，《敦煌研究》1999 年第 1 期。

② 彭金章：《千眼照见、千手护持——敦煌密教经变研究之三》，《敦煌研究》1996 年第 1 期。

③ 彭金章：《敦煌石窟不空羂索观音经变研究——敦煌密教经变研究之五》，《敦煌研究》1999 年第 1 期。

　　各眷属除保持左右对称格局外，在上下排列上也有一定的顺序，如在千手观音中，"日光菩萨和月光菩萨一般位于经变最上层，龙王则分布于千手观音所坐的莲花座之下的水池中，而忿怒尊的绝大多数安置于诸眷属之最下层的左右侧，金刚面天和毗那夜迦形象较小，位于火头金刚和秽迹金刚之侧或之下"①。

　　前述内容说明对称题材自始至终深受当地信仰者的崇敬和喜爱。而正是在遵循这一原则的前提下，莫高窟唐代密教观音画像在组合与构图上出现了多种样式。具体而言，莫高窟唐代密教观音主要以两种身份出现，一种是以胁侍菩萨的身份出现，如初唐第331窟东壁门北的两身十一面观音，以及第341窟东壁门上的两身八臂观音都是作为佛的胁侍菩萨出现的。另一种是以主尊身份出现，这类居多，其在组合与构图上主要有以下几种样式。

　　第一，单尊式。前述各表中，或立或坐，无眷属者，应为此式。

　　第二，三尊式。这一样式中，主尊居中，两侧各有眷属一身。又有横式构图与竖式构图两种，前者如初唐第334窟东壁门上十一面观音（图4—19），后者如初唐第321窟东壁北侧十一面观音（图4—20）。二者的特点是主尊与眷属大小一致，主尊立者，眷属亦立；主尊坐者，眷属胡跪。另有盛唐第32窟东壁门北十一面观音（图4—21），主尊两侧有眷属二身，一为菩萨，一为比丘，主尊与眷属比例悬殊，明显在身份上有所区别，右下角有数身形体较小、面目不清的人，是三尊式中较为独特者。

　　第三，七尊式。初唐第340窟东壁门上十一面观音立像是此式代表（图4—22）。左右眷属各三身，且多为观音像，其姿势、大小均与主尊无别。一种观音充当另一观音眷属的例子在莫高窟密教观音画像中也比较常见，如Ch. Ivi. 0019号唐代千手观音中，如意轮与不空羂索观音就是其眷属。

---

　　①　彭金章：《千眼照见、千手护持——敦煌密教经变研究之三》，《敦煌研究》1996年第1期。

图4—19　第334窟东壁门上　　　　图4—20　第321窟东壁
　　　十一面观音　　　　　　　　　　北侧十一面观音

图4—21　第32窟东　　　　　　图4—22　第340窟东壁门
壁门北十一面观音　　　　　　　　　上十一面观音

　　第四，多尊式。这是密教观音组合中常见的形式，即是说佛经中有关密教观音诸多眷属的记述，就决定了这一组合的出现。此式中除了继续采用左右对称的方式以外，还有三种常见的构图样式：

　　一是四点供圆式。即是说，画面为正方形，主尊居中，四眷属分布在画面四角，在视觉上似四点同供一圆，简约而稳定（图4—23）。

　　二是凹形排列式。眷属呈凹形排布在主尊周围。

　　三是众星捧月式。这是最常见的形式之一，众眷属围绕在主尊四周，如众星捧月一般，营造一种升腾之势（图4—24）。

图4—23　第176窟东壁门上千手观音　　图4—24　第14窟北壁如意轮观音

除此而外，密教观音在构图上还有表现"善生"、"恶死"、"胜利"和"功德胜利"情节的画面，这类画面并不多见，且前文已经提到，此不赘述。在密教观音的多种构图样式中，还有美的因素或隐或显地出现其中，这就是密教观音画面中的显性圆与隐性圆。

六　显性圆与隐性圆

早在古希腊时期，毕达哥拉斯学派就认为："一切立体图形中最美的是球形，一切平面图形中最美的是圆形。"① 正因如此，在中西方美术史中，圆经常以可见的、直观的或隐性的、暗示的方式出现在诸多艺术品中。作为佛教艺术的莫高窟唐代密教观音画像，同样也发挥了圆的审美功能。

我们还是从显性与隐性两方面来说明圆在密教观音画像中的应用。首先，如前所述，密教观音以多首多臂为特点，而这一特点就决定了其以圆为主的造像结构。因为密教观音的多首多臂多足共生于一体之上，但却要互不相碍地展现出来，这样一来，观音的诸多

<hr />

① 北京大学哲学系美学教研室编：《西方美学家论美和美感》，商务印书馆1980年版，第15页。

手臂不管如何运动，其臂长在半径上总会有较高的重复率，而这一重复的半径连接的结果就是一个圆。一旦所有手臂全部伸展，则多首多臂多足的层层叠加，又无异于单臂单足圆形运动所留的轨迹，所以还是一个圆。而这一点，按经典的规定就是"所作诸手，虽伸亦不得出此环记之外"①，按达·芬奇对人体比例的论述就是"伸展的四肢形成的图形更是希腊人认为最完美无缺的几何图形——圆"②。主尊及眷属的圆光是密教观音画像中另一个显性的圆，其直观易解，无须多说。

其次是隐性圆，这主要是就眷属的布置而言，前文所讲多尊式的三种形式中，可以说都有着隐性圆的结构。无论是四点供圆式，还是凹形排列式与众星捧月式，其实都贯穿在一个约与观音圆光同心的隐形圆上。如晚唐第14窟的不空羂索观音经变中，眷属、华盖、宝池就贯穿在同一圆中（图4—25）。而另一种隐形的圆就是眷属之间的组合与聚集所形成的局部隐形圆，同样以第14窟为例，主室北壁的如意轮与千手千钵文殊经变相连，二者的眷属也在各自所属的两个半圆相接中处在一个圆中（图4—26）。

图4—25　第14窟不空羂索
　　　　观音经变

图4—26　第14窟主室北壁的如意轮
　　　　与千手千钵文殊经变

---

① 清·工布查布译解：《佛说造像量度经解》，《大正藏》第21册，No. 1419。
② ［意］列奥纳多·达·芬奇：《芬奇论绘画》，戴勉编译，朱龙华校，人民美术出版社1986年版，第134页。

　　圆在莫高窟密教观音画像中的多处应用，不仅是因为它本身具有美的特性，还有更重要的就是它对宗教气氛的营造。因为，在人的视觉上，圆形饱满、单纯、不稳定，具有滚动感和浮动感，①而浮动感正是佛教美术空间与境界升华所需要和追求的。

　　史岩先生曾说敦煌"盛唐期制作之壁画，可以说纯然是密教曼荼罗之属"②。本节对莫高窟唐代密教观音的论述已经证明了这一点。可以说，这是有唐一代密教流行的结果，也是莫高窟唐代观音画像中一道亮丽的风景线，其新颖独特的造型样式与繁缛细密的造型技巧，同时也表征了此时绘画技法的纯熟，进一步阐释了祖国边陲的唐代气象。

附：《造像量度经续补》菩萨像，工布查布述

　　八大适子等，已成正觉，而由其往昔愿力，感化应身菩萨相者，彼像造法，南面正坐，与佛像无异。若夫阶位历地之菩萨（位大乘五位也一资粮位，二加行位，三通达位亦名见道位，四修习位，五究竟位也。地，即十地），宜置旁列，与侍奉至尊诸像相类。其制身之纵广，约等十搩，每搩十二指，共为百二十指。而为胎偶之增法，除非鼻准及颏下（各加半指）之外，可宜不加增处，不必加增，其必得加分处随宜加分，各致其曲。而俱不可令毂半指（像传有附载云：凡夫身量，竖八十四指，横九十六指为止，纵广不等。因其二万一千六百业息，故盖一昼夜之吸呼二万一千六百息也，内分十二节，盖随十二时也，每节分得息千八百。菩萨自发心进步行道时，业息渐灭，而随其灭几数，以慧息遂长几数。如是方得初地第三位欢喜地通达位则业息灭尽一节千八百而慧息长满一节千八百以是形于外相，得纵广相等百八指，如是渐进，践至第九善慧地，每地两息减增各一节，而形相各增二指，方至于第十法云地境。即如前减增一节，此共满十节，而形相指分共得百二十有四指，越尽十地而至究竟位极处，两息余末二节，一减一长皆尽满，

---

　　①　李安宁：《变形》，新疆美术摄影出版社 1994 年版，第 162 页。
　　②　史岩：《东洋美术史》，上海书店 1990 年版，第 207 页。

而即得圆满报身，则外相增一指，共算足满百有二十五指之句。然而正传中，则总略之如前，今亦从之），发攒高八指，顶尖宝严二指，面形似鸟卵，具喜悦慈爱之容，目长三指，宽分一指，如莲华瓣，取长四指，两脾枢外边相去十九指，天男相无髭（如将足十六岁童相），服饰同报身佛像，而轻健，以华鬘为络腋焉。

（附）佛之受用身，为净居天主，变化身，作秽土人师。菩萨之受生，亦莫不托于色欲两界。天人二种（若随类变化之应身不与），故论相者，一面二臂为本元，而秘密部所出，多面广臂诸异相，或借外相示内义（如怖畏明王相，其九面为示大乘九部契经义等类），或为调伏诸异怪，故现非常相（如啰叉鬼王，因具十头以自慢，时观音大士，特变十一面喜怒并具之异相，而折绌彼傲气等类是也。手足义亦然），亦可以类推也（时轮盛乐金刚使畏大悲观音等，多面广臂之数分法，诸家传授互有所异，然其义理不忒，明其一，则余者可推度而易知也），今单出一相，以为总轨之元式。如十一面千臂观世音（功德尼式、番王式等。有番汉数样，今择一合本足证者述之），身量同佛立像。而脐密间添四指，通身白色，元正面纵分同佛面，广十指，慈相，其右厢面蓝色，左厢面红色，此二面纵分同正面，而广分只得其半。外添鼻准高分一指（画像之谓也。若胎偶则横分只作八指，凸且扁，此三面谓之法身三面）。第二层正面竖横同作八指，色黄白，悲相，发际三指（两眉微颦而无笑容），其右面正黄色，左面赤黄色，此二旁面纵分同正面，而广只得其半。外边添鼻分六麦分（胎偶则广分六指，此三面谓之增长三面）。第三层正面七指，色赤白，喜相（具微笑容），发际同前而其右面绿色，左面紫色，此二面纵分同正面，而广分只得其半。外添鼻分五麦（胎偶则广分作五指，此谓之报身三面。以上三层，右三面皆作颦眉直视微怒相，左三面皆喜悦相）。第四层单面，大怒明王相，竖横平六指，青色，发之崇分亦然（发梢旋凝如狮子鬃鬣）；顶上弥陀佛头化身面相（红色，或作金色），颈一指，面轮五指，发际指半，肉髻一指，宝髻半指，每面分均分十二少分，依常制之各指，推扪比较，以度定各面之眉、目、鼻、口，及准头等。直曲宽狭，除弥陀面外，余十面皆俱三目（本教经曰目数千，又三十二)，正面之两耳，贴在旁面之腮上（以上为画像之准也。胎偶则第二层三层正面之两耳，俱各向前移一分，即前说元正面之广分，胎偶作十指同义），知此一像，则一切具多面像者，可以依是推度矣。

其广臂之布设法。自心窝而上比至六指处（胎偶则六指零半指处），从正中横量各一搽，至两腋竖绳，即作点记（上比肩顶三指，下比腋肢三指）。再从两边之记号起，向外各去正五十指之地，画圆圈作环记。所作诸手，虽伸亦不得出此环记之外。手足虽多，根同生于一枢，其式约略似扇把横轴所拦。适手举者，余手从上向下排，适手垂者（里收者同），余手自下往上排（此式以经为征，且天竺国赍来像躯，多见如是。今汉番同俗，不管适手之举垂，但是余手，尽作由上向下者，非是）。千手者，法身八手，报身四十手，化身九百五十二手，共计满千手也。即从前说环记起，向里次第各蓂四指，复画五层圆圈。于是从前说两旁点记起，向外至于内圈，直拉绗线匀分六分（除却身质所占之分，两边各作三分，合算六分），第二层上两边各分作十二分，第三层各分十四分，第四层各分十六分，第五层各分作十八分，第六层（即前说外边总括环圆记也）两边各分作二十分，而以为底盘境框。复次始作法身八臂，二适手当心合掌（两掌不宜紧贴，中作虚之），余右第二手持白水晶念珠，左第二手执白莲华，右第三手执金轮，第四手作施愿印，左第三手执弓箭，第四手持军持（旧翻澡瓶，因其用而名之也，又有译作胡瓶者，对华言之也。今合其名实而直翻之曰顶沃，其纳口在腹，吐嘴在顶，颈长嘴小）。除二适手，余六臂，俱排开，而画像不出内圈之外，胎偶亦依此推度之（内圈六分，即为此六也，手头须排均匀安置，其持数珠莲华之手，则对两肩外边，手头向里覆，而以指捻持之，执轮及弓箭手头略举之，余二手头略垂之）。报身四十臂，从上向下排，右翼二十手，挨着次第，一擎执佛像（释迦佛之像），二如意宝珠，三日精珠，四青优波罗华，五锡杖，六白色金刚杵，七利剑，八铁钩，九白拂。左翼二十手，亦挨着次第，一宝殿，二宝箧，三月精珠，四红莲华，五钵盂，六金刚铃，七傍牌，八羂索，九杨柳枝。其左右第十两手，合拱前面作等融印（对拱脐下四指处，右仰左俯，两掌合，而以两巨指相把之），复从右第十一手，挨次排下，十一贤瓶（腹大而圆，颈之长分有其腹竖向三分之二，口向外卷），十二宝山，十三髑髅杖（髑髅在杖上头），十四梵夹，十五钺斧，十六金刚铁椎，十七作施无畏印，十八玉印，十九长枪，二十交杵。复从左第十一手，挨次排下，十一宝镜，十二玉环，十三右旋白螺（身质右旋，其衽则反回左转，按螺虫骨身，通是左旋，而衽回右转，今番僧寺庙，为乐器用者即是，谓之凡螺，亦谓逆转螺，不为贵，传云，螺身辄转生螺，连转五次者，即变右旋螺，谓之仙螺，亦谓顺运螺，在处大有吉祥，世间甚为罕有），十四五彩叠云，十五莲华心蕊，十六铁金刚橛，十七禾穗，十八蒲萄，十九钢叉，二十黄莲华。此四十手，不出内头一层圈外（两翼各二十手，根同一枢，历历均匀展如扇把，其像如千臂俱全者，此二十手俱由上至下，只排一行，若不作化身诸手，则起第十一手，复始排作一行，而后层诸手，次第安排，互现前层诸手隙间）。次作化身手九百五十二臂，照前所画第二圈，两边直绳各有十二分，每分分作六分。除两边极下各一分不用外，其余每分作一手，共得百有四十二手。复次第三圈，两边直绳各有十四分，每分分作六分，除两边极下各一分不用外，其余每分作一手，共得百有六十六手。复次第四圈，两边各有十六分，如前分除之，共得一百九十手。又次第五圈，两边各有十八分，同前分除，共得二百一十四手。复次第六圈，两边各二十分，如前每分分作六分，而每分各作一手，则共得二百有四十手。合前诸手，是得满千手也。此九百五十二手，悉作施愿印（手掌侧仰之而少垂），掌中眼目，参差互见，一一分明（千手掌中，皆有一目），诸臂相皆极柔顺圆好，如正开之莲华，各不侵碍，数虽千名，而观者自不觉其多矣。法身八手，形如常制。报身四十手微细于法身（诸手长分相同，其宽奘分，则此四十手。比前八手奘二十分之去一分，以是递推，凡后层列手奘分，俱照前层诸手二十分之除去一分，只作十九分便得矣）。胎偶者，其四十八手，但可收之无碍者，向前随宜收之，则后层诸手得松爽矣，故或举，或垂，或伸，或屈，左右对偶，意自相应。盖亦观其执物之势，随宜布置，不必尽以边圈为度。惟从前往背面，层层次第，离空皆令均匀，则不碍于背光（单作法身八手者甚多，四十八手者已属罕见，满作千手者更少矣。盖因不得其法，难作之故耳，本经虽有持明人依像修习时，不要务必待千臂全修之语，然而解义云，谓其千手乃为贤劫千位轮王，千眼即贤劫千佛焉，则面臂全具之功德自然大也）。凡一切广臂相，俱以此为元式其有多足者，则自两元足外边，起两股根枢画余足边际，渐广之以至于足指尖，其足跌与诸指，但得分明现见。即是八件宝饰，及衣服等，俱同报身佛像（三层面宝冠，下层者不宜遮过上面嘴唇以上），而以仁兽皮为络腋（旧作黑鹿皮，未详其义，按仁兽，梵云吉哩二合斯那二合萨，华翻黑脊，盖因其毛皮而称之耳。常见西番国岁贡物件，有此兽皮，形似山羊而小，毛短薄，色多微黄，脊毛纯黑色，天性最慈，为人忘己。据使者言，捕时不事猎围，惟二人执兵，寻其栖处，既望见，诈为相斗状，喊声对骂，且作挥兵相击势，此兽见之，以为相害，遂欲解救。奔至隔立二人之间，至死不去，遂得而刺焉，本朝官译名谓之仁兽。其披法，则毛向外，头前尾后，斜披左肩上，以头皮遮着左乳，而将右边后腿皮，从像之背后由右腋下，挽过至像之前，与右前腿皮，互相交盘缚之，此一件服饰，诸经典未见他像所用，惟独观音及慈氏菩萨像有之），两足平立，两胯外边相去广量作二十四指。

第五章

莫高窟唐代单尊观音画像

"单尊式"是除"三尊式"、"多尊式"以外的另一类观音造像、画像样式。考察不同时期与地域的单尊观音造像和画像，主要有常人模式与非常人模式。显宗观音多以前者为主调，密宗观音多以后者为主调。由于密宗观音在前文已有论述，所以，本章重在讨论以常人模式为主的显宗观音。

在印度，以常人模式（一面二臂二足）出现的观音造像可追溯到贵霜王朝时期的莲花手菩萨，其为男性，王子装，持莲花，头顶有化佛（或无）①（图5—1）。在中国的史籍记载中，单尊式观音造像于公元4世纪已经十分普及，如在南朝傅亮、张演、陆杲所撰的《观世音应验记三种》中，多处记载了信徒携带小型观音铜像而免于灾难的故事。其中典型者如：

> 晋太元（公元376—396年）中，北彭城有一人，被枉做贼，本供观世音金像，恒带颈发中，后出受刑，愈益存念。于是下手刀即折，辄闻金声，三遍易刀，颈终无异。众咸共惊怖，具白镇主，疑有他术，语诘问其故。答曰："唯事观世音，金像在颈中。"即解发者，视见像颈三疮。于是敬服，实时释之。②

---

① 颜素慧编著：《观音小百科》，岳麓书社2003年版，第149页。对于印度单尊观音像，玄奘在印度期间也常见到，并在《大唐西域记》中多处记载。

② 宋·傅亮、张演，齐·陆杲撰，孙昌武点校：《观世音应验记三种》，中华书局1994年版，第27页。

另,《法苑珠林》载:

> 晋郭宣之,太原人也。义熙四年为杨思平梁州府司马。杨以辄害范元之等彼法,宣亦同执在狱。唯一心归向观世音菩萨,后夕将眠之际,忽亲睹菩萨光明照狱,宣瞻睹礼拜祈请誓愿,久之乃没,俄而宣之独被恩放。既释依所见形制造图像,又立精舍焉,后为零陵衡阳卒官。①

以上只是多种观音灵验故事中的两例,但从中依然可见,无论是因感应而造的观音像,还是因观音像而获的感应,都说明敬奉独尊观音像已成为魏晋以来信仰者的重要宗教实践活动。而之所以如此的主要原因就在于此类造像要么与观音救难信仰相联系,要么依附于救难信仰之中。正因如此,自公元 4 世纪以来,汉地小型的单尊观音金、铜像非常流行,其神奇的力量使之成为单独供奉的对象。

从出土实物看,中国最早的单尊观音造像约出现在公元 5 世纪下半期,其共性是:观音一般袒裸上身,下身着裙,着花蔓式冠,披帛挎肩后左端绕左臂,右端绕右臂飘垂。胸前挂斜十字形交叉的璎珞,立在四足床的覆莲座上,光背与像身合铸在一起。一手提净瓶或握披帛,另一手执一长茎莲蕾(图 5—2、图 5—3)。② 这就是说,在图像特征上,汉地观音除了承袭印度莲花手造型外,还出现了手持净瓶、杨柳枝的造型。唐代的小型观音单尊金铜造像仍然盛行不衰,全国多地均有实物出土(图 5—4、图 5—5)。与此同时,在敦煌莫高窟,也保留了数量不菲的单尊观音画像。她们分别被绘制在窟壁、纸、绢和麻布之上,或被刻在板上,形象生动、性格突出,具有独幅肖像画的性质,故成为莫高窟唐代观音画像中较为独特的一类。

---

① 唐·道世:《法苑珠林》,《大正藏》第 53 册,No. 2122。
② 李静杰:《早期金铜佛谱系研究》,《考古》1995 年第 5 期。另可见金申《山东博兴太和年造金铜观音立像的样式与源流》,载《佛教美术丛考续编》,华龄出版社 2010 年版,第 31—40 页。

图5—1　　　图5—2　　　图5—3　　　图5—4　　　图5—5

自左至右依次为：《莲花手菩萨》，公元5世纪，印度鹿野苑；《丁柱造观音立像》，北魏太和八年（公元484年），美国旧金山亚洲艺术馆藏；《观音立像》，隋代，甘肃省博物馆藏；《观音立像》，唐，台北故宫藏；《观音立像》，唐，甘肃省博物馆藏

第一节　龛外两侧的单尊观音画像

龛外两侧绘制独尊菩萨像的布局在印度早已有之，如在阿旃陀石窟第1窟佛龛外两侧壁上，就分别绘有持莲花菩萨和持金刚菩萨的独尊像，约作于公元580年，据考证，这可能与观音和大势至菩萨有关。[①] 敦煌类似的布局则出现在隋代，与阿旃陀不同的是，莫高窟隋代的个别洞窟正壁佛龛外两侧，明确地绘制了对称的独尊式观音和大势至像。到了唐代，良好的社会氛围使莫高窟佛教艺术也出现了不同以往的设计和布局，而最先出现的便是窟型的变化。即宽敞明亮的佛殿窟代替了中心柱窟，在面对窟门的西壁开龛，内置塑绘精美、庄严慈祥的佛菩萨像，龛外两侧分别绘制文殊、普贤或观音、大势至像。窟型的改变为独尊观音画像开辟了新的绘制空间，加之净土信仰的不断深入，以独尊形式绘制于龛外两侧的观音数量也随之增加。据统计，仅初盛唐时期绘于龛外两侧的观音、势

①　罗华庆主编：《敦煌石窟全集2·尊像画卷》，商务印书馆2002年版，第129—130页。

至就约 100 余身。在中晚唐时期，观音、势至总是成对绘出，其中独立成幅的仍多绘于龛外或经变画两侧，以立姿为主，数量约 30 身。① 与此同时，笔者根据《莫高窟内容总录》所做的统计也显示（见表 5—1），与观音成对出现在龛外两侧的，主要还是她在西方三圣组合中的"老搭档"大势至菩萨，而且观音在龛外的位置多处于北侧，这无疑是其作为阿弥陀佛左胁侍的一种暗示与体现。由此可见，绘于窟龛外侧的独尊式观音画像似乎仍处于西方净土信仰体系之中。然而，若将其纳入洞窟的整体设计之内，连同周围其他的绘塑作品一道来考察时，则会发现，龛外观音画像不仅在组合形式上有别于阿弥陀三尊像和净土变相，而且在信仰的归属上也出现了一些不确定因素。

表 5—1   莫高窟唐代龛外两侧观音画像统计

时代	窟号	西壁龛外位置		备注
		北侧	南侧	
初唐	203	观音	观音	此窟龛外南北侧均分上中下三段，上部均画维摩诘变相，下部均画比丘、比丘尼、供养人，中部均画观世音一身
	207	观音	势至	
	211	观音	紫檀香菩萨	此窟龛外南北侧除观音、紫檀香菩萨外，均画跌坐佛一身，下均画供养人
	335	观音	势至（残）	
	338	观音	势至	
盛唐	46	观音	势至	
	66	观音	执花菩萨	
	122	观音	菩萨	

① 罗华庆主编：《敦煌石窟全集 2·尊像画卷》，商务印书馆 2002 年版，第 129—130 页。

续表

时代	窟号	西壁龛外位置		备注
		北侧	南侧	
	125	观音	势至	
	171	观音	药师佛	此窟主室西壁有盝顶帐形龛，药师、观音分别画在帐门南北两侧
	199	势至	观音	此窟主室西壁有盝顶帐形龛，帐门南侧观世音为盛唐画，西侧大势至为中唐画
	216	观音、鬼卒	菩萨、鬼卒	南侧部分模糊，北侧鬼卒模糊
	217	观音	势至	
	225	观音	观音	
	320	观音	观音	
	374	观音	势至	
中唐	45	地藏	观音	此窟龛外观音、地藏均为中唐画
	47	势至	观音	
	126	观音	观音	此窟主室西壁有盝顶帐形龛，帐门南、北侧中唐画观世音菩萨各一身
	225	观音（西侧）	地藏（东侧）	主室南壁有平顶敞口龛，龛外西侧中唐画观世音一身，东侧中唐画地藏一身

　　日本学者久野美树在考察莫高窟初唐信仰内容时就发现，这一时期释迦信仰的造型最多，阿弥陀信仰的造型次之，并指出在阿弥陀净土变中央作为阿弥陀佛的形象有时却具有释迦的特征。或者本来是释迦净土变、阿弥陀净土变，但二者在描绘中却存在诸多矛盾要素。① 而这一现象对于龛外两侧观音的像式组合及信仰归属有着密切的关系。如在初唐第 335 等窟中（图 5—6），正壁龛内均绘（或

————————

　　① ［日］久野美树：《试论初唐莫高窟的信仰内容》，载敦煌研究院编《2004 年石窟研究国际学术会议论文集》（上），上海古籍出版社 2006 年版，第 160—161 页。

图 5—6　初唐第 335 窟西壁龛全景

塑）有与释迦相关的内容，但龛外两侧又均绘制了与阿弥陀有关的
观音和大势至。这样一来，龛内的主尊塑像就既可能是释迦佛，又
可能是阿弥陀佛。换言之，龛外的观音画像既可能属于释迦信仰体
系，又可能属于阿弥陀信仰体系。而对于这一释迦与阿弥陀难以区
分的原因，久野美树先生做了四种推测：其一是把阿弥陀信仰与释
迦信仰交织在一起的结果；其二是在图像十分严格的纯密尚未流入
中国之时，人们对佛、菩萨的图像意义并不十分注意，只要从最低
限度上表现了佛和菩萨就行；其三是经典对释迦与阿弥陀的暧昧定
义导致了二者图像的暧昧；其四是初唐时期敦煌"法身常住思想"
的流行。① 久野先生的推测均不无道理，因为，我们在前文的论述
中已经提到佛教信仰与图像的混融现象。另外，就观音画像而言，
其像式组合本来就经历了由释迦三尊到阿弥陀三尊的转变。所以，
如果将龛外观音画像与整个窟龛一道，视为一个大型的绘塑结合式

---

① 参见［日］久野美树《试论初唐莫高窟的信仰内容》，载敦煌研究院编《2004
年石窟研究国际学术会议论文集》（上），上海古籍出版社 2006 年版，第 163—167 页。

组合的话，其无论是表现释迦信仰主题还是阿弥陀信仰主题均非无源之水。但从整个唐代的信仰及莫高窟龛外观音画像所传达的信息看，笔者认为阿弥陀净土信仰还是其主要的信仰体系。即便是唐代后期，置换了大势至，与观音一道出现的地藏、药师等形象，也均说明了其与净土往生型信仰的密切关系。

　　绘于龛外的单尊观音像，位置显眼，形象格外突出。所以，当时的艺术家们为其倾尽心力，使之成为观音画像中的精品。如初唐第335窟龛外南侧观音，冠饰华丽，冠带飘舞，面相丰满，罗裙透体，由变色而致的剪影效果，在白色的壁面上，更显凸出且具有浮动之感，颇具妙趣（图5—7）。盛唐第320窟龛外南侧的观音，头戴化佛冠，近于正侧面，面相文静，绿眉短髭，左手提净瓶，右手拈柳枝，身材柔弱而修长，作举步欲行状。从残留的朱红线描看，线条遒劲有力，造型准确严谨（图5—8）。盛唐第217窟龛外北侧的观音，头戴化佛冠，呈三七面，面庞丰腴圆润，佩饰、披帛、服饰、璎珞钏镯均极为华丽。一手下垂提净瓶，一手

图5—7　龛外南侧观音

屈举持莲花，莲花绿叶舒卷，人面花颜相映，极富情趣（图5—9）。盛唐第66窟西壁龛外北侧的观音菩萨，头戴宝冠，冠带绕腕下垂，长发披肩，头首微抬，呈正面，面相丰圆，红唇欲启，低目俯视。两手轻提璎珞，全身重心落于右腿，姿态潇洒婀娜。从华盖、宝冠、满身璎珞佩饰到衣裙花纹、脚踩的莲花，都经过叠晕赋色，宝珠中心点白色，增强闪闪发光的效果。整幅画像绘工精细，线描秀挺，造型极其优美。画中未出现观音的任何标识，只书"救苦观世音菩萨"的榜题，这显然是艺术家重其人性、轻其神性，以独立肖像画对待的体现（图5—10）。中唐龛外的观音像，神情呆板，色彩简单，相比盛唐而言，略显苍白。如第45窟龛外南侧的观音为中唐之作，此观音右手举于胸前，持柳枝，左手下垂，提净

瓶站于莲台之上，虽然也戴宝冠、挂璎珞，但已没有了盛唐观音的
珠光宝气，肩头后来重描的线，技法也不甚精湛（图5—11）。

图 5—8　第 320 窟龛外南侧观音

图 5—9　第 217 窟龛外北侧观音

图 5—10　第 66 窟龛外北侧观音

图 5—11　第 45 窟龛外南侧观音

由于唐代于主室西壁开龛造像及龛外两侧绘制观音的格局已经形成一种惯式，故而，即使在一些未开龛的洞窟中，也于西壁南北两侧有对称绘制观音像的情形，这当是对龛外表现形式的移植。最为典型者便是盛唐第205窟[①]，此窟西壁南侧观音身材高大，立于莲花上，俯视女供养人，左手持柳枝，右手持净瓶，自然下垂，向合掌迎跪的供养人倾倒甘露（图5—12）。北侧亦绘一观音，项光闪耀，脚踩莲花，手捏串珠，低头俯视女供养人，女供养人穿窄袖裙衫，肩披罗巾，手持香炉，握住串珠另一端，仰视观音，身后侍仆手捧供物。观音与她们心灵之间的感情巧妙地由串珠与视线联系在一起，神与人之间的关系处理得极为微妙（图5—13）。

图5—12　第205窟西壁南侧观音　　图5—13　第205窟西壁北侧观音

窟龛外侧观音画像单尊对称的设计形式，除了在未开龛的洞窟

---

① 　对于此窟二身观音，有学者认为是接引往生之观音，有学者认为是现世救难之观音。但均与净土观音信仰相联系。见王惠民《莫高窟第205窟施宝观音与施甘露观音图像考释》，《敦煌学辑刊》2010年第1期。

西壁有所承接以外，还在正对的窟室东壁有着类似于镜像式的投射。

第二节　窟门两侧的单尊观音画像

从表5—1的数据可见，龛外两侧的观音画像主要与大势至菩萨对称出现，间或有与地藏菩萨绘于两侧者，也是为数甚少。但当我们考察位于窟门两侧的观音画像时，则明显发现，在多数洞窟中，东壁窟门周围几乎成了观音与地藏的主阵地。仅以《莫高窟内容总录》描述所得的统计数据来看，在对窟门周围观音绘制有明确记述的23个唐窟中，绘于窟门北侧的显宗观音有6身、密宗观音3身、地藏7身，绘于窟门南侧的显宗观音有13身、密宗观音1身、地藏亦为7身（表5—2）。这说明在东壁的设计中，观音的独立性并不比西壁龛外强，她常处于一个带有组合性质的像群关系之中。而与之相似且出现频率极高的就是地藏菩萨，这当然与唐代地藏信仰的流行以及地藏、观音的密切关系是分不开的。对于这一信仰背景，前文已有翔实论述，此处不再多讲。

表5—2　　　　　　　　莫高窟唐代窟门两侧观音画像统计

时代	窟号	东壁窟门两侧位置		备注
		北侧	南侧	
初唐	78	观音	观音	
盛唐	32	十一面六臂观音	观音	此窟两侧除观音像外，还有其他画像
	74	观音、地藏		此窟主室东壁门北存地藏、观音各一部分
	115	菩萨（残）、地藏佛	观音（残）、地藏佛	
	116	地藏	观音	
	122	地藏	观音	

续表

时代	窟号	东壁窟门两侧位置		备注
		北侧	南侧	
	126	观音、地藏	观音经变	北侧观音、地藏为中唐画，南侧观音经变为盛唐画
	166	地藏、阿弥陀佛等	观音、地藏等	
	172		观音、地藏等四菩萨	
中唐	33	观音	地藏、菩萨	
	45	观音、地藏	观音	北侧观音、地藏为中唐画，南侧观音为盛唐画
	117	不空羂索观音	如意轮观音	
	188	毗沙门天王、天女	观音、毗沙门天王	
	197	如意轮观音	观音	
	199	菩萨、千佛、天王（下方）	观音、地藏（下方）	
	379	菩萨	观音、地藏	北侧为盛唐、五代作品，南侧为中唐作品
晚唐	194	观音	观音、地藏	

　　然而，有一个细节颇为有趣，那就是观音在西壁龛外多处于北侧，而在窟门两侧则多处于南侧。这一现象说明窟中东西两壁与南北两壁一样，由于相互照面，所以在内容选取及构图设计上，都会有一定的联系。而这种联系一方面是宗教观念上的，另一方面是绘画本身的。从观念上讲，这是对西壁内容的一种"翻转"，而这一"翻转"的手法早在我国墓葬艺术中就被广泛使用，其意图就在于营造一种有别于地上而又与地上密切相关的认知模式。① 这一手法

---

　　① 参见［美］巫鸿《反思东亚墓葬艺术：一个有关方法论的提案》，刘聪译，载《艺术史研究》第十辑，中山大学出版社 2008 年版，第 8 页。

在石窟艺术中的应用，无疑也是在相对两壁的联系中展开的。就唐代洞窟东壁的观音画像而言，尽管其与地藏结伴对称出现在窟门两侧，但相比之下，南侧多于北侧，这与西壁龛外的情形恰恰相反。也就是说，这种"翻转"或多或少隐藏着一种观念，即保证观音左胁侍的位置。从绘画本身讲，观念中的"翻转"就是一种镜像的投射。在中国的绘画中，早在顾恺之时期，画家们就注意到通过对镜子中人像的描绘来同时表现人物的不同角度，在敦煌壁画中，这种镜像式的投射在洞窟中也比比皆是。这一手段的使用，既保持了整个石窟绘画的对称秩序和实际操作中的便捷性，也照顾了观者观看顺序的一致性。另外，初唐至中唐的密宗观音独尊像及其经变在窟中的位置也主要是东壁，至晚唐时期，又占据南北壁及西壁龛顶等地，这无疑说明了密宗观音信仰的流行及其画像的重要性。

　　位于东壁的观音，虽然不像西壁龛外那样独立伟岸，但也多被精心描绘。如盛唐第166窟东壁门南的观音，与地藏相对而立，头戴化佛冠，项饰璎珞，络腋斜披，体态窈窕，轻纱透体，右手拈柳枝，左手提净瓶，面部色彩虽已斑落，但安详神情，娇艳的红唇仍清晰可见（图5—14）。第172窟东壁观音画像头戴宝冠，腰束长裙，设色清透淡雅，线条流畅，修长的身材，三曲式造型，给人轻盈飘动之感（图5—15）。第45窟东壁门南的盛唐观音，发髻高挽，头戴宝冠，冠上化佛明珠，脑后圆光围绕，项下和臂腕的璎珞、环钏依然醒目。天衣红裙上的花纹图案，虽经千年仍历历在目，裙以下虽不可见，然一缕五彩祥云自左臂外侧绕至顶上，加之观音左手下垂，右手举于胸前的动态，有一种飘飘欲仙的感觉（图5—16）。第45窟东壁门北的中唐观音，与地藏相并而立，头戴宝冠，双眉高扬，双目下视，右手托一绿色器皿，内有隐约可见的花叶，左手举于胸前，身上披红色袈裟，衣纹晕染较细。在密宗观音中，盛唐第32窟东壁门北的十一面六臂观音虽有眷属，但与主尊比例悬殊，可算是具有独尊性质的代表。此观音其他小面呈花冠式排列在主面周围，后有火焰纹圆光，六臂持物不清，身材伟岸，一派庄严肃穆之象。

图5—14　第166窟东壁
门南的观音、地藏

图5—15　第172窟
东壁观音

图5—16　第45窟东壁
门南的盛唐观音

第三节　屏风及南北壁的独尊观音画像

屏风画在我国有着悠久的传统，早在汉代，孝成帝就"乘舆幄坐，张画屏风，画纣醉踞妲己，作长夜之乐"；① 三国时曹不兴画屏风，"落墨为蝇"的故事成为绘画史上的美谈；② 东晋时顾恺之曾在屏风上画《列女传》；③ 北齐时杨子华曾画"宫苑人物屏风"。④ 屏风画的流行，使其在墓室壁画中也大放异彩，北魏司马金龙墓的漆屏风便是例证。唐时的大画家多有绘制屏风之经历，如《历代名画

　　① 宋·郭若虚：《图画见闻志》，见米田水译注《图画见闻志·画继》，湖南美术出版社2000年版，第12页。

　　② 唐·张彦远撰，俞剑华注释：《历代名画记》卷四，江苏美术出版社2007年版，第111页。

　　③ 宋·王回：《古列女传序》，见汉·刘向编撰、东晋·顾恺之图画《古列女传》，中华书局1985年版。

　　④ 唐·裴孝源：《贞观公私画史》，见何志明、潘运告编《唐五代画论》，湖南美术出版社1997年版，第18页。

记》载："吴道玄屏风一片，值金二万，次者售一万五千。自隋以前，多画屏风，未知有画障，故以屏风为准也。"① 李思训则因在大同殿画掩障而受到唐玄宗的称赞，认为"卿（李思训）所画掩障，夜闻水声，通神之佳手也"②。由此可见，唐代的屏风画不但盛行，而且还出现了其他形式。

屏风画的形式自然被佛教石窟所借用，在敦煌莫高窟中，关于屏风画的记载也不少见。如 P. 3432 号写本《吐蕃时期》背面的法器器物历中，就有"佛屏风像壹合陆扇"的记载。敦煌遗书讲经文中还有"宸扆"、"凤扆"之称，这显然是与宫殿上设在帝王宝座后的"扆"有关。从莫高窟屏风画的绘制情况看，北魏第 263 窟前部人字披顶供养菩萨，用土红色宽带隔出数条，每条下部均画一供养菩萨，北魏第 260 窟顶也是如此。北魏第 437 窟中心柱东向面下方供养人、北魏 248 前部人字披顶供养菩萨亦是如此，这都可视为敦煌屏风画的雏形。唐代的莫高窟，从洞窟的整体设计到壁画内容都有较大变化，就屏风画而言，从盛唐开始屏风画被设在龛内，以六扇或八扇相连作"⌒"形。至中晚唐时期，屏风画作为补充经变画内容的装饰性画屏，安排在经变画的下部，少则绘二三壁，多则围绕一周。而在这些画屏中，观音菩萨也被安排其中，成为屏风画中尊格较高的菩萨。

莫高窟唐代屏风画中的观音画像以第 196 窟最具代表性。此窟建于晚唐景福二年至乾宁元年（公元 893—894 年）之间，为何姓法师所建，又称"何家窟"或"何法师窟"，由前室、甬道和主室构成，主室为背屏式窟型。该窟南北壁经变画下各画屏风 15 扇，每扇高 124 厘米，宽 58 厘米，屏风内各画菩萨立像一身，旁有榜题，现一半以上已脱落。从形象特征及相关资料看，仅南壁经变画下排就有 4 身观音画像（图 5—17），分别是南壁屏风东起第二身（十一面六臂观音）、第四身（杨柳枝观音）、第六身（净瓶观音）

---

① 唐·张彦远撰，俞剑华注释：《历代名画记》卷二，江苏美术出版社 2007 年版，第 55 页。

② 唐·张彦远撰，俞剑华注释：《历代名画记》卷九，江苏美术出版社 2007 年版，第 232 页。

及西起第二身（杨柳枝观音），其中西起第二身有"南无自在王菩萨"的榜题。

图 5—17 莫高窟第 196 窟南壁屏风画中的观音
从左至右：1. 南壁屏风画局部；2. 东起第四身观音；3. 东起第六身观音；4. 西起第二身观音

从莫高窟唐代的艺术发展看，晚唐时期的绘画已经趋于程式而逊色于盛唐。但第 196 窟南北壁屏风中的 30 身菩萨却多姿多态，均各有别。她们或正或侧，或立或行，衣带飘举，丰姿绰约，很有特色。其中东起第四身及西起第二身观音，一正一侧，手持柳枝，神情自若，绘制均较精美。东起第六身观音，一手执长茎莲花，一手提净瓶，身着通肩长衣，披巾长垂，自然流畅，与前二身上身裸露、锦巾斜披的形象形成鲜明对比。至于东起第二身观音（图 5—18），则更有特色，她不仅是一身十一面六臂的密教观音，而且与同窟不同位置的其他二身观音在造型上非常相似。他们分别是背屏西侧下的十一面观音（一说为日月观音）（图 5—19）和西壁牢度叉斗圣变中的三面六臂观音（图 5—20）。这三身观音的共同特点是均呈正面立姿，六臂，十一面或三面，最突出的是左右二上手均托举日、月。对于此类观音造型，《千光眼观自在菩萨秘密法经》云观自在菩萨有"日摩尼手，月摩尼手"[1]，摩尼是梵文 Mani 之音译，为宝珠之意，可见日摩尼与月摩尼当为日精宝珠和月精宝珠，

[1] 苏嚩罗译：《千光眼观自在菩萨秘密法经》，《大正藏》第 20 册，No. 1065。

其中应无物。而在敦煌所出的观音画像中，此造型并不限于千手观音，凡多臂者，上举左右第一手多分持日月宝珠，并有日珠中画三足乌，月珠中画玉兔、蟾蜍和桂树的形象，其中之因一"系佛典中原有'日轮'、'月轮'之说"，二"系取中国本土之神话为饰也"①。第196窟的三幅观音像只见日月，而不见其中之物，当取摩尼之本意，或因位置不显而省略。

图5—18 南壁下屏风东起　图5—19 背屏下西侧　图5—20 斗圣变中三面
第二身十一面六臂观音　　　十一面观音图　　　六臂观音

　　莫高窟唐代的独尊观音画像，除了被安排在西壁、东壁、背屏等地外，在甬道、南北两壁也多处绘制，有的洞窟甚至在一壁就画三身（表5—3）。在这些绘于南北壁的观音中，中唐第158窟、第199窟堪为代表。第158窟观音绘于北壁弥勒佛塑像东侧，立像，头戴化佛冠，右手于胸前持柳枝，左手下垂提净瓶，上身半裸，下身着裙，裸露的肌肤与裙皆已黑变，但其扭动的风姿及晕染痕迹尤清晰可见（图5—21）。第199窟系盛唐开凿、完成佛龛，南壁中的

①　金荣华：《敦煌多臂观世音菩萨画像所持日月宝珠之考察》，《大陆杂志》1982年第65卷第6期。

观音、大势至菩萨均为中唐补绘，图中观音立于大势至右侧，头戴化佛冠，发披两肩，饰绶带，裸上体，佩璎珞环钏，腰系花绳，穿透体薄纱裙，略存盛唐遗风（图5—22）。另外，晚唐第161窟窟顶四披画听法菩萨各十组，中央观音各一铺，尽管观音周围有四小菩萨以鲜花音乐供养，但主尊观音比例较大，具有独尊性质。其中东披观音，画题"大圣观音菩萨"，以瑟瑟玉宝为龛，以水池莲花为座，头戴宝冠，披轻罗，挂玉珠，裸体细腰，一腿盘坐，一腿蹲屈，右臂手置于胸前，左臂手垂扶膝头，作舞蹈忸怩之态，是典型的密宗画像风格（图5—23）。

图5—21　第158窟　　　图5—22　第199窟南壁　　图5—23　第161窟窟顶
　北壁东侧观音　　　　　中观音、大势至　　　　　东披观音

表5—3　　　　　　　　莫高窟唐代其他单尊观音画像统计

年代	窟号	位置		
		甬道	北壁	南壁
盛唐	44		观世音菩萨三身	观音一身（画在二龛之间）
	166			观音三身
	172	西端画观音三身		西端画观音一身
	176			西起画观音一身

年代	窟号	位置		
		甬道	北壁	南壁
中唐	26			中部画地藏、观音、势至等一组；西角画地藏、观音各一身（观音被五代重描）
	32		东侧观音一身	东侧观音一身
	44	南北壁观音各一身	观音二身，其中一身画在二龛之间	
	154			上端画观音一身
	158		东侧画观音一身	
	166			观音一身
	176		观音一身	
	180		西端画观音一身	西端画观音一身
	199			中间画观音、大势至各一身，西侧画观音二身
	201		东端画观音二身（一身为白描），西端画观音一身（白描，模糊）	东端画观音一身
	469	西壁观音一身		
晚唐	160	顶画如意轮观音一身		

从如上论述可见，莫高窟的唐窟中，单尊观音画像"布满"四壁。而这种四壁图绘观音像的方式，无疑是力图融合现世救难型、净土往生型和地狱救难型观音信仰并加以表现的结果。因为佛教崇尚西方的死亡文化，在其观念中，东方象征生，西方象征死，而按

照律寺制度，石窟寺的北壁实为东壁，南壁实为西壁。① 这就是说，在莫高石窟中，开龛造像的西壁与作为通往前室门径的东壁分别含有死生的不同寓意，而南北两壁便是东西两壁的功能延伸。由此反观独尊观音画像就会发现，西壁龛外多为观音、势至，这显然与阿弥陀净土相关，代表着死的观念，在这一点上，莫高窟阿弥陀经变或观无量寿经变等一般因蕴含西方的死意识而被安排在南壁也是较好的说明。② 而东壁的观音则多与地藏相连，这表面上看也是与死相关，但我们从前文的论述中已知，观音、地藏的结合实质上重在现世与地狱的解救，其给人的心理影响是对生的信念和对死后往生的向往。即是说，这一信仰的落脚点还是在满足现世信众渴望"生"的心理诉求上。因为，无论在观音现世、地狱解救还是接引往生的环节上，它均给人一种"生"或"重生"的希望。所以，其与观音在西方净土世界中为往生者说法的角色和信仰在本质上是不同的。由此可见，绘于西壁与东壁的独尊观音在寓意上还是有所区别的，而作为南北两壁的观音像，不管是否规律地延伸东西两壁功能，其在信仰上已不能游离于东西二壁所暗含的各种观音信仰形态之外了。

第四节　敦煌遗画中的单体观音画像

敦煌遗画是相对敦煌遗书而言，指出土于藏经洞的，以绢、麻布、纸等为材料，绘制或印制而成的绢画、麻布画、幡画、纸画、白画和版画等。与洞窟壁画相比，这些遗画不仅在材料与技法上细腻精致，而且具有可移动性。所以，其无论在佛教信仰的表达方式上，还是在艺术价值的体现上，都具有一定的特殊性。然而，敦煌

---

① 参见梅林《律寺制度视野：九至十世纪莫高窟石窟寺经变画布局初探》，《敦煌研究》1995 年第 1 期；梅林《莫高窟第八五窟、一九六窟艺术研究的两个问题》，载敦煌研究院、江苏美术出版社编《敦煌石窟艺术·莫高窟第一九六、八五窟（晚唐）》，江苏美术出版社 1998 年版。

② 同上。

遗画与遗书的命运一样，一经发现，就被劫运国外，现藏于英国的大英博物馆、法国的集美博物馆和俄罗斯国立埃尔米塔什博物馆等，存于国内者极少。

　　据统计，敦煌遗画共约 1000 余件，上起唐开元十七年（公元729 年），下迄宋雍熙二年（公元 985 年），连续绘制 250 余载。① 其中观音画像几近一半②，不仅在尊像画中排位第一，而且多为单尊式画像，这无疑与 8—10 世纪敦煌地区把观音菩萨作为独立的、不受阿弥陀佛支配的特殊崇拜对象有着直接的关系。因为，从榜题与发愿文来看，遗画中观音画像绘制的主要目的是祈求国安人泰、社稷恒昌、人民安乐、往生净土、趋福避祸和全家兴旺。③ 这就是说，独立的观音画像已经具有了庇佑上至国家、下至小家，再到个人的功能，所以，她完全可以成为独立的崇拜对象。作为其中组成部分的唐代观音像，无论在信仰还是绘制形式上，均不出此范围且数量颇丰。就种类而言，也与其他遗画一样，分为悬挂与非悬挂两类。④ 前者包括幢幡中的观音像和尺幅较大的绢本设色、麻布设色观音像，后者则包括绘制于纸上的各种观音像。如下就按悬挂与否对英、法、俄所藏唐代遗画中的观音像做一介绍和论述。

一　幢幡中的观音像

　　幢幡一般是指佛、道所用的旌旗。⑤ 道教认为，持幡设幢有悔过修真、化恶为善之功用，故为道教斋醮法坛中最重要的法器。⑥

----

　　① 王进玉：《国宝寻踪——敦煌藏经洞绢画的流失、收藏与研究》，《文物世界》2000 年第 5 期。

　　② 马炜、蒙中编：《西域绘画·2》，重庆出版社 2010 年版，第 1 页。

　　③ 马德：《敦煌绢画题记辑录》，《敦煌学辑刊》1996 年第 1 期。

　　④ 据斯坦因描述，除非捐献品如速写、印花粉印图、示意图等外，敦煌遗画可分三大类：第一类是用来悬挂于石窟寺壁或游廊上的大幅绘画，通常画在绢或麻布上，内容较复杂；第二类是幢幡，属遗画中数量最多者，多绘于丝绸之上，也有少量在纸或麻布上；第三类较为复杂，包括各种绘画、线描、粉本、版画等，其共同点是全为纸质品。[英] 奥雷尔·斯坦因：《发现藏经洞》，姜波、秦立彦译，广西师范大学出版社2000 年版，第 178 页。其中的观音画像其实也不出这三类。

　　⑤ 丁福保：《佛学大辞典》"幢幡"条解释说：幢幡"皆为旌旗之属。……竿柱高秀，头安宝珠，以种种之彩帛庄严之者曰幢，长帛下垂者曰幡，又自幢竿垂幡曰幢幡"。

　　⑥ 李远国：《试论灵幡与宝幢的文化内涵》，《宗教学研究》2002 年第 1 期。

佛教认为，布施幢幡，是一种功德。[①] 所以，早在北魏时西行求法者的记述中，西域的佛寺中就"悬彩幡盖，亦有万计"，且"魏国之幡过半"。[②]

敦煌遗画中幢幡数量最多，其中绘有观音像并属唐代者亦有不少。由于佛教绘画的程式化和模仿性特点，这些唐代观音像幡与同期及之后的各类佛、菩萨、天王像幡在结构、用途、材料、风格、技法等方面均保持了高度的一致性。

首先，在结构上，唐观音像幡一般由三角形（少数长方形）的幡头（佛语称"首"）、幡面（"身"）和流苏（"足"）三部分组成。幡头上有用于悬挂的扣袢；幡面为长条状，沿幡面顶部和底部分别有横向支撑的竹片或木条，以便幢幡舒展开来，几乎全为独尊式立像的观音就绘于其上；幡足部分通常在幡面底部竹片下挂有与幡面等宽，但纵向分为二到四条的长条，长条底端又绕在一窄条竹篾上，然后用胶粘在木制镇板上，木板既可将幡拉直，还方便把幡卷起来存放[③]，有的可能由于遗失，镇板现已不见。唐末五代初（9 世纪末至 10 世纪初）的 Ch. i. 0016 号观音像幡全长227.2 厘米，三角形幡头上有扣袢，幡面画像部分高96.5 厘米，宽 19.0 厘米，幡足有两绺长条，底端有绘以

图 5—24
Ch. i. 0016 号

花纹的木制镇板，完整地展示了观音像幡的基本结构（图 5—24）。

其次，在用途上，观音像幡仍然与其他像幡相似，一是悬挂在

① 宋·天息灾译：《分别善恶报应经》，《大正藏》第 1 册，No. 0081。经中云："若复有人于如来塔布施幢幡，有十功德。"

② 《洛阳伽蓝记》卷五记载了宋云、惠生向西域取经，曾于一寺中见此情景。见北魏·杨衒之撰，周振甫释译：《洛阳伽蓝记校释今译》，学苑出版社 2001 年版，第 148 页。其实在佛教产生的古印度，早有立幡的习俗，如《罗摩衍那》中就有过市民们听到罗摩衍那受灌顶的消息后纷纷在房顶竖旗幡的场面。见蒲文成、完玛冷智《经幡源流刍议》，《青海社会科学》1998 年第 5 期。

③ 参见［英］奥雷尔·斯坦因《发现藏经洞》，姜波、秦立彦译，广西师范大学出版社 2000 年版，第 129—133 页。

"塔"两边；二是挂在华盖和神像两侧，在敦煌的有些洞窟中和菩萨旁边还留有挂幢幡用的扣袢；[①] 三是在庙会、法会或出行仪式中，不仅寺院要挂幡，信徒们还要打着幡。这当然是信仰观念使然。一方面，打这种幡可以驱灾避难、延年益寿，另一方面这类幡在杆顶的空中迎风飘扬，既可召神，也可"在殡葬仪式中引导亡灵一直达西天极乐世界"[②]。

图 5—25
Ch. 00113 号

再次，在材料上，由于幡画用于悬挂，随风飘动和翻卷不可避免，故而较为理想的材料要么是轻薄透明的（如丝绸、绢），要么是结实厚重的（如麻布）。麻布虽然厚重，但在唐代观音像幡中，仅有 Ch. 00134 和 Ch. i. 0016 号等少数作品。而丝绸因其轻盈透明的特点，不仅在随风飘扬时增添了幢幡的动感和美感，减少了对石窟寺采光的影响，而且适合双面作画，使观者在幢幡的两面均可看到相同的观音像，如 Ch. 00113 号观音像幡就是唐代绢本设色的典型代表（图 5—25）。

另一类较为特殊的观音像幡就是约为唐末五代的 Ch. xx. 0013 和 Ch. lxiv. 003 号作品。这两幅均以纸为材料，结构与绢、麻布幡相同，其中 Ch. lxiv. 003 号幡足没有切成三条，只用墨线画出（图 5—26）。纸质观音像幡的出现，无疑说明了其因价格低廉，从而代替昂贵的制作材料而满足了生活窘迫的供奉者。

复次，在风格上，唐代观音像幡几乎全是通行的独尊式立像。在手印和持物上，除了与壁画、大幅绢画保持一致外，合掌印观音形象的大量出现是幢幡类观音画像的一大特色。另外，由于幢幡独

　　① 陆柏：《敦煌纺织品的藏品、年代、工艺技术和艺术风格》，载俄罗斯国立埃尔米塔什博物馆编《俄藏敦煌艺术品》Ⅰ，上海古籍出版社 1997 年版，第 28 页。
　　② ［法］侯锦郎：《敦煌龙兴寺的器物历》，见［法］谢和耐、苏远鸣等《法国学者敦煌学论文选萃》，耿昇译，中华书局 1993 年版，第 87 页。

特的形制，三角形幡头内通常被绘上花卉或坐佛，根据观音在其他纸绢画及壁画中的一般图式，花卉应该为其华盖，而坐佛当为阿弥陀佛。因为，作为观音像幡，当其在仪式中发挥引魂归西的功能时，位居西方极乐世界教主的阿弥陀佛无疑有着极其重要的地位。故而，将其绘于幡头的设计思路，既有助于辨别观音的身份，又深化了净土体系中观音信仰的内涵。

图 5—26

Ch. lxiv. 003 号

最后，在制作上，大多数观音幢幡是为市场而作的。因为，作为捐献给寺院的布施之物，除了家境颇丰且十分虔诚的供养人会出资请专门画家绘制以外，[①]大多数捐献者并无力于此，所以，在市场上临时购买已画好的像幡便是他们的选择。也正因这一需要，专以制幡为生的职业应运而生，利用粉本成批复制或随手描绘可能也是其主要的制作手段，[②]在敦煌遗书的记述中，敦煌诸多寺庙附近就有这种手工业者。[③]而部分观音像幡中空白的题识框也说明了这一点。因为对于绘制者来讲，所绘像幡最后落入谁手他并不知晓，故而只好将其空着，由未来的买主请人将之填好。但像前举两例中的榜题均未填写，这一方面说明供养者时间上的仓促，另一方面说明供养者深信"心诚则灵"，即使不写，神也是会知道的。对于单个的观音像幡而言，双面观看的需要使丝绸成为绘制像幡的主要材料，因为要想在丝绸的反面画上与正面相同

---

① 请人绘制观音像的例子在敦煌也较多见，如 MG．17659 号《千手千眼观音菩萨图》为归义军晚期公元 981 年作品，据公维章研究，该绢画由施主樊继寿请花匠绘制，又请书手氾□书写了全部榜题，与临时采购与市场的作品区别较大。这虽为五代时的例子，但唐代也应如此。公维章：《敦煌画榜书存在的几个问题》，见郑炳林、花平宁主编《麦积山石窟艺术文化论文集》（下），兰州大学出版社 2004 年版，第 87 页。

② P．4518（32）是唯一的幡画样稿，整个画像画在一黑色长方框内，上有三角形幡头，之间画白描菩萨立像，右臂下垂，左臂平屈，与观音像幡中的部分作品非常相似，可视为一件通用的菩萨像幡画稿。而画于麻布上的观音像幡，则主要以临或随手绘制为主。见沙武田《敦煌画稿研究》，民族出版社 2006 年版，第 390 页。

③ 樊锦诗、马世长：《莫高窟发现的唐代丝绸和其他》，《文物》1972 年第 12 期，第 55—67、71 页。

的画像，只需依据正面画像，在背面勾描轮廓，稍事加工就可以了。[①]

观音像幡虽然数量较多，但整体显得单调，艺术水准也不高，相比之下，部分画幅较大的悬挂类观音画像则稍有不同。

二　大幅绢画中的观音像

尺幅较大（相对而言）的绢画观音像与幢幡虽同属悬挂类作品，共性较多，但在某些方面也存在着细微的差异。

首先，在结构上，幢幡不但设有高竿，而且在幡上饰以飘带，显然是为高悬或高举之用，以求室外随风飘动之美。而大幅绢画则只在画心四周镶边，上部设或不设吊环，更具有壁画的性质，只不过是可移动的壁画罢了。[②]

其次，在悬挂的位置和功用上，有人认为，尺幅较大的绢画是用于装点宽大的木制游廊，或挂在僧侣居住区的大厅和前厅的。原因是若将绘制精细的绢画置于窟内，一则破坏原有壁画的装饰效果，二则光线昏暗，其艺术价值不便发挥。[③] 这种推测无疑是合理的，但事实上，种种迹象表明，在窟内悬挂也是这类绘画的功用之一，如莫高窟许多洞窟内壁留存的木橛、钉子和扣祥均可说明这一点。另外，斯坦因 Ch. lvi. 006 号观音画像（图5—27），绘在单幅宽的绢上，由于造型上呈单尊侧身立

图5—27　Ch. lvi.
006 号观音画像

① 参见［英］奥雷尔·斯坦因《发现藏经洞》，姜波、秦立彦译，广西师范大学出版社2000年版，第118、122、129页。

② 这类绘画形式在中国有着长期的发展演变过程。据研究，画于绢上的壁画南北朝时期就有，只是贴于墙面不能移动，其后有剥离这种古壁画而悬挂壁间者，遂开移动壁画之先河。此风到唐代中期非常流行，当时诗人都喜欢歌咏之，随后逐渐演化，并施以装裱之术，至唐末遂形成与后来挂轴相似的形制。见史岩《东洋美术史》，上海书店1990年版，第296页。

③ ［英］奥雷尔·斯坦因：《发现藏经洞》，姜波、秦立彦译，广西师范大学出版社2000年版，第125页。

像，与窟中龛外及净土变相两侧的观音像非常相似，故有学者认为这幅观音像无法单独悬挂，很可能是与另一幅姿势相同的画像对称悬挂于净土变相两侧的。作为表现观音信仰的不同形式，无论是画在壁上，还是绢与麻布上，其结构和基本格局是不会发生太大变化的。所以，绘制在绢上的单尊观音，与壁画中的布局保持一致是完全符合实际的。也就是说，这类画像要么是与尺幅相当的绢绘净土变相相配套，要么是与窟内的净土图相联系。

还有，我们从部分观音绢画的裂纹中看出其多次折叠的痕迹，再联系幢幡中镇板的功用，可以推测，这些画通常只是在举行法会时张挂于窟内或寺内的特定位置，法会结束后，会由寺院僧人收好，以备下次再用。这一推测也与其他学者不谋而合，得到了理论上的支持。① 或许，还有一些绢画很少张挂，只是作为一种功德长期保存寺中。因为，我们前面一再强调，佛教艺术的目的重在奉献与功德，而非观赏。

再次，在风格上，大幅绢画中的单体观音画像在姿势、动态、手印、持物等方面与壁画中的情形基本一致。如 Ch. lvi. 006、Ch. liii. 005、Ch. xxxvi. 001、Ch. 0088、Ch. 0091 号观音绢画均是如此，只不过因材料不同而在精细程度上有所区别。与此同时，我们也看到有别于壁画的设计图式，最典型者莫过于 Ch. xxxviii. 005 号《二观音图》和 Ch. iv. 0023 号《四观音文殊普贤图》。《二观音图》为公元 9 世纪中叶的作品，高 147.3 厘米，宽 105.3 厘米，在绢画中属大幅的观音画像。画中两尊观音相向而立，除手中持物有

---

① 李翎先生曾根据一幅集美博物馆的绢画也做出这一推测，并得到马世长老师的认可，据李翎先生转述，马老师说：在莫高窟许多洞窟的内壁上，确有木橛或钉子，这种设施可能就是当时用于张挂"功德"画的。由于现今存世的"功德"保存得都比较好，且颜色鲜艳，因此，马老师认为，这种"功德"不是长期张挂的，而是只用于法事活动中，一旦法会结束，僧人会将赞助人的"功德"收好。这也是大量"功德"比较好地存于藏经洞的原因。见李翎《佛画与功德——以集美博物馆藏 17775 号绢画为中心》，《故宫博物院院刊》2008 年第 5 期。可见，窟内留有木橛或钉子，与前例窟内留有扣襻相互印证，充分说明了此类绘画悬挂于窟内的情形。另外，据斯坦因介绍，"这类画只有极少数裱在纸上或布上，似乎他们平时是卷起来存放的。"这也说明其不是长期张挂，而是只用于法事活动中的推测的合理性。见［英］奥雷尔·斯坦因《发现藏经洞》，姜波、秦立彦译，广西师范大学出版社 2000 年版，第 125 页。

别外，其余几乎完全一致，就连中间空白处的发愿文，也是沿正中向左右两侧有序书写的。可以说，该作品既是两身绘制精美的独尊观音像，又是一幅构图特别的观音组合图。其特点就在于它将石窟艺术中的镜像式造型手段应用于同一尊像的绘制，并使两身画像之间的距离缩到最小，从而把我们引向镜花水月的佛教美学思考之中（图5—28）。

《四观音文殊普贤图》，作于唐咸通五年（公元864年），高140.7厘米，宽97.0厘米。此画分上中下三层，于最上层绘制四身并排而立的观音像（图5—29）。从榜题看，自左至右分别是"大圣而（如）意轮菩萨"、"大悲十一面观世音菩萨"、"大圣救苦观世音菩萨"和"大悲救苦观世音菩萨"；从造型上看，画面的第一与第三身，第二与第四身除持物不同外，其余亦几乎完全相同。由此可知，这四身观音可能是依据两个粉本交替使用而得的。此画将四身独尊观音并排而置的构图不仅为洞窟壁画所未有，而且其中"大悲十一面观世音菩萨"的榜题空白处填写供养人姓名的现象，或许透露了供养人因身份不同、出资多寡等因素而在画像所属与分配上的区别。当然，这只是一种推测，若要深究，还须再探讨。①

另外，一幅存于国内的莫高窟唐代观音绢画也颇引人注目，即苏兆祥藏品。据考古学家陈万里目睹后的描述，此画"左侧画观音坐像，左手提净瓶，右手执杨枝，赤足踏莲花，其前莲花石台上有盆花，一王者跪于右，手托供物，顶上现法器，一童子倾果盘，桃数枚落空中，画极精美。线条细而劲，非唐人不能为也，造像二具亦极佳"②。同时，谢无量、杨啸谷等对此绢画均有题跋，杨称此画

---

① 李翎先生曾专门讨论过出资人对佛教绘画的控制与左右的问题，认为"一幅宗教画的产生，影响来源主要是两个方面：一是流行信仰的力量，一是出资人的要求"。见李翎《佛画与功德——以集美博物馆藏17775号绢画为中心》，《故宫博物院院刊》2008年第5期。鉴于敦煌供养人题记及发愿文中的供养者人数众多，说明合资供养的现象在敦煌比较流行，而在像《四观音文殊普贤图》这样的画中，绘制多尊观音像，而在多位出资人中，由于地位、出资等不同，画中尊像与供养人之间的对应关系可能也有不同，例如，在榜题中题写姓名者，或因某方面的优势而取得了在上题写姓名的权利。

② 陈万里：《西行日记》，北京朴社1926年版，第54页。

用绢为唐代独有，色彩绚丽，为宝石研细所绘。①

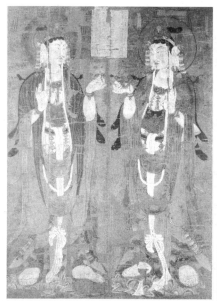

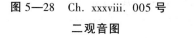

图5—28　Ch. xxxviii. 005 号　　图5—29　Ch. iv. 0023 号四观音
二观音图　　　　　　　　　　　文殊普贤图

最后，在制作上，据沙武田先生判断，绢画的绘制可能有三种情形，一是用粉本为基础进行"临"或"摹"；二是不要粉本和样稿，直接绘制；三是先在绢上起稿，而后在此基础上多次修改完成。② 前两类作品几乎见不到修稿的痕迹，而后一类作品则能清晰地看到起稿线与定型线之间的错位。从观音绢画看，临摹与修稿的方法应用较多。因为在前举诸例中，单体观音画像均用线肯定、流畅且精细，非高手或临摹不能成。而题记为大顺三年（公元892年）的 Ch. xx. 005 号《大悲救苦观世音菩萨像》、《二观音图》和《四观音文殊普贤图》均可见起稿线多处变动的痕迹。Ch. lv. 0032号观音像的底层，则有一身完全不同的造像，当是于他画之上覆盖

① 苏进德：《敦煌莫高窟唐观音绢画问世经历》，《敦煌研究》2007 年第 6 期。
② 沙武田：《敦煌画稿研究》，民族出版社 2006 年版，第 444—447 页。

而作的结果，这说明部分观音像采用了多次修改的作画方式。至于其绘制技法，谢成水先生则总结有中国传统的色彩法、厚色法、抹压法、直接起稿法、刻印法、颤笔法六种特殊技法。①

向朝圣地献上画有佛教神祇的做法，可上溯到大乘佛教最开始在印度传播的时期或更早，② 而可携带的观音画像无疑是这一做法的延续。上述两类观音画像的可移动性特点，引导我们去思考其制作地与捐献地之间的复杂关系，而这一关系的探讨又将关系到不同观音画像风格的渊源，对于这一问题，我们留置后文详述，下面就敦煌遗画中的非悬挂类观音像做一描述。

三　非悬挂类观音像

敦煌遗画中的非悬挂类作品包括各种绘画、线描、粉本、版画等，其共同点是全为纸质品。此类绘画中的观音像并不多，属唐代者就更少，约有纸本设色、线描及粉本类观音像。

（一）纸本设色的观音像

年代确切的唐代纸本观音像以 Ch. 00401、Ch. 00387、EO. 1136 号作品为代表。其中唐末五代初（9 世纪末至 10 世纪初）的 Ch. 00401 号纸本观音像，是一幅较为特殊的作品。画中观音裸上身，两脚交于踝，坐莲台上，宽肩、细腰、丰乳，乳部绕以透明披帛，两手均持长茎莲花，莲茎与画像的流畅曲线相呼应。头微倾，数绺卷曲的头发披于肩上，除头光与一段衣裙赋色较重外，大部分设色较淡，宝冠、身体部分均不设色，显然是不同于本土风格的画像。

（二）线描类观音像

敦煌遗画中的线描观音画像主要代表就是前文提到的 Ch. xxvi. a. 009 号卷子与 Ch. xxiv. 003 号册子。这两件遗物均为《妙法莲华经》的插图，其中观音主要以线描形式出现，鉴于前文有过介绍，此处不再赘述。

---

① 见谢成水《遗传千年的敦煌绢画技法》，载敦煌研究院编《2004 年石窟研究国际学术会议论文集》（下），上海古籍出版社 2006 年版，第 663—674 页。

② ［英］奥雷尔·斯坦因：《发现藏经洞》，姜波、秦立彦译，广西师范大学出版社 2000 年版，第 116 页。

（三）作为画稿的观音像

敦煌的观音粉本并不多，沙武田先生考察敦煌尊像画稿的现有资料后说："观音像多以彩绘的形式出现，但由于多以淡彩施样，线描清楚，又是以单尊像表现，虽然大多本意并非画稿，但二者之间有诸多相似之处，因此可以认为是画稿的一种，或者说从其中可以看到所用画稿的原貌。"① 其所举之例中，P. 3969、P. 4030、P. 4067、P. 2265、P. 3958、P. 4649、P. 4518（26）、S. 5684均为密教十一面多臂或千手观音。P. 3991为药师佛和趺坐观音各一身，P. 4514（14）中一女头像周围布满眼睛，P. 4518（11）画观音坐像一尊，但对这些画稿的年代均未做说明。另外，在前人的各类研究与著述中，可见的观音画稿还有P. 2002、S. 9137、P. 4060、P. 4518（18）、P. 4518（28）、P. 4082、P. 3993② 等。由于画稿随意简约的特点，其年代断定在前人的论述中也不明确。在定为唐代的观音画稿中，有几件作品值得注意。

1. P. 2002 号画稿

这是一件特殊的白描画稿，绘于《无上金玄上妙道德玄经》的背面，画稿为长卷，其中画观音头像两幅，观音立像一身（图5—30），带璎珞，足踩莲花，笔势奔放。由于此卷中有"辛巳年五月六夕余彦（？）千勾并记"的题记，而唐末五代宋初的辛巳年则有唐咸通二年（公元861年）、后梁龙德元年（公元921年）和宋太平兴国六年（公元981年）。所以，邓文宽先生认为此画成于其中某一年；③ 饶宗颐先生认为正面的经卷为初唐之作；④ 胡素馨先生认为其成作年代为公元861年或公元921年；⑤ 施萍婷先生认为画于

---

① 沙武田：《敦煌画稿研究》，民族出版社2006年版，第329—330页。

② 饶宗颐：《敦煌白画》，见《饶宗颐二十世纪学术文集》卷八，新文丰出版股份有限公司2003年版，第646—656页。在饶先生的表述中，有些观音画稿被说成立佛。

③ 季羡林主编：《敦煌学大辞典》，上海辞书出版社1998年版，第242页，邓文宽撰"白描画稿"条。

④ 饶宗颐：《敦煌白画》，见《饶宗颐二十世纪学术文集》卷八，新文丰出版股份有限公司2003年版，第647页。

⑤ Sarah E. Fraser, "Performing the Visual: The Practice of Buddhist Wall Painting in China and Central Asia", *History of Religions*, Vol. 15, No. 4, 2006, pp. 618-960.

唐末五代;① 而沙武田先生认为此画不会早于初唐，也不会晚于晚唐，盛、中唐的可能性更大。②

图 5—30　P. 2002 号画稿

2. P. 4060 号画稿

此为饶宗颐先生所记之观音画稿，其文曰："墨绘观音像，衣带略作兰叶描，阶除及菩萨面孔，用铁线描。观音端坐坛上，……一仆牵马拱手，衣褶微用焦笔，二人冠帽填墨作黑色，此为唐人惯例。"③ 可见这为唐代画稿，但饶先生所说之观音从造型上看更像佛，与菩萨像大不相同。

3. S. 9137 号画稿（图 5—31）

此画稿为正面立像，头戴化佛冠，裸上身，佩璎珞，一手结印，一手提净瓶，下身着长裙，题记"大慈大悲救苦观世音菩萨"。此画被认为是题记"天复十年（公元 910 年）"的 Ch. liv. 006 号

---

①　《敦煌遗书总目索引新编》，中华书局 2000 年版，第 219 页。

②　沙武田：《敦煌画稿研究》，民族出版社 2006 年版，第 340—342 页。

③　饶宗颐：《敦煌白画》，见《饶宗颐二十世纪学术文集》卷八，新文丰出版股份有限公司 2003 年版，第 651 页。

观音像之底稿，① 鉴于一个成熟的画稿应该在使用之前长期流行，至少是与依此所做的作品同期出现，而 Ch. liv. 006 号作品成于公元 910 年，距唐代结束仅过 3 年，据此推测，S. 9137 号画稿很有可能是唐代作品。

（四）版画类观音像

关于雕版印刷的起始时间，曾有唐前与唐两种说法。唐代之前说已被认为是不可靠的，对于始于唐代那个时段也颇有异议。② 但不论如何，敦煌版画在中国雕版印刷史上的地位是居于首位的。因为，这里不仅出土了目前世界上有确切纪年的最早印刷物，即唐咸通九年（公元 868 年）刻制的 Ch. ciii. 0014 号《金刚经》卷首《祇树给孤独园图》，而且还有唐五代的其他印制作品。敦煌雕版观音像以五代时居多，如 Ch. 00185. d、Ch. lvi. 0026、Ch. liv. 0010 等号均是。③ 属唐代者，主要有 Ch. 00418 和 Ch. 00422 两幅，均为纸、木版印刷。版画观音像的出现，为满足信众的信仰需求提供了有效的方法，其在操作上更适合成批制作，而用不同装饰方法加工的各式作品，也更适合购买者的不同要求。④

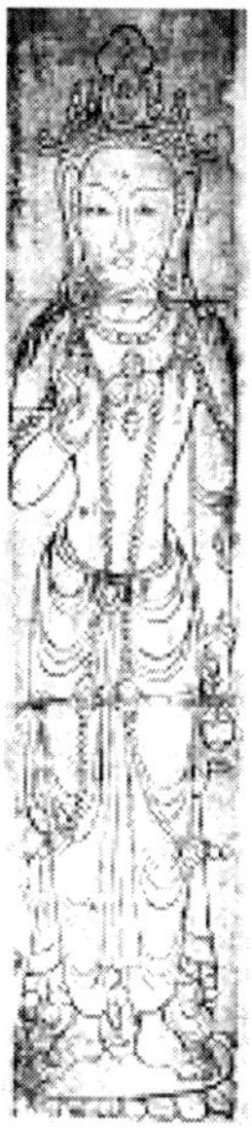

图 5—31
S. 9137 号
画稿

除以上介绍敦煌遗画中的纸、绢、麻布观音像外，相关资料表明，1907 年，斯坦因从王道士手中获取的画作中，还有"长及丈，宽五、六尺的唐绣观音大士像"⑤。还有，P. 4517（1）号镂空的引路菩萨画稿，说明唐五代宋时期，这类作品也是用于绘

① 胡素馨：《敦煌的粉本和壁画之间的关系》，载荣新江主编《唐研究》第三卷，北京大学出版社 1997 年版，第 439 页；沙武田：《敦煌画稿研究》，民族出版社 2006 年版，第 458 页。

② 宿白：《唐宋时期的雕版印刷》，文物出版社 1999 年版，第 1—4 页。

③ 季羡林主编：《敦煌学大辞典》，上海辞书出版社 1998 年版，第 243 页，邓文宽、杨雄撰"雕版观世音菩萨像"条。

④ 参见［英］龙安那《从净土图到纸花——敦煌藏经洞出土绘画材料的价值比较》，魏文捷译，《敦煌研究》2000 年第 3 期。

⑤ 西北大学西北历史研究室：《西北历史资料·敦煌述略》（求正稿），1984 年增刊，第 63 页。

制观音的画稿。因为，在与净土信仰相联系时，引路菩萨又被认为是观音的一种身形。①

　　对单尊观音梳理的结束，预示本书对莫高窟唐代各类观音像的叙述性描述业已完成。可以说之前五章内容相对来讲"述"多于"论"，但作为一类特殊的尊像研究，给人一个整体的形状是必不可少的。而在接下来的篇章中，我们将从绘画本身及美学等方面对其展开论述。

---

① 如《西域美术·集美美术馆伯希和收集品》，中对彩色图版第 70、71，即 MG. 22795、MG. 22796，就因菩萨冠中有化佛而定名为"持幡观音菩萨立像"。李翎认为汉地与藏地"莲花手"菩萨对应的造像可能是"引路菩萨"，二者在特定的宗教概念中，可能都是观音的一种身形。见李翎《"引路菩萨"与"莲花手"——汉藏持莲花观音像比较》，《西藏研究》2006 年第 3 期。

第六章

莫高窟唐代观音画像的手姿与持物[*]

印度是一个舞蹈的国度，在其独立之前，"所有的古典舞都是在寺院里继承发展的"[①]，并且对"眼睛、手，甚至每一个手指都有非常严格、非常规范的训练"。[②] 在约公元 2—5 世纪的印度戏剧、舞蹈理论著作《舞论》中，就列举了各种程式化的手势（手语），并把它作为人物画的第二表情。[③] 正因为在印度的文化里，手的姿态和表情备受关注，所以，佛教创立之后，也创造出一套在形象上具有类舞蹈性的、以手来传达佛旨的符号系统——手姿。可以说"用一双手表现丰富多彩的思想情感内容，并将之总结为一套带有逻辑结构的符号系统，而且这套体系在宗教和观念中占有重要的和普遍的意义，是印度文化的一种独创"[④]。

菩萨的手姿是根据经典仪轨记载的规范来表现的，它传达着菩萨的悲心和誓愿，也是信仰者辨别其身份的标志。作为绘画，其手姿表现主要有两个方面：其一，遵循佛教仪轨，是表意的肢体语言，正确的绘制可以将菩萨的心愿传达给娑婆世界的众生；其二，按照审美原则，是菩萨的第二表情，高超的表现技巧可以将善与美一同传递给众生。观音因在众菩萨中的特殊地位而具有与众不同的

---

[*] 由于密教观音的手姿与持物有单独论述，所以本章有关唐代观音画像的手姿与持物主要是就一面二臂的观音画像而言。

[①] 王克芬：《图说敦煌舞蹈壁画》（一），《敦煌与丝路文化学术讲座》第一辑，北京图书馆出版社 2003 年版，第 267 页。

[②] 同上。

[③] 参见王镛《印度美术史话》，人民美术出版社 1999 年版，第 103 页。

[④] 张法：《询问佛境》，宗教文化出版社 2000 年版，第 207 页。

手姿，莫高窟唐代观音画像的手姿从传达的佛教内涵以及身份标识来看，既有观音画像的共性，又有强烈的时代和地域特点。据印度学者洛克什·钱德拉与苏达尔沙娜·戴维·星哈尔研究统计，敦煌绘画中二臂观音手姿的组合方式就有 28 种之多。① 莫高窟唐代观音画像中的手姿亦不出此范围，然择其要而述之，则有以下几种：①两手均结印；②一手持净瓶，一手结印；③一手持柳枝，一手结印；④一手持莲花，一手结印；⑤一手持净瓶，一手持杨枝；⑥一手持净瓶，一手持莲花；⑦一手持杨枝，一手持莲花；⑧一手持杨枝，一手持插有长颈莲花的净瓶。由此观之，莫高窟唐代观音画像中的手姿尽管组合方式多样，但不出手印、莲花、杨枝与净瓶。② 故此，我们就分别对其手印及三种持物所传递的宗教内涵、表达的审美意趣及各种持物的画法特点等做一探讨和论述。

第一节　观音手印及其多义性图像模式

"手印"又称"印相"、"印契"，是用手指作种种形状不同的"印"来体现教义的主要手段之一。《陀罗尼集经二》说："诵咒有身印等种种印法，若作手印诵诸咒法，易得成验。"③ 所以，在佛教中对不同的手印及其含义都有严格的规定。从佛教经典的描述来看，观音的手印主要有施无畏印、与愿印和安慰印。④

第一，施无畏印。关于此印，《佛教大辞典》做如下解释：

①　［印度］洛克什·钱德拉、苏达尔沙娜·戴维·星哈尔：《敦煌壁画中的观音》，杨富学译，《敦煌研究》1995 年第 2 期。

②　据洛克什·钱德拉、苏达尔沙娜·戴维·星哈尔的统计，敦煌绘画中观音的手姿中，除各种手印与持莲花、杨枝、净瓶外，还有扶膝、持内盛莲花的钵、玫瑰枝、棕榈叶、披巾、摩尼宝珠、发光宝珠、黄花、幡等，但这些在莫高窟唐代观音手姿中并不占主要地位。

③　唐·阿地瞿多译：《陀罗尼集经》，《大正藏》第 18 册，No. 0901。

④　台湾学者颜素慧先生谈及观音的手势时，也认为施无畏印、与愿印和安慰印是观音常见的印相。见颜素慧编著《观音小百科》，岳麓书社 2003 年版，第 61 页。

（印相）施无畏之印契，举右手舒五指以向于外者。大日经四曰："以智慧手（右手）上向作施无畏形，颂曰：能施与一切众生类无畏，若结此大印名施无畏者。"又曰："举毗钵舍那臂作施无畏手，是施无畏者印。"守护国界主陀罗尼经曰："右手展掌，竖其五指，当肩向外，名施无畏。此印能施一切众生安乐无畏。"

可见，施无畏印乃施无畏给众生的一种手印。此印为观音所持的描述见于《法华经·普门品》中，该经云："是观世音摩诃萨，于怖畏急难之中，能施无畏，是故此娑婆世界，皆号之施无畏者。"这不仅言明观音能施无畏于众生危难之中，也传递了其作为施无畏者必持施无畏印的信号。

第二，与愿印。与愿印又曰施愿印、满愿印。《虚空藏菩萨能满诸愿最胜心陀罗尼求闻持法》云："右手复作与诸愿印，五指下垂，现掌向外，是与愿印相"①；《诸佛境界摄真实经》曰："第三结施诸愿印，左手同前，舒右五指仰掌，……即作是想，从五指间雨如意珠，……乃至众生一切所乐，皆令圆满，是印名为能令圆满一切众生所爱乐印"②；《大日经义释》曰："与愿手，舒指仰掌向下流注甘露水"③。从这些佛典可知，与愿印正如丁福保先生所解释的那样，是"仰掌舒五指而向下，流注如意宝或甘露水之相"④。关于观音施愿印的描述，《金刚恐怖集会方广轨仪观自在菩萨三世最胜心明王经》有云："画人应受八戒，新器调色勿用皮胶。中画阿弥陀如来，坐白莲华，右手住于施愿。右画观自在菩萨，身相白色虎皮为裙，白玻璃宝以为腰绦，以黑鹿皮角络而披，住白莲花，左手持白莲华，右手施愿，无璎珞臂钏。"⑤《行林第一》亦曰："八

---

①　《虚空藏菩萨能满诸愿最胜心陀罗尼求闻持法》，《大正藏》第 20 册，No. 1145。

②　《诸佛境界摄真实经》，《大正藏》第 18 册，No. 0868。

③　《大日经义释》，《新纂续藏经》第 23 册，No. 0438。

④　丁福保：《佛学大辞典》，"与愿印"条。

⑤　《金刚恐怖集会方广轨仪观自在菩萨三世最胜心明王经》，《大正藏》第 20 册，No. 1033。

大菩萨曼荼罗经云：‘圣观自在赤身也，左持莲花，右手施愿。'"① 这即是说，与愿印作为观音手印之一，是其满足信众愿望、大慈大悲品质的象征。

第三，安慰印。《观无量寿佛经义疏》云："无量寿佛化身无数，与观世音、大势至常来，至此行人之所，三圣常来安慰印。"②《金刚恐怖集会方广轨仪观自在菩萨三世最胜心明王经》亦云："佛右圣观自在菩萨，右手住安慰（即以风空头相捻，竖余指作引手势），左手持莲花，身如秋箭色（白也），观自在下画多罗菩萨。"③这两则材料在表明观音持安慰印的同时，也指出了安慰印的指式，即"以风空头相捻，竖余指作引手势"。那么"风空头相捻"又作何解呢？丁福保《佛学大辞典》"地水火风空五指"条解释云："（术语）密教之说从小指至拇指如其次第，以配于地水火风空之五大。"④又，《金刚顶大教王经私记卷》云："其五指中小指名地，无名指为水，中指为火，头指为风，大指为空，左手为定，右手为慧也。"⑤可见，"风空头相捻"者，食指与拇指相捻也。故知，所谓"安慰印"，即为"屈右手掌，向外，拇指食指相捻作轮形，竖余指作引势，作迎佛形状"的一种手印。⑥

从现有资料来看，莫高窟唐代乃至历代观音画像中，除上述三种主要手印以外，对说法印、触地印、禅定印及合掌印均有表现，且数量庞大，不便一一列举。但无论在壁画还是在纸画和绢画中，观音手印都存在两个主要特点：其一就是观音画像的手印较之塑像更遵循审美的原则，其描绘更加自由生动，有的甚至偏离或完全抛弃教义的严格规定。如初唐第 57 窟的观音向来被誉为莫高窟菩萨美的代表，其双手均无持物，亦未能明确某一印相，画家对这双手的刻画完全是按照美的标准而为的。第 66 窟的观音手印亦是如此。

---

① 《行林第一》，《大正藏》第 76 卷，No. 2409。
② 宋·元照述：《观无量寿佛经义疏》，《大正藏》第 37 册，No. 1754。
③ 《金刚恐怖集会方广轨仪观自在菩萨三世最胜心明王经》，《大正藏》第 20 册，No. 1033。
④ 丁福保：《佛学大辞典》，"地水火风空五指"条。
⑤ 昙寂撰：《金刚顶大教王经私记卷》第五，《大正藏》，No. 2225。
⑥ 佛像，百度百科（http://baike. baidu. com/view/174300. htm）。

可以说，这样的观念一直渗透在莫高窟的艺术之中。而这种以传达宗教义理为目的，以庄严、亲近、审美为原则，模仿复制为方便法门的绘画理念恰好共塑了莫高窟唐代观音手印的第二大特点——多义性。即是说，在莫高窟唐代观音画像中，观音的多种手印所传递的宗教内涵被凝固在一种较为固定的图像样式上。对于这一问题，我们仍以"风空相捻"之印为例加以论述，因为，我们从敦煌壁画中的图像资料可知，以拇指与食指相捻，竖余指作引的手势几乎是莫高窟观音手印图像的通式，所以，我们试从三个方面对其原因做一分析。

首先，佛教经典是其依据。观音"风空相捻"之印，除前文《金刚恐怖集会方广轨仪观自在菩萨三世最胜心明王经》记述而外，另有所载。如《溪岚拾叶集》载："问：'圣观音相貌如何？'示云：'一切众生性海中自性清净觉悟莲花生，以之为谓境开悟给，是名观自在王，此莲花未敷之位名观音，此莲花开敷名阿弥陀也。所以，观音左持未敷莲花当胸，右手大指与头指相捻，欲引敷相貌也，一切众生心性佛法，莲花欲令开标相也。'"① 《薄双纸》亦云："又风空端柱作开敷势，是风自有开敷之功，空中风专具自在之德故也，观自在王之称，偏依此印者也。"② 在这几则记载中，"风空相捻"均表引敷之意，其含义上的同一性，反映在图像学的指式上也是相同的。

其次，不同含义的手印在图像上的相似性。众所周知，佛教各种手印所表达的含义尽管各不相同，但它们要么在本质上存在着一定的趋同性，要么在姿势上有着一定的相似性，而这正是导致莫高窟唐代观音"风空相捻"手印多义性的主要因素之一。

如施无畏印与安慰印，就是含义和图像上都很相近的手印。《大日经住心品疏私记第一》云："施无畏是观音称号，号施无畏者，三世最胜心明王经有安慰印，又十心中第八云无畏依，第八地是观音三昧也，此中于观世音甚有相关思之。"③ 另有佛经说："安

---

① 《溪岚拾叶集》（并序），《大正藏》第 76 卷，No. 2410。
② 《薄双纸（遍知院御记）》口决第一，《大正藏》第 79 卷，No. 2535。
③ 昙寂集记，道空添删治正：《大日经住心品疏私记第一》，《大正藏》，No. 2219。

慰印,宝楼阁经中云:第二手作安慰手。牟利曼荼罗云:施无畏谓仰展五指如低(然观自在三世最胜经施无畏安慰,其印各别也),疏第十三施无畏真言。"① 这几则材料表明,施无畏印与安慰印同与观音有关,且二者之间关系密切,表现在手姿上,二者虽然有所区别,但也极为相似。

又如说法印,《佛学大辞典》如此解释:

> (印相)说法之印契也。有三种:一、左右手各捻其无名指与拇指之指头,余指舒散,左手仰于心前,右手覆于其上,而勿使相着。二、捻两手中指与拇指,无名指与头指散而稍曲,使小指直立,横左手安于胸上,竖右手安于乳。三、捻两手头指与拇指,中无名小三指并舒,左手仰掌,安于胸上,以右手腕着于中指等头,以掌向外。此三种如其次第,为化报法三身说法之相也。②

根据这一解释,再联系相关佛典记载,我们可以看到,在说法印的三种指式中,第一种与施无畏印相同,因为《胜语集》云"吉祥印事(施无畏印,无名指大指捻之)"③。第二种与观音的一种开花之势相同,如《四十帖决》云:"观音右手开花势者,火指大指相捻也(笔者注:拇指与中指相捻),如世画像也。"④ 而第三种除与安慰印相同之外,还与一种叫执花印的完全相同。关于执花印,《佛学大辞典》引《大日经疏十六》曰:"执花印空风相捻,如执花形,余指申散而竖之。"⑤《大毗卢遮那成佛经疏》云:"大慈悲起菩萨作执花印(空风相捻如执花形,余指申散而竖)。"⑥ 在莫高窟中,观音执杨枝或莲花的手姿甚多,且从图像实物来看,可

---

① 《大藏经》,No. 2225。
② 丁福保:《佛学大辞典》。
③ 《胜语集》卷上,《大正藏》,No. 2479。
④ 《四十帖决》,《大正藏》第75卷,No. 2408。
⑤ 丁福保:《佛学大辞典》。
⑥ 一行阿阇梨记:《大毗卢遮那成佛经疏》,《大正藏》第39册,No. 1796。

以说就是典型的执花印。所以，若从单个手印的指式讲，第三种说法印与安慰印、执花印均相同，尤其是后两种就更不好区分。若将以上分析示以表格，则如表6—1所示：

表6—1　　　　　　　　　　　观音手印

指式	印	资料来源
无名指与拇指相捻	第一种说法印	丁福保《佛学大辞典》
	施无畏印	《胜语集》
中指与拇指相捻	第二种说法印	丁福保《佛学大辞典》
	观音右手开花势	《四十帖决》
头指与拇指相捻	第三种说法印	丁福保《佛学大辞典》
	安慰印	《金刚恐怖集会方广轨仪观自在菩萨三世最胜心明王经》
	执花印	丁福保《佛学大辞典》、《大毗卢遮那成佛经疏》
	施无畏印	《观音菩萨的故事》、《敦煌石窟艺术》①

　　由此可见，不同含义的手印，在指式和图像上却具有相似性和同一性，而这恰好说明了"风空相捻"手印的多义性。

　　再次，模仿复制的方便法门。通过前面的分析，我们清晰地看到，观音的各种手印除了在内在含义上有密切或互通关系外，在手的指式上亦非常相似。而在几种指式中，头指与拇指相捻之式，又与多种手印相关联。作为佛教绘画，尤其是像敦煌莫高窟这样大规

———————

　　①　《观音菩萨的故事》中把食指拇指相捻的手印描述为说法印。见清·曼陀罗室主人原著，柴图改编：《观音菩萨的故事》，陕西师范大学出版社2004年版，第9页；《敦煌石窟艺术》图版说明"观音手印"条云："右手结大悲施无畏印，象征施一切众生安乐而无怖畏，普除一切恐怖的烦恼，观音此种手印，表征观音以慈悲为本愿，怜悯众生，并拔除其苦。"见敦煌研究院、江苏美术出版社编《敦煌石窟艺术·莫高窟第一四窟（晚唐）》，江苏美术出版社1996年版，第221页。这里所说的观音手印便是典型的食指拇指相捻，其实还执有杨枝，但按照此书表述，其意应为结施无畏印执杨枝。

模连续制作的壁画，其模仿和复制本来就是主要制作手段之一。所以，在诸多的手印中，熔铸一个既代表多种手印内涵，又最具美感，同时又有"多用功能"的"典型"便是历代画工理想的方便法门。譬如莲花和杨枝是观音的主要持物，但我们从实物资料来看，无论是壁画还是纸绢画，持莲花和杨枝的手姿与未持莲花和杨枝的手印几乎完全一样。也就是说，绘制一幅食指与拇指相捻的手印样稿，便可作为一个多用的摹本或范本，持物可根据需要轻松地添加或删减而毫不影响手印本身。在莫高窟的观音画像中，这种不注意遮挡关系，直接在画好的手印上添画持物的例子也不少见（图6—1、图6—2）。

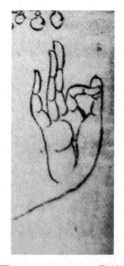

图6—1　P. 2002号手印画稿

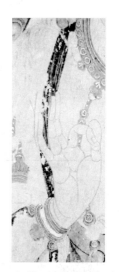

图6—2　第14窟杨枝手印

　　总之，手印"具有一定的佛像属性及宗教意义，好像佛把宗教含义集中在手及指头的各种动作上，然后再传达给观者（信仰者）"[①]，而绘画就是把集中有宗教含义的指头及其动作进一步提炼和概括，使其成为一种集教义、审美和可操作性于一身的图像

———————————

　　① 庄伯和：《佛像之美——艺术见闻录之三》，雄狮图书股份有限公司1997年版，第52页。

样式。这其实就是莫高窟唐代观音手印在宗教和审美共同作用下的"预成图式"及其多义性。

第二节 "莲花手"观音与持莲花手姿

莲花是佛国清凉净土、佛教诸神心性本净和众生清净菩提心的象征，所以，作为救度六道众生的菩萨多持莲花以为标识。以慈悲为怀的观音菩萨，手执莲花的形象更是深入人心，而观音与莲花之间的深厚渊源则是我们探讨观音持莲手姿的必要前提。

至于观音与莲花的渊源，有学者认为，观音最早的形象，是莲花手菩萨，梵语 Padmapani，起源于公元 2 世纪以后的印度，手持莲花是其最重要的特征。[①] 佛教传入中国之后，观音"莲花手"的名号也随着佛教经典的翻译而被人们所熟知，如《金刚顶大教王经私记卷》云："观自在即莲花手。"[②]《佛说秘密相经》云："尔时世尊大毗卢遮那如来，告圣观自在菩萨摩诃萨言，即汝莲华手，是名为莲华。"[③] 毫无疑问，观音"莲花手"名号的传入，是观音持莲形象普遍盛行于西藏及中原地区的原因之一。但就"莲花手"这一名称而言，其本身并不具有特殊的图像含义。原因有二：其一，"莲花手"的名号并非观音专有。据统计，在 85 册《大正藏》中，"莲花手"出现约 127 次，但其所指除观音名号而外，还指菩萨名号、东方世界候补佛以及佛化现某一身形等。[④] 故此，图像中所表现的持莲形象并非都是观音菩萨。其二，就"莲花手"作为观音的名号而言，它与"观音"这一名号之间也有细微的区别。据印度学者 B. 巴达恰利亚研究，只要说到代

---

① 参见颜素慧编著《观音小百科》，岳麓书社 2003 年版，第 10 页。有学者认为，观音是梵天的化身，所以，观音手持莲花及莲花手观音的起源都与梵天相关，见[印度] 洛克什·钱德拉、苏达尔沙娜·戴维·星哈尔《敦煌壁画中的观音》，杨富学译，《敦煌研究》1995 年第 2 期。

② 昙寂撰：《金刚顶大教王经私记卷》第一，《大正藏》，No. 2225。

③ 施护等译：《佛说秘密相经》，《大正藏》第 18 册，No. 0884。

④ 参见李翎《"持莲华菩萨"与"莲花手"》，《佛学研究》2002 年第 6 期。

表无量光在人间救度的观音菩萨时，使用的名号才是 padmapani，即"莲花手"，而不用 AvaIokitesvara，即"观世音"。① 也就是说，"莲花手"只是对观音的一种泛称，并不是针对某种具体造型样式，也没有完全对应的"莲花手"图像②。

既然"莲花手"并不具有确切的图像意义，那么，经文中有关观音手持莲花的描述便是我们从图像上来讨论观音持莲手姿的主要依据。如：

> 中画阿弥陀如来，……右画观自在菩萨，身相白色虎皮为裙，白玻璃宝以为腰绦以黑鹿皮角络而披，住白莲花，左手持白莲华，右手施愿，无璎珞臂钏。③

> 佛右圣观自在菩萨。右手住安慰（即以风空头相捻竖余指作引手势），左手持莲花，身如秋箭色（白也），观自在下画多罗菩萨。④

> 中画阿弥陀如来。……佛右画观自在菩萨，左画大势至菩萨，皆钝金色作白焰光，二菩萨右手各执白拂，左手各执莲花。⑤

经文除了描述观音的持莲手姿以外，对其宗教内涵亦有描述：

---

① 参见李翎《"持莲华菩萨"与"莲花手"》，《佛学研究》2002 年第 6 期。

② 李翎先生在其《"持莲华菩萨"与"莲花手"》一文中提到："巴达恰利亚《印度佛教图像志》图版 43—69 所列的 108 个观音中，只有 104 称为 padmapani lokeovara，即'莲花手观音'。……但巴氏在书中没有专门介绍印度莲花手的观音造像。在讨论观音成就时，巴氏引用的主要文献《成就法鬘》也没有提到'莲花手'的成就法。"由此李翎先生推测，"莲花手"的像法，"无论是单纯的供养像法，还是成就供养像法，可能都不存在。既然'莲花手'可能没有相应的像法，具体的'莲花手'图像也就不可能存在"。李先生的推测是有道理的。

③ 唐·不空译：《金刚恐怖集会方广轨仪观自在菩萨三世最胜心明王经》，《大正藏》第 20 册，No. 1033。

④ 同上。

⑤ 《行林第一》，《大正藏》，No. 2409。

　　观自在菩萨手持莲花，观一切有情身中如来藏性，自性清净光明。……观自在菩萨手持莲花，表一切众生身心中有本来清净理。①

　　莲花也（莲花即众生义，可见，亦即世间也），梵天手持莲花即是表一切众生主义。故知莲花即众生，众生即世间也。又观自在尊亦持莲花，即是观一切众生义，与梵天同。②

　　观自在菩萨手持莲花，观一切有情身中如来藏性，自性清净光明，一切惑染所不能染。由观自在菩萨加持，得离垢清净等同圣者，又左手持莲花，莲花是世间义，即（观世）义也，右手开花势者，是自在义也。③

　　又莲花具世间（三毒）及涅槃义。……一切众生（文），是此莲花，为烦恼所蔽，未能开敷，故称为世间众生。虽在烦恼中，本性清净，不为诸垢所染，故称为涅槃。观察此理起大悲心故，名为观世自在王。④

　　观世自在者。是初入莲花三昧之异名（文）（心连开敷云入莲花三昧也），又理趣经观音四理趣三毒涅槃（三有清净），其曼荼罗彩画莲花表涅槃形，又手执莲花即表此义。⑤

　　观世自在者，初入莲花三昧之异名也。应知八地菩萨入莲花三昧，名得自性清净，谓之为持金刚。观自在尊手持莲花，即是持金刚也。⑥

　　无量度门随诸众生，应以何等像类言音而得度者，即皆现之而为说法（利他），此地菩萨二利等运谓之念坚固，是即勇健菩提心大悲如幻三昧也。由坚固精进故菩提心显现，犹如莲花盛敷故云则为持金刚，谓持金刚莲花云持金刚。观音手持莲花为开花势。即表此事也。⑦

---

①　《薄双纸（遍知院御记）》口决第一，《大正藏》第79卷，No. 2535。
②　昙寂撰：《金刚顶大教王经私记卷》，《大正藏》，No. 2225。
③　同上。
④　同上。
⑤　同上。
⑥　同上。
⑦　同上。

从上述材料看，观音的持莲手势主要表示其自性清净、坚固精进及慈悲救苦的特质；而观音手中之莲则主要表众生、世间、涅槃、金刚等义。

图6—3　印度阿旃陀第1窟观音持莲手姿（公元5—6世纪）

既明此义，我们再回过头来观照莫高窟唐代观音画像中的持莲手姿。前文已经提到，"莲花手"的名号对于观音来讲不具有确切的图像意义，但这并不影响"莲花手"造像的发展。从佛教艺术的发展史来看，"莲花手"造像大约在公元4—6世纪的印度就已十分流行。在印度的阿旃陀、伊洛拉等石窟中就保存有这一时期的莲花手菩萨像，尤其是阿旃陀第1窟佛堂内主尊的胁侍菩萨，一般被认为是观音（图6—3），①也是阿旃陀壁画的经典作品，其右手执莲花的图像样式与前节所讲的空风相捻的手姿异常接近。莲花手菩萨造型传入中国大地之后，其基本动势除了继承印度左手持莲花、右手施无畏印的站立之势外，在汉藏地区的供养系统中也发生了变化。如在藏传佛教中流行的"莲花手"这一名称却鲜见于汉地佛教供养的观音名号中。在汉地，无论其持莲花与否，最通用的名号就是"观音菩萨"。但有学者认为，"在汉地与藏传佛教'莲花手'称号对应的造像可能属于'引路菩萨'"②。若从"莲花手"主要指代表无量光在人间救度的观音菩萨这一角度讲，"引路菩萨"在宗教功能上是与之相对应的。而说到"引路菩萨"，敦煌藏经洞出土的几幅绢画堪称代表。从这几幅画中可以看出，唐代"引路菩萨"手中莲花被清晰地描绘，而唐以后菩萨手中的莲花逐渐消失，代之以变大的引路幡，这当与净土信仰的进一步流行有关。概观莫高窟现存的唐代观音画

① 参见颜素慧编著《观音小百科》，岳麓书社2003年版，第80—81页。
② 参见李翎《"引路菩萨"与"莲花手"——汉藏持莲花观音像比较》，《西藏研究》2006年第3期。

像，无论是与"莲花手"对应的"接引菩萨"，还是其他的观音菩萨，其持莲手姿在图像样式上主要有以下几类：

第一类：曲臂持莲类，又有五型。

Ⅰ型：手臂前曲，空风相捻，执长茎莲花。如斯坦因 Ch. lv. 0023号唐咸通五年（公元864年）绢画《四观音文殊普贤图》中观音持莲手姿（图6—4）、盛唐第217窟西壁龛外北侧持莲观音的持莲手姿等。

Ⅱ型：手臂前曲，空风相捻，执短茎莲花。如斯坦因 Ch. lv. 0035号唐末至五代初（9世纪末—10世纪初）麻布画《观音像》中观音持莲手姿（图6—5）。

Ⅲ型：手臂前曲，手掌下垂，手指上曲，似捧物状，执长茎莲花。如斯坦因 Ch. lv. 0023号唐咸通五年（公元864年）《四观音文殊普贤图》中观音持莲手姿（图6—6）。

Ⅳ型：手臂前曲，手掌平举，捧插莲花器皿。如斯坦因 Ch. xx. 005号唐大顺三年（公元892年）绢画《大悲救苦观音像》中观音持莲手姿（图6—7）。

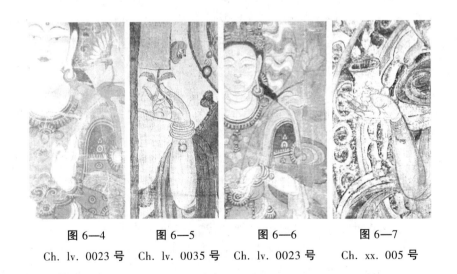

图6—4　　　图6—5　　　图6—6　　　图6—7
Ch. lv. 0023号　Ch. lv. 0035号　Ch. lv. 0023号　Ch. xx. 005号

Ⅴ型：手臂前曲，手捧莲蕾。如斯坦因 Ch. xlvi. 001号唐（公元9世纪末）绢画《观音像》中观音持莲手姿就是此类（图6—8），伯希和掠走藏经洞画稿中也有这类手姿的草图（图6—9）。

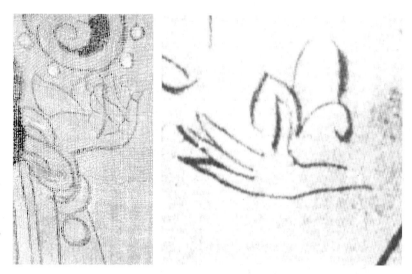

图 6—8　Ch. xlvi. 001 号　　图 6—9　伯希和画稿中的持莲蕾手姿草图

第二类：垂臂持莲类，又有三型。

Ⅰ型：手臂下垂，掌心向内下侧，五指自然屈伸，执长茎莲花。如莫高窟中唐第 158 窟南壁东侧持莲观音手姿、斯坦因 Ch. xxxvi. 001 号唐（公元 9 世纪后半期）绢画《观音像》中的持莲手姿等（图 6—10）。

Ⅱ型：手臂下垂，提插莲花净瓶，又有二式。

（1）手臂下垂，掌心向内下侧，五指自然屈伸，提净瓶，瓶中有短茎莲花。如斯坦因 Ch. 0088 号唐（公元 9 世纪后半期）绢画《观音像》中的持莲手姿（图 6—11）。

（2）手臂下垂，手背向外，食、中、无名、小指内曲，提插有长茎莲花净瓶，拇指与食指于瓶口处相捏。如斯坦因 Ch. 0091 号唐（公元 9 世纪中期）绢画《观音像》中的持莲手姿（图 6—12）。

Ⅲ型：观音为坐姿，双手下垂，均持长茎莲花，左手撑地，右手抚膝，分别于拇指与食指间持莲花。此类手姿有如斯坦因 Ch. 00401 号唐（公元 9 世纪初、中期）纸画《观音像》，在莫高窟绘画中是较为特殊之一例（图 6—13）。

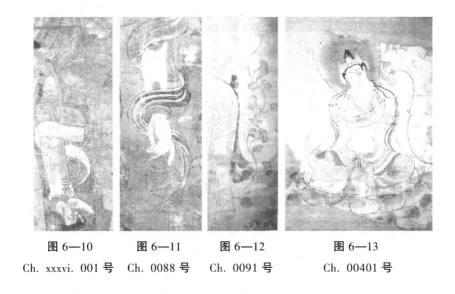

图6—10　　　　图6—11　　　　图6—12　　　　　　图6—13

Ch. xxxvi. 001 号　　Ch. 0088 号　　Ch. 0091 号　　　Ch. 00401 号

　　第三类：双手持莲类，双手作各种手势共持莲花。如初唐第57窟、盛唐第320窟观音像中的持莲手姿（图6—14、图6—15）。

图6—14　初唐第57窟

图6—15　盛唐第320窟

　　述毕持莲手姿，再言手中莲花。莲花本是中国绘画中的传统题材，但其在佛教绘画和世俗绘画中的地位却大不相同。我们知道，从社会审美的角度讲，晋人喜爱菊花，唐人迷恋牡丹，而把莲花誉为"花之君子"则是宋代的事。所以，在古代花鸟画史中，有关画莲的技法和理论著述并不多见，唯有宋人小品，才让我们得以目睹莲花的君子之风。而在佛教绘画中，莲花则占有极其重要的地位，因为它被视为众生本有的清净菩提心，特殊的宗教内涵甚至使其成为佛教的象征。

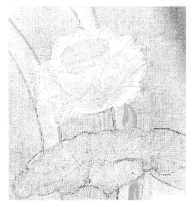

图6—16　Ch. lvii. 002 号
引路菩萨中莲花

正因莲花在世俗花鸟画与佛教绘画中的地位不同，所以其侧重点和艺术水准也有所不同。在佛教绘画中，表现莲花的象征意义是其所指。故而，除少数绘制精美以外（图6—16），大多比较简率。如上举莫高窟唐代观音手中的莲花形象，虽然也表现了圆润饱满之感，但从形象上讲，夸张、变形与装饰仍是其遵循的共同范式。其莲叶往往被有意缩小，依稀点缀于长茎之上，以此衬托花头，使其宗教意义更加凸显①（图6—17）。而这一范式的普遍应用在唐代工艺制品中也得以印证，如1985年陕西临潼庆山寺塔地宫出土的唐制法器金莲花（图6—18），在形象上就与敦煌壁画中的莲花别无二致。相对而言，作为世俗花鸟画的莲花作品，则更注重其审美因素和写实技巧，但我们也不能因此而否认二者之间的借鉴与结合，如莫高窟唐代观音手中莲花勾线晕染的方法，无疑为宋人莲花小品的纯熟做了技法上的探索和经验上的积累。

简言之，观音与莲花结缘，由来已久，作为标识之一，其持莲手姿更为世人所熟知。而由此引发的观音画像乃至佛教绘画中的"莲花热"，则是促使莲花作为一种流行题材在绘画艺术发展道路上大踏步前进的主要因素之一。

---

① 如含苞未开的比喻众生未显露的佛性，半开的标识已发起了菩提心，而已开的莲花则象征菩提心显现，证悟佛果。

图 6—17　第 217 窟观音
手中莲花

图 6—18　庆山寺塔
地宫出土金莲花

第三节　杨枝观音与持杨柳手姿

　　一般认为，手拿杨枝、净瓶是汉地三十三观音之一 ——杨枝观音的主要标志。但从莫高窟唐代观音画像中，我们可以看到，与观音杨枝手相对应的另一手，除持净瓶以外，还有结印、持莲和持插莲净瓶等情况。这就是说，当我们探讨莫高窟唐代观音画像持杨枝手姿时，无法回避它与杨枝观音之间的关系，但并不受这一名号的局限，而只是把它作为与莲花、净瓶并列的一个持物和持姿来对待。

　　学术界一般认为杨枝观音或观音手持杨枝的起源应与流行于印度次大陆地区的"齿木"有关，因为，在佛教术语中，杨枝另译作"齿木"。关于"齿木"（杨枝），佛典中多有记载，现略举几例，以观其详：

　　　　每日旦朝须嚼齿木揩齿，刮舌务令如法，盥漱清净，方行敬礼。……其齿木者，梵云惮哆家瑟诧。惮哆译之为齿，家瑟诧即是其木。长十二指，短不减八指，大如小指。一头缓须熟嚼，良久净刷牙关。①

佛于此中说法，经行坐处尽起塔，从此东南行十由延到沙祇大国，出沙祇城南门，道东，佛本在此嚼杨枝，刺土中，即生长七尺，不增不减。诸外道婆罗门嫉妒，或斫或拔，远弃之，其处续生如故。②

佛本清净，嚼杨枝植地即生，今成大树，胡名曰婆楼。③

手执杨枝，当愿众生：皆得妙法，究竟清净。嚼杨枝时，当愿众生：其心调净，噬诸烦恼。④

按灌顶经云：昔维耶黎城民遭疫，有一少年比丘，名禅提。奉佛教持摩诃神咒，往为辟之，疫人皆愈。其禅提往彼国二十九年民安，至其迁化，民复遭疫。民思禅提，遂往其住处。但见所嚼齿木掷地成林，林下有泉。民酌其水，折杨枝，扫拂洒。病者皆愈，毒气销亡，辟除众恶，万事吉祥故。⑤

如上记载，齿木不光是用于净齿，而且经过佛或弟子们咀嚼后，可以掷地成林，有一种神奇的续生功能。更重要的是，它是涤除尘垢烦恼、清净心地的象征，还可以愈人病痛、辟除众恶。正因如此，杨枝在印度、西域的习俗和佛事活动中有着非常重要的地位。如《佛学大辞典》云："凡印度、西域诸国请俗人，先赠齿木及香水等，而祝其人健康，以表恳请之意，故请佛菩萨亦用杨枝净水，称为请观音法或杨枝净水法。"⑥ 而对于中国民众来讲，民俗文

---

① 唐·义净撰：《南海寄归内法传》，《大正藏》第 54 册，No. 2125。
② 东晋·法显：《高僧法显传》，《大正藏》第 51 册，No. 2085。
③ 北魏·杨衔之撰，周振甫释译：《洛阳伽蓝记校释今译》，学苑出版社 2001 年版，第 152 页。
④ 唐·实叉难陀译：《大方广佛华严经》，《大正藏》第 10 册，No. 0279。
⑤ 北宋·道诚辑：《释氏要览》，《大正藏》第 54 册，No. 2127。
⑥ 丁福保：《佛学大辞典》。

化系统中也有着古老的杨柳崇拜习俗，其崇拜的文化内涵主要体现在雨神和驱邪神物两方面。① 尤其是杨柳枝作为辟邪神物，不但用于宗教仪式，而且成为民间习俗的主要组成部分。如《释氏要览》载："北人风俗，每至重午等节日，皆以盆盛水，内插柳枝，置之门前以辟恶。"② 《齐民要术》曰："正月旦，取柳枝着户上，百鬼不入家。"③ 段成式《酉阳杂俎》又记有唐代戴柳圈驱邪的习俗。这几则记述均言柳枝而不言杨枝，但据《梵网经合注》讲："杨枝即樟柳神"④，可见二者实相通也。这就是说，杨柳作为雨神可以司雨，作为驱邪神物，可以趋吉避凶，前者与中国人的祈雨习俗相连，后者则暗藏着人们涤除烦恼、祈福祛病和祝福健康的心理诉求。而作为大慈大悲、普救众生的观世音菩萨，正是人们祈求脱离苦海、解除疾患的神圣偶像，普降甘露和消除病灾⑤是其功能之一。故此，人们把杨枝神圣化并固化为观音的一种持物或法器是完全可以理解的。关于这一点，佛教经典与前人论述中也不乏例证：

> 尔时毗舍离人，即具杨枝净水，授与观世音菩萨，大悲观世音，怜愍救护一切众生。⑥

> 经云：尔时毗舍离人，即具杨枝净水，授与观世音菩萨。止观但云设杨枝等不言授与，今依经令行人跪授，唱云：我今已具，杨枝净水，唯愿大悲，哀怜摄受（三说，辅行事解云：以观音左手把杨枝，右手持澡瓶，是故请者须备二物）。疏云：此是劝具要因正为机感也，杨枝拂动以表慧，净水澄停以表定，杨枝又二义，一拂除对消义，二拂打对伏义，又拂除对消

---

① 郑筱筠：《试论观音净瓶、杨柳与中印拜水习俗》，《云南师范大学学报》2001年第4期。

② 北宋·道诚辑：《释氏要览》，《大正藏》第54册，No. 2127。

③ 北魏·贾思勰撰：《齐民要术》卷五，中华书局1956年版，第69页。

④ 《梵网经合注》，《新纂续藏经》第38册，No. 0694。

⑤ 杨柳观音以杨柳替人消除病灾，故又称药王观音。这一点在某种程度上也来自人们对杨柳的药用功能的认识，因为在医学上，杨枝确是一味良药。

⑥ 东晋·法喜译：《请观世音菩萨消伏毒害陀罗尼咒经》，《大正藏》第20册，No. 1043。

灭，二折伏即对消除。①

具杨枝等者，以观音左手把杨枝，右手持澡瓶，是故国人授此二物。而内表两因也，定是缘因，慧是了因，慧能除惑故以拂动表之，定能止散故以澄淳表之。……又云：但除其病不除其法，故今以拂除对之，如物上尘但除其尘不除其物，拂打者，打丁领切，对上伏义者，伏名调伏。②

乃于观音像前，忏露往咎，仍折杨枝，置观音手，誓曰：芳等若于净土果有缘耶，当使杨枝七日不萎，至期而杨枝益茂。③

我们从上述资料可以看出，在请观音法中，杨枝的核心意义在于三点，即"杨枝拂动以表慧"，"慧能除惑故以拂动表之"及杨枝的"拂除"、"拂打"二义。而这三点不仅是观音定慧双德之"慧德"及其大悲拔苦的体现，也是把杨枝与观音紧密相连的根本原因所在。

莫高窟唐代观音画像中的持杨枝手姿多与持莲手姿相同，仍以空风相捻的执花手印为主，故而不再多述，现就观音手中杨枝造型与画法略加说明。杨枝作为齿木在观音信仰中备受尊崇，那么，杨枝的形象特征究竟如何呢？唐朝人义净于咸亨四年（公元 673 年）赴印，曾亲眼见到过这种用做齿木的树，但他却认为名齿木为杨枝似为不妥。他说："齿木，名作杨枝，西国杨柳全稀，译者辄传斯号，佛齿木树，实非杨柳。那灿陀寺目自亲观，即不取信于他，闻者亦无劳致惑。"④ 义净所说否定了齿木由杨枝所做的说法，但《毗尼日用切要》中又有另说："取杨枝，律中名曰齿木。杨有四种，皆可梳齿也。一白杨，叶圆；二青扬，叶长；三赤杨，霜降叶赤；四黄杨，本性坚致难长。今咸以柳条当杨枝，柳条垂下，乃小杨

---

① 宋·遵式集：《请观世音菩萨消伏毒害陀罗尼三昧仪》，《大正藏》第 46 册，No. 1949。
② 宋·智圆述：《请观音经疏阐义钞》卷第三，《大正藏》第 39 册，No. 1801。
③ 宋·戒珠叙：《净土往生传》，《大正藏》第 51 册，No. 2071。
④ 唐·义净撰：《南海寄归内法传》，《大正藏》第 54 册，No. 2125。

也。若无柳处，将何梳齿？须知一切木，皆可梳齿，皆名齿木。但取性和有苦味者嚼之，不独谓柳木一种。"[1] 这又消除了齿木的图像指证，但事实上，把齿木与杨柳枝相联系还是人们的普遍认同，而这反映在绘画中，就必然以现实中的杨柳形象为依据。[2] 从我国绘画史的发展看，柳树是山水画科中的主要元素，也是所有树木中最难画的一种，所以，常有"画树难画柳"之说。然而，历代画家在长期的实践和探索中，总结出了成熟的画柳技法和理论，这为我们探讨莫高窟唐代观音手姿中的杨柳枝形象提供了珍贵的资料。

首先，在传统山水画的柳树法中，分枝得势最难，其中"满身皆小枝"、"干不古而枝不弱"为画柳之病。[3] 但从莫高窟唐代观音画像来看，其中杨柳枝形象不仅无此二病，而且在分枝布势上与阎立本和吴道子所画观音杨柳枝如出一辙。其形象均为一折枝，主枝梢端又有一到数条小枝。小枝分布可分两类：一类为小枝均

图 6—19　阎立本观音手姿

自主枝顶端呈放射状分出，顺主枝自然下垂，仅有长短之分，而无方向之别，枝条舒展拂动，富有装饰意味。此类与阎立本所画同（图 6—19），其在莫高窟唐代观音画像中的代表有：斯坦因 Ch. 0091 号唐（公元 9 世纪中期）绢画《观音像》（图 6—20）、Ch. xxxviii. 005 号唐（公元 9 世纪中期）绢画《二观音像》，另有榆林窟中唐第 25 窟北壁西端菩萨像等。另一类主枝顶端又逐级分枝，小枝穿插灵动自然，颇具写实性。此类与吴道子所画同（图 6—21），其在莫高窟的代表有：盛唐第 320 窟西壁龛外南侧观音、第

---

① 　《毗尼日用切要》，《新纂续藏经》第 60 册，No. 1115。

② 　从莫高窟壁画来看，观音手中的杨柳枝形象，主要是以柳树为依据。

③ 　清·龚贤：《龚安节先生画诀》，载俞剑华编《中国古代画论类编》下，人民美术出版社 2007 年版，第 788 页。

205 窟西壁南侧甘露观音、第 217 窟柳枝菩萨（图 6—22）等。

图 6—20　Ch. 0091 号　　　图 6—21　吴道子　　　图 6—22　第 217 窟
观音手姿　　　　　　　　观音手姿　　　　　观音手姿

　　其次，在传统柳树画法中，古来就有勾勒、渍染、点叶和勾叶四法。按《芥子园画传》中的说法，勾勒与点叶多为唐人所用。[①]然而，在莫高窟唐代观音手中的杨柳枝上，这四种技法均被应用，且较好地表现了杨柳的姿态与特点。

　　一为点叶法。用色笔，以长点，间或用圆点直接写出。行笔虚入虚出，灵活自由，柳叶下垂，疏密随条布置，舒展而有拂动之态。值得一提的是，在榆林窟第 25 窟的观音画像中，柳叶的分布不同于其他柳叶的对称排列，而是在柳枝根部呈对称排布，至中间处则变为类松针的放射状排列（图 6—23）。

　　二为双勾柳叶法。此法又称"夹笔柳叶法"，为最早画柳树之法。顾恺之《洛神赋图》中即见之，之后历代沿用。其叶对称排列垂条左右，工整精细，装饰性较强（图 6—24）。

　　三为兼勾带点法。此法是就莫高窟唐代观音画像所持杨柳枝而言。即是说有一种画法，介于点叶与勾叶之间。具体以长点写就，

---

　　① 《芥子园画传》说："大抵唐人多勾勒，宋人多点叶，元人多渍染。"还说："点叶柳唐人多画之。"见刘松岩编《芥子园画传实用教材·山水》上册，人民美术出版社 2005 年版，第 25、26 页。

两个长点柳叶又组合成一个状如勾叶法所成的空心柳叶，然这个空心柳叶的尖部有时却未闭合，所以，这种柳叶既像点叶所成，又似勾叶所致（图6—25）。

　　四为染叶法。即在枝干及柳叶画好之后，以色彩染就。又分二法，一为渲染法，即在勾好或点好的柳叶上或周围用绿色淡淡渲染，颜色限定在外梢之内，色彩薄而透（图6—26）；二为点染法，即勾叶完成后，以色直接点染线描所成的柳叶空白（图6—27）。染叶法一般与前两种技法结合使用。

图6—23　榆林窟第25窟　　　　图6—24　Ch. 0088号观音柳枝
北壁西端观音柳枝　　　　　　Ch. lvi. 006号观音柳枝

　　杨柳枝与观音的不解之缘使其形象进入了观音画像之中，而"从西魏至盛唐，莫高窟中一直都以柳树为壁画题材"[1]，由此，我们可以说，唐代的敦煌画工们积累了丰富的画柳经验，而与此同时，中原大画家阎立本和吴道子笔下的持柳枝观音形象也会对其产生一定的影响。也正因如此，莫高窟唐代观音画像中的杨柳枝形象，不仅仅是体现"杨柳梧桐之扶疏风流"[2]的问题，也是一个为观音画像增色的问题。

────────────

　　① 欧阳琳：《敦煌图案解析》，甘肃文化出版社2007年版，第196—197页。
　　② 宋《宣和画谱》，见俞剑华编《中国古代画论类编》下，人民美术出版社2007年版，第1043页。

图 6—25　Ch. liii.　　　图 6—26　Ch. xxxviii.　　　图 6—27　唐末—五代初
005 号观音柳枝　　　　005 号观音柳枝　　　　　观音柳枝

第四节　净瓶与观音持瓶手姿

一　净瓶与观音的关系

水是与人类关系最为密切的自然物之一，所以，它在人类文化中具有非常重要的地位。古希腊思想家、哲学家泰勒斯认为水是世界的本原，其哲学观点用一句话来总结就是"水生万物，万物复归于水"。在印度古代文化中，水是具有生命力的元素，早期主管雨水的风伯和雨师被视作宇宙力量的源泉。而以农耕文明为主的中国民众，更是将水看作农业丰收和生殖繁衍的力量源泉。如在甲骨文中，卜雨之辞就占了很大比例，反映了水崇拜中祈雨求丰收的原始意义。由此可见，崇水思想和拜水风俗为人类所共有。正因如此，敬水、惜水、贮水、用水便成了人类文化的一部分，而水瓶则是贮与用、流与不流的结合体。正如杨熙龄先生所说：

　　水瓶的形制是以水的特点为依据而产生的。……水，一分为二，分出了自己的对立物：不让自己乱流的水瓶的形制，或者说，人类的实践从客观存在——水中，引出了制服水的思想。水瓶就是一个"不让水流"，但既然不让水流，也就包含着自己的反面："让水流"。因此，瓶腹不让水流，瓶口就非让水流不可。这就是水瓶形制的来源。①

水瓶的实用性使其频繁出现在人类早期璀璨的制陶乃至后来的制瓷工艺之中，而普遍的崇水思想又为它赋予了特殊的功能和一定的文化内涵。当与宗教联系在一起时，其无边的威力和神秘的色彩就会更加凸显。早在两河流域文明的新苏美时代（约公元前 2113—公元前 2006 年），乌尔·那穆（Ur Nammu，苏美王朝最后的建立者）石碑（现藏费城大学博物馆）的右上角，就有一位翱翔的神祇向下倾倒生命之水的场景，此期绘有流水的罐子也大量增加，反映了宗教祭典的蓬勃。② 现藏于阿列帕国家博物馆马里的女水神雕像（约公元前 1900—公元前 1760 年），怀中所抱的罐子，与乌尔·那穆石碑里的非常相似，并且因内置了隐蔽的水管而使罐子真能倒出水来③。

在佛教产生的古代印度，水瓶的使用也非常普遍，被称为净瓶或澡瓶（梵语 kundikā "军持"的意译），是婆罗门特有的标志，也是佛教比丘随身携带的十八物之一。其在佛教中的用途主要有三：其一，用于日常的贮水、净手。宋徐兢《宣和奉使高丽图经·器皿二》中说："净瓶，贵人、国官、寺观、民舍皆用之。惟可贮水，高一尺二寸，腹径四寸，容量三升。"④ 宋道诚《释氏要览·道具》云："净瓶，梵语军迟，此云瓶，常贮水，随身用以净手。"⑤ 其二，净瓶也是佛教的重要用器。唐义净《南海寄归内法传》卷一云："凡水分净触，瓶有两枚，净者咸用瓦瓷，触者兼用铜铁，净

① 杨熙龄：《考瓶说分——漫话陶瓷史发展的逻辑》，社会科学文献出版社 1994 年版，第 15 页。

② 《大英视觉艺术百科全书》1，台湾大英百科股份有限公司、广西出版总社、广西美术出版社 1994 年版，第 80 页。

③ 同上书，第 81 页。

④ 宋·徐兢：《宣和奉使高丽图经》卷三十一（器皿二），中华书局 1985 年版，第 107 页。

⑤ 宋·道诚：《释氏要览》，《大正藏》第 54 册，No. 2127。

拟非时饮用,触乃便利所须。""不畜净瓶,不嚼齿木,终朝含秽,竟夜招愆。"①《禅林象器笺·器物门·剃刀》亦曰:"《敕修清规·沙弥得度》云:戒师用净瓶灌顶,以指滴水于顶上,执刀剃头。"②其三,净瓶作为法器,与佛教神祇相联系,代表一种无边的法力。正因如此,净瓶便频繁地出现在佛教艺术中。印度神像手持澡瓶的造型,早在《奥义书》时代之后就已出现,如"大梵天王"即有手持澡瓶的造型③,弥勒也有持瓶的造型,摩希什瓦里也有持瓶的造型④,而"菩萨左手持净瓶,右手上扬施无畏印或呈手持花的形式是犍陀罗石雕菩萨立像的基本构成形式"⑤。佛教传入中国以后,艺术中的持瓶造型主要为菩萨所有(当然也有其他人物手持净瓶者)。如早在青海平安县出土的画像砖上,就有头戴宝冠,身有巾帛,右手提净瓶的菩萨像,左右肩上,有日、月,但不知是哪位菩萨。⑥

　　莫高窟早期佛教艺术中,持瓶菩萨则于北周出现较多,并多为彩塑,如北周第439窟西壁龛外南侧菩萨、第428窟中心柱北面和南面龛外二菩萨等。壁画中较早的持瓶菩萨像为北周第428窟南壁中层卢舍那佛右侧菩萨。考察莫高窟及其周边乃至中原石窟,我们可以看到,隋代以前持瓶菩萨造像与画像也有不少,但这些造型均没有明显的身份标识意义。换句话说,我们一般把手持净瓶的图像作为观音菩萨的标志之一,但早期的持瓶菩萨并不都是观音菩萨。炳灵寺、莫高窟有明确纪年和题记的观音画像中却又不见持瓶手姿。由此可见,莫高窟乃至中国早期的佛教艺术中,净瓶还没有固

---

①　唐·义净:《南海寄归内法传》,《大正藏》第54册,No. 2125。

②　陆锡兴主编:《中国古代器物大词典》(器皿),河北教育出版社2001年版,第215—216页。

③　[法]雷奈·格鲁塞:《东方的文明》,中华书局1999年版。有学者认为观音是梵天的化身,而据《罗摩衍那》讲,梵天自身于水中,手中持有水瓶,所以观音净瓶造型是对梵天造型的吸收。见[印度]洛克什·钱德拉、苏达尔沙娜·戴维·星哈尔《敦煌壁画中的观音》,杨富学译,《敦煌研究》1995年第2期。

④　中华世纪坛世界艺术馆编:《伟大的世界文明——印度文明》,文物出版社2006年版,第21、37页图版。

⑤　金申:《博兴出土的太和年间金铜观音立像的样式与源流》,《中原文物》2005年第2期。

⑥　温玉成:《"西天诸神"怎样来到中国》,《中原文物》2007年第3期。

定为观音的特定持物。那么，净瓶在后来何以与观音发生了密切的关系，并使观音的持瓶造型广为流传呢？这就需要从佛教经典以及中印人们的崇拜、信仰等方面寻找原因。

首先，净瓶在印度有一说为装盛永生的甘露，是一个装梵天的水的小容器①，而水的崇拜又凝聚着古印度哲人对宇宙的思考和人民的宗教意识。唐李华《东都圣善寺无畏三藏碑》云："中印度大旱，求和尚请雨。观音大圣在日轮中，手执净瓶，注水于地中。"②这就是说，在印度，观音所持净瓶之水可作为永生的甘露而用于祈雨之中。而有关考古和文献资料都表明，中国的先民们早就认识到了雨水对农作物生长所起的决定性作用，故而，在中国人的水崇拜中，祈雨以求丰年是一项主要的内容。由此可见，观音慈悲为怀、普度众生的职能与普降甘露的神力无疑适合了中国人崇水和祈雨的习俗，其持瓶造型不但移植了印度古代水崇拜的原始宗教内涵，也因迎合了中国人的信仰和习俗而备受欢迎。

其次，净瓶中的水，在与观音发生关系时被赋予了特定的佛教内涵，如：

> 以观世音左手把杨枝右手持澡瓶，是故请者须备二物。若作所表者，杨枝拂动以表慧，净水澄渟以表定。③

> 净水亦二义，一洗除对消义，二醒悟对伏义。又四义，一洗二润渍三醒悟四安乐。洗对消灭之消，润对消除，醒悟对降伏之伏，安乐对平伏之伏。又洗除对消伏毒害，大悲拔苦是慧义，润渍是大慈与乐是定义，醒悟是慧义，安乐是定义。④

> 以观音左手把杨枝，右手持澡瓶，是故国人授此二物。而

---

① 中华世纪坛世界艺术馆编：《伟大的世界文明——印度文明》，文物出版社 2006年版，第 21 页。

② 清·董诰等编：《全唐文》卷三百一十九，中华书局 1983 年版，第 3239 页。

③ 唐·湛然述：《止观辅行传弘决》卷 2，《大正藏》第 46 册，No. 1912。

④ 宋·遵式集：《请观世音菩萨消伏毒害陀罗尼三昧仪》，《大正藏》第 46 册，No. 1949。

内表两因也，定是缘因，慧是了因。慧能除惑故以拂动表之，定能止散故以澄渟表之。说文云，水止曰渟，对上消义者，……醒悟者，水能洒闷获醒也。①

材料表明，净水在观音的定慧二德中主表定，具有消伏之意，与消伏对应的，又有洗除、润泽、醒悟、安乐等意。由此可见，净瓶中的水，在与观音发生关系时，已由佛教僧侣用于日常洁净的水而演化为消伏毒害、驱魔除病、醒悟润泽的圣水，而这一切又无不与其慈悲为怀、救苦救难的职能相关联。这恐怕正是中国信仰中，把净瓶作为救度众生的法器而与观音紧紧联系在一起的主要原因之一。

佛教艺术向来都是佛教经典与各地文化信仰相结合的派生物，如果说上述印度的拜水意识、净水的定德表征以及消伏毒害之意为我们理解观音与净瓶关系提供了学理依据，中国的观音信仰和祈福祛病的现实需要以及后世兴起的灵验故事又将净瓶固化成为观音的标志性持物的话，那么佛典中所述的内容和相关规定便是观音持瓶造型出现的直接依据。早在北周耶舍崛多译的《佛说十一面观世音神咒经》中就说："观世音左手把澡瓶"②，这不但说明了澡瓶是观音的标志之一，还说明了澡瓶为左手所持。另有《陀罗尼杂集》云："应以白净若细布，用作观世音像，身著白衣坐莲华上。一手捉莲华，一手捉澡瓶，使发高竖，行之於观世音像前。"③ 这就直接说明了观音像中的持瓶造型。可以说，这些经典的译出，在某种程度上对敦煌莫高窟唐代以前的观音画像产生了较大的影响。因为，从现存的图像资料看，莫高窟早期的持瓶菩萨造型在一段时间的泛化之后，至隋代逐渐归属到观音形象之上，此时的洞窟中，出现了以第 276 窟为代表的大量的手持净瓶的观音菩萨像。贺世哲先生曾对莫高窟隋代手持澡瓶的观世音菩萨画、塑像做过统计，仅说法图

---

① 宋·智圆述：《请观音经疏阐义钞》卷第三，《大正藏》第 39 册，NO. 1801。

② 北周·耶舍崛多译：《佛说十一面观世音神咒经》，《大正藏》第 20 册，No. 1070。

③ 《陀罗尼杂集》卷六，《大正藏》第 21 册，No. 1336。

中就多达 31 尊之多。① 唐代以来，观音信仰兴盛不衰，有关观音持瓶形象的经典也不断出现。如唐天竺三藏宝思惟译的《不空羂索陀罗尼自在王咒经》中云："若画圣观自在菩萨形象之时，……庄饰宝带以系其腰，尊者四臂，左边上手执持莲华，下手执持澡瓶，右边上手施无畏。"② 唐三昧苏嚩罗译的《千光眼观自在菩萨秘密法经》云："四者敬爱法用莲华部，所以有莲华合掌手、宝镜手、宝印手、玉环手，所以有莲华合掌手、宝镜手、宝印手、环手、胡瓶手、军持手、红莲手、杨枝手"③，其中军持手即为持澡瓶手。可见其净瓶柳枝的形象已经深入人心，故此，观音以外的持瓶形象也随之减少。

　　莫高窟唐代以来，手持净瓶的菩萨一般都是观音，所以，我们在探讨唐代观音画像的持瓶手姿时，就少受身份识别的干扰。唐代观音画像中的持瓶手姿中，持姿多种多样，净瓶造型和纹饰也富于变化，下面我们就从这三方面进行论述。

　　二　观音净瓶手的持姿

　　我们从出版的图片资料中可以看出，莫高窟唐代观音持瓶的手姿变化多样，但总体而言主要有五类，每一类中又有数型。

　　第一类托瓶类：这一类持姿一般是仰掌向上，托瓶于手中，中唐时较多。其中又分为两型：

　　一为高举托瓶型，其图像样式为手臂前屈高举，托瓶于手中，这种手姿使整个手臂呈上扬之势，加之另一手臂的摆动，增加了菩萨的风姿。如英国不列颠博物馆藏敦煌唐代绢画观音、中唐榆林窟第 25 窟观音等。

　　二为平举托瓶型，即手臂前屈平举于胸前，手中托瓶，这一手式平衡，增加观音静穆之态。

---

　　① 见贺世哲《敦煌莫高窟隋代石窟与"双弘定慧"》，载敦煌文物研究所编《1983 年全国敦煌学术讨论会论文集（石窟·艺术编）》上，甘肃人民出版社 1985 年版，第 32 页。

　　② 唐·宝思惟译：《不空羂索陀罗尼自在王咒经》，《大正藏》第 20 册，No. 1097。

　　③ 唐·三昧苏嚩罗译：《千光眼观自在菩萨秘密法经》卷 1，《大正藏》第 20 册，No. 1065。

第二类提瓶类：这是莫高窟唐代观音画像中最多见的一种持瓶类型。一般姿势为手臂自然下垂或前屈平举或前屈至胸前作提瓶状。由于手指的遮挡关系，净瓶口颈部分的形状往往不能全现，且净瓶与手指之间的关系也不明晰。但从彩塑和纸绢画中的形象来看，瓶颈一般是夹于食指与中指或中指与无名指之间而呈提吊之式。提瓶型手姿又有七型：

一为斜提型，即手指夹瓶颈，瓶身呈倾斜状。

二为掌心向前型，即掌心或正或侧向前，指间提净瓶，此式中，净瓶造型基本完整。

三位手背向前型，与第二式相反，画面中只看到手背，净瓶颈部以上全被遮挡。

四为掌心向上型，即手臂前曲平举或上举，掌心向上，指间提净瓶。

五为掌心向下型，即手臂前曲或下垂，掌心向下，指间提净瓶。

六为侧手型，手心朝向腿侧提净瓶，画面中只见拇指或小指的一面（图5—8）。

七为三指提瓶型，掌心向下，以拇指、中指与无名指提瓶，其余两指上翘，姿态非常优美，如盛唐第217窟龛外北侧观音（图5—9）。

第三类握瓶类：这种手姿一般都是五指握住瓶颈，且净瓶呈斜势，如莫高窟中唐第172窟东壁北侧上方柳枝观音、盛唐第205窟西壁南侧甘露观音的持姿即是如此（图5—12）。这种持瓶手姿极富动感，行走时有手臂自然甩动之势，但由于在壁画中表现难度较大（在塑像中有瓶口正面向前的图式），且不利于对手指美感的表现，故而在唐代观音画像中出现较少。

第四类悬瓶类：这是莫高窟观音画像中极其少见的一种手姿类型，其图像样式为观音手指并未直接与净瓶接触，而是有一定距离，净瓶好似悬在离手不远的空中。目前所见初唐第335窟主室西壁观音即为一例（图5—7），从整个观音画像的艺术水准和熟练程度来看，并非画家疏忽，而是有意安排，这与悬浮在空中的华盖、不鼓自鸣乐器等一样，均可视为对佛教无边法力的表现。

　　第五类提插柳、莲花瓶类：此型本为提瓶型之一类，但由于涉及净瓶的功能、含义等，故单列一类而论之。这一类型即是说观音提瓶手势并没改变，只是所提净瓶中，还插有观音的另外两种标志性持物——柳枝或莲花。佛家本来就有以净瓶养花供佛之事，俗家净瓶插花也相沿成习。《岁时广记》卷十九引唐孙思邈《千金月令》："南烛叶煎，益髭发及容颜，兼补暖。三月三日，采叶并蕊子入大净瓶中干。"宋黄升《鹧鸪天·暮春》词："戏临小草书团扇，自捡残花插净瓶。"明文震亨《长物志·位置》："案头以旧磁净瓶献花，净碗酌水，石鼎爇印香，夜燃石灯。"[1]北周耶舍崛多译《佛说十一面观世音神咒经》中说："观世音左手把澡瓶。瓶口出莲花。展其右手以串璎珞施无畏手。"[2] 在中国观音信仰中，信众为其所造的履历就是妙庄王的三女儿妙善公主，在妙善公主的故事中，曾讲到妙善出家后，为寻找雪莲花，历经种种磨难，来到须弥山，没找到雪莲花，却遇上一位活佛，说妙善前身本是慈航云云，并给妙善一个白玉净瓶，言道："此瓶你要带回去好好供着，只要见到瓶中有水，水中长出柳枝来，就是你的成道之日。"[3] 由此可见，在观音画像中，将柳枝或莲花插于净瓶之中加以表现便是很自然的了。

三　观音净瓶的造型及图案

（一）造型及图案的类型分析

　　莫高窟从北周到唐的彩塑中，净瓶造型多以长颈鼓腹，直口或侈口平底的简单造型为主要样式。而在壁画中，自隋代开始，净瓶的造型便趋向多样化。唐代净瓶的造型更加丰富多样，从器型来看，主要可以分为以下几类。

　　A类：无盖类。此类净瓶口部呈直口或侈口，无盖，瓶口或插

---

　　① 陆锡兴主编：《中国古代器物大词典》（器皿），河北教育出版社2001年版，第215—216页。

　　② 北周·耶舍崛多译：《佛说十一面观世音神咒经》，《大正藏》第20册，No.1070。

　　③ 清·曼陀罗室主人著，柴图改编：《观音菩萨的故事》，陕西师范大学出版社2004年版，第127页。

花，或不插花。根据颈、足部造型的不同又分二型。

Ⅰ型：直口饼足型，中有二式：

a式：直口，细颈，瓶颈与瓶肩连接处有节状装饰物，椭圆形腹，饼足与瓶身有短柱相连。如盛唐第320窟观音净瓶（图6—28）。

b式：直口（微呈侈口状），细颈，鼓腹，饼足，整个器型线条圆转流畅。如盛唐第217窟龛外北侧观音净瓶（图6—29）。

Ⅱ型：直口覆莲型足，中有三式：

a式：直口，细长颈，球形腹，覆莲型足（小莲瓣）。如斯坦因Ch. liii. 005号唐（公元9世纪后半期）绢画《观音像》（图6—30）、Ch. lv. 0023号唐咸通五年（公元864年）绢画《四观音文殊普贤图》中的净瓶（图6—31）。

b式：直口，细长颈，球形腹，高足外撇，下饰覆莲（小莲瓣）。如斯坦因Ch. 0088号唐（公元9世纪后半期）《观音像》中的净瓶（图6—32）。

c式：直口，细长颈，球形腹，覆莲型足（大莲瓣），莲足与瓶身以珠状物相连。如斯坦因Ch. lvi. 006号唐（公元8世纪末至9世纪初）《观音像》中净瓶（图6—33）。

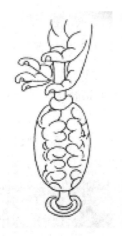  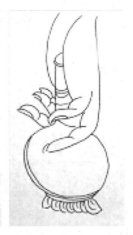

图6—28　第320窟　　　图6—29　第217窟　　　图6—30　Ch. liii.
观音净瓶　　　　　　　观音净瓶　　　　　　　005号

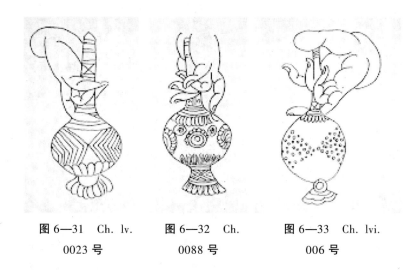

图 6—31　Ch. lv.　　图 6—32　Ch.　　图 6—33　Ch. lvi.
　　0023 号　　　　　 0088 号　　　　　 006 号

　　B 类：带盖类。此类净瓶口部多呈侈口，上有盖，盖上有钮或无钮。大致分为三型。

　　Ⅰ型：侈口，上有三角形盖，盖上有圆球形盖钮，短颈，球形腹，足外撇，平底。如初唐第 57 窟北壁说法图观音手中净瓶（图6—34）。

　　Ⅱ型：侈口，莲花苞形盖钮，细颈，颈部套一圆环，椭圆形腹，高足，足与瓶腹连接处有节状装饰。如初唐第 335 窟主室西壁观音之净瓶就是较为典型的例子（图6—35）。公元 9 世纪末的纸绢画《行脚僧图》中也有此型净瓶，只是颈部未套圆环（图6—36）。

　　Ⅲ型：侈口，上盖伞状盖，盖上有钮或无钮。大致分为三式：

　　a 式：侈口，上盖伞状盖，盖上有球形钮，细长颈，球形腹，高足外撇，下为覆莲（小莲瓣）。如初唐第 220 窟南壁阿弥陀经变中的观音手中净瓶（图6—37）。

　　b 式：侈口，上盖伞状盖，细长颈，宽肩收腹，平底，下接倒扇形高足。如斯坦因 Ch. lv. 0035 号唐末至五代初（9 世纪末—10世纪初）《观音像》中净瓶（图6—38）。

　　c 式：侈口，上盖伞状盖，细长颈，球形腹，足外撇，平底。如初唐第 321 窟东壁北侧十一面观音手中净瓶（图6—39）。

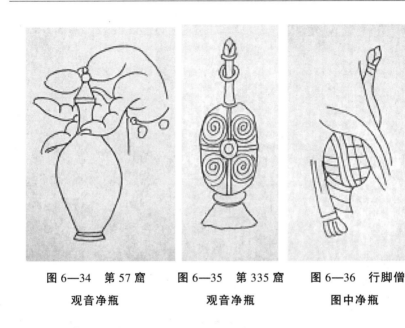

图6—34　第57窟　　　图6—35　第335窟　　　图6—36　行脚僧
观音净瓶　　　　　　　观音净瓶　　　　　　　图中净瓶

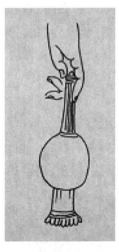

图6—37　第220窟　　　图6—38　Ch. lv. 0035　　图6—39　第321窟
观音净瓶　　　　　　　号净瓶　　　　　　　　观音净瓶

　　C类：圆盘小颈类。此类净瓶的主要特征是颈部有伞状圆盘，
圆盘上复有簪笔形小颈。此类又分带流与不带流两型。

　　Ⅰ型：颈部有伞状圆盘，圆盘上复有簪笔形小颈，不带流。大致有以下几式。

a式：细颈侈口，上有伞状盖，盖上叠有较小的伞状圆盘，上有簪笔形小颈，鼓腹，高饼足，饼足与瓶腹中间有凸出的节状装饰。如盛唐第45窟南壁观音经变中观音所持净瓶（图6—40）。

b式：颈部有伞状圆盘，圆盘上复有簪笔形细长小颈，椭圆形腹，平底。如中唐榆林第25窟北壁西端观音菩萨手中净瓶（图6—41）。

c式：细长颈，颈部有伞状圆盘，圆盘上复有簪笔形小颈，鼓腹，平底，下接倒扇形高足。如中唐第384窟南壁东侧不空羂索观音手中的净瓶（图6—42）。

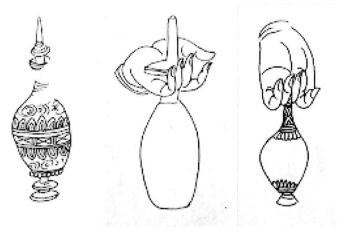

图6—40　第45窟 观音净瓶　　图6—41　榆林第25窟观音净瓶　　图6—42　第384窟 观音净瓶

d式：颈部有伞状圆盘，圆盘上复有簪笔形细长小颈，球形腹，覆莲型足（小莲瓣），莲足与瓶身以珠状物相连。如晚唐第14窟北壁观音经变观音手中净瓶（图6—43）。

e式：颈部有伞状大圆盘，圆盘上复有簪笔形细长小颈，球形腹，覆莲型矮足（小莲瓣）。如斯坦因Ch. xxxvi. 001号唐（公元9世纪后半期）绢画《观音像》中净瓶（图6—44）。

f式：颈部有伞状圆盘，圆盘上复有簪笔形细长小颈，球形腹，高足，下有一圈联珠纹，足与瓶身以珠状物相连。如斯坦因Ch.

xxxviii. 005 号唐（公元 9 世纪中叶）绢画《二观音像》中净瓶（图 6—45）、莫高窟中唐第 158 窟南壁观音净瓶等。

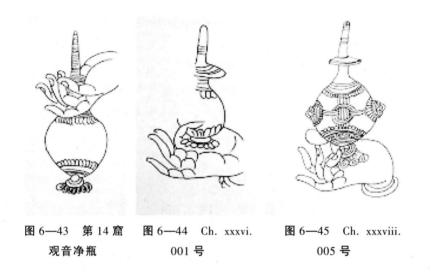

图 6—43　第 14 窟
观音净瓶

图 6—44　Ch. xxxvi.
001 号

图 6—45　Ch. xxxviii.
005 号

　　Ⅱ型：颈部有伞状圆盘，圆盘上复有簪笔形小颈，带流。大致有以下几式。

　　a 式：瓶身修长，颈部有伞状圆盘，圆盘上复有簪笔形细长小颈，肩部有流，肩宽收腹，倒扇形高足，下有一圈联珠纹，足与瓶身以珠状物相连。如中唐榆林第 25 窟南壁西端观音手中净瓶（图 6—46）。

　　b 式：颈部有伞状圆盘，圆盘上复有簪笔形细长小颈，肩部有流，覆莲型（小莲瓣）高足。如斯坦因掠走唐末至五代初（公元 9 世纪末至 10 世纪初）纸绢画《观音像》（图 6—47）（注：此为儿童涂鸦之作，但却代表一类器型）。

　　c 式：肩部有流，高足，下有一圈联珠纹（由于手部遮挡，不见颈部伞状圆盘及簪笔小颈，但根据同时期器型看，应有圆盘小颈）。如中唐第 112 窟东壁南侧观音经变中观音手中净瓶（图 6—48）。

　　d 式：肩部有流，高饼足（由于手部遮挡，不见颈部伞状圆盘及簪笔小颈，但根据同时期器型看，应有圆盘小颈）。如中唐第 45 窟西壁龛外南侧观音手中净瓶（图 6—49）。

　　D 类：罐类。这是莫高窟观音画像持物中较为特殊的一类，形状如罐子，唐（公元 9 世纪）斯坦因 Ch. xviii. 003 号绢画观音像中就是一例（图 6—50），此类器型在后来的水月观音像中也有出现。

图 6—46　榆林第 25　　　图 6—47　唐末至五代　　　图 6—48　第 112 窟
窟观音净瓶　　　　　　　观音净瓶　　　　　　　观音净瓶

图 6—49　第 45 窟观音净瓶　　图 6—50　Ch. xviii. 003 号净瓶

　　莫高窟唐代观音净瓶中的图案除莲瓣纹最为普遍外，还有弦纹、旋涡纹、云纹、团花纹、花瓣纹、联珠纹、圆点纹、十字纹、几何纹等，这些图案在以上所举的图片资料中均有体现，故此不再一一描述。

　　通过以上的类型分析，莫高窟唐代观音画像中净瓶的丰富性和多样性已不言自明。然而，如此多样的净瓶类型难免让人心存疑惑，我们不禁要问，作为佛教的器物，净瓶究竟有没有标准的器型？如果有，壁画中的净瓶是否依此而绘？如果没有，如此多样的造型样式是完全出于画工的想象，还是另有所依呢？下面的论述就从这一问题开始。

　　（二）净瓶与文献、实物的对比分析

　　关于净瓶的造型，我们可以通过四则材料来了解。第一则是曾巡游印度的唐朝僧人义净，在其所著的《南海寄归内法传》一书作有如下描述：

　　　　其作瓶法：盖须连口，顶出尖台，可高两指，上通小穴，粗如铜箸，饮水可在此中。傍边则别开圆孔。拥口令上，竖高两指，孔如钱许，添水宜于此处。可受二三升，小成无用。斯之二穴，恐虫、尘入，或可着盖，或以竹、木，或将布叶而裹塞之。①

　　第二则是出使高丽的宋朝人徐兢，在其撰写的《宣和奉使高丽图经》一书中有段关于净瓶外形的说明：

　　　　净瓶之状，长颈修腹，旁有一流，中为两节，仍有辘轳，盖颈中间有隔，隔之上复有小颈，像簪笔形。贵人、国官、观寺、民舍皆用之。惟可贮水，高一尺二寸，腹径四寸，容量三升。②

　　第三则是《中国古代器物大词典》（器皿）中的解释：

---

　　① 唐·义净：《南海寄归内法传》，《大正藏》第 54 册，No. 2125。
　　② 宋·徐兢：《宣和奉使高丽图经》卷三十一（器皿二），中华书局 1985 年版，第 107 页。

净瓶：盛净水之瓶，净瓶之制传自印度，其式瘦长腹，上部有直立的细长瓶颈。①

第四则是大唐天竺三藏菩提流志所译的《不空羂索神变真言经》，其中有如下描述：

尔时，观世音菩萨摩诃萨，复白佛言：世尊，是不空悉地王最胜如意摩尼瓶三昧耶，能成出世、世间一切诸法。亦如不空如意轮陀罗尼，能与有情作大宝处，其瓶以金、以银、以铜、以玛瑙、以鍮钑、以瓷、以泥，随力办作。瓶如珠形，中受一□，底象覆莲，口象瓶口，内外钿饰，绕瓶身上图画莲花，圆绕项口画花须蕊，题记四方。②

上引材料为我们提供了三类净瓶的造型样式：其一，球状器身，长颈上有盖状圆盘，盘上又有管状小颈，器身一侧有流；其二，瘦长腹，上部有直立的细长瓶颈；其三，瓶如珠形，底像覆莲，口像瓶口，瓶身饰莲花。

从我国出土的净瓶实物和较为写实的图像资料来看，陕西临潼庆山寺塔地宫唐代文物中出土有鎏金银水瓶，③ 造型优雅，伞状瓶盖上有圆球形盖钮，瓶腹上还有束带痕迹；④ 日本东京国立博物馆

---

① 陆锡兴主编：《中国古代器物大词典》（器皿），河北教育出版社 2001 年版，第 215—216 页。

② 唐·菩提流志译：《不空羂索神变真言经》，《大正藏》第 20 册，No. 1092。

③ 对于陕西临潼庆山寺塔地宫出土的这一造型的瓶，辛革在《佛塔中的秘密——走进珍宝世界》一书中称为"水瓶"，解释为一种水具。贺云翱、邵磊主讲的《中国金银器》一书中称为"宝瓶"，解释为一种佛教的法器。我们从前面的论述中得知，净瓶既可做水具，亦可做法器。更重要的是，此瓶造型优雅，伞状瓶盖上有圆球形盖钮，这与莫高窟壁画中的净瓶尤其是中唐以前的样式极为相似。另外，瓶腹上还有明显的束带痕迹。义净在《南海寄归内法传》中介绍了净瓶袋的制作方法："其瓶袋法式：可取布长二尺，宽一尺许，角摄两头，对出缝合。于两角头连施一襻，才长一磔。内瓶在中，挂膊而去。"莫高窟第 17 窟也画有装于袋中的净瓶，从此瓶的束带痕迹看，其用法与净瓶类似。故此，本书把它列为净瓶的实物资料加以探讨。

④ 辛革：《佛塔中的秘密——走进珍宝世界》，上海文艺出版社 2003 年版，第 54 页。

所藏的法隆寺献纳宝物中有一净瓶，长颈圆盘，肩部有流，从时间与风格上看，应为唐代所作（图6—51）[①]；河北定县宋代静志寺、净众院两塔基发现有净瓶二十余件，均带流（图6—52）[②]。在现存的图像资料中，莫高窟第17窟绘有一套在布袋中的净瓶，瓶颈中部有一圆盘状突起，以供执手其中（图6—53）；斯坦因所获藏经洞唐9世纪末—10世纪初期纸画《高僧像》（Ch. 00145）中有带流的净瓶（图6—54）。由于这两幅画均为写真作品，故可推断画中净瓶必为当时生活中净瓶之形制，就造型而言，与前二则文献记载以及法隆寺唐代净瓶、定县宋代净瓶实物都极为一致。第三则材料所讲的瘦长腹、细长颈的净瓶与A类I型b式，以及庆山寺的鎏金银水瓶在造型上又颇为相似，此类净瓶也是在形状上最接近印度净瓶者。而第四则材料所描述的净瓶造型，尤其是"底像覆莲"的造型，则在前文所举的A、B、C类净瓶中均有表现。

图6—51　法隆寺净瓶

图6—52　定县龙首流净瓶

---

① ［日］村野隆男等：《特别展·法隆寺献纳宝物》，东京国立博物馆1996年10月8日发行，第119页。

② 本书的研究时段在唐代，但与文献记载吻合的净瓶实物唐代出土较少。从莫高窟壁画中较为写实的净瓶图像可见，这种净瓶样式在唐代已经流行。从前人研究可知，圆盘小颈及带流净瓶流行于唐代后期及北宋早期。故而，本书用出土于宋的净瓶实物来印证大量出现于唐代后期绘画中的净瓶图像。

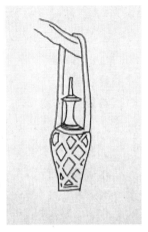

图 6—53　第 17 窟净瓶　　　　　图 6—54　高僧像中净瓶

　　结合前文对莫高窟唐代观音画像中净瓶造型的类型分析，可以看出，在敦煌壁画中，初唐时期的净瓶在隋代基础上主要发生了两个变化：一是对瓶口的刻画更加仔细，伞状盖顶出现了球形、莲花苞形盖钮，如 B 类 Ⅰ、Ⅱ型；二是瓶底由矮足向富有装饰性的高足变化，如 B 类 Ⅲ 型。这一时期的造型与陕西临潼庆山寺塔地宫出土的鎏金银水瓶非常相似。盛唐时期的净瓶，口部伞状圆盘以及簪笔形小颈都出现，并被精心刻画。同时在足部也出现了较大的变化，主要体现在足与瓶腹连接处的珠状和节状装饰上，C 类 Ⅰ 型 a 式盛唐第 45 窟南壁观音经变中观音手中净瓶堪为代表。中唐时期变化最为明显，尤其是圆盘、小颈和流的大量出现（主要是 C 类），都与文献记载河北出土实物中的净瓶造型基本一致。晚唐以后的净瓶造型多与之前各期相似，似无太大变化。由此可见，莫高窟壁画中净瓶造型、装饰与文献记载和出土实物之间既有着一致性，也保持了自身的丰富性和多样性。面对这样的现象，我们的问题是，莫高窟壁画中净瓶样式变化最大的地方在哪里？影响和生成这些样式的因素究竟有哪些呢？

　　（三）净瓶造型的成因分析

　　通过上述分析，我们不难看出，莫高窟唐代观音净瓶造型、装饰中变化最为突出的当数盖部和足部。究其原因，除印度早期的净瓶形制、佛教典籍的翻译、著述等为其提供造型依据外，① 唐代工艺美术的发展和对外交流，以及敦煌地区的工艺品交流也是影响其盖、足发展、演变的主要因素。

众所周知，魏晋以来，我国工艺美术的主要变化有二：一是佛教的传入使工艺美术制作宗教化；二是粟特、萨珊、拜占庭等多种域外风格的传入使工艺美术制作西方化。而唐代的开放胸怀则决定了其工艺美术兼收并蓄的特点。一方面，它继续摄入外来元素；另一方面，它又将其加以融合、消化和转变，以此确保工艺制品的中国特性。正因如此，唐代的工艺美术在各方面都表现出一派繁荣景象。就陶瓷而言，《陶录》称："陶至唐而盛，始有窑名。"② 即各地的制瓷中心均有窑名，不但有"蒙茗玉花尽，越瓯荷叶空"③ 的越窑青瓷、"雕镌荆玉盏，烘透内丘瓶"④ 的邢窑白瓷，还有"九秋风露越窑开，夺得千峰翠色来"⑤ 的秘色瓷，更有彩绘瓷和久负盛名的唐三彩。在金银器方面，唐代虽然不是中国制造金银器最早的时代，但统治阶级借金银器延年益寿的思想意识却使唐代成为中国金银器最为辉煌的时代。⑥ 陶瓷和金银器工艺的高度发展，不但成就了器型种类和装饰的丰富性，也促成了艺术风格上的多元化。

---

① 如前文提及经典所述的净瓶样式，不但出现在莫高窟的壁画之中，而且有出土实物为证。其中有一个问题值得我们注意，那就是在有关净瓶记述的经典中，明确净瓶造型者，多见于唐宋之时，这或许可以理解为莫高窟唐代净瓶造型向多样化发展的原因之一。

② 清·蓝浦、郑廷桂著，欧阳琛、周秋生校，卢家明、左行培注：《景德镇陶录校注》，江西人民出版社 1996 年版，第 87 页。

③ 唐·孟郊：《凭周况先辈于朝贤乞茶》，《全唐诗》第十二册卷三百八十，孟郊九，中华书局 1960 年版，第 4266 页。

④ 唐·元稹：《饮致用神麴酒三十韵》，《全唐诗》第十二册卷四百零八，元稹十三，中华书局 1960 年版，第 4539 页。

⑤ 唐·陆龟蒙：《秘色越器》，《全唐诗》第十八册卷六百二十九，陆龟蒙十三，中华书局 1960 年版，第 7216 页。

⑥ 汉代方士就曾鼓吹"黄金成，以为饮食器则益寿"，唐代统治者依然，《太平御览》引《唐书》说："武德中，方术人师市奴合金银并成，上（李渊）异之，以示侍臣。封德彝进曰：'汉人方术及刘安等皆学术，唯苦黄白不成，金银为食器可得不死。'"唐敬宗李湛曾欲饵食黄金，浙西观察使李德裕阻道："臣又闻前代帝王虽好方士，未有服其药者。故《汉书》称黄金可以成，以为饮食器，则益寿。"可见唐代统治者借金银器满足益寿的目的。

而地处丝路要道的敦煌，向来是中西方文化交流的重镇，所以，莫高窟唐代观音画像中净瓶的盖部和足部变化正是身处此地，华戎交汇的结果。

在盖部造型上，莫高窟唐代观音画像中的净瓶主要有圆球形钮盖、花苞形钮盖以及圆盘小颈等造型。根据前文述及的出土实物与文献记载，圆球形钮盖很可能与临潼庆山寺的这类鎏金银水瓶盖有关，而圆盘小颈及带流净瓶则无疑与佛经描述和此类净瓶在唐代的流行密切相连。值得注意的问题是，圆盘小颈及带流净瓶流行于唐代后期及北宋早期，出土实物多在中原。而莫高窟壁画中的此类净瓶也在中唐时期大量出现。这就说明，尽管中唐时期的敦煌处于吐蕃统治之下，但与中原的交流似乎并未真正中断。至于花苞形钮盖，当与莲花装饰的流行和发展相映。莲花是佛教的象征，所以，它广泛应用在制瓷工艺和绘画中。1980年浙江省临安县明堂山唐天复元年水邱氏墓出土的褐彩带盖罂瓶上有半圆形盖，盖顶有荷叶形钮座，座上有花苞形钮，反映出唐代后期越窑的制瓷水平（图6—55）。若将其与B类Ⅱ型初唐第335窟主室西壁观音手中净瓶、唐（公元9世纪末）《行脚僧图》中的净瓶相联系，我们就不难看出这类装饰在制瓷工艺与绘画装饰中的普遍流行。在莫高窟唐代净瓶中，除了这种盖钮作莲苞形

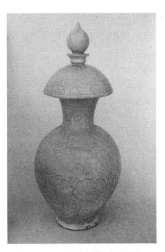

图6—55　褐彩带盖罂瓶

外，有的甚至在瓶身也饰以莲花苞，如斯坦因Ch. xxxviii. 005号唐（公元9世纪中叶）绢画《二观音像》中净瓶就是如此。由此可见，在莫高窟唐代净瓶中，我们看到的各种盖部造型均与各时期流行的工艺器皿造型、装饰相一致。

在足部造型上，莫高窟净瓶主要有平底、圆饼底、覆莲型足、覆莲型高足、饰珠高足或饰节高足、联珠纹高足以及几种足型结合的复合型足等。而从整个唐代工艺美术的发展来看，这几类足型显然受到时风的影响，下面就分而述之。

1. 平底、圆饼底

工艺美术史家的研究表明，"唐代陶瓷的造型发展和演变，可分为三个时期。早期流行凤首壶、天鸡壶、龙柄壶、高足钵、四耳罐等，且多大型平底或圆饼底。中期大型器物减少，多碗、盘、杯、盒、罐、盂等，出现圈足。晚期则多成套的壶、盏、杯、托等，并有较高的圈足"①。这就是说，唐代陶瓷器虽然种类繁多，但各时期不同的器物在足部造型上却体现了一定的趋同性，即早期流行平底或圆饼底，中晚期出现圈足和高圈足。由于圈足和高圈足不易于用绘画形式来表现，故而便于转化成绘画语言并容易识别的主要取材对象就是平底和圆饼底。在莫高窟唐代壁画中，B 类 I 型初唐第 57 窟北壁说法图中观音手中净瓶为平底，A 类 I 型 a 式盛唐第 320 窟观音净瓶和 A 类 I 型 b 式盛唐第 217 窟观音净瓶为圆饼底。这与唐代早期陶瓷在足部造型和时间上都极为一致。对于这一现象，我们不能简单地理解为一种巧合。

2. 覆莲型足和覆莲型高足

圈足和高圈足在绘画中不易表现，但我们却看到了底部饰以莲瓣的覆莲型足和覆莲型高足。此两类造型一方面来自于佛教的影响，另一方面又来自于西方金银器的影响。因为莲花是佛教的象征，佛教传入使其广为流行。普遍出土于南北朝墓葬的青瓷莲花尊（图 6—56），堪称莲花造型、装饰的典范，但其繁缛的覆莲型高足又明显带有萨珊金银器的痕迹。到了唐代，工艺器皿也像佛教一样开始中国化，尤其是从公元 8 世纪起，金银器的造型仿莲荷的风气日益兴盛，莲身、莲口、莲足的器型大量出现。② 但就莲足而言，已向简洁流畅的大瓣覆莲型足发展（图 6—57）。从出土实物看，

图 6—56　（北朝）青瓷仰覆莲花尊

---

① 田自秉：《中国工艺美术史》，东方出版中心 2004 年版，第 197 页。
② 参见尚刚编《中国工艺美术史新编》，高等教育出版社 2007 年版，第 214 页。

这种大莲花瓣式的覆莲高足器皿在唐后期及宋代较为流行。这或许就是为什么我们在唐代莫高窟壁画中既能看到像 A 类 Ⅱ 型 a 式、b式和 B 类 Ⅲ 型 a 式那样繁密的小覆莲型足，也能看到像 A 类 Ⅱ 型 c式和晚唐第 196 窟南壁屏风菩萨手中净瓶那样大瓣覆莲型足的原因（图 6—58）。

图 6—57　　（唐）素面高足银杯　　图 6—58　　晚唐第 196 窟南壁屏风净瓶

3. 饰节或饰珠型足

在这里主要指高足中间带有节状（类似于算盘珠）或珠状装饰的足型。如果说覆莲型足是多重文化合力所致的话，那么饰节或饰珠型足则主要是西风影响的产物。[①] 一般认为，西方的金银器早在西汉丝路开通之前，就已从海路输入中国，但其在我国真正意义上的全面登陆却是在魏晋之时。从出土实物来看，1970 年山西大同市南郊出土的 3 件鎏金铜杯，有强烈的希腊化风格，有研究者认为可

----

① 齐东方认为：中国至迟在战国、两汉时代就有带高足，并在高足的中部有"算盘珠"式的节的金属器物，但当时这种高足中间有节的器物不多，且未对后来的器物造型产生很大的影响。见齐东方《唐代金银器研究》，中国社会科学出版社 1999 年版，第403 页。所以，唐代胡瓶中又出现这种足部带节状装饰的类型，应是受到外来器物的影响。

能是罗马制品,① 其主要特点正是中间带有节状装饰（类似于算盘珠）的高饼足。这种形制的高足杯一直沿用到了唐代，并且成为罗马—拜占庭金银器对唐代社会生活影响较大的主要器物之一。如1970 年陕西西安南郊何家村出土的狩猎花草纹高足银杯（图6—59）、1985 年陕西临潼庆山寺遗址塔基出土的鎏金缠枝忍冬纹高足银杯均为节状装饰的高饼足。② 而在敦煌，直至公元 9 世纪仍有拜占庭式银器在流行，其中就有这类制品。如敦煌文书 P. 3432 号吐蕃统治时期（公元 9 世纪前期）的《龙兴寺卿赵石老脚下佛像供养具经等目录》中就记有"银盏壹，拂临样"。P. 2613 号《唐咸通十四年（公元 873 年）正月四日沙州某寺徒众常住交割历》中也有"柒两弗临银盏壹，并底"的记录，这里所谓的"拂临样"、"银盏"或"弗临银盏"就是指拜占庭式的银杯。③ 如此看来，存在于莫高窟唐代净瓶中的 B 类Ⅱ型、C 类Ⅰ型 a 式节状装饰高饼足和 C 类Ⅱ型 a 式珠状装饰高足便不难理解（图6—60），我们有理由视其为罗马—拜占庭金银器影响下的绘画表现样式。

图 6—59　（唐）狩猎花草纹高足银杯　　图 6—60　（北魏）鎏金银高足杯

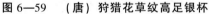

① 杨泓：《文明的轨迹》Ⅱ，中华书局 1988 年版，第 88 页。
② 参阅贺云翱、邵磊主讲《中国金银器》，中央编译出版社 2008 年版，第 198 页。
③ 参阅姜伯勤《敦煌吐鲁番文书与丝绸之路》，文物出版社 1994 年版，第 16 页。

4. 联珠纹高足

从出土实物与相关资料得知，曾对唐代金银器产生较大影响的萨珊、罗马—拜占庭和粟特都钟情于联珠纹，而且在足底周圈装饰此纹是他们共用的方法。由此，我们在谈及莫高窟唐代壁画中净瓶的联珠纹高足时（图6—61），也从萨珊、罗马和粟特等对它的影响入手。

先说萨珊。金银器在中国出现较早，但直至唐代，其在数量和工艺上才得到了真正的发展。学术界一般认为，萨珊朝金银器的影响是这一发展的主要原因之一。[1] 因为文献中有关波斯商人在中国的活动，以及萨珊与大食战争兵败、亡国后，王子率众逃往唐朝，并在大唐为官、经商之事为人们所熟知。且在中国境内出土的西方金银器中，萨珊王朝的作品数量最为庞大。[2] 而从出土实物和前人的研究成果来看，颈、腹及底座饰联珠纹则是萨珊系统金银器的主要特点。[3] 1983年出土于宁夏固原北周李贤墓的鎏

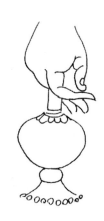

图6—61　中唐榆林窟25南壁东侧观音净瓶

金银瓶一般被认为是萨珊流入我国的重要器物（图6—62）。[4] 以此为例的目的就在于，它不但为我们认识联珠纹高足提供了直观的实物凭证，而且其在造型和装饰上对唐代流行的胡瓶产生了重大影响，[5] 使我们在藏于故宫博物院的唐代藏青釉凤首壶[6]中仍然能看到

---

[1]　夏鼐著，王世民、林秀贞编：《敦煌考古漫记》，百花文艺出版社2002年版，第289页。

[2]　参阅贺云翱、邵磊主讲《中国金银器》，中央编译出版社2008年版，第115页。

[3]　罗丰：《北周李贤墓出土的中亚风格鎏金银瓶》，《考古学报》2000年第3期。

[4]　也有学者认为，鎏金银瓶虽然从外观上看具有萨珊王朝金属器风格，但准确地说，这种高圈足，带流线型把手的容器其实是典型的希腊、罗马风格的制品。罗丰：《北周李贤墓出土的中亚风格鎏金银瓶》，《考古学报》2000年第3期。

[5]　尚刚编：《中国工艺美术史新编》，高等教育出版社2007年版，第182页。

[6]　由于凤首壶与胡瓶在造型上的颇为相似，所以，在众多学者研究中，凤首壶被视为胡瓶里的一个种类或是一型。

它的余韵（图 6—63），进而证明联珠纹高足在唐代继续流行。而对于敦煌来讲，它的特殊地理位置使其与波斯萨珊的关系更为密切，在敦煌吐鲁番的出土文物与文献记载中，证明唐代波斯萨珊金银器在敦煌流行的材料非常之多。在这种氛围中，波斯萨珊金银器很有可能影响到壁画中净瓶的联珠纹高足。

图 6—62　（北周）李贤墓
出土鎏金银瓶

图 6—63　（唐）故宫博物院
藏青釉凤首壶

次说拜占庭。拜占庭即东罗马帝国，早在东晋及南北朝时期的典籍中，它就以拂菻、蒲林、普岚等名称出现。[1] 张轨统治河西时，就有罗马所制金胡瓶进献。如《太平御览》卷七五八引《前凉录》曰："张轨时，西胡致金胡瓶，皆拂菻（原注：力禁切）作，奇状，并人高，二枚。"[2] 北周之时，"河西诸郡或用西域金银之钱，而官不禁"。[3] 公元 640 年，即唐贞观十四年，唐太宗平定高昌之后，拜

①　姜伯勤：《敦煌吐鲁番文书与丝绸之路》，文物出版社 1994 年版，第 7 页。

②　宋·李昉等撰：《太平御览》卷七百五十八（器物部三），中华书局 1960 年版，第 3365 页。

③　唐·魏征、令狐德棻撰：《隋书·食货志》卷二十四，志第十九，中华书局 1973 年版，第 691 页。

占庭正式使团曾于公元 643 年、667 年、701 年、719 年逐年使唐。① 这些都说明了拜占庭与唐朝、敦煌地区之间的交往渊源，以及拜占庭金银器的输入情况。有关拜占庭金银器对敦煌壁画中净瓶的饰节、饰珠型足的影响，前面已经有所述及。至于其对联珠纹高足的影响，我们还须提到李贤墓的鎏金银瓶。因为，对此瓶的认知中，也有学者认为它虽然貌似萨珊金银器风格，但实为典型的希腊、罗马风格的制品。若此说成立，最起码可以帮助我们明确拜占庭金银器中联珠纹高足的存在。既然拜占庭金银器中存在联珠纹高足，拜占庭式金银器在敦煌又一直流行至公元 9 世纪，那么，其影响壁画中净瓶联珠纹高足的可能性也是不能排除的。

　　再说粟特。粟特是擅长商业的民族，早在公元 4 世纪，被称作"昭武九姓"的粟特人就已移居西北地区并在中西贸易中充当中介人。如前段所引《前凉录》中的"西胡"即为粟特人。时至唐代，中华大地上的粟特人更加活跃，宁夏固原发掘了粟特人的墓群，西安、洛阳等地也出土了昭武九姓粟特人墓志，位居丝路的敦煌地区更是如此。如唐时沙州敦煌县从化乡是粟特聚集的中心，还有悬泉乡、效谷乡、高昌县崇化乡也居住着大量粟特人。另外，敦煌吐鲁番地区发现的粟特文写本以及有关粟特记载的文书，都表明了粟特人在敦煌地区的长期存在。粟特人的商业活动，促进了中西工艺制品的贸易与交流。作为中介，粟特人不但带来了萨珊、罗马的金银器，也传入了自己的金银器。目前我们见到唐代具有浓烈粟特风格的金银器是 1970 年陕西西安南郊何家村窖藏出土的一批金银带把杯（图 6—64），而圈足底沿围饰联珠纹也是这些金银杯的主要特点。由此可知，粟特金银器也是影响壁画中净瓶联珠纹高足的因素之一。

　　补说吐蕃。由于敦煌地区曾一度陷入吐蕃之手，而吐蕃的金银器又以其美观、珍奇以及精良的工艺著称于世，所以，我们有必要补充说明吐蕃金银器对莫高窟净瓶的影响。关于吐蕃金银器，霍巍先生在其《吐蕃系统金银器研究》② 一文中有过详细的论述，我们

① 姜伯勤：《敦煌吐鲁番文书与丝绸之路》，文物出版社 1994 年版，第 14 页。
② 霍巍：《吐蕃系统金银器研究》，《考古学报》2009 年第 1 期。

从其文中得知，饰节或饰珠型足和联珠纹高足也是吐蕃系统金银瓶、壶、杯的主要造型样式。从刊登的图片及作者的分析看，吐蕃金银器深受唐代、萨珊、粟特等风格的影响。作者提到吐蕃统治敦煌时期，其金银器应受到敦煌的影响，因为敦煌是久受西风熏染之地。然而，我们也不能忽视在与中原交流不太通畅的中唐时期吐蕃金银器自身对敦煌的影响。

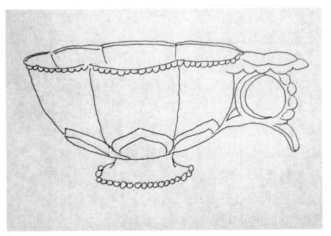

图6—64　（唐）陕西历史博物馆藏鎏金仕女狩猎纹银杯

　　至此，我们可以看到，绘制于中唐第158窟南壁、榆林窟第25窟南壁东侧、南壁西端及斯坦因Ch. xxxviii. 005号绢画《二观音像》中净瓶的联珠纹足，主要是受来自各地的金银器的影响。而在敦煌，就曾设有"金银行都料"这一机构。如榆林窟第24窟就有供养人题名云："社长押衙知金银行都料青光禄大夫检校太子宾客郁迟宝令一心供养。"据向达先生推测，"知金银都料则或是掌制作金银器如金银平脱之类者，略如唐制中尚署之金银作坊院，盖亦与艺术有关也"。[1] 这不仅表明敦煌金银制作之繁盛，亦可佐证壁画净瓶中模仿金银器造型的真实性。

---

　　① 　向达：《唐代长安与西域文明》，河北教育出版社2007年版，第407页。

补论几点：

（1）关于莫高窟唐代观音净瓶中的凹槽装饰。前面所举的北周李贤墓出土的鎏金银瓶，在颈部与足部都饰有凹槽。这种风格被认为是萨珊系器物的特征之一，在各国收藏中多有这种装饰。如埃尔米塔什博物馆藏的双嘴水罐，通体饰有凹槽；日本美穗博物馆藏的青铜质鎏金瓶，腹部全由凹槽构成；日本冈山东方美术馆藏的萨珊白铜长颈瓶，也采用凹槽装饰。① 对于这种凹槽的来源，有人认为是希腊柱式风格影响的结果。② 更有学者直接指出饰有凹槽的器物可以看作一个变化了的爱奥尼亚式圆柱。③ 这些观点都是有道理的，因为希腊凹槽柱式风格早在公元前5世纪的阿黑门尼德王朝时期就传入波斯地区，大流士一世在帕赛波里斯王宫的圆柱就采用这种柱式。④ 我们在初唐第220窟南壁阿弥陀经变中观音净瓶颈部（B类Ⅲ型a式）、中唐第158窟南壁菩萨净瓶及斯坦因Ch. xxxviii. 005号唐（公元9世纪中叶）绢画《二观音像》中的净瓶足部都看到了与此类似的装饰纹样，可以理解为受这种装饰风格的影响的结果。

（2）关于莫高窟唐代观音画像中玻璃净瓶及圆点纹装饰。安家瑶先生较早把莫高窟壁画中的器皿图像作为研究我国古代玻璃器皿的资料，用以与文献记载和出土实物相映证。据其研究，在莫高窟壁画中，玻璃器皿最早出现于隋唐时期。其原因除与壁画的画风和内容有关外⑤，也与外来玻璃器皿的影响密切相连（主要是萨珊、罗马玻璃器的影响）。而在这些玻璃器中，瓶作为重要的一类也出现在观音的手中。安家瑶所举最典型的例子就是盛唐第199窟西壁

---

① 罗丰：《北周李贤墓出土的中亚风格鎏金银瓶》，《考古学报》2000年第3期。
② 同上。
③ 吴焯：《北周李贤墓出土鎏金银壶考》，《文物》1987年第5期。
④ 罗丰：《北周李贤墓出土的中亚风格鎏金银瓶》，《考古学报》2000年第3期。
⑤ 莫高窟壁画中的玻璃器皿最早出现于隋唐时期，这晚于文献记载和出土实物，安家瑶认为这可能与壁画的画风和内容有关系，早期的壁画以本生、佛传等故事为内容，并用晕染法表示器物的立体感，线条粗犷，不利于表现器物质感，而至隋唐时期，大型经变画出现，佛弟子菩萨手中往往持有贵重器物，而且画风上转为细线勾描，设色晕染、色彩鲜艳，玻璃器皿的透明特点就容易被表现出来。见安家瑶《莫高窟壁画上的玻璃器皿》，载《敦煌吐鲁番文献研究论集》第二辑，北京大学出版社1983年版，第431页。

南侧中唐所画观音手中的净瓶。此瓶"细长颈、球腹、圈足、带器盖。……浅灰色透明，清楚地透出瓶后手的轮廓"[1]，堪称唐代观音净瓶以玻璃器为依据的代表。另外，唐代壁画中玻璃器皿的器壁上出现了一种圆点纹，安家瑶先生认为："这种圆点纹可能代表萨珊玻璃器中的圆形磨饰。"[2] 由于敦煌不仅是一条通往西方的"丝绸之路"，也是一条"琉璃之路"[3]，所以，这种圆形磨饰无疑会影响到观音净瓶的纹饰。而我们在中唐第 199 窟观音净瓶（图 6—65）、第158 窟南壁观音净瓶（图 6—66）、榆林窟第 25 窟北壁西端观音净瓶，以及 A 类 II 型 c 式斯坦因 Ch. lvi. 006 号观音净瓶中所能看到的圆点纹装饰，正是受其影响的结果。

图 6—65　中唐第 199 窟观音净瓶　　图 6—66　中唐第 158 窟南壁菩萨净瓶

①　安家瑶：《莫高窟壁画上的玻璃器皿》，载《敦煌吐鲁番文献研究论集》第二辑，北京大学出版社 1983 年版，第 429 页。

②　同上书，第 437 页。

③　有关琉璃器皿在敦煌的流行，敦煌文书中多有记载：如 P. 2613 号《唐咸通十四年（公元 873 年）正月四日沙州某寺交割常住物点检历》中就有："瑠璃屏子壹只"；P. 2567 号《葵酉年（公元 793 年）二月沙州莲台寺诸家散施历状》中有："瑠璃瓶子一"。见姜伯勤《敦煌吐鲁番文书与丝绸之路》，文物出版社 1994 年版，第 66—67 页。

（3）关于莫高窟唐代观音画像中的胡瓶。"胡瓶"一词在中国史籍中的出现约在西晋时期。李贤墓鎏金银瓶的出土，不仅证明北周时期胡瓶已经出现在中国境内，而且为我们呈现了胡瓶的基本器型——鸟嘴状口、鼓腹、单柄、圈足。① 胡瓶自传入中国以来，备受历代统治阶级的喜爱。隋唐时期，金银胡瓶不但成为朝廷向各类有功人员的赏赐物，也是外交活动中的馈赠礼品；不但是皇室贵族收藏的珍玩，也进入了寻常百姓之家。所以，胡瓶除大量出现在唐代文献之中外，屡屡再现于绘画尤其是墓室壁画之中。据统计，已发掘或清理的唐代壁画墓中，约80%都集中在陕西关中唐代的京畿之地，其中绘有或雕饰胡瓶的墓葬又占很大比例②，这都说明胡瓶在有唐一代的流行。杨瑾先生在研究唐墓室壁画上的胡瓶图像时，也注意到了敦煌壁画上的胡瓶，但只是提及，并未深究。③ 笔者认为，关于"胡瓶"在观音画像中的出现，主要与密教观音经典的传入有关。因为在密教经典中，"胡瓶手"作为观音的一手，有着一定的佛教内涵。如"若为一切善和眷属者，当于胡瓶手"④。从现存事物看，莫高窟唐代观音画像中的胡瓶虽然地处边陲，然与当时墓室壁画中的胡瓶样式同步。如斯坦因 Ch. lvi. 0019 号（唐公元9世纪前半期）敦煌绢画千手千眼观音像中的胡瓶（图6—67）、中唐第358窟不空羂索观音像中的胡瓶（图6—68），与新城长公主墓东壁壁画（图6—69）、燕妃墓甬道东壁壁画、房陵大长公主墓前室东壁、后室北壁壁画及章怀太子墓前甬道西壁壁画中的胡瓶在形制

---

　　① 罗丰先生认为：像李贤墓银瓶这样带柄的瓶，在中国古代文献中称作"胡瓶"。"胡"是一个相当广泛的概念，一般泛指汉族以外的周边民族。但"胡瓶"的"胡"字却实指西域，包括今中亚和西亚地区，甚至远及欧洲。总之，在当时中国人的概念中，这是一种从西方传来的瓶。罗丰：《北周李贤墓出土的中亚风格鎏金银瓶》，《考古学报》2000年第3期。

　　② 赵晶：《唐代胡瓶的考古发现与综合研究》，硕士学位论文，西北大学，2008年，第9页。

　　③ 杨瑾：《说唐墓壁画中的胡瓶》，载陕西历史博物馆编《唐墓壁画国际学术研讨会论文集》，三秦出版社2006年版，第255页。

　　④ 唐·伽梵达摩译：《千手千眼观世音菩萨广大圆满无碍大悲心陀罗尼经》，《大正藏》第20册，No. 1060。

上极为一致；① 在色彩上也如出一辙，不是绘以黄色，就是涂以白色。而这些形制与色彩的胡瓶，一般认为正是当时社会流行的陶瓷及带有胡风的金银器在壁画中的反映。如唐代陶瓷、三彩中的胡瓶，河北宽城与内蒙古李家营子出土的银壶都是出土实物中的同类者。② 就敦煌及周边地区而言，胡瓶在唐代也广为流行。如吐鲁番阿斯塔那 150 号墓初唐贞观前后的《唐白夜默等杂物张》中就有："□利康银盏 1 枚，目张□胡瓶一枚"③。可见，莫高窟唐代观音画像中的胡瓶，既是佛教经典规定的结果，也是唐代陶瓷、金银胡瓶影响的结果。

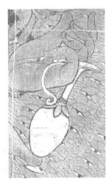

图 6—67　Ch. lvi.　　图 6—68　第 358 窟不空　　图 6—69　新城长公主墓
0019 号观音胡瓶　　羂索观音胡瓶　　东壁壁画中胡瓶

　　质言之，莫高窟唐代观音画像中的净瓶确是一个较为复杂的问题，相比整个壁画的皇皇巨制而言，其分量的确微不足道。但作为工艺美术的一类图像资料，它却肩负着佐证中西方工艺美术发展和交流的重任。就本书而言，笔者无力也无必要深涉于工艺美术研究的汪洋。上述所论，足可言明莫高窟唐代观音净瓶之大要，故已足矣。

----

　　① 　参见赵晶《唐代胡瓶的考古发现与综合研究》，硕士学位论文，西北大学，2008 年，第 63—65 页。
　　② 　齐东方：《唐墓壁画中的金银器图像》，《文博》1998 年第 6 期。
　　③ 　国家文物局文献研究室等：《吐鲁番出土文书》第六册，文物出版社 1985 年版，第 50 页。

第五节　观音手姿的艺术特点

佛教绘画总归是教义与绘画相结合的产物，如果说前文所述重在阐明莫高窟唐代观音手姿的宗教内涵与持物造型样式的话，本节则旨在探讨其手姿中手本身的艺术特点。

手作为人类区别于动物的重要感官，向来被视为人的第二表情，所以，无论是佛教的发源地印度，还是中国，手在造型艺术表现中都有着非常重要的地位。在印度，早于公元2—5世纪的《舞论》中，就把手作为人物画的第二表情。[①] 到了笈多王朝时期，艺术表现人体比例时，不再采用希腊人的几何标准，而是采取了大自然中活的曲线——花枝生长的习性和灵活流动的动物肢体。及至孟加拉的波罗王朝时期，这一审美标准被发挥到了极致，此时对手的艺术表现要求是"手指的丰满如豆荚"（图6—70）、"手与足则如两瓣莲花"（图6—71）[②]；在中国，顾恺之于东晋时期就有"目送归鸿难，手挥五弦易"[③] 的体验。此虽重在言其"传神阿睹"之理论，然却并未否定手的重要性。由于手在绘画中的表现难度并不亚于眼睛，故而又有"画人难画手"之说。手的形态不仅在艺术表现中被反复锤炼，而且在日常生活中也成为审美的一项标准。如在敦煌唐人的民俗中，看一位姑娘美不美，要讲究她的手指是否美。发现于敦煌石室的晚唐抄本词曲卷子《云谣集·倾杯乐》中就有"十指如玉如葱凝，酥体雪透罗裳里"之句。由此可见，手在视觉艺术中的重要性是不言而喻的。

由于佛教对手印赋予了深刻的宗教内涵，所以表现手姿是佛教美术不可避免的内容。而作为中国佛教绘画之最的莫高窟，更是展示

---

① 参见王镛《印度美术史话》，人民美术出版社1999年版，第103页。

② 常任侠著，王镛校订：《印度与东南亚美术发展史》，安徽教育出版社2006年版，第36—37页。

③ 顾恺之：《论画人物》，载潘运告编《汉魏六朝书画论》，湖南美术出版社1997年版，第270页。

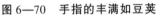

图6—70　手指的丰满如豆荚

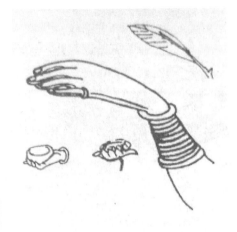

图6—71　手与足则如两瓣莲花

手姿美的艺术宝库。正因如此，前人为之折腰者甚多，其中最具代表的有张大千①、李振甫②和杨东苗③。而从理论上对其进行分类研究者，又首推李振甫。李振甫的研究表明：敦煌手姿在艺术特点上可以分为南北朝、隋唐和宋元三个不同阶段，而唐代手的造型又分为初、中、晚三个时期。这三个时期主要的区别就在于手指的变化上。例如在初期，指甲扁平，从外形上看，指尖处细而往后延逐渐粗（图6—72）。这种造型肌丰而不臃肿，细长而不瘦弱，富有弹性，给人以圆润之感。到了中期，手指的指尖外形线向外扩展并呈上翘之势，手指前后粗细相当（图6—73），出现了丰柔而肥胖的特点。这两个时期的相同之处为都是中锋用笔，线型较粗。到了唐代晚期又有两种不同的造型处理（图6—74）：一种是在每一节的关节处都要用线描来区分，有点写实的味道，另一种是指头之间不分节，用流畅的弧线一笔画下来，整体看来非常软。这两类的指甲都特别长而突出，涂以淡彩，显得瘦弱无力。初、中时期，那种有

　　①　朱介英编：《瑰丽的静域一梦：张大千敦煌册》，北京师范大学出版社2009年版。
　　②　李振甫编绘：《敦煌手姿》，湖南美术出版社1986年版。
　　③　杨东苗、金卫东编：《美学的极致：从敦煌手姿看美的丰富演变》，台北：如何出版社有限公司2008年版；杨东苗、金卫东编：《敦煌手姿：敦煌高昌古格手姿白描600例》，浙江古籍出版社2003年版。

骨有肉、充满内在活力的生机在这时期看不见了。[①]

图6—72　初期：指甲　图6—73　中期：指尖上翘，　图6—74　晚期：分节
扁平，手指前细后粗　　手指前后粗细相当　　　　与不分节两种

　　而张大千先生的研究表明：初唐与中唐时期的手指颇为相似，爪甲均出指顶上，但中唐手姿不及初唐柔美。而盛唐时期手姿的特点就是手指、手掌丰柔，爪甲退入指顶（图6—75）[②]。

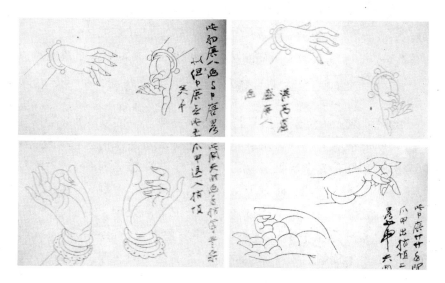

图6—75　张大千所绘敦煌唐代手姿及题跋

---

　　①　李振甫：《敦煌的手》，见李振甫编绘《敦煌手姿》，湖南美术出版社1986年版。

　　②　朱介英编：《瑰丽的静域一梦：张大千敦煌册》，北京师范大学出版社2009年版，第120—122页手印题跋。

这里我们不难看出二位先生研究结果的不同，主要体现在对初期与晚期手姿特点的认识上。李振甫指出唐代初期的指甲扁平，但张大千却认为初唐与中唐爪甲均出指顶上。若引证以莫高窟唐代观音手姿，我们就会发现，初唐时期确有张氏所说的长指甲。如初唐第 57 窟北壁说法图中观音的手指即是此类（图 6—76），就同时期大画家阎立本所作观音像中的手指也是如此（图 6—77）。这便与李氏指甲扁平的初期造型结论相悖。而在晚唐第 14 窟的如意轮观音像中，其手指爪甲又全与盛唐时期相一致（图 6—78），也不合二位先生对于唐代晚期手姿特点的表述。

图 6—76　初唐第 57 窟　　图 6—77　阎立本画　图 6—78　晚唐第 14 窟
北壁观音手姿　　　　　　杨枝手姿　　　　　如意轮观音

由此可见，二位先生都只是为探索一种普遍的规律而努力，因为，实事求是地讲，莫高窟手姿的丰富与多样是任何人都无法用语言穷尽的，只有有幸亲眼巡览的人，才能默默感受那些千姿百态和美轮美奂的肢体语言。而对于绝大多数人来讲，一种无法抹去的印象就是：敦煌的艺术家不放过任何一个细节的处理，他们通常用加长指节的办法美化手姿，这种"过伸现象"（hyper—extension），①虽然超出了生理解剖的规律，但却符合了艺术的规律，它们"夸而有节，饰而不诬"②。

―――――――――――――

① "手指的极端弯曲，在解剖学上称为'过伸现象'（hyper—extension），只有小孩或女性柔美的手才可见到。"庄伯和：《佛像之美——艺术见闻录之三》，雄狮图书股份有限公司 1997 年版，第 54 页。

② 周振甫：《文心雕龙今译》，中华书局 1986 年版，第 335 页。

第七章

莫高窟唐代观音画像
与美术史诸问题

莫高窟唐代绘画之所以在中国美术史中拥有较高的地位，是因为它在主流绘画传世极其稀少的情况下，让人们领略了唐代绘画的辉煌灿烂，也见证了画史画论中的诸多记载与论述。基于此，我们在讨论其中的观音画像时，也必然不能忽视她在美术史中的价值和意义。

第一节　莫高窟唐代观音画像的风格与流派

敦煌是中国、印度、希腊、伊斯兰四个文化体系的汇流之地，①所以，敦煌艺术也是不同风格、流派的混合体。在敦煌绘画史上，印度、西域、西藏等风格及乌浒、于阗、粟特等画派都曾产生过深远的影响。但随着佛教的中国化进程，这些各自不同的画派及其风格也在与本土绘画相融合的过程中，于唐代完全中国化，观音画像亦不例外。所以，当我们探讨莫高窟唐代观音画像的风格与流派时，严格意义上的本土风格和外来风格都是不存在的。因为，虽然政权的变更、画家的流动和可移动性绘画制作地的不同均会使观音画

---

① 季羡林先生曾说："世界上历史悠久、地域广阔、自成体系、影响深远的文化体系只有四个：中国、印度、希腊、伊斯兰。而这四个文化体系汇流的地方只有一个，这就是中国的敦煌和新疆地区。"见季羡林《敦煌学、吐鲁番学在中国文化史上的地位和作用》，《红旗》1986 年第 3 期。

像偏向于某一种风格，但却不能取代唐之前各种风格在中国化进程中的相互融合，以及在此过程中，人们对各种混合风格的认同。鉴于此，我们只能在莫高窟唐代大量观音画像的模糊界限中，按照时代和地域的区分模式对其风格及相关流派做一梳理。

一　印度风格

观音形象源自印度，所以其画像中含有本土风格是必然的。但需要说明的是，印度佛教艺术（包括观音像）在经"丝绸之路"传入敦煌时，就被沿途各地艺术所改造，及至敦煌，又被不断中国化，所以说，在莫高窟唐代绘画中，纯正的印度风格的观音画像是不存在的。而我们判断其是否具有明显印度风格的主要依据，就在于观音画像在多大程度上遵循了印度仪轨中对其像式、姿势、服装、造型、技法等的规定。[1]

从前文论述得知，莫高窟唐代观音画像虽然存在"离经"现象，且高度中国化，但在衣冠、身姿、持物等方面还是保留着明显的印度风格。只不过作为观音的一种基型，这些特点贯穿于莫高窟同类画像的始终，以至于头戴化佛冠、身着菩萨装、上身赤裸、佩戴璎珞、三曲式造型的观音已然成为一种不是风格的风格。由此，我们拟以中亚、西域及西藏艺术为纽带，对莫高窟唐代两类印度风格突出的观音画像做一阐述。

第一类观音画像的印度风格因"天竺遗法"而突出。众所周知，"天竺遗法"又称"凸凹法"，是源于印度的一种表现立体感的绘画技法。在约公元4世纪的印度大乘佛教论著《楞伽经》和约公元4—7世纪的印度传统画论《画经》中都有关于这一技法的翔

---

[1]　在判断敦煌纸、绢、麻布画中的观音是否具有印度风格时，斯坦因也主要采用看观音画像的身材、姿势、服装、着色等是否遵循了印度的传统。见［英］奥雷尔·斯坦因《发现藏经洞》，姜波、秦立彦译，广西师范大学出版社2000年版，第168、178—184页。

实论述。① 由于印度古代绘画遗存很少，所以，目前除阿旃陀壁画最具代表性外，得见这一技法者当数中国的新疆与敦煌壁画。因为，史载中国"凸凹法"的最早实践者张僧繇和集大成者尉迟乙僧的真迹均已遗失。② 然而，他们的风格，尤其是来自西域的尉迟乙僧的风格，则在唐代的于阗（今新疆和田）一带颇有影响，并形成以其为代表的于阗画派（和田画派）。而于阗与龟兹绘画的风格正是将印度"凸凹法"加以融会并对敦煌绘画产生影响的两大派系。③

如果说莫高窟早期的"凸凹法"以龟兹艺术为基础的话，唐代的凸凹晕染法则更接近于于阗艺术。因为，画史记载尉迟乙僧的绘画风格主要有三点：其一，"画外国及菩萨，小则用笔紧劲如曲铁盘丝，大则洒落有气概"④；其二，"用色沉着，堆起绢素而不隐

① 《楞伽经》中把印度传统绘画的方法分为"平面法"（animonnata，无凹凸的）和"凹凸法"（nimonnata，凹凸的），前者是在形象轮廓线内平涂色彩的具有较强装饰性的画法，而后者则是在形象轮廓线内运用深浅不同的色彩进行晕染，是一种立体感较强的画法。《画经》提出了运用"凹凸法"的三种具体方式：（1）"叶筋法"，是指沿着轮廓线画一些类似于叶筋的交叉线条；（2）"斑点法"，是指在轮廓线内点许多深色斑点；（3）"晕染法"，即在轮廓线内边缘部分施以较深的色彩，逐渐向内晕染，由外向内逐渐淡出，造成圆浑凸起的视觉效果，在敦煌壁画中运用最为广泛的还属"晕染法"。另外，"凹凸法"在印度巴利语文献中的表达术语是"深浅法"和"高光法"。"深浅法"是以色彩的深浅标识物体的凹凸，它既包括色彩深浅渐变的晕染，也包括深浅不同的平涂色块所形成的反差，还包括深色背景衬托浅色形象或浅色背景衬托深色形象。"高光法"一般是在晕染的人物面部加白色高光，高光主要加在鼻梁、嘴唇、下巴等突出位置，眼白也涂白色，金属、珍珠、宝石等饰物也用白色提示。参见王镛《印度美术史话》，人民美术出版社1999年版，第112—113页。
② 张僧繇的作品传世者只有流入日本的《五星二十八宿神形图卷》，为唐摹本。此画虽立体感较强，但并非照搬"天竺遗法"。尉迟乙僧的传世作品有藏于美国华盛顿弗利尔美术馆的《天王像》和藏于美国波士顿美术馆的《吉罗林国佛》，但据吴焯先生判断，均非乙僧真迹。参见吴焯《佛教东传与中国佛教艺术》，浙江人民出版社1991年版，第221、239—243页。
③ 影响敦煌美术的主要是东方的中原美术和呈混合风格的西域美术，而在西域美术对敦煌的影响中，北道上以龟兹美术最著名，南道上最著名者便是和田美术了。和田美术对敦煌美术的影响，很早以前就为法国学者郭鲁柏所指出，他说：对敦煌美术"未来的研究，必须一方面注意敦煌壁画假借西域艺术，尤其是和田派之成分"。见王冀青《古代和田派美术初探》，《敦煌学辑刊》1984年第2期。
④ 唐·张彦远撰，俞剑华注释：《历代名画记》卷九，江苏美术出版社、凤凰出版传媒集团2007年版，第218页。

指"①；其三，画"变形三魔女，身若出壁"②。这就是说，力度均匀、富有弹性的线条，浓重鲜明的色彩及"身若出壁"的立体感是乙僧的主要特点。但相关研究表明，以乙僧为代表的于阗艺术中的凹凸法和龟兹等地的画风并不相同，因为龟兹一带的凸凹法较于阗更为强烈。③ 可以想见，这必然是于阗艺术家既保留印度凸凹法，又对其进行平面化处理的结果。同时也可理解为尉迟乙僧之所以能在中原以此法特立独行又深受欢迎的原因之一。由此可以说，于阗的凸凹法应是一种与铁线相结合，晕染细腻，具有一定的立体感，但较含蓄，并不突兀的技法，而只有这种风格才会被唐人所接纳。

作为唐代于阗画派与凸凹技法的代表，乙僧也是善画菩萨的大师，也曾在凹凸花面中间画过"精妙之状，不可名焉"的千手观音。④ 但其画迹毕竟无从考证，只不过在我们探讨莫高窟唐代观音画像时，部分作品似乎隐约向我们诉说着它与乙僧及其画派之间的关系。如绘于唐代（公元9世纪末）的 Ch. 00113 号观音画像（图5—25），就曾被认为是从于阗带回的作品。尽管在线条上具有中国特征，但粗笨的脚庞、过长的手臂、笔直的腿线及明显的凸凹技法，均表明其与于阗画风的联系。Ch. lv. 0032 号观音画像设色浓重（图7—1），晕染细腻而富有较强的立体感，线条紧劲而均匀，显然是出于专业画家之手。若单从技法上讲，此观音像与尉迟乙僧风格极为相似。⑤ 另外，Ch. lv. 0032 号观音画像在眼睛及表现眼球的弧线上与丹丹乌里克的 D. VII. 6 号木板彩画也如出一辙，而

① 元·汤垕：《画鉴》，载俞剑华编《中国古代画论类编》上，人民美术出版社 2007 年版，第 478 页。

② 唐·段成式撰，秦岭云点校：《寺塔记》卷下，人民美术出版社 1964 年版，第 20 页。

③ 黄文弼先生 1928 年在克孜尔千佛洞、库木土拉千佛洞等地发掘的佛、菩萨像上，轮廓线用粗犷的朱色勾出，再用浅、深红色渲染阴影，明暗对比和田绘画强烈。见黄文弼《塔里木盆地考古记》，遗物说明部分，图版 1—15。

④ 唐·朱景玄：《唐朝名画录》，载何志明、潘运告编《唐五代画论》，湖南美术出版社 1997 年版，第 87 页。

⑤ 马炜、蒙中编：《西域绘画·2》，重庆出版社 2010 年版，第 31 页。

此画又被认为是考察于阗美术风格的主要证据，且其造型本就与观音有关。①

第二类观音画像的印度风格因"波罗样式"而突出。这里所讲的"波罗样式"是指公元 8 世纪中叶，印度孟加拉一带兴起的波罗王朝的艺术风格。从现存西藏、敦煌等地的绘画来看，这一样式的菩萨主要分立式与坐式两种。立式脚庞肥大，双腿笔直，手臂过膝。坐姿有呈三曲式者，有端坐者，也有姿态扭怩者。其后有马蹄形或长圆形头光，面部有方有圆。眼帘下垂，梳高髻，戴三叶冠或宝冠，曲发披肩。袒胸露背，戴项饰与环钏，披帛带，腰下着色彩斑斓的薄丝紧身裙裤。虽无明显处理，却有种体积感。②

图 7—1　Ch. lv. 0032 号观音

由于"波罗样式"的影响波及范围较广，所以，其向敦煌的传播路线较为复杂。但总体而言，无非三道：其一是吐蕃道。即"波罗样式"由西藏传入敦煌，但在这一样式传入西藏之前，实际上已经融入了多种艺术因素。如与尼泊尔艺术融合并形成所谓的"印度—尼泊尔风格"③，与中亚艺术融合并被中亚化了的"波罗—中亚艺术风格"④，还有和属于犍陀罗系统的斯瓦特、克什米尔及新疆、

---

① D. VII. 6 号木板彩画人物造型为婆罗门教中湿婆神的特征，据西方研究佛教造像学的权威福色尔氏（A. Foucher）指出，湿婆与观世音菩萨在造像学上有密切的联系。这也许是观世音菩萨的一种特殊表现形式。见王冀青《古代和田派美术初探》，《敦煌学辑刊》1984 年第 2 期。

② 参见张亚莎《西藏美术史》，中央民族大学出版社 2006 年版，第 99—104 页；彭金章主编《敦煌石窟全集·密教画卷》，商务印书馆 2003 年版，第 62 页。

③ 参见霍巍《西藏西部佛教石窟壁画中的波罗艺术风格》，《考古与文物》2005 年第 4 期。

④ 参见张亚莎《印度·卫藏·敦煌的波罗—中亚艺术风格论》，《敦煌研究》2002 年第 3 期。

于阗艺术风格的融合。① 总之，"西藏艺术引进波罗艺术的方式是多样化的"。② 而当这些多元化的艺术在西藏被加以融会并传至敦煌后，敦煌的藏汉艺术家又进行再次消化，从而形成一种新的风格，这就是所谓的"敦煌吐蕃波罗样式"。③ 其二是丝路道。即"波罗样式"不是通过吐蕃道进入敦煌，而是通过那条习惯的老路——西面的古丝绸之路而来。④ 其三是直接带入。如开元三大士的善无畏进入西域时就是途经"波罗样式"盛行的迦湿弥罗、莲花生大师故里乌苌并借道吐蕃的。⑤ 所以，有学者推断他带到敦煌的密教图像中可能有吐蕃波罗的风格。⑥ 另外，相关研究表明，初唐时期"唐蕃古道"与"泥婆罗道"均已畅通，敕使李义表和王玄策曾数次出使印度摩揭陀王国，并道经泥婆罗王国（尼泊尔）⑦，也可能带回当时流行的"印度—尼泊尔风格"。

明晰了"波罗样式"的艺术风格及传入敦煌的途径，我们再来考察莫高窟唐代具有波罗风格的观音画像。一般认为敦煌的波罗风格是自中唐吐蕃时期开始的，但我们在初唐、晚唐的绘画中均可见到这一风格的观音画像。初唐如第 329 窟东壁北侧说法图之观音与第 334 窟主室东壁门上之十一面观音。这些观音在时间上虽然与波罗艺术的形成不一，但或许可以考虑是否与初唐王玄策等人的尼泊尔之行有关。因为据孙修身先生调查，"泥婆罗国所出现的观世音菩萨像，亦曾经出现于敦煌壁画之中，而且是多次地绘出"⑧。晚唐

---

① 参见谢继胜《川青藏交界地区藏传摩崖石刻造像与题记分析——兼论吐蕃时期大日如来与八大菩萨造像渊源》，《中国藏学》2009 年第 1 期。
② 谢继胜：《黑水城所见唐卡之胁侍菩萨图像源流略考》，见王尧主编《佛教与中国传统文化》（下），宗教文化出版社 1997 年版，第 637—638 页。
③ 参见谢继胜《川青藏交界地区藏传摩崖石刻造像与题记分析——兼论吐蕃时期大日如来与八大菩萨造像渊源》，《中国藏学》2009 年第 1 期。
④ 参见张亚莎《印度·卫藏·敦煌的波罗—中亚艺术风格论》，《敦煌研究》2002 年第 3 期。
⑤ 赞宁：《宋高僧传》Z 卷 2，中华书局 1987 年版，第 17—22 页。
⑥ 参见谢继胜《川青藏交界地区藏传摩崖石刻造像与题记分析——兼论吐蕃时期大日如来与八大菩萨造像渊源》，《中国藏学》2009 年第 1 期。
⑦ 参见孙修身《唐初中国和尼泊尔王国的交通》，《敦煌研究》1999 年第 1 期。
⑧ 同上。

最典型者如第 14 窟南北两壁西端的两身金刚杵观音，第 161 窟窟顶四披的四身观音。这些画像虽然出现在吐蕃统治结束之后，但却体现出较为纯正的波罗风格，对此的解释就是由丝路道直接传入。除此而外，其他波罗式观音多出现在纸、绢和麻布上，内容主要是具有印度波罗密教艺术风格的曼荼罗。如绘于公元 8 世纪的 Ch. xxii. 0017 号《观音曼荼罗》（图 7—2），虽为断片，然仍可见明显的印度—尼泊尔风格。作此判断除其与上述波罗风格一致外，还有一点，那就是此观音曼荼罗绘于麻布上，而用麻布作画是印度，特别是尼泊尔绘画的习俗。公元 9 世纪初的 Ch. 0074 号《阿弥陀八大菩萨图》（图 7—3），中央为阿弥陀，右侧从上至下第一位就是观音菩萨，旁有吐蕃文标识。这一式样被认为有可能是由克什米尔经藏西、于阗一线进入敦煌的①，属绢本观音画像中吐蕃波罗风格的典型。还有 Ch. xxii. 0015（绢本）、Ch. lv. 0024（麻布）等都是这一风格的观音曼荼罗。另外，公元 9 世纪初至中叶的 Ch. 00401 号纸画观音像前文多次提到，当是纸质观音画像中吐蕃波罗风格的代表。

图 7—2　Ch. xxii. 0017 号观音曼荼罗　图 7—3　Ch. 0074 号阿弥陀八大菩萨图

① 谢继胜：《川青藏交界地区藏传摩崖石刻造像与题记分析——兼论吐蕃时期大日如来与八大菩萨造像渊源》，《中国藏学》2009 年第 1 期。

　　由此可见，莫高窟唐代的观音画像中印度风格明显者，主要因"天竺遗法"与"波罗样式"而凸显。而在这两种风格的背后，又隐含着无数艺术家与多个艺术流派的探索、融合与创造。

二　中印混合风格

　　如前所述，印度风格在传入敦煌前，就因融入诸多艺术因子而呈现多元化，而到敦煌后，又被中原及当地艺术所浸染，所以说，入唐以来的敦煌艺术是非常复杂而又单纯的。说它复杂，是因为它在漫长的中国化过程中，的确渗入了太多的外来艺术成分；说它单纯，是因为佛教及佛教艺术中国化进程的完成，使各种艺术的交汇与融合也步入尾声，并开始出现既具有大唐气象又不失印度色彩、相对单纯的中印混合风格，而这正是莫高窟此期观音画像中最常见的风格。

　　莫高窟唐代观音画像的中印混合手法多样，但概括起来主要体现在造型、技法与服饰三个方面。

　　第一，造型上的混融。从造型上讲，敦煌的观音画像由魏晋至唐，对印度造型做了数次改变，即"秀骨清像"—"面短而艳"—"男身女相"—"女身男相"—"丰肌秀骨"。观音造型的一系列变化，如果套用贡布里希的词汇，就是敦煌的画家们将源自印度的观音"图式"，与本土艺术相"匹配"，并不断进行"修正"的过程。但我们从莫高窟唐代观音画像看，尽管部分作品在造型上中国化痕迹明显，但并没有将印度的基型完全褪去。且不说披肩的长发、赤裸的上身、光秃的脚趾、满身的璎珞和头上的宝冠花鬘，就连手指的一招一式也不会随意改动。所以，我们讲观音造型上的混融，主要还是指印度的"基型图式"与中国的"修正图式"的融合。即是说莫高窟唐代的观音造型在姿势、冠饰、璎珞、手姿、持物等方面依然以印度造像仪轨为依据，在面相、服饰等方面却多以世俗审美及现实生活为依据。而正是这两方的相互糅合，才匹配了中国人的宗教信仰、伦理道德与世俗审美心理。

　　第二，造型与技法的混融。在莫高窟唐代观音像中，中印造型与技法往往相互融合，相得益彰。我们知道，莫高窟唐代壁画的技

法中既有印度的"低染法"，也有中国的"高染法"，既有西域
"曲铁盘丝"的线条，又有中国"气韵生动"的线条。而在观音画
像中，这些技法不仅配合应用，而且与各式造型一道体现着观音的
中印混合风格。如在公元 8 世纪初的 Ch. liii. 001 号《树下说法
图》中，佛旁观音头戴化佛冠，面部造型与唐代仕女画完全一致，
线条也有粗细变化，但晕染方式则是典型的"天竺遗法"。唐末至
五代的 Ch. lxiv. 003 号（纸本）、Ch. 00134 号（麻布）、Ch. i.
0016 号（麻布）观音像幡，均为印度式造型与服饰，但面部晕染
却都为中式"高染法"。

　　第三，服装与配饰的融合。据段文杰先生介绍，敦煌石窟中的
菩萨头顶梳髻、戴宝冠或花鬘、余发披肩、两耳垂珰、肩披大巾、
胸饰璎珞、腰裹长裙、裸上身跣脚的造型历代不变，但服饰各有不
同。① 这就是说，菩萨在服装以外的造型上较多地保留有印度风格，
而在服装本身却融入了大量的中国风格。观音菩萨亦是如此，其画
像中服装的中国因素主要体现在三个方面。其一是观音身着中国服
饰。如盛唐第 320 窟龛外南侧观音、第 66 窟龛外北侧观音均着紧
贴躯体、红色透明的罗裙，而这种罗裙也是唐代贵族妇女的服装之
一。其二是中国化但保留印度风格的服装。如唐咸通五年 Ch. iv.
0023 号《四观音文殊普贤图》中的观音袈裟与饰品，公元 9 世纪
末 Ch. xlvi. 001 号观音像中的红裙，全都是迎合中国的喜好而改变
了的印度风格。其三是受唐代丝织、图案等影响的服装。如初唐第
57 窟南壁说法图中观音上衣装饰图案，"可看出是模仿经线和纬线
织纹的图案，浮线比较长，是织造工艺比较复杂的一种织物"②。第
66 窟龛外北侧观音"裙饰和披帛有清晰、细致的小束花图案，从其
略见透明的效果，可断定是唐代的印花纱"③。

　　总之，唐代观音画像外现的、直观的中印混合风格就是这些，
当然对于其内含的、隐性的混合因素，那就只能另当别论了。至于

---

　　①　季羡林主编：《敦煌学大辞典》，上海辞书出版社 1998 年版，第 218 页，段文
杰撰"宝冠裙帔"。
　　②　常沙娜编：《中国敦煌历代服饰图案》，中国轻工业出版社 2001 年版，第 32 页。
　　③　同上书，第 33 页。

其中国风格，因涉及问题较广而留至后文专论，现就莫高窟观音画像在各个时期的风格变迁稍做描述。

三 时代风格

莫高窟是营造千年而不断的艺术宝库，在这里，各期艺术均呈现出鲜明的时代风格。而唐代的时代风格则是由其金碧绚烂的色彩、丰腴写实的造型及抒情多变的线条等彰显的。对于此时的观音画像而言，不仅体现了整个唐代艺术的时代特点，而且在莫高窟唐代发展史上的不同阶段也有着微妙的变化。

（一）造型

莫高窟唐代的观音造型与之前各代相比，呈现了写实、丰满、健康的整体风格。但在局部，尤其是面部、头部及五官造型上仍存在较大变化。

图7—4 第57窟
南壁观音

1. 面部造型

初唐时期大体可分为两种类型：

（1）丰颊秀颔型：主要特点是脸型丰满、圆润而微长，从额至颧至下颌逐渐变窄，五官疏朗，眼与眉的距离较宽。如第57窟南壁说法图中的观音（图7—4）、第335窟主室南壁阿弥陀经变中的观音、第332窟东壁门上观音经变中的观音等堪为代表。

（2）肥硕方圆型：此型特点是面短而方圆，线条外涨，上额方广，两颊略宽，下巴上收且突出，给人肥硕之感。如第57窟北壁说法图、第329窟东壁北侧说法图（图7—5）、第335窟主室西壁、第334窟主室东壁门上十一面观音、公元8世纪初的 Ch. liii. 001号《树下说法图》①

———————

① 这是敦煌遗画中时代最早、保存状态最好的作品之一，从构图形式看，明显与壁画中隋及初唐时期的净土变和说法图有密切关系。如在初唐第103、321、329等窟中，均有与之相似的说法图。从人物造型来看，又与公元706年的永泰公主墓壁画一致，故此画被定于公元8世纪初，在敦煌应是初盛唐相交之时。

等均是代表。

盛唐自开元以后，除了初唐两种脸型外，还有两类：

（3）曲眉丰颊型：面型类似于肥硕方圆型，但略长少许，主要特征是眉毛曲长且眉棱清晰，目光冷峻，鼻隆，唇厚，具有西域人物形象特点。其代表有第 445 窟南壁西侧阿弥陀经变（图 7—6）、第 217 窟北壁东侧观无量寿经变中的观音。

（4）丰满雍容型：面型方长、丰腴，尽显肥白之美，静穆中有一种雍容之态。最具代表者便是盛唐第 66 窟西壁龛北侧（图 7—7）、第 45 窟南壁观音经变中的观音菩萨。

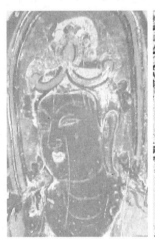

图 7—5　第 329 窟　　图 7—6　第 445 窟　　图 7—7　第 66 窟
　东壁观音　　　　　　南壁观音　　　　西壁龛北侧观音

中唐以后，观音面部基本不出前述四类造型，只不过其中透出的生命活力逐渐消失，形式化逐渐增强。

2. 头部造型

中唐以前的观音画像基本保持头戴宝冠或花鬘，长发披肩的特点。但到了中唐以后，莫高窟壁画与绢画中普遍出现两类新造型：一类是观音的长发沿双肩下垂，在肘后逐渐变宽向上卷起，并在肩上结有小型的缨状。另一类是长发在额上描出流畅的弧形，并从耳后绕过，自然下垂到双肩之后，好似一道黑色镶边将脸圈起。肩头有双层轮形装饰绶带，与第一种肩头的缨状黑发极为相似。这两类造型中，观音头发均呈图案化，并以墨平涂而成。前者如公元 9 世纪中叶的 Ch. xxxviii. 005 号《二观音图》，及 Ch. lvi. 006 号、Ch. 0091 号观音像等；后者如咸通五年（公元 864 年）的《四观音文殊普贤图》，以及与之相仿的 Ch. liii. 005 号（图7—8）、Ch. xxxvi. 001 号观音像等。

**图7—8　Ch. liii. 005
号观音**

3. 五官造型

唐代前期的观音画像眼角线较短，基本收拢于面部轮廓线之内，嘴角线也并不长，只是有些在嘴角略顿，使嘴角线条加粗。较为突出者，就是 Ch. liii. 001 号《树下说法图》中的观音，其嘴角线向上下延伸，形成曲向面颊的短弧线。而到中唐之后，观音的眼角线，即上眼线加长，有些甚至突破了脸轮廓线，至晚唐五代这种现象更加明显。嘴角的处理也出现了几种情况，一种是唇裂线至嘴角停顿并向下勾折，一种是顿勾，但很含蓄，勾的痕迹不明显，还有是向两边延长，还有花瓣状的"樱桃小嘴"。

总之，有唐一代莫高窟观音画像的头、面、五官等造型，不仅体现了一定的丰富性和多样性，也呈现了唐代前后两期观音造型的风格。

（二）线描

"印度画与中国画俱以线条为主"①，但二者的审美情趣及文化取向并不相同。故"印度画于线条中参以凹凸法，是以能于平面之中呈立体之势"②，而中国画则在线条中参以高染法，是以能在"立体"之中体现线的独立性。

莫高窟唐代绘画的线描特点就在于，它虽然发端于中印线法相结合的早期艺术，但在中国化历程中却早已蜕变，并成为中国线法

---

①　向达：《莫高、榆林二窟杂考》，载向达《唐代长安与西域文明》，河北教育出版社 2007 年版，第 402 页。

②　同上。

达到鼎盛时期的代表。① 所以，此期观音画像中的线描，既不同于魏晋时的稚拙，也不同于北周以来的生涩，而是在对之前各代线法的继承和总结中，孕育、形成了具有造型、装饰、抒情三重作用的，带有一定性格与情态的各式线形。

首先，从线的造型功能来看，唐代观音画像中应用了起稿线、定型线和提神线。起稿线一般用淡墨，定型线和提神线多用浓墨、朱红或土红，尤其是中唐以后，以红色作定型线的观音像更为普遍。在部分壁画和绢画中，我们能清晰地看到起稿线与定型线在色彩和造型上的区别。如 Ch. liii. 005、Ch. xxxvi. 001 号观音中，起稿线为淡墨，定型线为朱红，上眼线为浓墨，下眼线为朱红。Ch. lvi. 006、Ch. xxxviii. 005 号观音中，起稿线与定型线均为墨，一淡一浓，且错位痕迹明显。起稿、定型、提神三线的应用，除了塑造形体，丰富层次而外，还为我们呈现了一幅观音画像在绘制过程中的师徒分工、线描程序，以及重视虚实、强调线条的绘画理念。

其次，从线的装饰功能来看，唐代观音画像常用装饰线。这不仅体现在线条色彩种类的增加上，而且也体现在色线的应用部位。唐代观音像的线色，除了沿用黑、红外，又增添白、赭、青绿等色。在应用中，除了以红线复勾肌肤，以绿线复勾长眉外，基本均是用于服饰的装点。如盛唐第 217 窟西壁的观音，繁缛重叠的披巾裙襦，就以朱、绿、墨等色线绘制而成。而 Ch. xviii. 003 号观音、Ch. lvii. 002 号引路菩萨（按：其手持莲花，为观音的一种身形）则均以流畅的白线勾勒衣带，既增强动感，又颇具装饰味。

再次，从线的抒情功能来看，唐代出现了笔势圆转多变、自由奔放的兰叶描。此线法前承早期的铁线描，后启晚期的折芦描，与中原线描发展一脉相承。其因运笔灵活，形似兰叶，粗细、虚实变化丰富而成为中国线描中最能抒情写性的形态之一。莫高窟唐时的

① 谢成水先生将敦煌壁画中的线法分为四个时期：北周以前为外来与本土艺术结合表现期，北周为中国线法的演变和形成期，隋唐为中国线法的兴盛期，宋元为中国线法的发展期。谢成水：《敦煌壁画中的线条艺术》，《敦煌艺术》1999 年第 1 期，第 28 页。

观音画像中，此法应用较为成功者有如 Ch. lvi. 006、Ch. xxxviii. 005、Ch. xlvi. 001、Ch. 0019 号观音等。

总体而言，唐前期观音画像由于造型严谨而线条亦精劲，由于追求浓艳而线条亦富丽；唐后期观音画像由于敷色崇简，而线条亦趋于流动飘逸。

（三）赋色

在莫高窟，唐代壁画不仅色种丰富，而且敷彩规律也以"变"为特色，其"变旧式凹凸法为晕染与叠晕法，变朴实为华丽，变简洁为繁缛，变涂色为填色"①。这既是唐代壁画的色彩风格，也是此期观音画像的色彩风格。

首先，唐代观音画像成功地运用晕染与叠晕法，一方面消化并改造了凸凹法，另一方面突破了"傅染人物容貌，以浓色微加点缀，不求晕饰"②的传统。我们知道，敦煌艺术在设色技法上的主要特点和价值就在于，它清晰地呈现了西域凹凸法与中原晕染法并行、融合及创变的全过程。而唐代的观音画像正是代表之一，其莹润自然的肌肤、华丽轻柔的衣裙、薄如月晕的圆光，不单展示了一种以水晕色，自呈浓淡，又无损于"势若脱壁"的晕染方法的魅力，而且也增强了观音的神秘色彩。此外，用叠晕之法绘制圆光图案，装饰璎珞宝珠，也是唐代观音画像的特点之一，它与晕染一起使此期观音像的色彩变简单为复杂，变单色为多色。

其次，敷彩浓郁繁缛，是唐代观音画像的又一特色，这具体表现为层层堆砌，精雕细琢，青绿并置，金碧辉映，具浓丽工整之风。尤其是唐代前期的观音画像，紫磨金身以朱赭晕染，锦衣绣裙以五色俱现，珠宝璎珞色中套色，薄纱透体因色而别，这一切，无不显示出观音画像的富贵与华丽。

再次，填色、厚色、抹压等技法的应用也是唐代观音画像色彩的一大特点。填色法是指在白描画线纹内填色赋彩的技法，此法笔

---

① 李其琼：《敦煌唐代壁画技法初探》，载敦煌文物研究所编《1983 年全国敦煌学术讨论会文集（石窟·艺术编）》下，甘肃人民出版社 1987 年版，第 142 页。

② 元·汤垕：《画鉴》，载俞剑华编《中国古代画论类编》上，人民美术出版社 2007 年版，第 476 页。

势严谨，可收到色线互补、色不碍线的效果，是唐代后期壁画中常用的技法，在观音画像中也多有出现。如中唐第112、158窟观音，晚唐第156窟不空羂索观音、如意轮观音背光图案等均是填色赋彩的代表。厚色法和抹压法是绢画中的两种技法，也是在唐后期有用。如编号为 Stein painting 07 号的观音画像，其金黄色裙裤，颜色不但像油画一样厚，而且光艳夺目。有的作品中还有用刀抹压的设色痕迹，这些都是壁画中不曾有过的技法。①

唐代观音画像的色彩风格相比早期的粗犷、质朴和简率而言，堪称华丽。但就其各期的风格来讲，繁缛浓烈、辉煌灿烂主要指初盛唐时期。因为盛唐以后，画风为之一变，观音肌肤甚多素面不加渲染，整体色调也趋向淡雅、温和。

综上所述，莫高窟唐代观音画像在艺术风格多样化的同时，也遵循了时代风格的中国化。即是说，此期的观音画像中尽管出现了较为明显的印度风格，尽管期间包含有吐蕃、西域、中亚等多种艺术因素，但这些因素相对于整个唐代的时代风格来讲，均已退居其次，它们要么被掩埋其中而显得微不足道，要么被化为无形而不便察觉。而之所以如此的主要原因就在于中国文化的长期浸染，及中原主流艺术的长期影响。由此，我们在讨论莫高窟唐代观音画像的中国化风格时，就不能不重视南朝至唐中原佛教绘画主流画风与样式对之产生的深远影响。

第二节　莫高窟唐代密体与疏体观音画像

《历代名画记》卷二云："若不知师资传授，则未可议乎画。"② 又云："若知画有疏密二体，方可议乎画。"③ 这就是说，疏密二体

---

① 参见谢成水《遗失千年的敦煌绢画技法》，载敦煌研究院编《2004年石窟研究国际学术会议论文集》下，上海古籍出版社2006年版，第665—669页。

② 唐·张彦远撰，俞剑华注释：《历代名画记》卷二，江苏美术出版社、凤凰出版传媒集团2007年版，第36页。

③ 同上书，第47页。

与师资传授同等重要，是讨论绘画的基础。那么，何谓"疏密二体"呢？张彦远曾设问并作答说：

> 又问余曰："夫运思精深者，笔迹周密，其有笔不周者，谓之如何？"余对曰："顾、陆之神，不可见其盼际，所谓笔迹周密也。张、吴之妙，笔才一二，像已应焉，离披点画，时见缺落，此虽笔不周而意周也。"①

在这里，张氏大意为：绘画中，"笔迹周密"者为密体，代表画家是顾恺之（晋）和陆探微（南朝宋）。"笔不周而意周"者为疏体，代表画家是张僧繇（南朝梁）与吴道子（唐）。这似乎已经廓清了疏密二体的概念及发展情况，但细考其相关论述及所举疏密二体的画家资料，则发现：第一，疏密二体不仅与"笔迹"（用笔、线描）紧密相连，而且与"形色"（造型、色彩）、"位置"（构图），乃至壁画、缣素画、大画、细画等均有关联。第二，疏密二体是相对而言的，二者之间并无绝对界限，但大致发展轨迹是一个由疏到密的过程。具体而言，从绘画语言、材料及尺幅大小上讲，构图、线描疏简，造型、色彩简约者为疏体，反之为密体。壁画一般为大画，缣素画一般为小画，小画多为细画，细画多密体，大画多疏体。② 从疏密二体的发展来讲，自魏晋到隋再到唐，绘画发展也由"迹简意淡"到"细密精致"再到"焕烂而求备"③。

由于疏密二体各臻其妙，加之不同的画家代表着或疏或密的风格，甚至有些画家疏密兼能，所以，尽管在纵向上，画体自晋至唐，由疏而密，但这并不排斥在横向上的疏密并存。也即是说，当

---

① 唐·张彦远撰，俞剑华注释：《历代名画记》卷二，江苏美术出版社、凤凰出版传媒集团 2007 年版，第 46—47 页。

② 参见杨雄《敦煌壁画与疏密二体》，载敦煌研究院编《1994 年敦煌学国际研讨会文集·石窟艺术卷》，甘肃民族出版社 2000 年版，第 88—111 页。

③ 张彦远在《论画六法》中说："上古之画，迹简意澹而雅正，顾、陆之流是也；中古之画，细密精致而臻丽，展、郑之流是也；近代之画，焕烂而求备；今人之画，错乱而无旨，众工之迹是也。"唐·张彦远撰，俞剑华注释：《历代名画记》卷一，江苏美术出版社、凤凰出版传媒集团 2007 年版，第 29 页。

我们讨论唐代画体时,其疏密并存、以密为主的特点是很明显的。只不过张氏所提及的疏密二体代表画家遗作很少,故而,学界还是不约而同地将目光投向远在边陲的敦煌莫高窟,以期在这里能一窥究竟。

对于莫高窟壁画中的疏密二体,诸多学者均曾瞩目过。如段文杰先生指出:隋代存在疏、密不同的画风。一种是从北周逐渐演变而来的"迹简意淡而雅正"的"疏体",另一种是展子虔、郑法士一派"细密精致而臻丽"的"密体"。"但无论是疏体还是密体,显然都受到中原画风的影响。这两派风格至唐初而融合为一,为唐代壁画发展的基础。"① 李其琼先生指出:"密体以细密精致见长,其中以 419、420 窟人物故事画为代表"。"疏体的画法以第 302、276 等窟为代表。"② 杨雄先生指出:莫高窟同一洞窟中有疏密并存的情景,以第 249、431 窟为代表。同时他也提到了初唐第 323 窟、盛唐第 217 窟的密体菩萨像及盛唐第 225 窟的疏体女供养人像等。③ 或许正如段文杰先生所说,疏密二体画风"至唐初而融合为一",故而,人们在讨论莫高窟唐代绘画时,多着眼于其"焕烂而求备"的特点,而较少直说疏密二体。但客观来讲,莫高窟唐代壁画仍是疏密二体同台竞艺的结果。

在莫高窟唐代观音画像中,我们看到两种情况:其一是在大幅壁画中,作为胁侍和主尊出现的观音大多造型严谨、线描精劲、设色工细,当属"细密精致而臻丽"的密体。如前举初唐第 57 窟南北壁说法图、第 220 窟南壁阿弥陀净土变,盛唐第 217、66 窟龛外两侧,中唐第 112、45 窟观音经变等中的观音画像均是代表作。与此同时,"迹简意淡而雅正"的疏体观音画像,除极少数以胁侍身份出现外(如初唐第 220 窟甬道龛内南壁药师说法图中观音),主要

---

① 段文杰:《略论敦煌壁画的风格特点和艺术成就》,《敦煌研究》1982 年第 2 期。

② 李其琼:《隋代的莫高窟艺术》,见《中国石窟·敦煌莫高窟》二,文物出版社1984 年版,第 169 页。

③ 杨雄:《敦煌壁画与疏密二体》,载敦煌研究院编《1994 年敦煌学国际研讨会文集·石窟艺术卷》,甘肃民族出版社 2000 年版,第 91—103 页。

存在于观音经变的救难图以及观无量寿经变的十六观中。如前文所列诸例中的观音均造型简率、线描疏朗、设色概括，具有一定的符号性与象征性，无疑是唐代观音画像中疏体的典型代表。其二是在纸、绢、麻布画中，部分绢本幡幢与大画均极为精致。如 Ch. lv. 0032 号观音画像、Ch. xxxviii. 005 号《二观音图》、Ch. liii. 001 号《树下说法图》、Ch. iv. 0023 号《四观音文殊普贤图》等作品，无论在构图、造型，还是线描、色彩上，都堪称"焕烂而求备"。相比而言，那些纸本与麻布画中的观音像则简约粗率，艺术水准也不高。如 Ch. lxiv. 003 号（纸本）、Ch. 00134 号（麻布）、Ch. i. 0016 号（麻布）观音像幡均堪为证。

由此可见，莫高窟唐代观音画像中的疏密二体还是有其与众不同的特点。因为，我们清晰地看到，壁画中的密体观音，一般作为主尊或胁侍处在窟中重要位置。疏体观音则多绘于背屏下角与甬道等不显眼的位置，及闻声救难、十六观等故事情节中。而在大多数情况下，同一窟中的疏密二体观音均出自一人或一派画家之手。绢画中绘制精美的密体观音，一般是家道颇丰并特别虔诚的供养人出高价请名家绘制的。而那些绘于绢上，但较为粗率的，还有绘于纸和麻布上的观音像，则多属为市场而作的商品画；或由那些家道贫穷的信仰者，运用廉价的材料，请普通的画匠绘制而成。这就说明，在窟中绘制身躯高大、位置显眼的观音时，或在绢上为权高位显、出资颇丰的功德主绘制观音时，画家们可以极尽密体"细密精致"之能事；而在绘制身材矮小、位置偏安的壁上观音，或为贫穷信仰者绘制纸、麻布上的观音时，则又极尽疏体"迹简意淡"之能事。

总之，莫高窟唐代观音的疏密二体，固然与画家的风格，画幅的大小、材质的优劣以及绘画自身的疏密、主次等因素有关，但作为佛教绘画，宗教信仰意义上观音所处位置的主次、用途，及由此形成的固有构图"格套"，还有画者及信仰者的虔诚程度，以及功德主出资多寡和制作要求等，才是决定其画体疏密的主要原因。

第三节　莫高窟唐代观音画像与"四家样"

疏密二体只是对观音画像工细与否的一种整体把握，但若深入到具体的笔法、设色等层面，则少不了对画家个人技巧及其风格样式的探讨。而在中国的佛教绘画中，个人风格堪为"画样"者，便是众所周知的"四家样"，即曹家样、张家样、吴家样和周家样。①

"四家样"在唐代得以确立，是佛教艺术中国化的必然结果。它说明源自印度的造像样式经历代各层画家的损益和创意，已然形成了风格鲜明、有代表性画家的各种佛教绘画流派。而这些画派的主流地位，足以使其影响遍布全国各地，并渗透于各类佛画内容之中。

一　"吴家样"与"曹家样"

《图画见闻志》卷一载："曹、吴二体，学者所宗。……吴之笔，其势圆转，而衣服飘举；曹之笔，其体稠叠，而衣服紧窄。故后辈称之曰：'吴带当风，曹衣出水'。"②此说既出，"吴家样"与"曹家样"便以当风之带和出水之衣而为画史中的美谈。

吴道子用圆转之笔，描绘了飘举的衣服，呈现出当风舞动之势；曹仲达则以稠叠之笔，刻画了紧窄的衣服，给人以如出水中之感。可见，二者的风格特点均与衣服有关，准确地说，是与衣纹的表现方法有关。可以说，曹、吴二家均是"衣纹学大师"，因为

---

① 《历代名画记》卷二载："曹创佛事画，佛有曹家样、张家样及吴家样。"卷五载：汉明帝梦金人，遂使人取天竺求画并命卫协等人画之，"其后北齐曹仲达，梁朝张僧繇，唐朝吴道玄、周昉，各有损益。圣贤肸蚃，有足动人。璎珞天衣，创意各异。至今刻画之家，列其模范，曰曹、曰张、曰吴、曰周，斯万古不易矣"。唐·张彦远撰，俞剑华注释：《历代名画记》卷二，江苏美术出版社、凤凰出版传媒集团2007年版，第37、157页。

② 宋·郭若虚：《图画见闻志》卷一，米田水译注：《图画见闻志·画继》，湖南美术出版社2004年版，第37页。

"衣纹学是中华画学之中一个极关重要之学"①，历代人物画家对线的锤炼与创新无不与衣纹有关，所谓的"十八描"就是如此。

　　"吴家样"与"曹家样"的衣纹范式都曾对敦煌艺术产生过影响，但影响的渠道与程度却不尽相同。具体而言，"曹家样"的真正确立虽在唐代，但从敦煌艺术看，其薄衣贴体、衣褶稠叠、如出水中的外来样式，早已自西域传入敦煌，并流行于北凉，直到隋代仍有延续。② 及至唐代，当"以笈多样式为主体，而在南朝文化的氛围中加以融会变通"③的"曹家样"得以确立之时，敦煌艺术中的"曹衣出水"样式却不及早期明显。而"吴家样"则不一样，它完全是具有唐代气质的中国风格，伴随着吴道子的盛名与文化交流传至敦煌，并成为唐代敦煌壁画艺术的泛称。④ 可以说，在莫高窟的唐代绘画中，"曹家样"的退位与"吴家样"的登场几乎是同步的。

图 7—9　释迦瑞像图

　　尽管莫高窟唐代绘画中的"曹家样"并不普遍，但仍有可见其迹者。如斯坦因藏品中，绘于公元7—8世纪的《释迦瑞像图》就是代表（图 7—9）。此画线描稠密，虚入虚出，尽显"其体稠叠、衣服紧窄"之特点，堪为莫高窟"曹家样"的代表。观音画像中与之相类者主要有公元 9 世纪的 Ch. xviii. 003

---

　　① 周汝昌先生曾说："艺术家们大抵知道两大要点：一是面容神态，二是全身姿势。但他们最易忽略（甚至忘记、不懂）的是绘塑艺术中的'衣纹学'。衣纹学是中华画学之中一个极关重要之学，似乎缺乏专家予以着重的研究阐发。顾恺之、吴道子、李公麟、陈洪绶哪个不是'衣纹学大师'？'吴带曹衣'这句话，意义何在？"周汝昌：《观音妙相颂》，见孙秉山编绘《历代观音妙相白描图集》，北京工艺美术出版社 2000 年版，前言第 2 页。

　　② 季羡林主编：《敦煌学大辞典》，上海辞书出版社 1998 年版，第 222 页，"曹衣出水"条。

　　③ 罗世平：《青州北齐造像及其样式问题》，《美术研究》2000 年第 3 期。

　　④ 季羡林主编：《敦煌学大辞典》，上海辞书出版社 1998 年版，第 225 页，"吴家样"条。

号画像（图7—10）。这幅观音与众不同处在于，自臀至膝衣服紧窄。更重要的是，其裙子的线条迥异于其他画像中装饰性较强的长弧线，而是用细密的线条，沿腿两侧结构勾描。线描走向及以此表现人体的观念，与《释迦瑞像图》有异曲同工之妙。另外，姜伯勤先生注意到初唐第321窟东壁北侧十一面观音像的左右胁侍菩萨，"形体修长，衣纹稠叠，其垂直而稠密的长裙衣纹，可与武宗元画中的曹家样遗韵相比较"①。然而，若仔细品察，则发现，中间的十一面观音腿部裙带的造型与处理更具曹画特点（图7—11）。因为，"曹家样"的主要源头是秣菟罗和笈多式造像，而笈多造像的主要特点之一就是双腿直立，薄衣贴体，但裙摆处却向两侧延伸，并有明显的褶皱处理。绕过臂腕的长带，一直垂至膝下，在小腿正中形成U形凸起（图7—12）。这正是与第321窟十一面观音造型极为相似之处。

图7—10　Ch. xviii. 003　　　图7—11　第321窟　　图7—12　笈多立佛
　　　号观音　　　　　　　　　十一面观音

　　①　姜伯勤：《论敦煌的"画师"、"绘画手"与"丹青上士"》，载《敦煌艺术宗教与礼乐文明》，中国社会科学出版社1996年版，第45页。

　　"吴家样"在莫高窟唐代观音画像中的印痕主要体现在四个方面。

　　其一是"衣服飘举"、"吴带当风"。一般认为吴道子绘画之所以能营造出这样的视觉感受，是因为他"中年行笔磊落，挥霍如莼菜条"①。但实际上，其"早年行笔差细"②、"笔迹圆细，如铜丝萦盘"③。也就是说，吴道子兼善兰叶与铁线描法，所以其"满壁风动"的效果主要源自于其对线条的组织、势的蓄积和衣纹形态的推敲。莫高窟中唐第172窟东壁北侧上方观音运用兰叶描，衣带翻转，加之观音静而欲动的姿态，尽显"吴带"之妙。

图7—13　Ch. 0091
号观音

　　其二是敷彩简淡的"吴装"。郭若虚《图画见闻志》云："尝观所画墙壁、卷轴，落笔雄劲而敷彩简淡，……至今画家有轻拂丹青者，谓之吴装。"④ 汤垕《画鉴》云："其傅彩，于焦墨中，略施微染，自然超出缣素，世谓之吴装。"⑤ 可见"吴装"是吴道子的主要风格，其出现与唐代倡导"笔踪论"，画家为保存笔踪而"轻成色"的做法有关。⑥ 斯坦因 Ch. 0091 号观音褪色非常严重（图7—13），但褪色后的画面色彩均匀，异常素雅，不见剥落痕迹。可以推断当初设色并非厚涂，

　　① 元·汤垕：《画鉴》，载俞剑华编《中国古代画论类编》上，人民美术出版社2007年版，第478页。

　　② 同上。

　　③ 宋·董逌：《广川画跋》，载俞剑华编《中国古代画论类编》上，人民美术出版社2007年版，第464页。

　　④ 宋·郭若虚：《图画见闻志》卷一，米田水译注：《图画见闻志·画继》，湖南美术出版社2004年版，第39页。

　　⑤ 元·汤垕：《画鉴》，载俞剑华编《中国古代画论类编》上，人民美术出版社2007年版，第478页。

　　⑥ 张彦远《论画体工用拓写》中说：吹云之法"不见笔踪，故不谓之画"。可见笔踪之重要，出于保存笔踪的需求，唐代的佛画中遂有"轻成色"的做法，即在笔迹上施以淡淡的或透明性的颜料，即"吴装"。

而是以透明色分层罩染而成，颇有"吴装"之遗韵。

其三是"笔描主义"与"脱壁"之感。由于对线条及其用笔的重视，中国绘画史上一直存在着一个"笔描主义"的主流传统。① 尽管书法观念的透入及文人画的兴起，使得绘画中出现了重"写"轻"描"，甚至贬低"描"的现象，但事实上，直到唐代，"描"还是评判画家水准高低的一个准则。吴道子无疑是当时的笔描大师，其超人之处就在于，用笔描的方式塑造"脱壁"②和"如塑"③的效果，同时不失线条本身的意蕴。莫高窟盛唐第103窟的《维摩诘像》被认为是敦煌壁画中与"吴家样"最为接近者（图7—14）。其中维摩诘右肩

图7—14　盛唐第103窟
维摩诘像

前倾，由于肩部牵引而形成的胳膊内部放射状的细密线条，也被认为是吴道子将阴影凸凹成功地"转译"成线条的成功范例。同样，这一以线求体积的方法也体现在斯坦因Ch. 0091号观音像的左臂衣纹中。可以说，此画是诸多观音像中充分体现"吴家样"的作品之一。

其四是"毛根出肉，力健有余"。画史载吴道子画"虬须云鬓，

---

① 台湾著名学者石守谦把中国绘画史上重视笔法而发展的主流传统之一脉称作"笔描主义"。见石守谦《风格与世变》第二篇《盛唐白画之成立与笔描能力之扩展》，北京大学出版社2008年版，第18页。

② 段成式《寺塔记》中就有"惨淡十堵内，吴生纵狂迹；风云将逼人，鬼神如脱壁"。见唐·段成式撰，秦岭云点校：《寺塔记》卷上，人民美术出版社1964年版，第9页。

③ 宋·董逌：《广川画跋》说："吴生画人物如塑，旁见周视，盖四面可以会。"载俞剑华编《中国古代画论类编》上，人民美术出版社2007年版，第464页。

数尺飞动，毛根出肉，力健有余"①。莫高窟第 103 窟《维摩诘像》的须发仍然是典型代表。在观音画像中，曲眉、短髭一般均为装饰

性粗线，并不追求毛发的质感。但对头发的表现上，唐代观音除多数仍为装饰性平涂外，部分作品用细密的线条表现头发的质感。如盛唐第 217 窟西壁龛外北侧观音，垂于两肩的头发与顶上高髻，都用工细的线条分组勾出，与今天的人物画头发描法一致。而 Ch. lvii. 002 号《引路菩萨》的发际与两鬓则全用线勾出（图 7—15），且在与皮肤相接处虚起收笔，真切地体现了"虬须云鬓，毛根出肉"的感觉。

图 7—15　Ch. lvii. 002 号
引路菩萨

二　"张家样"与"周家样"

如果说"吴家样"与"曹家样"在衣纹处理、线描与设色上为莫高窟唐代观音画像提供了参考范式的话，那么"张家样"与"周家样"则更多在造型及世俗情味上为之提供了仿效依据。

画史所载"张家样"的特点主要有：第一，"一乘寺……寺门遍画凹凸花，代称张僧繇手迹，其花乃天竺遗法，朱及青绿所成，远望眼晕如凹凸，就视即平"②。第二，"张僧繇点曳斫拂，依卫夫人《笔阵图》，一点一画，别是一巧。钩戟利剑森森然"③。第三，"张、吴之妙，笔才一二，像已应焉，离披点画，时见缺落，此虽

① 唐·张彦远撰，俞剑华注释：《历代名画记》卷二，江苏美术出版社、凤凰出版传媒集团 2007 年版，第 46 页。
② 唐·许嵩撰，张忱石点校：《建康实录》下，中华书局 1986 年版，第 686 页。
③ 唐·张彦远撰，俞剑华注释：《历代名画记》卷二，江苏美术出版社、凤凰出版传媒集团 2007 年版，第 46 页。

笔不周而意周也"①。第四，"象人之妙，张得其肉，陆得其骨，顾得其神"②。第五，"张笔天女宫女面短而艳"③。即是说，张僧繇除"凸凹法"和以书法入画的疏体画风外，还有"面短而艳"的风格特点。由于其"凸凹法"与疏体画风前文已有论述，自不赘述，在此只就"面短而艳"的风格略做述说。

"面短"即面部造型方圆敦厚，丰满多肉，"艳"则指设色之浓艳或人物整体呈现出的丰满艳丽之情调。从佛教艺术的发展来看，张僧繇"面短而艳"的风格，继陆探微"秀骨清像"风格而出现，一方面与当时社会人物审美世俗化的倾向相一致，另一方面也与晋、宋之际的统治者、文人雅士、佛教信徒对般若学的反思，及对佛性论的理解和诠释有关。④ 在敦煌的北周时期，壁画人物也经历了由"秀骨清像"向"面短而艳"的转变。因此，敦煌学界一般"称北周时期一批受中原艺术影响的壁画谓'张家样'，类似的画风在第290、299、428诸窟中均有反映"⑤。这就是说，"张家样"对敦煌壁画的影响主要集中在北周时期，但我们不可否认这一画像样式在造型及世俗化倾向上对后世的影响。原因有二：其一，唐代仍可见"面短而艳"的观音画像。如第329窟东壁北侧说法图中之观音，尽管头光及整体气息带有域外色彩，但面相方圆，头部偏大，双腿直立等造型，与北周"张家样"作品非常相似。且张僧繇接触天竺画法较早，画中出现不同于中原的色彩也属正常。另，初唐师法张僧繇的人物画家中，阎立本对敦煌影响最为明显，故而张大千先生曾说：敦煌壁画中"唐初到盛唐为阎立本派"⑥。在初唐第220

①　唐·张彦远撰，俞剑华注释：《历代名画记》卷二，江苏美术出版社、凤凰出版传媒集团2007年版，第47页。

②　唐·张怀瓘：《画断》，载俞剑华编《中国古代画论类编》上，人民美术出版社2007年版，第402页。

③　宋·米芾：《画史》，载俞剑华编《中国古代画论类编》上，人民美术出版社2007年版，第456页。

④　参见林伟《南北朝佛教思想变化与佛像风格演变的内在关联——以"张家样"造像风格所体现的涅槃佛性思想为例》，《哲学研究》2008年第2期。

⑤　季羡林主编：《敦煌学大辞典》，上海辞书出版社1998年版，第225页，李其琼撰"张家样"条。

⑥　李永翘编：《张大千画语录》，海南摄影美术出版社1992年版，第202页。

窟，不仅有与阎氏《历代帝王图》一致的帝王图，也有这一风格的观音像（第220窟南壁阿弥陀净土变）。再则，敦煌本S. 3292号《董保德功德颂》云："故得丹青巧妙，粉墨希奇。手迹及于僧繇，笔势邻于曹氏。"① 这说明直到五代时的丹青妙手还乐于攀比僧繇，则应为"张家样"的继承人和改进者。其二，唐代绘画中出现了"以丰为美"、以"肥白"为美的审美风尚和人物造型，这不能不说是"张家样"的继承与发展。而在这方面最有影响者，就是创立"周家样"的周昉。

在敦煌绘画中，"周家样"的痕迹最为明了。其一是因为周昉"衣裳劲简，彩色柔丽"②、"人物丰秾，肌胜于骨"③ 的造型风格，因合唐人所尚而影响较大，并远及边陲，不仅使敦煌壁画自中唐始，从五彩缤纷、精于雕琢的华丽之风转向"人物丰秾"而"彩色柔丽"的格调④，而且也影响了观音的造型，如第112窟南壁东侧《观无量寿经变》中的观音、Ch. 0088号观音像等。其二是因为周昉的"妙创水月之体"⑤ 及相关画壁记载较多，但其样式现已无存，而敦煌却保存有壁画、纸绢画水月观音34铺。⑥ 只是在敦煌水月观音中，最早有明确纪年的是后晋天福八年（公元943年）的绢本像。也就是说，从时间上讲，这些水月观音已经超出了我们的讨论范围。但从相关记载可知，早在唐朝开成四年（公元839年），日本僧人常晓与圆行各从中国带回水月观音像一幅。⑦ 这说明，在开成四年，中国水月观音像已十分流行。另，细查距唐较近的五代及

---

① 马德编：《敦煌工匠史料》，甘肃人民出版社1997年版，第69—70页。

② 唐·张彦远撰，俞剑华注释：《历代名画记》卷十，江苏美术出版社、凤凰出版传媒集团2007年版，第270页。

③ 宋·董逌：《广川画跋》，载俞剑华编《中国古代画论类编》上，人民美术出版社2007年版，第463页。

④ 季羡林主编：《敦煌学大辞典》，上海辞书出版社1998年版，第225页，李其琼撰"周家样"条。

⑤ 唐·张彦远撰，俞剑华注释：《历代名画记》卷十，江苏美术出版社、凤凰出版传媒集团2007年版，第270页。

⑥ 季羡林主编：《敦煌学大辞典》，上海辞书出版社1998年版，第164页，"水月观音菩萨画像"条。

⑦ 《常晓和尚请来目录》，《大正藏》第55册，No. 2163；《灵岩寺和尚请来法门道具等目录》，《大正藏》第55册，No. 2164。

其后作品可见，其基本图式大致相同：水月观音一手托净瓶，一手
持柳枝，或双手抱一腿；一腿下垂到水中莲花上，一腿横置在岩石
上；身边有竹、笋，身后是很大的圆光。这些均与"菩萨圆光及
竹"①，"净渌水上，虚白光中，一睹其相，万缘皆空"② 的记载相
符，可知其与唐代水月观音相差无几。至于水月观音像在周昉妙创
之后一百多年才在敦煌流行的原因，及壁画、纸绢画中的水月观音
详情，王惠民先生有深入的讨论③，就不必赘述了。

　　疏密二体与四家之样无疑是中国佛教美术史上最具影响力的画
体和画样，他们对敦煌艺术的影响同样映射在唐代观音画像上。当
我们述毕"吴带当风"的吴家样、"曹衣出水"的曹家样、"面短
而艳"的张家样，并对"人物丰浓"的周家样意犹未尽的时候，其
"画士女为古今冠绝"④ 的美誉又将我们的思绪引向另一个饶有趣味
的话题，即莫高窟唐代女性观音画像与仕女画之间的关系。

第四节　莫高窟唐代女性观音画像
与仕女画之关系

　　将唐代的观音画像与仕女画并论，原因有四：其一，唐代佛教
中国化、世俗化背景下观音形象的女性化倾向，使其与仕女画的对
接成为可能；其二，观音画像在自身的发展中，既借鉴了汉晋仕女
画元素，又为唐代仕女画提供了可资借鉴的因子；其三，唐代的大
画家张萱、周昉"把仕女画从宗教的束缚中解放出来，……同时又
将仕女优美的形象运用于佛教美术中"⑤，对观音画像施以影响；其
四，唐代的审美风尚和工艺水平，使观音画像与仕女画在形、色观

---

　　① 唐·张彦远撰，俞剑华注释：《历代名画记》卷三，江苏美术出版社、凤凰出
版传媒集团 2007 年版，第 80 页。

　　② 唐·白居易：《画水月菩萨赞》，见刘明杰点校《白居易全集1》卷三十九，珠
海出版社 1996 年版，第 725 页。

　　③ 王惠民：《敦煌水月观音像》，《敦煌研究》1987 年第 1 期。

　　④ 唐·朱景玄：《唐朝名画录》，载何志明、潘运告编《唐五代画论》，湖南美术
出版社 1997 年版，第 86 页。

　　⑤ 黄均：《传统仕女画技法》，北京工艺美术出版社 2000 年版，第 1 页。

念及服饰、化妆等方面均烙以相同的时代印记。故此，自唐以来，将菩萨像，尤其是观音像与世俗女性或仕女画互喻者颇多。如《寺塔记》云：韩幹画"释梵天女，悉齐公妓小小等写真也"①。《释氏要览》亦云："造像梵相，宋齐间皆唇厚鼻隆目长颐丰，挺然丈夫之相。自唐来笔工皆端严柔弱似妓女之貌，故今人夸宫娃如菩萨也。"② 而对于敦煌菩萨画像，常书鸿先生曾说："唐代艺术家成功地塑造了许多菩萨形象，引人注目，那精心设计出来的衣着线条，随着身体轮廓变化而轻轻起伏，有一种柔和的节奏感，更增加了娉婷婀娜、温柔优美的女性特征。"③ 府宪展先生在提到一幅俄藏敦煌菩萨像时也曾说："其周围的菩萨、天神、龙王、阿修罗等形象生动，色彩明丽。和其他残存的供养菩萨一样，都是非常杰出的工笔仕女画。"④ 由此可见，探讨莫高窟唐代女性观音画像的成因及其与仕女画之间的关系，既是我们在人物画发展链条中对二者准确定位的前提，也是从彼此影响与互借的角度深入认识二者各自发展的必由之路。

一　唐代审美语境与莫高窟女性观音画像

观音形象的女性化是中国观音文化中的独特现象，其演化痕迹主要存在于观音灵验故事与观音造像、画像中。故而，历代关注这一问题者，大都着眼于此，并从两个方面对其进行阐发，其一是对观音女性化时间的界定，其二是对观音女性化原因的探讨。在前一个问题上，明清学者各执己见。⑤ 但从目前的造像、画像遗物及相关研究成果来看，唐代出现女性化观音像这一事实还是为学界所认同，而此期莫高窟的部分画像就是实例。至于后一个问题，则更是

---

① 唐·段成式撰，秦岭云点校：《寺塔记》卷上，人民美术出版社1964年版，第12页。

② 宋·道诚辑：《释氏要览》，《大正藏》第54册，No. 2127。

③ 常书鸿：《敦煌莫高窟艺术》（代序），敦煌文物研究所编辑，文物出版社、三联书店香港分店1980年版。

④ 俄罗斯国立埃尔米塔什博物馆编：《俄藏敦煌艺术品》I，上海古籍出版社1997年版，第18页。

⑤ 关于观音变性的时间，明代胡应麟在《少室山房笔丛·庄岳委谈》中认为是在宋代，王世贞认为始于元、明间，清赵翼在《陔余丛考》卷三十四中认为是在魏晋时，董文庵在《见道集》里认为是在唐、宋时期。

众说纷纭，但总括起来不外乎以下几种：其一，从观音的自身特质中寻找原因。认为观音的女性因素早就潜在于她的品质之中，如观音具有定、慧二德，主慧德者，名毗俱胝，作男形；主定德者，名多罗，作女形。在其三十三化身中，也有女性形象。其二，从中国本土文化中寻找原因。认为阴柔倾向是儒、道、释三家对接的内在契机，所以，佛教在中国化的过程中，其造像均有女性化倾向，只不过观音更为明显罢了。其三，从中国本土的民族心理寻找原因。这一点主要是言及观音的救难、引导往生、送男送女等功能对中国民族母性崇拜心理与儒家孝道观念的迎合。其四，从中国的政治与信仰群体方面寻找原因。认为观音性别的重大变化与武则天执政及大力宣扬自己有一定关系。而当时佛教寺院中尼姑人数的增加也是导致这一变化的原因之一。其五，从艺术审美方面寻找原因。认为佛教在印度的灭亡，以及由此导致的中印交流的阻隔，是中国佛教造像在没有印度影响的情况下，按照自己的审美理想进行创造，从而导致观音女性化的主要原因。还有认为佛教世俗化也是观音造像女性化的主要原因；还有认为观音女性化源于基督教圣母像在中国的传播，等等。①

---

①　对于观音变性问题的研究有些研究者单从某一视角阐述，有的综合多种视角阐述，具有代表性的文章主要有：孙修身、孙晓岗：《从观音造型谈佛教的中国化》，《敦煌研究》1995 年第 1 期；龚钢：《观音造像由男变女的文化阐释》，《兰州学刊》2007 年第 12 期；赵克尧：《从观音的变性看佛教的中国化》，《东南文化》1990 年第 4 期；王松：《东方美神——观音》，《雕塑》2010 年第 3 期；张玉丹：《从女性角度浅析观音变性的原因》，《作家杂志》2008 年第 8 期；王丹：《从“观音”形态之流变看中国佛教美术世俗化、本土化的过程》，《河北师范大学学报》（哲学社会科学版）2003 年第 3 期；徐华威、王水根：《观音菩萨是男是女——中土观音变性原因探析》，《佛教文化》2006 年第 6 期；温金玉：《观音菩萨与女性》，《中华文化论坛》1996 年第 4 期；郭子瑶：《观音形象中国化的审美依据》，《设计艺术》（山东工艺美术学院学报）2004 年第 2 期；屈小强：《试论佛教中国化的世俗基础》，《天府新论》1995 年第 4 期；刘春侠：《基督教圣母与中国观音菩萨》，《安徽文学》2007 年第 1 期；朱子彦：《论观音变性与儒释文化的融合》，《上海大学学报》（社会科学版）2002 年第 1 期；姜莉：《浅析文殊菩萨造像女性化现象及与观音的比较研究》，《大舞台》2008 年第 5 期；罗盽兰、段裕祥：《试析菩萨造像女性化转变的社会因素》，《九江学院学报》2007 年第 2 期；芮传明：《中原地区女相观音渊源浅探》，《史林》1993 年第 1 期；K. L. Reichelt, *Truth and Tradition in Chinese Buddhism*, Shanghai, 1927, pp. 179 – 180; C. B. Day, *Chinese Peasant Cults*, Shanghai, 1940, p. 147; Bagyacakshmi Chandrasekhara: "Avalokitesvara in China", 《1994 年敦煌学国际学术研讨会论文提要》，第 233 页；Martin Palmer, *The Jesus Sutras*, *The Ballantine Peblishing Group*, New York, 2001, pp. 242–244 等。

上述相关论述各据其理，但我们认为，有两点还须重申：其一，对此问题的讨论始于明清，这说明女性观音形象至少在此之前已经定型，而唐代则是其定型之前的转折与过渡期；其二，恰恰是这种对印度观音形象的颠覆与反动触及了学者们敏感的神经，使之发起了对观音女性化轨迹的追寻。而在这一追寻过程中，观音造像、画像正是众学者引以为据的主要对象。也就是说，不管从哪种角度来论述，观音造像、画像都是引发这一讨论的主要根源所在。而作为一种艺术，即便是用于宣扬佛教教义，也绝不会丧失其创造性与审美性。由此，笔者认为，前人从审美角度对这一问题的讨论尽管可取，但仍有可深化与补益之处。而对于莫高窟唐代女性观音画像而言，其必然是与整个唐代社会的审美群体、审美观念及地域审美风尚密切相关的。

（一）唐朝审美的母性回归

如前所述，中国文化的阴柔精神、中国民族的母性崇拜心理及女皇执政等均是观音女性化的内在因素。但当我们欲从审美视角谈及唐代女性观音画像，并由此追问为什么观音女性化的转折期主要在唐代而非他朝时，必然要对唐代审美思潮的渊源及变化给予关注。

说起唐代审美思潮的渊源，不免要提及江南六朝，然若细加判断，则会发现，唐代的审美源头主要是被历代文人学者所冷落的北朝，因为，隋唐时期的汉族包括皇室多是以汉族为父系、以鲜卑为母系的"新汉族"。① 由此，创业于关中陇上的唐王朝不仅带有鲜卑刚强剽悍、勇武雄强的精神气质，也有鲜卑文化残存的母权遗风。而这种源自母系社会的流风遗韵，在审美领域内对唐代所造成的影响就是对妇女的尊重，以及对妇女参政问鼎、左右政局的欣赏。② 所以，唐代妇女不仅从社会生活到婚姻、从日常娱乐到穿着打扮都体现了极大的自由与开放，而且在政治地位上也获得了极大的提高。作为这一方面的代表，武则天既是对北朝母权遗风的回归者，也是对唐代社会潜在审美心理的顺应者。③

---

① 参见王桐龄《中国民族史》，文化学社1934年版，第322页。
② 参见陈炎《中国审美文化史·隋宋卷》，山东画报出版社2000年版，第31—36页。
③ 参见霍然《唐代美学思潮》，长春出版社1997年版，第9—19页。

唐代审美的母性回归，无疑是唐代统治者及广大北方民众的社会审美深层结构中对北朝尊重乃至近乎母性崇拜习俗的模糊而美好的记忆与不可名状的眷恋。而对于敦煌来讲，北朝遗风的影响更是自不待言，其崇母风尚不仅体现在当地的西王母崇拜、女性崇拜、月神崇拜及树神崇拜中①，而且也体现在佛家赞文与民间曲词中。如敦煌写本《辞娘赞》便是佛家赞文，为俗家弟子出家修道时告别母亲的唱词。② 而唐人曲词《十恩德》则全说母亲养育之恩。③ 这些均是敦煌地区崇母风尚的反映。而这种对母性、阴柔、荫庇的崇拜，恰好为莫高窟唐代观音画像的女性化准备了绝好的温床。可以说，敦煌观音像的这一转变，既与整个唐代审美的母性回归有关，也与敦煌母性崇拜的习俗有关。

（二）唐朝审美消费观的嬗变

源于北朝的唐代母性审美思潮，在与南朝文化相互融合中发生了较大的变化。一方面，它在母权遗风下延续了对女性人格的尊重与参政的欣赏，另一方面则受南朝文学与人物品藻的影响而转入对女性外貌姿容的审美。而这一对女性相貌的审美与官能愉悦除唐代妇女地位提高与自由开放外，则主要源自唐代审美消费群体的形成与审美消费观念的转变。

众所周知，神话传说与伦理道德确立了中国古代女性审美特性的两种基本模式，即勇气、智慧模式（女娲、精卫等）与榜样、劝诫模式（班婕妤等）。在这两种模式中，女性的性别与感官愉悦层面上的审美并不明显。要说将女性的性别与姿容作为一种审美对象，恐怕主要是因男性的存在而出现的。因为，"女性作为男性的审美对象，起源于男性对女性的消费需求"④。既然如此，对唐代社

---

① 参见穆纪光《敦煌艺术哲学》，商务印书馆 2007 年版，第 18—21 页。

② 季羡林主编：《敦煌学大辞典》，上海辞书出版社 1998 年版，第 545 页，张锡厚、柴剑虹撰"辞娘赞"条。

③ 同上书，第 535 页，孙其芳撰"十恩德"条。

④ 廖雯：《绿肥红瘦——古代艺术中的女性形象和闺阁艺术》，重庆出版社 2005 年版，第 39 页。蔡若虹先生在谈到郭若虚所论绘画中表现妇女形象的"古派"和"今派"时也说："古派也好，今派也好，为男性服务是两者共同目的，这和生活在封建王朝中的女性的命运是完全符合的。"蔡若虹：《早晨八点钟》，《中国画研究》1983 年第 3 期，第 57 页。

会男性群体及其对女性的审美消费观的考察便格外重要。

首先，女性的身体对于唐代的统治者不仅是愉悦感官的对象，而且也是其修炼长生之术的对象；① 其次，唐代的文人士大夫对待女性的态度从来都是公开地风流、尽情地骋怀，"上官体"的出现，更是把对女性的审美推向了娱乐、观赏和把玩的极致；② 再次，唐代的僧人和尚们抛弃了鄙弃尘俗的戒律，"露骨地抒发追求功名利禄、荣华富贵的思想感情，肆无忌惮地寻求酒肉之欢、挟妓之乐"③。另外，唐代城市的繁华和商业的发达还造就了一个由商人、工匠、流浪汉、落魄文人及城市居民构成的"市民"阶层，他们也把女性作为必不可少的消费品。④ 由此可见，在唐代，把女性作为个人享乐与感官愉悦的对象已不再是皇家和少数贵族的专利，而是从统治阶级到一般市民普遍的审美心理。而在这种语境下，唐代的画师也以其独特的审美观将女性的姿容与美貌描绘在画作中，创造了独立的"仕女画"。在这些画作中，女性已经被物化并成为观看、赏玩和消费的对象，集中地体现了有唐一代男性对女性的消费性审美。

唐代社会各阶层，尤其是僧人对女性的审美消费，加之由文化自身交流发展所带来的对伦理纲常的混乱，不仅动摇了儒家的纯洁性，也动摇了佛家的神圣性，"最后，信仰的边界开始模糊与混乱"⑤。于是，佛教画像中的神性逐渐让位于人性，画家们开始以世俗女性为原型，绘制菩萨包括观音像，使之貌如"宫娃"⑥。面对这

① 参见范家伟《从〈千金方〉论唐代前期女性身体观》，见荣新江主编《唐研究》第八卷，北京大学出版社 2002 年版，第 308—312 页。

② 参见陈炎《中国审美文化史·唐宋卷》，山东画报出版社 2000 年版，第 57 页。

③ 汤贵仁：《唐代僧人诗和唐代佛教世俗化》，见张锡坤主编《佛教与东方艺术》，吉林教育出版社 1989 年版，第 548、550 页。

④ 参见廖雯《绿肥红瘦——古代艺术中的女性形象和闺阁艺术》，重庆出版社 2005 年版，第 39 页。

⑤ 葛兆光：《中国思想史》第 2 卷，复旦大学出版社 2000 年版，第 95 页。

⑥ （道）宣律师云："造像梵相，宋齐间皆唇厚鼻隆目长颐丰，挺然丈夫之相。自唐来笔工皆端严柔弱似妓女之貌，故今人夸宫娃如菩萨也。又云今人随情而造，不追本实，得在信敬，失在法式。但论尺寸长短，不问耳目全具，或争价利，计供厚薄，酒肉饷遗，身无洁净，致使尊像虽树，无复威灵。"《释氏要览》，《大正藏》第 54 册，No. 2127。

样的女性化观音像，信仰者已不能从中感悟到宗教的规范和禁忌，而非信仰者从虚构的图像中看到的是现实和欲望，获得的仍是对女性的视觉审美消费。

（三）唐代妇女身体观的转变

在唐人的审美中，女性之美不仅指容貌，也包括身体，而对容貌身体的审美标准便是肥白。肥白标准的确立，除了男性对女性的视觉审美消费外，还与时人对妇女健康及生育能力等的要求有一定关系。

我们知道，在中国传统的孝道观念中，"不孝有三，无后为大"①，而妇女则以生育为天职，正所谓"夫四德者，女子立身之枢机；产育者，夫人性命之常务"②。由于妇女的生育与房中功能部分重叠，所以，女性"肥白"的身体既是健康的象征，也是美色的象征。由此，孙思邈便在其《千金方》中为妇女如何达到肥白开了处方。他说："凡妇人欲求美色，肥白罕比，……当服钟乳泽兰丸也。"③ 与之相同，佛教的身体观也将肥白视为健康与美色的象征。如道宣说造浴室五种功德云："除风、差病、去尘垢、身轻便、得肥白。"④《最胜问菩萨十住除垢断结经》云："彼众生有爱欲心，偏着女色计好肥白，心玩不能去离。"⑤ 另外，唐朝密教兴盛，其修持方法注重女性身体，崇拜女性活力，肥白也是要求之一。

由此可见，基于女性健康与美色的肥白，对唐代崇尚肥硕、丰腴的女性审美观有一定的影响。这在与魏晋审美观的对比中也可见一斑。如魏晋时，由于对男性外貌风度的极度重视，使得对女性容貌的形容并不多见，而至唐代，医方、陶俑与绘画均注重女性体态

---

① 《孟子·离娄上》，见杨伯峻译注《孟子译注》上，中华书局 1960 年版，第182 页。

② 唐·孙思邈撰，刘清国等校注：《千金方》卷二，妇人方上，中国中医药出版社 1998 年版，第 29 页。

③ 唐·孙思邈撰，刘清国等校注：《千金方》卷四，妇人方下，中国中医药出版社 1998 年版，第 64 页。

④ 《四分律删繁补阙行事钞》，《大正新修大藏经》第 40 册，No. 1804。

⑤ 《最胜问菩萨十住除垢断结经》，《大正新修大藏经》第 10 册，No. 0309。

的丰肥。① 这一标准也被移至观音画像之中，据《墉城集仙录》载，约在唐咸通年间，女道王奉仙"不食岁余，肌肤丰莹，洁若冰雪，蝤首蛴领，皓质明眸，貌若天人，智辩明晤。江左之人谓之观音焉"②。将"肌肤丰莹"的王奉仙比作观音，亦可佐证菩萨如"宫娃"之说。

唐代女性观音画像的丰肥，一方面印证了当时的审美风尚，另一方面呈现出一个有趣的暗合，即观音送子与妇女求子、生子之间的暗合。有关研究表明，"草药求子，在先秦两汉的医方中难得一见。隋唐之际，求子药方才大量增加，却多列于妇人方中，甚少涉及男性病变。妇人方并始录求子专章，说明无子之因与治疗之法"③。由此发挥，唐代女性因求子、生育而在身体上与"肥白"相连，在信仰上与观音相连；而唐代观音画像的"肥白"，在视觉审美上与女性美色相连，在职能上与妇女生育相连。

（四）唐代感神通灵观的没落

佛教的传入，使得佛教艺术在中国大为兴盛。宗教性是中国佛像艺术的主要特征之一，因为宗教是一种复杂的社会形态，人们相信，在现世世界之外，还有一个超自然的力量和环境存在，这是人们精神上的一种寄托，而佛像艺术就是这种精神寄托的具体形象反映。正因如此，人们对佛像所赋予的神性的、通灵的意义要远远超过审美的意义，"感神通灵"的观念和艺术品评方式在中国也由来已久。所谓"感神通灵"就是指一种超乎逼真写实的功力之上、具有类似巫术的神秘能力。由此可见，把佛像的绘制放置在传统的"感神通灵"观念之中加以传译和诠释也比较恰当。唐之前的观音画像也无疑受到了这种观念的影响。

汉代刘向在《说苑》中记载了敬君为妻画像的故事，《谢琳太古遗音》记载了毛延寿丑化王昭君的故事，这可能是最早有关妇女

---

① 参见范家伟《从〈千金方〉论唐代前期女性身体观》，见荣新江主编《唐研究》第八卷，北京大学出版社 2002 年版，第 307 页。

② 同上。

③ 李贞德：《汉唐之间求子医方试探——兼论妇科滥觞与性别论述》，见《台湾中央研究院历史语言研究所集刊》第六十八本第二分，1997 年，第 314 页。

作为表现对象出现在绘画中的例子了。但这两则例子都只说明画师在绘画的写实技巧上的高超，并没有通灵的意思。而至魏晋时期，绘画作品"感神通灵"的例子则比比皆是。例如张彦远说到张僧繇时就说："张画所有灵感，不可具记。"①而关于顾恺之绘画通神的记载就更多了，《世说新语》载顾恺之悦一邻女，乃画女于壁，当心钉之，邻女即患心痛，恺之拔去钉后心痛乃愈。至于顾恺之在瓦棺寺所画维摩诘像，点睛后光照一寺的场景，简直和张僧繇画龙点睛的惊人场面无异。纵观唐以前的绘画史，我们会发现，凡是有史可载的杰出画家，大多都有着"感神通灵"的事迹传颂于世。如东汉之张衡，魏之徐邈，吴之曹不兴，晋之卫协、顾恺之，梁之张僧繇，北齐之杨子华，唐前期之吴道子、李思训、冯绍正、韩幹等，而这些画家又都是著名的佛像画家。据石守谦先生考证，经安史之乱后，中晚唐的画家们却完全没有了这种灵异的传说，"感神通灵"观在艺术评界的地位也明显下降。而艺术"感神通灵"观衰落的一个主要原因就是唐代画坛中"衣冠贵胄、逸人高士"型的画家数量大增，更主要的是唐代后期，这些人多为没落的世族子弟、低级官吏或未能入仕的落魄文人，这一阶层特殊的处境使得他们对绘画有着严肃的使命感，他们"期望经过对其价值之严肃性的坚持，来挽救画道，乃至整个文化之败亡"②，由此而反对"感神通灵"的观念。当然，"感神通灵"观的没落与整个唐代社会的开放及佛教世俗化进程都有着密切的关系。

可以说，"感神通灵"观的衰落与上述几点几乎同步。而正是唐代审美思潮对母性审美的回归、社会审美消费群体及观念的嬗变、女性肥白身体观的形成、绘画中"感神通灵"观的衰落以及敦煌地区的崇母风尚等方面的共同合力，才在审美领域内为莫高窟唐代观音画像的女性化奠定了基础，也为她与仕女画之间的对接搭建了平台。

---

① 唐·张彦远撰，俞剑华注释：《历代名画记》卷七，江苏美术出版社、凤凰出版传媒集团2007年版，第188页。

② 石守谦：《风格与世变》，北京大学出版社2008年版，第79页。

二　莫高窟唐代女性观音画像与仕女画的关系

（一）观音造型对仕女画的影响

潘天寿先生曾说："汉代画家，无有能作佛画称者。"① 傅抱石先生曾说："我以为魏晋六朝的画风，洵可说是完全的佛教美术。"② 姜亮夫先生也曾说："佛教艺术在唐代影响了全部艺术的领域。所有一切大画家，莫不画佛画壁。"③ 三位先生的话一方面勾画了佛教绘画在由汉而晋、由晋而唐的发展中对中国绘画影响的渐进性，另一方面也说明了中国绘画受佛教绘画影响之深、之广。由此，作为佛教绘画的观音像对唐代世俗人物画，尤其是仕女画产生影响是不难理解的。因为，汉唐以来的顾、陆、张、吴等名家，均以肖像、佛道神仙为主要画题，而"仕女画就包含在女性神仙、天女、宫娃中，这也就是仕女画在唐代会发展得非常成熟的原因"④。

莫高窟唐代观音画像与同期仕女画所反映的这一影响关系主要体现在三个方面。

其一，神情与气质上的影响。如前文所述，神端严、貌清古、目慈悲是观音画像的主要特征，其意重在塑造一位妙相庄严、悲天悯人的佛教神祇形象。这显然与楚墓帛画及顾恺之仕女画中所体现的"秀骨清像"和"仙风道骨"之风是有区别的。而到了唐代，仕女画在神情与气质上明显受到佛教菩萨的影响。张萱、周昉仕女画中静穆、安详的神情和雍容、富贵的气质，与莫高窟观音画像如出

---

① 潘天寿：《中国绘画史》，团结出版社 2006 年版，第 24 页。

② 傅抱石：《中国绘画变迁史纲》，江苏文艺出版社 2007 年版，第 31 页。

③ 姜亮夫：《敦煌——伟大的文化宝藏》，云南人民出版社 1999 年版，第 39 页。

④ 朱介英：《唐姿·宋采·清粲——由张大千仕女画粉本透视中国仕女画三段论》，《成都大学学报》（社会科学版）2010 年第 4 期。朱介英先生将汉、魏晋南北朝、唐、五代至北宋仕女画形成的独特的、类似的传承风格称为"唐姿"时期。又细分为秦汉神仙思想时期、佛教思想影响之前的古典时期、佛教思想影响之后的古典时期。而"救世主观世音，化身为文人画家心仪的美女，也形成文人画家仕女形象的原形等转化过程，落实在民间崇拜的大量佛画及宫廷美女画两股主流构成'唐姿'仕女画的重心"。他甚至认为："唐代人物画的轩昂、重彩、设色浓艳，运笔线条全法盛唐菩萨像的华美、富丽、堂皇风格，高古、雄伟、瑰丽的境界，唐代的仕女像富丽丰美，香腮凝雪，风华绝代，有傲世而立之感，这些典范可以从北魏和唐代的众菩萨及众天部诸神的壁画找到，如飞天、伎乐天、吉祥天等。"

一辙。只不过其似低又微微抬启的眼睛，透露了几分孤寂与落寞而已。

　　其二，身姿与手姿上的影响。观音的身姿与手姿在印度造像仪轨中有着严格的要求和讲究。莫高窟观音像除多遵"三曲式"身体造型和"空风相捻"式手印造型外，还有一臂下垂一臂曲举，或双臂错落曲举的臂姿，以及轻抚衣带，手持净瓶、柳枝和莲花的手姿。而这些造型在唐代的仕女画中均比较常见。如出土于吐鲁番阿斯塔那二三〇号墓的屏风仕女画，呈 S 形站立，右手残（仍可见上举之势），左手至肩捻披帛（图 7—16）；周昉《簪花仕女图》中"慢步"仕女右手轻挑纱衫，左手轻抬间自然下垂（图 7—17）。二者与莫高窟初唐第 57 窟南壁中央阿弥陀说法图中观音左手触肩、右手微抬至胸前的姿态非常相似（图 7—18）。而"采花"、"赏花"两段中仕女的执花、执蝶之手，更是清晰地呈现了对观音杨枝手与莲花手的模仿痕迹（图 7—19、图 7—20）。

图 7—16　阿斯塔那　　图 7—17　《簪花仕女图》　图 7—18　莫高窟初唐
　墓的屏风仕女　　　　中"慢步"仕女　　　　第 57 窟观音

图 7—19 《簪花仕女图》中执蝶手姿   图 7—20 Ch. lv. 0035 号观音手姿

其三，面饰与颈线上的影响。花钿是妇女的主要面饰之一，指贴或绘于眉间的各形饰物。对其产生的根源，尽管说法不一，但它与佛教"眉间白毫相"之间的关系也为学界所关注。① 而要说观音与仕女画花钿的关系，则须明确其亦有"眉间白毫相"，且"备七宝色，流出八万四千种光明"②，此其一。其二，莫高窟观音画像中，白毫多于眉间画小圆圈来体现。在唐代的仕女画中，花钿造型有繁有简，繁者图案复杂，简者直接点红点，并以后者居多。这就是说，莫高窟唐代观音画像之白毫，与《簪花仕女图》等作品中仕女之花钿，不仅有着内在的关联，而且在表现方法上也别无二致。另外，颈部施以三道弧线是莫高窟唐代观音画像的主要特点之一，

---

① 对于花钿的源起及相关问题，详见于倩、卢秀文《敦煌壁画中的妇女花钿妆——妆饰文化研究之五》一文，《敦煌研究》2006 年第 5 期。于倩、卢秀文认为"佛眉"是"花钿"前身的说法不能成立。但谭蝉雪先生认为花子的流行除了增加妍美以外，也有一定的佛教色彩。见谭蝉雪《中世纪的敦煌》，上海人民出版社 2007 年版，第 81 页。可见对于"佛眉"与"花钿"的关系还有待进一步探讨，但佛教传入对中国文化产生的影响极其深远，即便花钿是中国原有之物，佛陀的白毫相也足以让人们产生福相、吉祥等联想，进而将这一具有佛教色彩的形象和寓意纳入到原有的花钿内涵之中。

② 宋·畺良耶舍译：《佛说观无量寿佛经》，《大正藏》第 12 册，No. 0365。

也是整个敦煌菩萨造型中比较特殊的特征。但在唐代佚名的《宫乐图》和阿斯塔那二三〇号墓的屏风仕女中，我们也清晰地看到了这种颈线的存在，只不过在数量上并没有为三条所役。这不能不说是画家对佛教菩萨造型借鉴与取舍的结果。

（二）仕女画造型对观音的影响

我国的仕女画起源很早，从战国楚墓的《人物龙凤帛画》到顾恺之的《洛神赋图》、《女史箴图》，已经形成了较为完整的格式和成熟的技巧。自汉而入的佛教观音形象，必然要在承借这一传统中得以立足，并汇聚于中国化的浪潮之中。唐代的观音画像已然融入了诸多的仕女画因素，再经张萱、周昉的集成与发展，不仅创造了仪态万方、妙曼庄严的观音类型——水月观音，而且在世俗情味及绘画技巧等方面均影响了此期观音画像的发展。

其一，神情与气质上的影响。菩萨为仕女画注入了静穆、祥和的因子，但这并不能取代仕女画本身的世俗情味。因为，唐代仕女画已经从勇智、教化模式步入了审美模式。这一模式的形成，由整个社会的合力使然，并作为一种时代风尚遍布各地。于是，画家以歌妓为模特儿，画出容貌端丽、体态丰腴的菩萨像，时人也因菩萨如宫娃而夸赞。所以说，仕女画的发展又将一种生命的活力与世俗的媚悦之态引入了菩萨像中。第57窟南壁中央阿弥陀说法图中观音是莫高窟最美的观音像，其容貌秀丽，肌肤润泽，长眉小唇，无髭须，纯粹为妙龄少女之形象；第335窟主室南壁阿弥陀经变中的观音活泼天真，姿态忸怩，亦为少女之形象。前者为"悦"，后者为"媚"。至于观音"肥白"之体对感官的刺激则更是世俗审美之下，仕女画对观音像产生影响的反映。

图 7—21

Ch. xlvi. 001 号

其二，在身姿上的影响。如前所述，观音画像中，为取其端严之意、尊重矜敬之理，故多用正像。而在莫高窟唐代尊像画中，则有一类以 Ch. xlvi. 001 号为代表的（图 7—21），

呈正侧面，走离观者的观音画像样式。考察北魏第431窟南壁前部
的供养菩萨像（图7—22）、唐代第196窟南壁东侧下的大势至菩萨
像可知（图7—23），此类像式在莫高窟出现较早，且似采用同一
样稿所致。另外，Ch.0025号菩萨则背对观者（图7—24），且头
部向后扭动并露出半边脸，这与侧面像式稍有差异，但整体仍保持
一致。现在的问题是，这一像式源自印度还是中国？由于资料限
制，笔者未见印度菩萨造像中有此样式，但从敦煌的几幅作品看，
除第196窟大势至面部具有中原仕女画特点外，其余三幅均有异域
面相。而从中国方面看，无论是《人物龙凤帛画》，还是《洛神赋
图》和《女史箴图》，均已出现了较为成熟的妇女侧面立像或侧
面走离观者的画像，其在唐永泰公主墓前室东壁南侧的侍女中仍
有体现（图7—25）。至于扭头背对观者的样式，早在西汉晚期河
南洛阳八里台汉墓出土的长条形楣额画《迎宾拜谒》中就有很好
的表现（图7—26），阎立本《步辇图》中太宗前侍女亦与此相类。

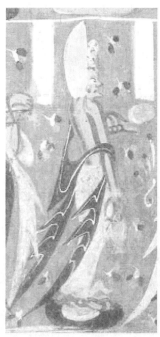

图7—22　北魏第431窟供养菩萨　图7—23　唐代第196窟大势至菩萨

由此可见，此类像式的渊源问题还有待进一步考察，但相比之下，说其受到汉晋人物画像式的影响也不为过。而唐代仕女画的发展则使这一样式较前更为流行，进而导致莫高窟此类菩萨画像的增多。

图7—24　Ch. 0025 号菩萨　　图7—25　永泰公主墓侍女　　图7—26　八里台汉墓《迎宾拜谒》

　　其三，发式及五官造型上的影响。《观无量寿佛经》云：观音"顶有肉髻，项有圆光……其余身相众好具足，如佛无异，唯顶上肉髻及无见顶相，不及世尊"[①]。这就是说，观音肉髻虽不及世尊，但与凡人发式不同。在莫高窟观音画像中，其一般被表现为梳起的高髻，加上顺双肩下披的秀发，显然与佛陀造像中的肉髻完全不同。唐代高髻盛行，特别是晚唐，妇女竞梳高髻，此时的观音画像中不仅保持了一贯的高髻造型，而且还有束发于顶、发髻自然下坠的高髻造型。如 Ch. xxxyiii. 005 号《二观音图》、Ch. lv. 0035 号观音像等，均可视为受妇女发式影响的结果。

　　五官的影响主要体现在嘴角与眉毛上。如前述，Ch. liii. 001号《树下说法图》中的观音，其嘴角线向上下延伸，形成曲向面颊的短弧线，这与唐永泰公主墓中侍女图完全一致（图7—27）；Ch. lv. 0035号观音像唇裂线至嘴角延长并明显向下勾折，这与新长城公主墓壁画仕女图一致（图7—28）；Ch. xxxvi. 001、Ch. iv. 0023号观音唇裂线至嘴角停顿并向下勾折，但很含蓄，这与节愍太子墓室壁画仕女图一致（图7—29）；Ch. lvi. 0019号千手观音及其中的如意轮、不空羂索观音像嘴似花瓣，这又与周昉笔下的仕女图相一致（图7—30）。

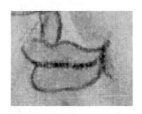
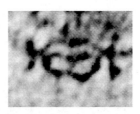

图7—27　《树下说法图》与唐永泰公主墓中侍女图嘴唇对比

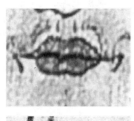

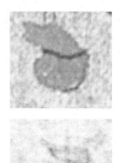

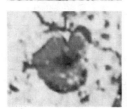
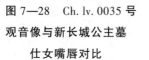

图7—28　Ch. lv. 0035号
观音像与新长城公主墓
仕女嘴唇对比

图7—29　Ch. xxxvi. 001号
观音像与节愍太子墓
中仕女嘴唇对比

图7—30　Ch. lvi. 0019号
观音与《簪花仕女图》
嘴唇对比

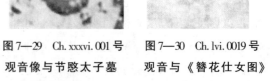

　　在印度观音造像及画像中，眉发间的前额要如拉开的弓，即

"面如商月眉如弓"。从阿旃陀壁画中的观音像看，其双眉的确相连若弓形。然而，在自古讲究眉饰的中国，其眉式也逐渐发生了改变，在造型与色彩上均有着一定的特色。首先，唐代的眉饰更为兴盛，尤其是秦汉以来的细长眉更受青睐，其中的柳叶眉被历代画家习尚并定型为仕女画的主要眉式。在莫高窟唐代的观音画像中，我们可以看到大量的柳叶眉，这完全是受当时妇女化妆及仕女画影响的结果。其次，在色彩上，唐代城市的繁荣和市民阶层的日益壮大，使得乐坊和青楼应运而生，伶、妓成了一个特殊的群体，因此，当时的用色鲜艳而繁多。大抵如姜澄清先生所说："这个时代，最大胆用色的，不是官方，而是民间；不是男性，而是妇女；不是读书人，而是歌伶艺妓。"① 也正是在这样一个敢于用色的时代，艳妆、艳服便成时尚，此时诗人的描述足可为证：

眉黛夺得萱草色，红裙妒杀石榴花。——万楚《五日观妓诗》

青黛点眉眉细长，……天宝末年时世妆。——白居易《上阳白发人诗》

绿鬓蝉双入，青眉应二仪　——伯三二五二《去襆头》

从这些描述中，我们似乎可见绿眉红裙是当时较为流行的装扮。尽管在仕女画中少见有绿眉者，但在莫高窟，绿眉红裙的观音像却非常之多。综合佛教与世俗色彩观念，观音之眉施以绿色，因或有四：其一，青绿在古代观念中被视为春之色；其二，柳叶眉的流行使之不仅在形状上，也在色彩上模仿柳叶之效果；其三，通过眉上施绿来突出眼神；其四，纯属艺术发挥②。

---

① 姜澄清：《中国色彩论》，甘肃人民美术出版社 2008 年版，第 93 页。
② 高春明先生指出"翠"、"绿"用于形容眉发时，其意并非指具体的颜色。敦煌艺术中的翠眉恐怕属于艺术发挥的案例，与现实情况无关。孟晖指出"翠"在古语中是鲜明之意，并非指颜色，"绿"在形容眉发时也大致相同。见孟晖《花间十六声》，生活·读书·新知三联书店 2006 年版，第 118—119 页。

总之，在唐代这样一个特殊的时代里，观音画像与仕女画之间的关系甚为密切，本书的讨论难免挂一漏万。然而，前贤的精论正为我们消除了不周之惑。

造型艺术家们在以中国当时贵族妇女为造型的基础上，适当地掺入佛教造像的仪规。如肤色多数不用肉红而用粉白、发髻不涂黑色而施粉青、眉黛不勾青黛而描以石绿等。从而使人性与神性得到巧妙的结合，使菩萨形象平添了一层理想的美感。①

图7—31 供养人（莫高窟第130窟）假若给她换上同时代菩萨装

敦煌佛教艺术发展到中期，佛、菩萨与世俗人的形象越来越趋向一致。人物肖像的公式化与佛像、经变的世俗化，使这种趋向更加明显。……若把壁画上女供养人中夫人小娘子的丰髻、云鬟、绣襦、披巾与观音大势至的宝髻、珠冠、璎珞、臂钏互换一下，我们就会看到夫人小娘子就是观音大势至，观音大势至就是夫人小娘子。这种美术现象，绝不是画工们在技法上产生模式化的失误，而是有它深刻的社会原因。封建制度迫使人们产生越来越浓厚的宗教意识和宗教需要，广大信众就十分适应佛教寺院里所制作的越来越多的、可以寄托他们的依赖感的艺术形象（图7—31、图7—32、图7—33）。②

正因为宗教意识与宗教需要使人们对佛教艺术形象有了较强的适应能力和依赖感，所以，每一种造像样式均会以粉本的形式广为流传，以确保其在广大信众中的认可度及佛教因素的纯正度。

---

① 徐华铛、商华水：《菩萨的造型》，《古建园林技术》2004年第2期。
② 史苇湘：《敦煌历史与莫高窟艺术研究》，甘肃教育出版社2002年版，第504页。

图7—32　菩萨（莫高窟第23窟）
假若给她换上同时代世俗装

图7—33　莫高窟45窟
菩萨与世俗妇女

第五节　莫高窟唐代观音画像的画稿与圆光

一　画稿

画稿与画样、粉本、白画、底稿、范本等是一组接近的概念。其运用是中国古代绘画进行习艺、传承和再创作的重要形式，故在画史中多有记载，可惜均已不存。莫高窟所出大量画稿正好补此之缺。秋山光和、饶宗颐、施萍婷、胡素馨、沙武田等学者均对此有过深入的研究。本书第五章也对莫高窟观音画稿的存在状况做了描述，这里只就部分观音画像所反映的画稿应用及相关问题略做补述。

胡素馨按照线条、品质、题材、构成等把敦煌粉本分为壁画的草稿，绢、幡画的草稿，石窟藻井上做千佛的"刺孔"，曼荼罗和画像手册，练习草稿五大类。其中绢、幡画的草稿又有两种，即粉本为临与摹的样板。而在为数极少的观音粉本中，除S. 9137号画稿被认为是题记"天复十年（公元910年）"的Ch. liv. 006号观音像之底稿外，[①]并没有与壁画或绢画直接对应者。但通过观察分析，我们认为，莫高窟唐代观音画像反映出的粉本使用情况主要有以下几类。

第一，粉本为临的样板。这是把粉本放在画旁对临的方法，这种粉本既可用于壁画，也可用于幡绢画。P. 2002号画稿中的观音

---

①　胡素馨：《敦煌的粉本和壁画之间的关系》，载荣新江主编《唐研究》第三卷，北京大学出版社1997年版，第439页；沙武田：《敦煌画稿研究》，民族出版社2006年版，第458页。

立像周围画有头、手等局部形象，似具有练习草稿的性质（图6—1）。但从其造型、线条等看，必然出自大家之手，整个画像除脚部外，均较精谨，应是用于对临的粉本。鉴于此画稿成于盛、中唐的可能性较大①，我们将其与盛唐第172窟东壁的观音相对比（图5—15），则发现二者在诸多方面有着惊人的一致性，这无疑增大了二者相互关联的可能性。至于其中两幅观音头像绘制如此精细，很有可能是为深入描绘所做的局部放大稿。

第二，粉本为摹的样板。即把粉本放在幡绢的下面进行摹拓。此法在观音像中得以印证者当为 Ch. iv. 0023 号《四观音文殊普贤图》。如前文所述，此画分上中下三层，于最上层绘制四身并排而立的观音像，从造型上看，画面的第一与第三身，第二与第四身除持物不同外，其余几乎完全相同。由此可知，这四身观音可能是依据两个粉本交替使用而得，甚至还有可能是在同一个粉本的基础上，通过变化服饰色彩与头光图案等细节而得的。

第三，粉本正反面翻转摹拓。这种粉本的使用方法是"在绢上先按粉本摹拓出一个菩萨轮廓线条，再把粉本翻过来，放在旁边的白绢上，摹拓出相对的形象，在正式勾线和上色时，再适当加以变化，两个形象也就既基本相同又有一定变化"②。在莫高窟唐代观音画像中最典型者便是 Ch. xxxviii. 005 号《二观音图》，此图所绘的二观音相对而立，形象相差无几，必然是采用粉本翻转的"镜像"法所得。因为这一方法不仅在敦煌其他菩萨画像中有应用③，而且在唐薛儆墓石椁板上的线刻侍女画、永泰公主墓石椁线刻画等中均有使用④。

---

① 沙武田：《敦煌画稿研究》，民族出版社2006年版，第340—342页。
② 胡素馨：《敦煌的粉本和壁画之间的关系》，载荣新江主编《唐研究》第三卷，北京大学出版社1997年版，第439页。
③ 胡素馨曾把斯坦因所获的敦煌绢画125和136号两身菩萨的主要部位做了测量，得出的数据是两个菩萨的尺寸基本相同，这表明他们用的是同一个粉本，只是在使用时把粉本反过来而已。胡素馨：《敦煌的粉本和壁画之间的关系》，载荣新江主编《唐研究》第三卷，北京大学出版社1997年版，第438页。
④ 参见徐涛《唐宋之际"吴家样"传承研究》，博士学位论文，中央美术学院，2009年，第93—102页。

第四，粉本正反面翻转对临。在前文所举侧面走离观者的观音画像样式中，北魏第431窟南壁前部的供养菩萨像、唐代第196窟南壁东侧下的大势至菩萨像，均为自左至右行走状，且头部都有椭圆形圆光。而 Ch. xlvi. 001 号观音像为自右至左行走状，头部都没有圆光。但从整体的姿态看，应为同一粉本正反面翻转对临的结果。这三幅画反映了一个粉本自北魏至唐的流传过程。可以想象，粉本的世代相传，必然要经过复制或临摹，而在这一过程中，其在细节上发生变样也是难免的。

以上四种情况只是明显可判断者，事实上，凡敦煌刻模、刺孔、用锥刻印画稿，以及中原墓室画中变换持物、"镜像"式翻转、改头换面、调整衣饰、增减细节、挪让重组、借用粉本[1]等方法均有可能在观音像中加以应用。所以，对观音画稿与观音画像之间关系的研究，还更多停留在一个从理论上进行推测的层面。就连仅存的几幅画稿而言，也存在着整个敦煌画稿研究中一个比较棘手的问题，"即这些画稿究竟是洞窟壁画的创作底稿，还是临摹壁画后产生的样稿呢"[2]？但不论如何，我们可以说，藏经洞的观音画稿反映了当时壁画、纸绢画等绘制前的准备情况和绘制程序。而我们今天临摹莫高窟唐代观音像所得的线描，在某种意义上就是对那些未被发现的或者压根就没有制作的底稿的一种再现和复原。这一从原初画稿到唐画，再从唐画到现代线描的古今轮回，无疑是对观音画稿的一个拓展。

二　圆光

圆光是佛、菩萨头上的光圈，又叫头光或项光。圆光在佛教中象征着佛陀的灵光，即为佛"三十二相"中的"常光相"，以示佛身常放光明之意，所以，佛除了头光之外，还有身光。菩萨和弟子因居佛陀较近而也有头光，但一般无身光。由于头光特有的象征意

---

① 参见徐涛《唐宋之际"吴家样"传承研究》，博士学位论文，中央美术学院，2009年，第102页。李清泉：《粉本——从宣化辽墓壁画看古代画工的工作模式》，《南京艺术学院学报》（美术与设计版）2004年第1期。

② 于向东：《敦煌画稿研究的现状与前景》，《敦煌研究》2008年第4期。

义，使得对头光的表现也成为佛教绘画的一项内容，对圆光表现的好坏也成了一个画家水平高低的评判标准之一。

《图画见闻志》载："杜子瓌，……尝于成都龙华东禅院画毗卢像，坐亦圆光中碧莲花上，其圆光如初日轮，破淡无迹，人所不到也。"①《唐朝名画录》载：吴道子"凡图圆光，皆不用尺度规画，一笔而成。……吴生画兴善寺中门内神圆光时，长安市肆老幼士庶竞至，观者如堵。其圆光立笔挥扫，势若风旋，人皆谓之神助"②。这些记载不但说明画家画圆光技艺之高妙，而且也说明当时人们对画圆光的神圣程度就像"点睛"一样来看待。可以想见，吴道子画圆光时"望者如堵"的场景，与顾恺之点睛时"观者如堵"的情景并无二致。而之所以如此，一方面是因为圆光象征着佛的灵光，有如眼睛代表着佛的心灵；另一方面则是因为圆光和眼睛一样可以充分表现佛教尊像的庄严和神气。

图 7—34
Ch. xxxvi. 001 号

在莫高窟尊像画中，一般菩萨和弟子只有圆光而无身光。但在观音画像中我们可以看到，坐式观音画像中，大多既有圆光，又有身光，而立式观音像中，则多只有圆光。其中圆光的造型主要有五类。

一类为不饰图案的圆光，此类圆光只是以内外重叠的几层同心圆来表示，施以不同的色彩。这类头光在造型上没有区别，唯一的区别就是同心圆层数的不同，疏密不同，以及由此而应用的颜色种类的多少。如初唐第 57 窟与盛唐第 320 窟几身观音的头光即是如此。这类头光还有初唐第 321 窟、332 窟、335 窟，盛唐第 217 窟、328 窟，榆林窟中唐第 25 窟，纸绢画中如斯坦因绘画 Ch. xxxviii. 005 二观音图、Ch. xxxvi. 001 号观音（图 7—34）等。

---

① 宋·郭若虚：《图画见闻志》卷二，载米田水译注《图画见闻志·画继》，湖南美术出版社 2004 年版，第 80 页。

② 唐·朱景玄：《唐朝名画录》，载何志明、潘运告编《唐五代画论》，湖南美术出版社 1997 年版，第 85 页。

　　第二类为马蹄形。这类头光无内部装饰，亦有别于圆形头光，如初唐第 329 窟观音、第 14 窟南壁金刚杵观音即是如此（图 7—35）。这种头光样式在莫高窟唐代观音画像中并不多见，前文已提及其当与于阗或者吐蕃艺术有关。

图 7—35　第 14 窟金刚杵

　　第三类是火焰纹头光，圆光内无有装饰图案，但在光圈外围画有比较写实的火焰纹。火焰纹在敦煌应用较早，到了唐代，就有画史记载的画火专家。如张南本曾"于金华寺大殿画明王八躯，才毕，有一老僧入寺蹶扑于门下，初不知是画，但见大殿遭火所焚"①。莫高窟盛唐第 205 窟观音、Ch. xviii. 003 号观音头光即是如此（图 7—36）。画家把自然现象的火，变化为火焰纹，逼真而富有装饰性。

　　第四类为圆内饰有图案的圆光，其纹样主要有莲花、卷草、几何三角、放射状等。据段成式《酉阳杂俎》载，尉迟乙僧曾于普贤堂画佛圆光，"均彩相错乱目成"②。可能就是此类圆光。此类圆光的绘制方法是"首先要确定圆心，一般都使用绳规。然后取材构图，在圆环内计划层次，分段定点，设计纹样"③。晚唐第 196 窟南壁下方屏风中之观音头光就饰有云头纹图案，Ch. iv. 0023 号四观音图中观音头光饰有放射状图案（图 7—37）。

　　第五类是观音画像无头光，如盛唐第 45 窟观音普门品中之观音，衣饰和华盖均极尽华美，但不画头光。

图 7—36　Ch. xviii. 003

---

　　① 宋·黄休复撰，秦岭云点校：《益州名画录》卷上，人民美术出版社 1964 年版，第 13—14 页。

　　② 唐·段成式撰，秦岭云点校：《寺塔记》卷下，人民美术出版社 1964 年版，第 20 页。

　　③ 欧阳琳：《敦煌图案简论》，载敦煌文物研究所编《1983 年全国敦煌学术讨论会文集（石窟·艺术编）》下，甘肃人民出版社 1987 年版，第 57 页。

沈括《梦溪笔谈》中谈到佛像背光的问题，他说："画工画佛身光，有扁圆如扇者，身侧则光亦侧，此大谬也。渠但见雕木佛

耳，不知此光长圆也。又有画行佛光尾向后，谓之顺风光，此亦谬也。佛光乃定果之光，虽劫风不可动，岂常风能摇哉。"①我们在莫高窟早期的菩萨画像中看到，画工们按照头部的倾侧程度来安排头光的现象较常见，这样在视觉上更加协调和美观，如北魏第254南壁前部说法图中菩萨便是如此。唐代敦煌菩萨头光，的确如沈氏所说，即使是头侧，光亦为圆，但也有例外。如第196窟的大势至菩萨为四分面

图 7—37

Ch. iv. 0023 号

像，其头光也随之为椭圆形，而这一形象早在北魏第431窟南壁前部的供养菩萨图中就已出现。也就是说，并不是画工之谬，而是在教义与艺术之间，画家们自然地选择了以美的原则来表现。

　　作为主要的佛教尊像画之一，莫高窟唐代观音画像在美术史上有着自己的一席之地，但由于诸多原因，其画像在不断被转译中存在着误读的危险，故而，如何保持清醒的头脑，减少这种误读，是每一个从事此项研究的人需要深思的问题。

第六节　莫高窟唐代观音画像转译与释读的反思②

　　留存在莫高窟的唐代观音画像，原本处于佛教文化与绘画艺术

---

　　①　宋·沈括撰：《梦溪笔谈》，载俞剑华编《中国古代画论类编》上，人民美术出版社2007年版，第449页。

　　②　史忠平、马莉：《莫高窟唐代观音画像的转译与释读》，《新疆艺术学院学报》2010年第4期。此文为西北师范大学2009年青年教师科研基金项目，项目编号：NWNU-SKQN-09-30，项目名称："莫高窟唐代观音画像研究"。此文同时也是本书的阶段性成果。

共同编织的网络关系之中，有其自身赖以存在的宗教氛围和图绘语境，然而，随着历代人为的修缮与损坏，以及自然的侵蚀与"重绘"，其原有的面貌不断发生着改变，这可以说是自然环境与佛教发展对唐代观音画像实物①的一次转译；而当它进入美术史研究的领地时，美术史自身的发展和不断重构以及现代科技手段尤其是摄影技术的介入对唐代观音画像实物又进行了第二次转译。由于敦煌地处边陲，加之文物保护的需要，大多数研究者面对的是图片和影像而非实物资料，久而久之，也便司空见惯，见怪不怪了。然而，对这种因采用多次被转译的资料而面临被误导和误读的危险，我们却不能不察，更不能不知。著名的美术史家巫鸿先生曾有感于此，并有专文探讨②，其思想之深刻，足以启发后学。本节就以巫文为台基，对莫高窟唐代观音画像研究中的实物转译与图片释读以及其二者之间的关系做一探讨。

　　"实物"和"图片"之间似乎没有太大关系，但若言及摄影术，问题就会明朗起来。巫鸿指出了摄影对美术史研究思维与观看方式改变的三个方面：其一是从 19 世纪下半叶开始，美术史的研究和教学越来越以图像的比较作为依据。因为摄影所提供的图片和影像资料可以跨时空地将异时异地的"实物"尽收眼底。其二就是由这种便利带来的美术史研究现状由"空间"到"视觉"的转化。原本需要实地考察，步步移、面面观的现场感受，变成了纯粹的"目光"活动，三维的空间被转化成了二维的图像，由此，研究者眼前的对象就是从原来建筑和文化环境中分裂和肢解下来的"碎片"。其三，"碎片"势必把研究者的注意力引入了对细节的关注，甚至

---

　　① 　其实就实物本身而言，实物并不等于原物，因为当出土的文物一旦进入博物馆，其原物的身份就已发生了改变。而对于敦煌壁画来讲，它虽然没有发生位置上的移动，但其外部崖面的历代修缮、壁画本身的自然变化都使得我们必须考虑重构实物和原物之间的历史关系，而在这一关系的重构中，就涉及一个美术考古学的方法问题，例如，我们是否可以考虑从壁画本身及存世作品中的图像来考察壁画绘制时的社会文化语境，画工的工作生活状态，作画时的体势、动作、执笔方法和使用的颜料等，而这些也都是与壁画最后的效果有一定关系的，也就是说，从外围的考察来缩短现存实物与原物之间的距离。

　　② 　［美］巫鸿：《美术史十议》，生活·读书·新知三联书店 2008 年版，第 15—25 页。

有西方学者把摄影术称为"美术史研究的显微镜"。① 与此同时，巫鸿也指出了这种方法所带来的两大危险："一是不自觉地把一种艺术形式转化为另一种艺术形式，二是不自觉地把整体环境压缩为经过选择的图像。"② 最后，他明确地表明自己撰写该文的目的就在于提醒美术史家在美术品本身和被"转译"的影像之间保持清醒的头脑。在此文中，巫鸿也提到了敦煌壁画研究中类似的问题，但并未深入阐述。就莫高窟唐代观音画像而言，因其本身的着眼点小，在整个石窟艺术中已属局部，所以，一旦被转译为影像和图片，其与实物之间的距离就会更加遥远，对研究思维与观看方式的改变就会越大。

首先，莫高窟代表性石窟个体档案的建立以及大型系列画册的出版，在保护洞窟、为研究者提供方便的同时，也潜存着唐代观音画像被误读的危险。例如，敦煌石窟一般被认为是雕塑、绘画和建筑三位一体的结构，但事实上却是以壁画为主体的。因为雕塑上施以彩绘，加之与周围壁画的联系，雕塑本身的独立意义被消解了；四周的绘画借助于墙表现了多重空间，人们看到的是壁画而不是墙壁，所以墙壁的存在也被消解了。但随着岁月的流逝，许多壁画剥落，大面积的墙体和雕塑的泥胎暴露了出来。如果说在洞窟营建之初，是壁画消解了雕塑和建筑墙体，那么时隔千年的今天，是雕塑和墙体本身肢解了壁画，使壁画变得支离。对于这一由历史和自然力形成的面貌，现场所感受到的是破损的墙体和残缺的壁画，但这些在画册中却变成了色彩斑斓的"图像"，石窟中立体的空间，变成了一页页平面的片段，其中的质感与色彩全然变成了另外一种感觉。存在于其中的唐代观音画像，自然也是如此，除了脱落与漫漶不清对其研究带来诸多困惑而外，存在于画册与石窟中的巨大差距亦是对其准确把握的主要障碍，但这在"视觉文化时代"的美术研究中往往被忽视了。

---

① 参见〔美〕巫鸿《美术史十议》，生活·读书·新知三联书店 2008 年版，第 15—25 页。

② 同上书，第 23 页。

其次，影像碎片破坏了佛教石窟苦心设计的"观看"方式，也肢解了唐代观音画像赖以存在的宗教氛围。佛教壁画是对佛教经典的体现，当与雕塑等结合在一起时，它们共同构成了一个独特的"双向观看"空间。正如前文所述，佛教石窟的建造和设计，始终是把佛教人物和现实人物联系在一起的。因为，只有信众的介入，佛教石窟及其塑绘作品才获得了真正的意义。其中的关系是，按照佛教绘画的程式，佛为中心，菩萨弟子列于两旁，其他佛国之众环绕四周，前来礼佛的人们就是画面人物的延伸。当你仰视佛和壁画时，佛总是慈悲而庄严地俯视着整个洞窟，这时，佛在为你说法，你在聆听着佛的教诲，有意无意之中，你已进入了单个石窟的宗教体系。这是一个关涉到石窟整体设计过程中"观看"的主体性和视觉表现的问题。这一点与墓葬艺术似有区别，墓葬艺术中，各种陪葬物品都是精心布置和安排的，其观看的主体并非现实和生者，而是想象中墓室内部死者的灵魂。而佛教石窟则不同，它一开始就预设了一个"双向观看"的情景，并且，这种情景是从人进入石窟时开始的。即使是在现今，当我们踏进佛教石窟时，这种感觉还是会扑面而来。唐代的净土信仰非常流行，加之密教的兴起，观音画像大量增加，不但流行作为西方三圣之一的观音画像，还出现了单独的观音经变、单身的观音画像以及密教观音画像。而这些画像在洞窟中所处的位置要么是作为"次中心"位于佛的一侧，要么是作为观音经变的中心居于该经变的主要位置，等等。但不论其画像在位置上如何变化，观音庄严肃穆、智慧慈祥、低目俯视、悉心倾听等形象及其所传递的宗教理念并没有改变，他所处的或者说营造的仍然是一个浓厚的宗教氛围。而且这种氛围并非仅仅来自于观音画像本身，而是同整个石窟的设计理念一样，把观音菩萨的信仰者纳入到这个环境之中才是其主要目的所在。也就是说，当信众的目光移至观音画像时，同样获得了"双向观看"的宗教情景。但在照片和画册中，我们往往看到的只是局部的、单个的，甚至是一个观音的半身像，这样一来，其所处的宗教氛围完全被肢解。作为佛教绘画，一旦离开了这种氛围，便失去了生存的语境而进入了传统的人物画的范畴，但若以传统人物画论之，其牵强附会之弊是可想而知的。

　　另以幢幡之观音像为例，其本身是用于悬挂、庙会、法会或行像中，然而，我们在一些画册上见到的部分幡上观音画像，则只见幡面部分的画像，而不见幡头和流苏。也就是说一种用于宗教活动的幡，被转译为一幅平面的、"完整的"观音画像，其原有的用途和意义完全被歪曲了。所以，对莫高窟唐代观音画像的研究不能只停留在对照片和画册的研究上。因为，若在洞窟中，研究者获得的是一种现场感，对于壁画的研究将不会只停留在绘画本身，与之相关的宗教、历史、僧侣、画工、信众等，都会促使你从一个整体的、宏观的视角去理解、把握和阐释壁画本身。

　　再次，图片和影像资料对莫高窟唐代观音画像实物的转译，无形中确立了"经典作品"与"非经典作品"之间分野的标尺，歪曲了佛教美术的本质。敦煌壁画已经解决了"是什么"的问题，现在也正在致力于解决"为什么"的问题。前者无疑是以历史断代和佛经为主要依据，而后者则要在宗教、哲学、历史、政治、经济、信仰等各个领域内借助力量。这就使得对壁画的研究有几种倾向，一种是在宏观上遵循"生物模式"，仍然以历史的时间维度去概述；其二就是从空间上横向进行比较研究，这也是近些年来为多数人所青睐的一种方法；其三是在微观上出现了单窟研究；其四就是对单尊造像的研究，这方面主要体现在对佛的造像风格的研究上。而对菩萨则主要是作为佛教绘画的一个类群进行概述。从类型学的角度来讲，菩萨是佛教绘画中的一类，在风格上也极为相似。但观音菩萨是一个特例，他的形象远远超出了佛教类型学中的菩萨，也超出了艺术风格学上的菩萨，他和佛一样，是一个跨国界的文化形象。所以，对他的研究既应持以客观的态度，也应给予综合的视角，任何一种厚此薄彼的做法均有可能以牺牲研究的准确性和全面性为代价。然而，我们从已出版的敦煌壁画的画册及著作中可以看到，唐代的第220窟、第45窟、第57窟、第14窟等窟的壁画及其窟中的观音画像多次反复出现，这既昭示了作品本身的经典性，也表明了这些壁画实物几经转译后人为确立的经典性。他无形中为此一课题的研究者规定了一个"经典作品"与"非经典作品"的标尺，这样一来，莫高窟唐代观音画像就会局限于那些被反复刊印的"保留图像"而落入了"经典美术史"的一贯套路。因为我们知道，以往的美术史研究就是一个由经典大家连同经典作品共同构筑的艺术风格史，对美术史的研究由此也有了两种思路：一种是对经典作品进行分析和多方阐释；另一种就是对美术史遗漏了的作品进行个案研究，其目的也是争取使其获得经典的身份。也正是这种思路，使我们看到的美术史以及其图片资料都是经过人为的、精心筛选过的第二历史。所以，当我们在《莫高窟内容总录》中看到大量唐代观音画像的记录，但在画册中却只能找到屈指可数的观音画像图片时，我们的研究对象在某种程度上已经被规定了。这些画像实物在被转译为图片的过程中，将绘画技巧凌驾于宗教功能之上，使部分作品获得了"经典"的"合法身份"而进入美术史，因争得了绘画技巧上的赞誉而消解了自身的宗教内涵。而那些"非经典作品"却因无法步入美术史，就连其在特定宗教语境下的符号和象征意义都被忽略了。

简言之，敦煌石窟的研究似乎一直存在两对矛盾：一是石窟的保护与开放之间的矛盾。一旦开放便加速了壁画的损坏，一旦封闭则不利于这一遗产的传播和研究。二是临摹工作者和理论研究者在实物利用上的矛盾。敦煌的美术工作者面对壁画实物进行临摹，但却无暇顾及在理论方面对其进行过多的研究，而理论研究者却缺乏现场考察的有利条件。所以，对理论研究者来讲，既要充分利用出版的图片和影像资料，也需要冷静地思考和判断，在"实物"和"图片"之间建立行之有效的通道。敦煌艺术研究如此，莫高窟唐代观音画像研究亦如此，这是一种警醒、一种思路，也是一种方法论上的启示。

附　论

浅析莫高窟观音画像的美学意味

数量庞大而集中的莫高窟观音画像，不仅因其优美的造型和绚烂的色彩而具有艺术美的品质，而且在较深层面上反映了佛教赋予它的神格美和世俗人等赋予他的人格美。所以，内含其中的美学意味必然是多重的。从绘画美学的角度讲，莫高窟各期的观音画像给人的审美感受是有区别的，但总体而言，佛教绘画的规定性与程式化却使这种区别大大削弱并呈现出一定的趋同性。从佛教美学的角度讲，其在理论层面上所含的妙、圆、智慧、慈悲、庄严等美学因子则在各期各地的同类画像、造像乃至佛教诸神中都具有一定的普适性。由此，附论拟以莫高窟唐代观音画像为契机，进而对整个莫高窟观音画像的美学内涵做一分析，以期对本研究有所深化。

一　莫高窟观音画像的慈悲、智慧之美

"悲智双运"、"福慧双修"是大乘佛教赋予菩萨的神圣品格。"悲"则救度众生，"智"则求无上菩提；"修福"则广行善事，"修慧"则觉悟性空。故而，"智"与"悲"不仅是菩萨神格美的体现，也是佛教美学体系中的主要词汇。

作为家喻户晓的菩萨，观音的"智慧"与"慈悲"之美内含于她的名号之中，"观世音"言其慈悲，而"观自在"则言其智慧。

（一）慈悲之美

"慈悲是佛道之根本"①，其观念的建立基于佛教缘起论。缘起论认为：世界万物皆由因缘和合而生，由因缘消散而灭。即任何事

---

① 《大智度论》第二十七卷，《乾隆大藏经》第 1163—02 部。

物，包括每一个人，都是一定因缘在特定时空内的结合。由此，佛教得出物无自性、人无自性、缘起性空的结论，并认为人的存在不仅虚幻不真，而且充满着种种痛苦。而要消除这些痛苦，就必须勤修佛法、行善止恶。在修行的过程中，不单要解脱自身之苦，更要解除众生之苦。如此产生的修行要求便是佛教慈悲观，其中"与一切众生乐"曰"慈"，"拔一切众生苦"曰"悲"。

慈悲观在大乘佛教中主要体现在菩萨身上。因为，菩萨这一名号就是梵语"菩提萨埵"的简称，意为觉有情。即"上求佛道和下化众生的大圣人"①，亦即佛教慈悲观的践行者。而在诸菩萨中，观音堪称"慈悲"的代名词。因为，在救难型经典中，观音之慈悲集中于《法华经·普门品》中并凝结为一句话——"若有无量百千万亿众生受诸苦恼，闻是观世音菩萨，一心称名，观世音菩萨即时观其音声，皆得解脱"②。而在净土经典中，她又以接引者的身份阐释了大乘佛教运载众生到达涅槃彼岸之本意。可以说，救难经典中的"救"与净土经典中的"度"不但塑造了观音的慈悲品格，而且为观音的"慈悲"注入了浓浓的美学意味。而由此引发的狂热的观音信仰，则又使这一词汇的美学外延不断扩大，让我们在诸多的审美联想当中重塑了观音的慈悲之美。

首先，观音的慈悲之美在伦理化的价值趋向中获得。慈悲是佛教之本，故而，见诸佛典的相关论述也非常之多③，但主要偏向于宗教与哲学的思辨。观音的慈悲在佛理中亦是如此。佛教对她的定位只是一位修行较高、为救度众生而甘愿延长自己成佛道路、身体力行践行佛教慈悲观的大菩萨，所以，她的慈悲之美一方面在佛教修行及哲学的理性思辨中实现，另一方面则在现世伦理化的价值趋向中获得，而后者尤甚。因为，观音身处佛国，但又因解救众生而

---

① 陈义孝编：《佛学常见辞汇》，"菩萨"条。
② 十六国后秦·鸠摩罗什译：《妙法莲华经·观世音菩萨普门品》，《大正藏》第9册，No. 0262。
③ 见诸佛典的相关论述非常之多，有言其定义者（如《十地经论》）、有言其种类者（如《大乘义章》）、有言其层次者（如《大智度论》），也有言其程度者（如《大智度论》），可谓博大精深。

常行于现世，所以，芸芸众生一方面将其视为佛教神祇加以敬仰，另一方面又以世俗的心理和经验去理解她的品格。而在中国已有的文化积淀中，孔子早就树立了以"仁"为核心的"仁爱"观，墨子提出了"兼相爱、交相利、非攻、节用"的"兼爱"观。此二者与佛教清净、平等、圆满究竟的慈悲观相比，虽然具有等级和功利色彩，但在人性修养，尤其是在道德哲学的层面上，它们与佛教慈悲观一样，都阐述了有觉悟的道德本体所追求的共性价值，那就是"爱人"。正是这一修养与道德上的一致性，使得观音之"慈悲"与世俗之"爱"联系起来，而这一关联，又使得观音实现了由信仰型神格向觉悟型人格的审美转化，其慈悲品格随之进入了美学的范畴。

其次，观音的慈悲之美在功利化的价值趋向中获得。早在佛教传入之前，中国人就有了功利的审美观。如《国语·楚语》中有关"伍举论美"的记载就明确说："夫美也者，上下、内外、大小、远近皆无害焉，故曰美。"[1] 在这里，伍举的观点是：无害的、有利于民的即是美的。也就是说，他既强调了美的功利性[2]，也强调了"美"与"善"的一致性。而这一带有功利目的，追求人性、政治、伦理意义上的善，进而以善为美、以善代美的观念，是先秦乃至后世的主要美学观念。对于观音的慈悲品格来讲，其美学内涵不仅体现在"爱"中，也体现在"善"中。因为，在俗众看来，她的慈悲来自对众生的爱，而她爱众生的行动则是一种善举。这是从审美对象，即观音自身的慈悲品质来看待其慈悲之美与功利审美观的关系。若从审美主体，即信仰者来讲，中国的观音信仰重在祈福避祸、家国安康与往生净土，带有极强的现实功利性。所以，观音的慈悲与信众之间存在一种价值关系，[3] 而这种价值则是一种审美价值。即是说，信众有一种获得心灵与精神抚慰的需求，而观音在满足信众需求时，又以其超越时空的爱及不可思议的神力，使信众的

---

① 春秋·左丘明撰，鲍思陶点校：《国语》卷第十七楚语上，齐鲁书社 2005 年版，第 266 页。

② 参见杨辛、甘霖《美学原理》，北京大学出版社 1993 年版，第 35—36 页。

③ 参见王旭晓《美学原理》，上海人民出版社 2000 年版，第 54—56 页。

心灵得以慰藉、净化，从而在精神上获得了寄托和愉悦。由此产生的信仰者与观音慈悲品格之间便是一种审美关系。

再次，观音的慈悲之美在对母性的折射中获得。关于观音变性的问题前文已有详论，此处想说的是，在面对这一问题时，几乎无人否认观音与母性在慈悲上的共通性。穆纪光先生曾说：任何个体都是不可再生、不可复制的，所以，每一个个体的存在都具有难以解除的孤独性质和强烈的悲壮意义。而观音作为佛教慈悲观的践行者，就是要尊重、关怀每一个个体，使其孤独与悲壮得以消除和转化。① 而作为母亲，对其子女又何尝不是如此呢？也正因如此，在中国的观音信仰中，观音的慈悲品格中不可避免地折射了慈母的品质。而在中国文化中，母性的慈悲意味着最崇高、最伟大、最纯粹的爱。如果说中国人对女性的美感来自于嗅觉、视觉和触觉等官能愉悦的话，母性的美感则是超越了所谓"色"的官能性刺激，从而在精神上被净化、纯化和升华了的美感。② 既然观音的慈悲折射了母性的慈悲，便是反映了母性所具的美感，也便是从人们对母性的审美中获得了慈悲之美。

复次，观音的慈悲之美在"物哀"的审美心态中获得。"物哀"是贯穿在日本传统文化和审美意识中的一个主要概念，但深受中国文化的影响，其意所指较为广泛，包含同情、哀伤、悲悯、赞颂、爱怜、怜惜等因素。有研究者认为"物哀"是悲之美，③ 也有学者称楚辞中所体现的就是一种"物哀"意识。④ 诚然，"物哀"的含义不可能与观音的慈悲完全对应，但在某种程度上反映了人类在悲思中，由哀我，到哀人生、哀天地、哀万物的生命觉悟和自我唤醒。而这一点正是我们借以理解观音慈悲的另一审美视角。也就是说，对于佛教而言，慈悲源自对人间秽土与种种痛苦的思考和解

---

① 穆纪光：《敦煌艺术哲学》，商务印书馆 2007 年版，第 201 页。

② 参见［日］笠原仲二《古代中国人的美意识》，杨若薇译，生活·读书·新知三联书店 1988 年版，第 12—35 页。

③ 参见姜文清《东方古典美——中日传统审美意识比较》，中国社会科学出版社 2002 年版，第 91—146 页。

④ 参见朱良志《中国美学十五讲》，北京大学出版社 2006 年版，第 98 页。

脱。而对芸芸众生而言，对人世之苦的思考与解脱仍然是产生慈悲之心的主要因素。换言之，若将较为抽象的佛学慈悲概念，置于与之相类但却属于审美范畴的"物哀"意识中去考察，其美学意味也将从另一个方面显现出来。

最后，观音的慈悲之美在艺术形象与审美静观中获得。如果说前述几点都从他物的比附与转化中言及观音慈悲之美的话，以艺术形式雕凿或绘制的观音像则可直观地表现其慈悲之美。观音画像的慈悲美首先体现在眼神上，因为，历代典籍中，对眼目形状与慈悲的关系进行描述与规定者较多。如中国古代相书把眼形细长、安详含蓄的慈悲眼光形容为"眼如睡凤"，民间画诀中言菩萨像要"低首合目"，佛教造像中则要求"眼如莲瓣"。在莫高窟唐代观音画像中，观音形象高大，多呈正面，眼开三分，画在头部的二分之一略下，并呈俯视状。传递着"眼观鼻，鼻观心"的观念，表达着慈悲之美。其次，观音画像的慈悲之美还体现在嘴角、鼻翼、身姿、手势上。前文所举莫高窟唐代观音画像均可为证，此不赘述。只需补充的是，作为供奉与观想之用的观音画像，其中反映的慈悲之美一方面是通过视觉直观获得的，另一方面是通过宗教冥想获得的。因为，一旦人们在画像的引导下得以打开心眼时，观音的慈悲必然是其所获宗教愉悦的主要组成部分。

（二）智慧之美

观音的智慧之美与般若思想密切相关。因为"般若"华译为"智慧"，即通达真理的无上妙慧，般若思想是大乘佛教宗教理论的基础。在大乘佛教看来，众生要获得最后的解脱，就必须掌握佛教的最高智慧，而所谓的"般若法门"，正是只有大根器的人才能领受的无上智慧。在中国的信仰中，观音以现世救难和净土接引为己任，但其慈悲之举却以智慧为基石。因为，作为一位菩萨，只有在自己掌握了佛教智慧并获得觉悟之后，才能使众生觉悟，最终实现解脱。正因如此，在般若经典的流行与发展过程中，观音信仰逐渐与之合流，并形成了智慧解脱型观音信仰。在这一信仰中，观音在继续保持其现世救难与净土接引两种神力的同时，也成为具有无上智慧的得道菩萨。她"从事起赐予人类智慧、引导一切众生最终体悟性空无住之理、证得实相涅槃的事业，成为一种新兴的救世主"①。其智慧之美主要体现在四个方面。

其一，观音的智慧在士大夫佛教的形成与发展中进入美学范畴。谈到佛教入华与发展时，不得不提及士大夫阶层的影响。因为，佛教为上层知识分子接受、阐发，即所谓士大夫佛教的形成，既"为佛教征服中国铺平了胜利之路"②，也"象征了中国人真正开始理解佛教"③，同时，"所谓佛教的中国化，也主要是佛教的士大夫化"④。这一切均说明在思想世界垄断着话语权的知识阶层对佛教在中国传播的重要性。而中国的士大夫之所以对佛教由冷淡到激赏，是因为他们在佛理中找到了新颖而又与魏晋玄学十分相似的思维方式，其中智慧便是二者的共性之一。在士大夫佛教中，智慧被视为一种"追求以禅定一般的无为状态来'观照'万物的圣智"⑤，而由这种圣智所获的"圣"、"静"、"无为"、"自然"等境界则是一个充满美学色彩的境界。在这样的背景下，观音的智慧并不像其慈悲一样为士大夫所轻视，而是有识阶层对其信仰的主要原因之一。因为，他们从智慧型观音的信仰中，获得的不仅是一种解脱，也是一种审美。

其二，观音的智慧之美是慈悲之美的深化。一般来讲，智慧偏重于宗教哲学，慈悲则偏重于宗教实践。如果说慈悲之美是现世救难型和净土往生型观音的主要品格的话，那么智慧之美则是智慧解脱型观音的主要品格；如果说慈悲之美是在伦理化审美价值趋向中获得的话，那么智慧之美则是在哲理化的审美取向中获得。但在观音身上，其智慧与慈悲之美在救难与解脱、伦理审美与哲理审美之中得以完美的结合。且看《华严经》对三种观音信仰的协调与融

---

① 李利安：《观音信仰的渊源与传播》，宗教文化出版社 2008 年版，第 110 页。

② ［荷］许理和：《佛教征服中国——佛教在中国中古早期的传播与适应》，李四龙、裴勇等译，江苏人民出版社 2005 年版，第 71 页。

③ 葛兆光：《中国思想史》第一卷，复旦大学出版社 2001 年版，第 393—394 页。

④ 黄河涛：《禅与中国艺术精神的嬗变》，商务印书馆国际有限公司 1994 年版，第 8 页。

⑤ ［荷］许理和：《佛教征服中国——佛教在中国中古早期的传播与适应》，李四龙、裴勇等译，江苏人民出版社 2005 年版，第 72 页。

合。该经《入法界品》记观音教导善财时云："善男子！我住此大悲行门，常在一切诸如来所；……善男子！我修行此大悲行门，愿常救护一切众生；……善男子！我以此方便，令诸众生离怖畏已，复教令发阿耨多罗三藐三菩提心，永不退转。"① 在这段经文中，救难、净土往生与智慧解脱型观音信仰被完整地调和起来。其中观音往来于西方极乐世界与娑婆世界以及其他一切世界，不仅救诸苦难、接引往生，而且教众生智慧解脱法门。因为，当下苦难的解救毕竟是短期的、相对的，众生依然因处于轮回之中而不能得到永久解脱，但若在解救众生当下之苦以后，再授其般若法门，使之获得无上智慧，并得以"永不退转"的终极解脱，才是一种觉悟的境界、永恒的超越和最高的圆满。从这个意义上讲，观音的智慧不仅是在哲学层面的，也是实践方面的；不仅具有独立的美学价值，也是其慈悲之美的深化。

其三，观音的智慧之美在性空、无相中得以体现。在般若经典中，"性"与"相"的关系是，世间万象均由众缘和合而生，而由众缘合成的万象，其"性"② 本是空的，正因如此，与之相对的事物的"相"③ 也是虚假的。对于观音而言，《般若波罗蜜多心经》有云："观自在，行深般若波罗蜜多时，照见五蕴皆空，离诸苦厄。"④ 观音总结的修行之法是："若善男子、善女人行甚深般若波罗蜜多行时，应观五蕴性空。……色不异空，空不异色，色即是空，空即是色。受、想、行、识亦复如是。……是诸法空相，不生不灭、不垢不净、不增不减。是故空中无色，无受、想、行、识，无眼、耳、鼻、舌、身、意，无色、声、香、味、触、法，无眼界乃至无意识界。无无明亦无无明尽，乃至无老死亦无老死尽。无苦、集、灭、道，无智亦无得。以无所得故，菩提萨埵依般若波罗

---

① 唐·实叉难陀译：《大方广佛华严经》，《大正藏》第10册，No. 0279。
② 所谓"性"，有实体之意，是指事物本来具足之性质、事物之实体，也称"自性"，是不受外界一切条件限制的本性。
③ 所谓"相"，见陈义孝编《佛学常见辞汇》："表现于外而能想象于心的各种事物的相状"，是指事物的形象与状态。
④ 《般若波罗蜜多心经》，《大正藏》第8册，No. 0253。

蜜多故心无挂碍。无挂碍故，无有恐怖，远离颠倒梦想，究竟涅槃。"① 在这里，观音无疑是证得了神圣的般若智慧，体悟了"性空"、"无相"之理，证悟了"实相涅槃"②的大菩萨。而其本性之"空"不仅早与玄学"贵无"、"尚静"的美学思想相互融合，而且成为唐代美学范畴中的主要词汇。因为"空和美都不是一个既定的状态，空和美都因此不可言说。这样一来，以空为美，也就意味着以一种无决定性的刹那生灭者与刹那生灭者相互的映照的瞬间为美"③。

其四，莫高窟唐代绘画对观音智慧的表达。在智慧解脱型观音信仰中，观音的"性"为空，"相"为假；性空则心无所住，不执着于一切外相，相假则广行方便，以诸相救度众生；性空靠般若智慧达到，诸相方便靠慈悲来支撑。④ 可以说，"五蕴皆空"与"诸法空相"已成为观音性相皆空的表证。而性相皆空因与智慧、慈悲相连而具有一定的美学意义。对于观音画像而言，尽管呈现以色相，通过眼神等描绘给人以娴静、智慧的视觉感受，⑤ 但其逻辑起点是空的。即是说，我们所讲的观音画像在观念上是一类"镜花水月"式的画像，它不仅是观音智慧性空之美的承载者，也是其空相之美的承载者。在前述 Ch. xxxviii. 005 号《二观音图》中，两尊几乎完全一致的观音相向而立，对于其中的任何一尊画像而言，另一尊就是自己的影像，二者在相互映照与否定中体现了空相之美。而在观音的三十三化身中，其随类现相的品格，无疑是她在获得无上智慧、彻悟性空之理后，对空相之美的阐释。

慈悲与智慧是贯穿于整个佛教理论中的关键词，其在观音身上得到了充分体现，可以说，与观音相连的主要佛教美学概念均与此有关。

---

① 《般若波罗蜜多心经》，《大正藏》第 8 册，No. 0253。
② 陈义孝编：《佛学常见辞汇》云："'实相'又名佛性、法性、真如、法身、真谛等，凡所有相，皆是虚妄，惟此独实，不变不坏，故名实相。"
③ 王耘：《唐代美学范畴研究》，学林出版社 2005 年版，第 191 页。
④. 参见李利安《观音信仰的渊源与传播》，宗教文化出版社 2008 年版，第 101 页。
⑤ 安格尔曾说："在造型艺术中描绘人的形象时，娴静是人体的一种主要美，这正像现实生活中的智慧那样，是内心的最高表现。"朱伯雄译：《安格尔论艺术》，辽宁美术出版社 1980 年版，第 24 页。

二 妙、圆之美

(一) 妙之美

"妙"本为中国古代美学范畴之一, "表示审美对象的审美过程的无穷意味, 或超出物象的形式与情感, 描写对象的技术和规律, 或审美主体的无意识和创造性"①。它与古代哲学家的宇宙观密切相关, 其含义随时而变, 然美好、神秘与不可思议之义贯穿始终。"妙"也是佛教美学的基本范畴之一, 在佛典中使用率极高。《法华玄义》曰: "妙者, 褒美不可思议之法也。"② 《法华游意》曰: "妙, 是精微深远之称。"③《大日经疏》曰: "妙, 名更无等比, 更无过上义。"④ 可见, 妙既有 "不可思议、绝待、无比"⑤ 之义, 也有美、好之义。

观音的智慧与慈悲品格使其与 "妙" 这一美学概念发生联系。历代佛典中描述观音之妙的词语也颇多, 现择其要归纳如下, 以观其详:

(1) 妙智: 如 "观音妙智力, 能救世间苦"⑥, "观音妙智在尘尘"⑦。

(2) 妙形: 如 "素当思素义无染无着, 犹如莲华出于淤泥性。如是观音妙形从此字转, 即是圣者更无凡状"⑧。

(3) 妙证: 如 "观音妙证同诸法性, 虽无形相, 众机扣之, 无像不现"⑨。

(4) 妙身、妙心: 如 "一切依正皆是观音妙身妙心, 一切众生于圣色心而自为难"⑩。

---

① 林同华主编:《中华美学大词典》, 安徽教育出版社 2000 年版, 第 105 页。
② 《妙法莲华经玄义》,《大正藏》第 33 册, No. 1716。
③ 《法华游意》,《大正藏》第 34 册, No. 1722。
④ 《大日经疏》,《大正藏》第 60 卷, No. 2218。
⑤ 陈义孝编:《佛学常见辞汇》, "妙" 条。
⑥ 《妙法莲华经》,《大正藏》第 9 册, No. 0262。
⑦ 《宏智禅师广录》,《大正藏》第 48 册, No. 2001。
⑧ 《大毗卢遮那佛说要略念诵经》,《大正藏》第 18 册, No. 0849。
⑨ 《观音玄义记》,《大正藏》第 34 册, No. 1727。
⑩ 《观音义疏记》,《大正藏》第 34 册, No. 1729。

（5）妙惠：如"以文殊即为观音菩萨也，故大师所造三岛法花秘释云：'文殊则观音妙惠者此义也'"①。

（6）妙净：如"如虚空华本无所有。此相及心元是观音妙净明体"②。

（7）妙眼：如"观音妙眼生大悲精也"③。

（8）妙忏：如"顿写大乘妙典。专修观音妙忏"④。

（9）妙德：如"一毫头上现真形观音文殊普贤同帧观音妙德普贤尊"⑤。

（10）妙观：如"观音妙观，独拔圆根"⑥。

（11）妙色：如"众生一切诸难，皆是观音妙色妙心"⑦。

（12）妙力：如"观音妙力说种种咒，现种种相"⑧。

（13）妙唱：如"观音妙唱观音门者，音声阐也"⑨。

由上举词汇可见，观音与"妙"的关系十分密切。其中"妙"的含义涵盖了美，却又逸于美之外。它因与"德"、"惠"、"忏"相连而进入了人格美的范畴；与"智"、"心"相连而进入了智慧美的范畴；与"净"、"观"相连而进入了空寂美的范畴；与"力"相连而进入了幽玄美的范畴；与"唱"相连而进入了音乐美的范畴；与"身"、"形"、"色"相连而进入了视觉审美的范畴。

属于视觉审美的观音画像，除了在观念上体现"妙"的不可思议、神秘、智慧与慈悲等含义外，重在外化"妙"的种种内涵，使这一抽象的词汇能够诉诸视觉，并为人们所感知。莫高窟唐代观音画像的"妙"之美主要通过两个方面体现出来：其一是通过智慧、慈悲、庄严的神情来体现。《五灯严统》云："帝尝诏画工张僧繇写

---

① 《般若心经秘键开门诀》卷上，《大正藏》第 57 卷，No. 2204。
② 《观自在菩萨如意轮咒课法》，《大正藏》第 46 册，No. 1952。
③ 《妙印钞》，No. 2213。
④ 《无文禅师语录》，《大正藏》第 80 卷，No. 2559。
⑤ 《月舟和尚遗录序》，《大正藏》第 82 卷，No. 2596。
⑥ 《楞严经证疏广解》，《新纂续藏经》第 14 册，No. 0288。
⑦ 《法华经文句纂要》，《新纂续藏经》第 29 册，No. 0599。
⑧ 《阅经十二种》，《新纂续藏经》第 37 册，No. 0674。
⑨ 《五家宗旨纂要》，《新纂续藏经》第 65 册，No. 1282。

师像，僧繇下笔，辄不自定。师遂以指𢧵面门，分披出十二面观音妙相殊丽，或慈或威，僧繇竟不能写。"① 这里暗示了观音妙相或慈或威，若画师不能对其玄妙之神力与慈、威之神情加以把握，就很难写其妙相。在莫高窟唐代壁画中，画家们通过对观音眼神、嘴角等的着力描绘，使其画像呈现出智慧、内省、悲悯、庄严的神情。而出现于嘴角的那一丝微笑，的确只能以"妙"来形容。因为，我们所论的诸多观音画像神情含蓄，必以神遇，不可力求，至少给人两种滋味，即在内是一种"玄妙"，在外是一种"美妙"。其二是通过女性化的造型来体现。用"妙"来形容美貌女子不仅存在于世俗文献之中，也常见于佛教典籍之中，如"是女端正，容貌殊妙"、"本在深宫，妃妓妙色"② 等。对于唐代的观音，人们津津乐道者，莫过于"宫娃"、"伎女"之喻。莫高窟此时的观音画像也以其女性化的造型印证了这一比喻，同时也从世俗审美的角度展示了其"妙相"之美。其三是通过美妙的衣着来体现。佛教典籍也常用"妙"来形容衣着之美，如"世人重其身，妙衣加宝香"③，在莫高窟唐代观音画像中，观音不仅身着通肩大衣、斜披罗衣、宝冠裙披、僧祇支、绡衣等佛国妙衣，而且还身着唐代贵族妇女的罗裙、罗帔、纱帔和石榴裙。④ 也就是说，其衣着体现出来的"妙"之美，亦既是佛教的，也是世俗的。

（二）圆之美

"圆"在梵语中指圆通、圆融，它与"妙"同为佛教美学的主要术语。"妙是褒美佛家出世法、佛性、涅槃本体、悟入真如之不可思议，而圆则主要是褒美出世法、佛性、涅槃本体、悟入真如之圆满周遍，一切具足。"⑤ 在观音的品格中，"圆"也是对其"悲智具足"的褒美。如文殊就观音之耳根圆通、举三真实而称赞之：

───────────────

① 《五灯严统·宝志禅师》，《新纂续藏经》第 80 册，No. 1568。
② 《经律异相》，《大正藏》第 53 册，No. 2121。
③ 同上。
④ 段文杰：《莫高窟唐代艺术中的服饰》，见雒青之《百年敦煌——段文杰与莫高窟》，敦煌文艺出版社 1997 年版，第 344—345 页。
⑤ 王海林：《佛教美学》，安徽文艺出版社 1992 年版，第 64 页。

"一、眼不见障外，乃至意乱而不定，是通真实；二、十处打鼓，同时闻之，是圆真实；三、声有息时，亦不失闻性，有时闻为有，无时闻为无，是常真实。"①《楞严经证疏广解》云："有佛出世，名观世音者，所师为圆通之师，师资名同，古今一道也。观，即如幻金刚观察，世音，谓十界音声，惟音可观，乃谓圆通。"②另外，言及观音"圆"美的词汇还有"圆照"、"圆观"、"圆镜"、"圆通"、"圆证"等。总之，观音智慧圆融，证悟佛教之理；性相皆空，广行圆通之法。在其品格中，既有"智圆"之美，也有"理圆"之美，还有"法圆"之美，而与其画像相关者，"相圆"之美也。

"圆"的审美趣味既来自于它的含义，也来自于它的形状。从内涵上讲，它代表着全、不偏和圆满无缺；从形状上讲，它是人们公认的最美的图形。所以，印度佛教以"圆"为美的观点表现了对世俗审美趣味的顺从和认同；印度佛教以"圆"为美的造像表现了对圆的图形美的欣赏和追求。从印度遗存的雕像看，他们不但喜欢裸体，崇尚肉感，而且追求圆形造型，尤其是女性造像中过于标准的圆球形乳房，反映了印度艺术的理性规范和对"圆"的偏好。③而这一偏好随佛教入华的同时，也用于观音造像之中。

在中国造像史上，最早追求观音相圆之美的艺术家是戴颙，据《三宝感应要略录》载：

> 晋世有谯国戴逵，字安道。逵第二子颙，字仲若，素韵渊澹雅好丘国，既负荷幽真，亦继志巧，逵每制像共参虑。济阳江夷，少与颙友，夷尝托颙，造观世音像。到力殷思，欲令尽美，而相好不圆，积年无成。后梦有人告之曰："江夷于观音无加，可改为弥勒菩萨。"戴即停手，驰书报江，未及发而江书已至，俱于此夕感梦，语事符同。戴喜于神通，即改为弥勒。应于是解手成妙，初不稽思，光颜圆满，俄尔而成，有识

---

① 丁福保：《佛学大辞典》，"观音圆通三真实"条。
② 《楞严经证疏广解》，《新纂续藏经》第 14 册，No. 0288。
③ 参见陈醉《裸体艺术论》，中国文联出版公司 1987 年版，第 169—170 页。

赞感悟因缘之匪差矣。①

从这则记载可见，即便是戴颙这样的大雕塑家，也因观音"相好不圆"而"积年无成"，这既说明圆在观音造像中的重要性，也说明圆在造像中的表现难度。

莫高窟唐代观音画像对圆的表现主要体现为丰满的脸颊、丰腴的手指、圆满的臂膊、圆形的头光以及明显而又含蓄的圆形乳房。这既是一个以丰腴为美的国度与以圆为美的宗教相契合的结果，也是一个女性化了的观音形象与以圆为美的宗教相契合的结果，同时，也是在理论上追求观音永恒之美的结果。因为，佛教美学推崇圆的形象，而圆应无方的思维活动、圆满的修行结果，就是力图追求一种完美。而完美实质上只是一种幻影，只可体验而不可实求。正因如此，它便带有极大的神秘性，而越神秘就越具吸引力，如此一来，这种代表完美的观音圆相便成为不可实求的、高高在上的、永恒的存在②。

三　庄严、幽玄之美

（一）庄严之美

在印度文艺理论中，"庄严论"与"味论"、"韵论"分别探讨了文学中的语言美、感情美和意蕴美。③ 所以，"庄严"一词很早就是梵语诗学体系中的主要概念和术语，具有一定的美学意味。其狭义指比喻、双关等修辞方式，广义则指装饰诗或形成诗美的因素。④ 印度佛教理论也频繁使用"庄严"一词，除了装饰之义外，还有庄

---

① 释子非浊集：《三宝感应要略录》，《大正藏》第 51 册，No. 2084。
② 参见蒋述卓《试论佛教美学思想》，《云南社会科学》1990 年第 2 期。
③ 黄宝生：《梵语诗学论著汇编》，昆仑出版社 2008 年版，第 29 页。
④ 庄严论在公元初出现的梵语戏剧学著作《舞论》中得以萌芽。婆罗多在《舞论》第十五章至第十九章论述戏剧语言，其中第十七章论述诗相、庄严、诗病和诗德，这些论述已形成梵语诗学雏形。后来的梵语诗学家普遍运用庄严、诗病和诗德三种概念，但淘汰了诗相概念。参见尹锡南、曾祥裕《梵语诗学庄严论刍议》，《南亚研究季刊》2010 年第 3 期。

美威严、美、圣洁、神圣、做好准备等义。① 中国典籍中的"庄严"一词约在东汉末定型，至魏晋南北朝时常用，主要取装束、修饰、着意打扮之义。② 可见，佛教术语中的"庄严"，既包括了印度文艺理论与中国典籍中的"修饰"之义，又于此之外赋予了美好、圣洁、威严等内涵。而在中国佛教的译经及信仰过程中，这一词语既概括了佛教所讲的各种深邃复杂之含义，又经世俗人等发展引用到大众化的口语之中，并在长期的语义演化中有了庄重肃穆等内涵。

作为一个美学概念，"庄严"似乎主要局限于佛教领域，因为它对世俗文学艺术的影响并不大，而对佛教文学，尤其是佛教造型艺术影响却极大。对于莫高窟唐代观音画像而言，虽为视觉造型艺术，但内含其中的"庄严"之美并非仅仅溢于表面，因为，观音画像的"庄严"背后，依托的是观音佛性的"庄严"。所以说，观音画像的"庄严"之美，仍然需要从佛理理论与佛教艺术两个层面去理解。

首先，从理论上讲，莫高窟唐代观音画像的"庄严"之美仍以其品格为基础。在佛教典籍中，"庄严"一词可用于国土、佛、菩萨等诸多方面，但当言及佛、菩萨庄严时，都必然以圆满具足为前提。因为在诸经中，"菩萨于因位发大誓愿，为利益众生不惜身命所累积功德以严饰其身格，称之为庄严"③，观音自然包括其中。而正如前文所述，观音之所以不惜延长成佛之路，发誓解救众生，就是因为她证悟了大乘的真谛，获得了慈悲与智慧的品格。

其次，莫高窟唐代观音画像的"庄严"之美主要通过对其身相的塑造来体现。丁福保《佛学大辞典》云："'妙相'，谓庄严之像也"④，故而，"妙相庄严"便是观音画像常见的形容词。在莫高窟唐代的观音画像中，画家除通过对其悲、智、妙、圆等特点的着力表现来共铸"庄严"美而外，另有二法：其一是神情清古之法。宋代郭若虚说："历观古名画金童玉女及星官中，有妇人形象者，貌

① 参见陈义孝编《佛学常见辞汇》"庄严"条。李维琦编：《佛经词语汇释》，湖南师大出版社 2005 年版，第 398—403 页。
② 白化文：《讲"庄严"》，《中国典籍与文化》1996 年第 4 期。
③ 见丁福保《佛学大辞典》"庄严"条。
④ 丁福保：《佛学大辞典》"妙相"条。

虽端严，神必清古，自有威重俨然之色，使人见则肃恭有归仰之心，今之画者，但贵其姱丽之容，是取悦于众目，不达画之理趣也。"① 莫高窟唐代的观音画像虽向世俗化迈进，但多容貌端严、神情清古，"自有威重俨然之色"。其二是正像之法。明代周履靖说："其画面像，更有分数，……惟画神佛，欲其威仪庄严尊重矜敬之理，故多用正像，盖取其端严之意故也。"② 莫高窟唐代观音画像亦多正像，以取其庄严威仪之美也。

再次，观音的"庄严"之美通过对其佩饰的描绘来体现。装饰、修饰是"庄严"之要义，所以，佛典中又常名其为"严饰"。在佛教造像中，用璎珞、环钏、天衣等装饰佛像，亦谓之"庄严"或"严饰"。莫高窟佛教尊像中的装饰之物在唐代得到进一步发展，此时的佩饰不仅渐趋华丽，还发现有制作塑像饰物的泥模。③ 观音画像除了用妙衣严饰外，也以璎珞、臂钏、串珠、珍宝等严饰其身。如初唐第 57 窟观音画像的臂钏，以金链环联、绿母相嵌，金叶花瓣，衔环连接，辉闪夺目，华而不俗，艳而不冶，④ 视觉效果无比华美。不仅体现了圣洁意义上的"庄严"美，也体现了装饰意义上的"庄严"美。

(二) 幽玄之美

"幽玄"是一个关乎哲学与宗教的概念。在中国先秦哲学中，"幽玄"是一种意识与观念，它被老子表述为"玄"，所谓"玄之又玄，众妙之门"。自汉代始，"幽玄"一词即见于六朝与初唐的各类文献中，多用来表示事物的深奥、莫测和妙趣⑤。在佛典中，"幽玄"一词俯拾即是，如"今初言玄微者，即指前法界多义也，谓幽

---

① 宋·郭若虚撰：《图画见闻志·论妇人形象》，载俞剑华编《中国古代画论类编》上，人民美术出版社 2007 年版，第 451 页。

② 明·周履靖撰：《天形道貌·画人物论》，载俞剑华编《中国古代画论类编》上，人民美术出版社 2007 年版，第 495 页。

③ 参见季羡林主编《敦煌学大辞典》，上海辞书出版社 1998 年版，第 28 页"塑像饰物泥模"条、218 页"臂钏"条、219 页"璎珞"条。

④ 同上书，第 218 页"臂钏"条。

⑤ 中国文献中"幽玄"的最早用例出现在汉少帝的悲歌中。见姜文清《东方古典美——中日传统审美意识比较》，中国社会科学出版社 2002 年版，第 148 页。

玄微妙之旨"①、"心源妙绝，万法幽玄"②、"般若幽玄，微妙难测"③、"又照穷逾远曰深，毕竟无底曰深，幽玄无极故曰甚深"④。可见，佛典中的"幽玄"多指佛教"玄妙之法门"。如果说老子带着一种"幽玄意识"，用"玄"来说明"道"的玄妙与神秘的话，佛教则借用"幽玄"来比喻佛法的玄妙、深奥与不可思议，所以，佛教也称佛法为"玄门"⑤。

"幽玄"一词尽管常见于中国传统哲学与佛教典籍之中，并以其所含的神秘性与超自然性而获得了神秘、幽静、玄远的审美特性，但在中国的佛教美学研究中，它并没有被重视。而在日本，"幽玄"一词不仅与佛教用语密切相关，而且是文学艺术中的重要美学术语⑥，更重要的是，日本学者对"幽玄"的阐释、研究，与中国传统哲学和佛教典籍中的"幽玄"概念一道，为我们认识观音"幽玄"之美提供了特殊的视角。

首先，观音的"幽玄"之美表现为"隐"与"无形"。中国哲学中的"幽玄意识"常被表达为一种"不可见"、"隐性"的意识，因为，在中国先秦汉唐的哲学中，世界的玄妙、神秘与不测一再被强调。⑦ 如杨雄《太玄》云："玄者，幽櫛万类而不见形者也"⑧，又谓"幽无形，深不测之谓阴也"⑨。在这里，幽、玄都是一种隐性、无形、不测的概念，而这种无形不测的概念又常与神相联系，所谓"阴阳不测之谓神"⑩ 是也。在日本，"隐藏不露，笼之于内"

---

① 《大方广佛华严经随疏演义钞》，《大正藏》第 36 册，No. 1736。
② 《维摩经玄疏》，《大正藏》第 38 册，No. 1777。
③ 《金刚般若经疏》，《大正藏》第 33 册，No. 1698。
④ 《华严经探玄记》，《大正藏》第 35 册，No. 1733。
⑤ 陈义孝编：《佛学常见辞汇》，"玄门"条云："'玄门'：玄妙的法门，指佛法"。
⑥ 参见姜文清《东方古典美——中日传统审美意识比较》，中国社会科学出版社 2002 年版，第 148 页。
⑦ 参见陈赟《幽玄意识与中国哲学》，《社会科学论坛》2002 年第 10 期。
⑧ 汉·杨雄撰，郑万耕校释：《太玄校释》，北京师范大学出版社 1989 年版，第 260 页。
⑨ 同上书，第 262 页。
⑩ 《易传·系辞》上，见金景芳《〈易传·系辞传〉新编详解》，辽海出版社 1998 年版，第 24 页。

也是"幽玄"的含义之一。① 观音为救众生，虽能闻声而至，随类化现种种身形，但其性相终归为空。也正是在这个意义上，观音的种种身形恰恰说明两点：一是观音隐藏"真形"，二是观音原本"无形"，而这两点正是构成其"幽玄"之美的主要因素。

其次，观音的"幽玄"之美表现为"深奥"与"难解"。这里的"深奥"与"难解"主要是就观音的佛性、修行与法力而言。据日本学者大西克礼分析，"幽玄"的含义有"深远。……特别是指精神上的东西，如深奥难解的思想"；"具有内在的充实性。其中凝集着不可言传的意蕴，……甚至与'长高'、'崇高'相联系"；"以一种非合理的、不可言喻的、微妙的意味为主"②。我们从观音的佛性来看，她深得般若，智悲双运，庄严而崇高；从修行来看，她耳根向内自闻，修行很高；从法力来看，观音法力无边。这些对芸芸众生来讲，的确是微妙难测的，而正是这种深奥、难解的佛性、修行与法力，极易将人们导向对观音"幽玄"之美的遐思之中。

再次，观音的"幽玄"之美表现为"神秘"与"怪异"。如前所述，密教在唐代得以兴盛，它使佛教神秘主义更加突出，而密教美术则被认为是影响"幽玄"美学观的主要因素。如日本学者山本正男认为：所谓密教美术中可以看到的"幽玄"，即幽暗神秘的美，是一种属于崇高范畴的变化形态。③ 密教观音在莫高窟的绘制，尽管极力迎合中国人的审美习惯，但与显宗观音相比，她无疑属于怪异、可怖的一类，其神秘性和超自然性是不言而喻的，由此推之，蕴含在密教观音画像中的"幽玄"之美也是不言自明的。

四　风、韵之美

（一）风之美

在中国美学史上，"风"至关重要，然其独立性却因与他词相配而削弱，当然，用其说明观音的美学内蕴则更是前所未闻。这里之所以将

---

① 参见［日］大西克礼《美学》下卷，弘文堂1967年版，第224—229页。

② 同上。

③ 参见姜文清《东方古典美——中日传统审美意识比较》，中国社会科学出版社2002年版，第148页。

"风"与莫高窟唐代观音画像相连，绝非哗众取宠，而是想借此深化和升华对一类特殊绘画形象的理解与审美认知。因为，"风"的诸多文化、审美内涵不仅可与观音品格相应，而且可与其画像互赞。

首先，观音的"风"之美表现为"无碍"。由于自然之"风"无形无影，游荡于天地之间，故而庄子以风喻"道"，《周易》以风为卦，名之为"巽"，均取其自由无碍、无所不至之义。佛教也以"风"来譬喻物之无碍，且内含二义，其一指深得佛法，如风于空中，智慧无碍，如"能持此经者，于诸法之义，名字及言辞，乐说无穷尽。如风于空中，一切无障碍"①；其二指佛教诸神来去无形，行踪如风，如"菩萨从兜率下降阎浮时，如云，亦如风"②。观音智慧圆通，可谓智无碍；她游乎佛俗两界，随声而至，化形示现，而又形无定相，可谓法无碍。可见，其智、法、形均如空中之风，自由之至，可谓美矣！莫高窟唐代观音画像，除暗含如上之义外，还通过云气来体现观音的"风"之美。如在普门品图中，观音多乘云前往救难，而在古代神话中，风常与云并举。因为，风为无形之物，而云气之形恰可显现风的具象，这便是敦煌绘画中将观音来去自由无碍这一"风"的内涵加以视觉化的有效手段。

其次，观音的"风"之美表现为"化"。"教化"、"感化"是"风"作为美学范畴的主要含义。《毛诗序》云："风，风也，教也。风以动之，教以化之。"③《文心雕龙》亦云："《诗》总六义，风冠其首，斯乃化感之本源，志气之符契也。"④"风"的"化"之义在佛教中也被采用，如称"道之化人如风之靡草者"为"道风"⑤，并谓"道风德香熏一切"⑥，把为世间所爱所憎、能煽动人

---

① 十六国后秦·鸠摩罗什译：《妙法莲华经·神力品》，《大正藏》第9册，No. 0262。

② 《七佛经》，《大正藏》第1册，No. 0002。

③ 西汉·毛苌传述，南宋·朱熹辨说：《诗序》，中华书局1985年版，第3页。

④ 周振甫：《文心雕龙今译》，中华书局2007年版，第264页。

⑤ "道风：道之化人如风之靡草者，称为道风。《无量义经德行品第一》（大九·三八五上）：'道风德香熏一切。'《释氏要览》卷中（大五四·二九四上）：'宝林传云，祖师难提至摩提国。一日，有风西来，占曰："此道风也，必有道人至。"果得伽耶舍多至。'"见《佛学大辞典》。

⑥ 《无量义经》，《大正藏》第9册，No. 0276。

心的八法，比喻为风，称为"八风"①。此外，还有"解脱风"②、"实相风"③、"智慧风"④ 等，均取此义。在救难型与净土型经典中，观音不仅解救众生，而且授其解脱法门，可谓"解脱风"；在智慧型经典中，观音不仅获得无上智慧，证悟实相之理，并且代佛宣讲般若，赐众生以智慧，可谓"实相风"和"智慧风"。也就是说，观音所到之处，其智慧、慈悲便像风被万物，教化众生，使其获得智慧和解脱。而众生也在受助与受教的过程中，感受着观音的"风""化"之美。

再次，观音的"风"之美表现为"阴柔"。"风"在古时同"凤"，其本身带有阴柔的、女性化的色彩。《周易》中，"巽"卦的象征之物即为"风"，其卦象以阴顺阳，属阴性。阴即柔，柔则顺，因此"巽"卦有顺从之义。但"巽"并非全阴之卦，因为，它实际上是阴阳二气共存互生的一种状态，故而主阴亦含阳。由此可见，"风"在审美上偏向阴柔美，但内含阳刚之气。莫高窟的观音画像在唐代多呈现女性化特征，然而，绘于秀丽面庞上的短髭，又使其性别模糊化。但总而观之，她在"中性美"中又偏向于"阴柔"之美。

复次，观音的"风"之美表现为"情"。在古代文论中，"风"是与"情"相关的概念，刘勰说："怊怅述情，必始乎风"，"深乎风者，述情必显"，"情之含风，犹形之包气也"⑤。在这里，"风"强调的是一种情感的表达，是对生命自然舒展、飞动等美的形态的描绘，而被描绘的对象也会由此外化为一种情的姿态。莫高窟唐代

---

① "八风：又作八法、八世风。谓此八法，为世间所爱所憎，能煽动人心，故以风为喻，称为八风。"八风即利、衰、毁、誉、称、讥、苦、乐。见丁福保《佛学大辞典》。

② "解脱风：（譬喻）世间之颠倒苦恼比如炎热，解脱譬如凉风。无量义经曰：'请佛转法轮，随顺能转。微渧先堕，以淹欲尘。开涅槃门，扇解脱风。除世热恼，致法清凉。'"见丁福保《佛学大辞典》。

③ "实相风：实相之妙理，能吹拂凡夫迷妄之尘垢，一如世间风之吹拂尘垢，故称实相风。"见丁福保《佛学大辞典》。

④ "智慧风：（譬喻）智慧能吹人入法性之海，故譬以风。六波罗蜜经偈曰：'众生无定性，犹如水上波，愿得智慧风，吹入法性海。'"见丁福保《佛学大辞典》。

⑤ 周振甫：《文心雕龙今译》，中华书局 2007 年版，第 264、265 页。

观音画像，说到底是画家们在佛教信仰的驱使下，饱含宗教情感精心绘制的结果。从部分作品来看，既倾注了作者之情，亦外化了观音之情。而此二情，均含风，当为观音"风"之美也。

最后，观音的"风"之美表现为"风姿"、"风韵"等。"风"自汉代始向人的精神气质、人格等审美范畴转化，至魏晋时，人物品评之风大兴，于是，"风姿"、"风神"、"风采"、"风韵"等审美术语大量出现。① 如《世说新语·容止》说："嵇康身长七尺八寸，风姿特秀"②，"骠骑王武子是卫介之舅，俊爽有风姿"③。《高僧传》中形容僧人也用"风"，如释慧静"风姿秀整，容止可观"，释慧持"形长八尺，风神俊爽"④。总之，"风"被用来形容一个人美好的仪表、超凡脱俗的气质。莫高窟唐代的观音画像，仪表庄严，气质脱俗，加之严身的璎珞、飘扬的天衣、上举下垂的手姿和静中欲动的身姿，使其尽显"风"之美。在这些画像中，有的"风情万种"，有的"风姿飒爽"，有的"风度翩翩"，有的"风采照人"，有的"风神秀雅"，有的"满壁风动"，有的"风韵内存"。可以说，在与"风"相关的审美术语中，莫高窟唐代观音画像均能找到与之相配的赞美词。这便是观音画像在视觉上给人的"风"之美。

（二）韵之美

"韵"是中印两国共有的美学范畴，其内涵深奥广博，互有异同，非本文所能尽。⑤ 然而，源自印度而又中国化了的莫高窟唐代观音画像，无疑因受两种文化的共同影响而内含"韵"之美。

首先，观音的"韵"之美通过"三曲式"造型来体现。"三曲

---

① 参见陈良运《文质彬彬》上卷，百花洲文艺出版社 2009 年版，第 180 页。

② 南朝宋·刘义庆撰，杨牧之、胡友鸣选译：《世说新语》，浙江古籍出版社 1986 年版，第 257 页。

③ 同上书，第 259 页。

④ 南朝梁·慧皎：《高僧传》，《大正藏》第 50 册，No. 2059。

⑤ 关于中印美学中"韵"的比较可参见汤力文《中印韵论比较研究》，《深圳大学学报》（人文社会科学版）1997 年第 1 期；任先大、田泥《中印古典"韵"论比较研究》，《吉首大学学报》（社会科学版）2007 年第 2 期；侯传文《中印"韵"、"味"比较谈——兼与刘九洲同志商榷》，《外国文学研究》1989 年第 3 期；杨晓霞《中印韵论诗学的比较研究》，《东方丛刊》2006 年第 4 期；等等。

式"（S形）造型是印度塑造女性人体美的一种规范与程式，对佛教造像尤其是菩萨像的影响较大。莫高窟唐代观音画像也沿用了这一造型手段。从生理和心理角度看，"三曲式"造型具有向直线复位的趋势。其在S形曲线收缩与扩张之间产生了强烈的张力，传递了流畅、温和与富有弹性的美感。从美学角度看，"三曲式"造型则与"韵"有关。其一，在印度美学中，"韵"被称为"特瓦尼"，其原初之义为"像铃声产生出声波那样清晰的声音"①。声音之波，必有韵律。由余音引申出来的"暗示"之义，是印度著名诗学著作《韵光》中"韵"的主要含义。② 而印度艺术中的"三曲式"造型正是对其"暗示"之义的最好阐释。因为，它既暗示了对生殖的崇拜和对生命活力的赞扬，也暗示了对印度舞蹈的借鉴和对植物生长形状的模仿。③ 其二，在中国古典美学中，"韵"也源于对声音的感知，《说文》注曰"韵，和也"，言其音、声之和谐，音、声"和"而韵律生。当"韵"与"风"、"气"等相联系时，它又体现着一种生命之内的节奏和律动。中国艺术中也重视S形曲线，谓之"一波三折"，其中包含着朴素的辩证观念，具有生命哲学的内涵，本质上也是对生命律动的最好阐释和不懈追求。由此可见，无论是中国，还是印度，"三曲式"造型均是"韵"的一种外化形式，而用于观音画像之中，便是其"韵"之美的直观体现。

其次，观音的"韵"之美通过"丰韵"来体现。在印度艺术中，表现生命活力的手法除了采用"三曲式"造型外，还有强调肌肤膨胀的肉感，这集中体现在药叉女雕像中。④ 而在中国的唐代，以胖为美的审美风尚促使了"丰肌秀骨"的仕女画的出现。莫高窟唐代的观音画像一方面趋向女性化，另一方面也受时风影响，注重肉感的表现，第45窟观音堪为代表。而当将她置于"韵"的范畴，指"一个人的形体（包括面容）所显露出的神态、风姿、仪致、气

---

① ［印］帕德玛·苏蒂：《印度美学理论》，欧建平译，中国人民大学出版社1992年版，第40页。
② 同上书，第43页。
③ 参见王镛《印度美术史话》，人民美术出版社1999年版，第52页。
④ 同上。

质等等精神状态的美"① 时，最恰切者，莫过于"丰韵"一词。因为，"丰"指容貌丰满、丰润、丰腴等与肉感、肌肤相关的含义，而"韵"则"侧重于指生命力的阴柔的一面、含蓄的一面、智慧的一面"②。故此，我们说"丰韵"也是观音"韵"之美的一种体现。

再次，观音的"韵"之美通过画面的"气韵"来体现。如果说"丰韵"之"韵"因强调了观音的精神状态而有别于绘画美学所指的话，"气韵"之"韵"则主要指观音画像在绘画美学范畴中的内涵。众所周知，"气韵"是中国绘画美学中的主要术语，"气韵生动"几乎成了中国绘画创作与审美的最高标准，"就是思想感情、体态行动，活跃在画面上，使所画的画有生气、有风韵，一切都像活的有生命的东西"③。张彦远在论述气韵时，还特以鬼神人物为例，观音理应纳入其内。他说："至于鬼神人物，有生动之可状，须神韵而后全，若气韵不周，空呈形似，笔力未遒，空善赋彩，谓非妙也。"④ 莫高窟唐代的观音画像，情感体态活跃于画上，神韵周全，可谓合"气韵"之作也；笔力遒劲，赋彩华丽，又可谓"妙"也。

最后，观音的"韵"之美通过画面的"味"来体现。在印度，诗学著作《韵光》提出的"韵论"与戏剧、舞蹈理论著作《舞论》提出的"味论"，在后世美学家们的阐发中确立了以"味韵"为核心的完整美学体系。其中"韵"与"味"自然是这一体系中的主要美学范畴，二者的关系为："味"是"韵"的精髓。"味"作为《舞论》中的主要概念，特指戏剧、舞蹈的总体审美情感基调。由此引入绘画中的"味"也指绘画的总体审美情感基调。而在印度佛教绘画中，"悲悯味"与"艳情味"几乎是两种主导的审美情感基调，这集中体现在阿旃陀后期的壁画中。⑤ 这两种"味"同样也渗

① 陈传席：《六朝画论研究》，江苏美术出版社 1985 年版，第 165—166 页。

② 陈望衡：《中国美学史》，人民出版社 2006 年版，第 186 页。

③ 此为俞剑华对"气韵生动"的注释。见［唐］张彦远撰，俞剑华注释《历代名画记》，江苏美术出版社 2007 年版，第 30 页。

④ 唐·张彦远撰，俞剑华注释：《历代名画记》，江苏美术出版社 2007 年版，第 29 页。

⑤ 参见王镛《印度美术史话》，人民美术出版社 1999 年版，第 102、103、123 页。

透于莫高窟唐代观音画像中。其庄严、慈悲的"悲悯味"表现了对宗教的皈依，丰腴、肉感的"艳情味"又表现了对世俗的眷恋。而正是这两种情感的矛盾与纠缠，不仅体现了观音画像在印度美学体系中的"韵"之美，而且也体现了其在中国古典美学范畴中的"韵"之美。因为，在中国美学史上，北宋人范温被钱钟书先生称为"吾国首拈'韵'以通论书画诗文者"①，而范温言"韵"曰："有余意之谓韵"②，这无疑是司空图"韵味"说的丰富与发展。即是说，以中国美学观之，莫高窟唐代观音画像中"悲悯味"与"艳情味"所体现的矛盾恰恰是其"余意"所在，也是其"韵味"所在。

　　从如上论述可知，我们对莫高窟唐代观音画像美学内涵的阐述，并非局限于一家，而是游走于佛教美学与绘画美学、中国美学与印度美学，间或日本美学之间。因为，只有这样，才有可能对这一拥有大半个亚洲信仰的菩萨及其画像所含的美学意味做一全面的把握。

　　①　钱钟书：《管锥编》第4册，生活·读书·新知三联书店2007年版，第246页。
　　②　宋·范温：《潜溪诗眼》，转引自钱钟书《管锥编》第4册，生活·读书·新知三联书店2007年版，第247页。

参考文献

典籍文献

1. 北魏·贾思勰撰：《齐民要术》，中华书局 1956 年版。

2. 北魏·杨衒之撰，周振甫释译：《洛阳伽蓝记校释今译》，学苑出版社 2001 年版。

3. 春秋·左丘明撰，鲍思陶点校：《国语》，齐鲁书社 2005 年版。

4. 《大正藏》（显密文库—佛教文集，白玛若拙佛教文化传播工作室制作）。

5. 汉·刘向编撰，东晋·顾恺之图画：《古列女传》，中华书局 1985 年版。

6. 汉·毛苌传述，南宋·朱熹辨说：《诗序》，中华书局 1985 年版。

7. 汉·司马迁：《史记》，上海书店 1988 年版。

8. 汉·杨雄撰，郑万耕校释：《太玄校释》，北京师范大学出版社 1989 年版。

9. 金景芳：《〈易传·系辞传〉新编详解》，辽海出版社 1998 年版。

10. 刘明杰点校：《白居易全集》，珠海出版社 1996 年版。

11. 明·胡应麟撰：《少室山房笔丛》，上海书店 2009 年版。

12. 明·周履靖撰：《天形道貌·画人物论》，载俞剑华编《中国古代画论类编》上，人民美术出版社 2007 年版。

13. 南朝宋·刘义庆撰，杨牧之、胡友鸣选译：《世说新语》，浙江古籍出版社 1986 年版。

14. 钱钟书：《管锥编》，生活·读书·新知三联书店 2007 年版。

15. 清·曹寅等编：《全唐诗》，中华书局 1960 年版。

16. 清·董诰等编：《全唐文》，中华书局 1983 年版。

17. 清·龚贤：《龚安节先生画诀》，载俞剑华编《中国古代画论类编》下，人民美术出版社 2007 年版。

18. 清·蓝浦、郑廷桂著，欧阳琛、周秋生校，卢家明、左行培注：《景德镇陶录校注》，江西人民出版社 1996 年版。

19. 清·曼陀罗室主人原著，柴图改编：《观音菩萨的故事》，陕西师范大学出版社 2004 年版。

20. 清·王昶撰：《金石萃编》，中国书店 1985 年版。

21. 清·赵翼撰，栾宝群、吕宗力点校：《陔余丛考》，河北人民出版社 1990 年版。

22. 宋·董逌：《广川画跋》，载俞剑华编《中国古代画论类编》上，人民美术出版社 2007 年版。

23. 宋·傅亮、张演，齐·陆杲撰，孙昌武点校：《观世音应验记三种》，中华书局 1994 年版。

24. 宋·郭若虚：《图画见闻志》，载俞剑华编《中国古代画论类编》上，人民美术出版社 2007 年版。

25. 宋·黄休复著，秦岭云点校：《益州名画录》，人民美术出版社 1964 年版。

26. 宋·李昉等撰：《太平御览》，中华书局 1960 年版。

27. 宋·米芾：《画史》，载俞剑华编《中国古代画论类编》上，人民美术出版社 2007 年版。

28. 宋·苏轼：《苏东坡全集》，中国书店 1986 年版。

29. 宋·徐兢：《宣和奉使高丽图经》，中华书局 1985 年版。

30. 唐·张彦远撰，俞剑华注释：《历代名画记》，江苏美术出版社 2007 年版。

31. 《宣和画谱》，载于安澜编《画史丛书》，上海人民美术出版社 1963 年版。

32. 宋·张邦基、陈思、苏象先撰：《四部丛刊三编·子部·墨庄漫录·小字录·丞相魏公谭训》，上海书店 1936 年版。

33．唐·段成式撰，秦岭云点校：《寺塔记》，人民美术出版社1964年版。

34．唐·孙思邈撰，刘清国等校注：《千金方》，中国中医药出版社1998年版。

35．唐·魏征、令狐德棻撰：《隋书》，中华书局1973年版。

36．唐·许嵩撰，张忱石点校：《建康实录》，中华书局1986年版。

37．唐·玄奘撰，周国林注译：《大唐西域记》，岳麓书社1999年版。

38．唐·张怀瓘：《画断》，载俞剑华编《中国古代画论类编》上，人民美术出版社2007年版。

39．唐·朱景玄：《唐朝名画录》，载何志明、潘运告编《唐五代画论》，湖南美术出版社1997年版。

40．《新纂续藏经》（显密文库—佛教文集，白玛若拙佛教文化传播工作室制作）。

41．杨伯峻译注：《孟子译注》，中华书局1960年版。

42．元·汤垕：《画鉴》，载俞剑华编《中国古代画论类编》上，人民美术出版社2007年版。

43．周振甫：《文心雕龙今译》，中华书局2007年版。

词　典

1．陈义孝编：《佛学常见辞汇》（显密文库—佛教文集，白玛若拙佛教文化传播工作室制作）。

2．丁福保：《佛学大辞典》（显密文库—佛教文集，白玛若拙佛教文化传播工作室制作）。

3．季羡林主编：《敦煌学大辞典》，上海辞书出版社1998年版。

4．李维琦编：《佛经词语汇释》，湖南师大出版社2005年版。

5．林同华主编：《中华美学大词典》，安徽教育出版社2000年版。

6．陆锡兴主编：《中国古代器物大词典》（器皿），河北教育出版社2001年版。

7．中国文物学会专家委员会编：《中国文物大辞典》上，中央编译出版社 2008 年版。

著　作

1. John Larson & Rose Kerr, *Guanyin: A Masterpiece Revealed*, Victoria and Albert Museum, 1985.

2. Nandana Chutiwongs, "Avalokitesvara in Indian Buddhism", *The Iconography of Avalokitesvara in Mainland South Asia*, Ph. D. Dissertation, Rijksuniversiteit, Leiden, 1984.

3. Tove E. Neville, *Eleven-headed Avalokitesvara: Its Origin and Iconography*, Munshiram Manoharlal Publishers Pvt. Ltd., New Delhi, 1999.

4. Vignato, Giuseppe, *Chinese Transformation of Buddhism: The Case of Kuanyin*, Micro-pubilshed by Theological Research Exchange Network, Portland, Oregon, 1994.

5. 白化文:《汉化佛教与寺院生活》, 天津人民出版社 1989 年版。

6. 常任侠著, 王镛校订:《印度与东南亚美术发展史》, 安徽教育出版社 2006 年版。

7. 陈传席:《陈传席文集 2》, 河南美术出版社 2001 年版。

8. 陈传席:《六朝画论研究》, 江苏美术出版社 1985 年版。

9. 陈良运:《文质彬彬》上卷, 百花洲文艺出版社 2009 年版。

10. 陈万里:《西行日记》, 北京朴社 1926 年版。

11. 陈望衡:《中国美学史》, 人民出版社 2006 年版。

12. 陈炎:《中国审美文化史·唐宋卷》, 山东画报出版社 2000 年版。

13. 陈醉:《裸体艺术论》, 中国文联出版公司 1987 年版。

14.《大英视觉艺术百科全书》1, 台湾大英百科股份有限公司、广西出版总社、广西美术出版社 1994 年版。

15. 戴勉编译:《芬奇论绘画》, 人民美术出版社 1979 年版。

16. [德] 阿道夫·希尔德布兰德:《造型艺术中的形式问题》, 潘耀昌等译, 中国人民大学出版社 2004 年版。

17. 敦煌文物研究所整理:《敦煌莫高窟内容总录》, 文物出版社 1982 年版。

18．［法］雷奈·格鲁塞：《东方的文明》，中华书局 1999 年版。

19．方步和等编：《河西文化——"敦煌学"的摇篮》，中国文史出版社 2004 年版。

20．傅抱石：《中国绘画变迁史纲》，江苏文艺出版社 2007 年版。

21．葛兆光：《中国思想史》（全三册），复旦大学出版社 2001 年版。

22．宫大中：《龙门石窟艺术》，上海人民出版社 1981 年版。

23．［荷］许理和：《佛教征服中国——佛教在中国中古早期的传播与适应》，李四龙、裴勇等译，江苏人民出版社 2005 年版。

24．贺云翱、邵磊主讲：《中国金银器》，中央编译出版社 2008 年版。

25．洪立耀：《观音画法鉴赏》，世界佛教出版社 1994 年版。

26．侯旭东：《五、六世纪北方民众佛教信仰》，中国社会科学出版社 1998 年版。

27．黄宝生：《梵语诗学论著汇编》，昆仑出版社 2008 年版。

28．黄河涛：《禅与中国艺术精神的嬗变》，商务印书馆国际有限公司 1994 年版。

29．晃华山：《佛陀之光——印度与中亚佛教胜迹》，文物出版社 2001 年版。

30．霍然：《唐代美学思潮》，长春出版社 1997 年版。

31．贾应逸、祁小山：《印度到中国新疆的佛教艺术》，甘肃教育出版社 2002 年版。

32．姜伯勤：《敦煌吐鲁番文书与丝绸之路》，文物出版社 1994 年版。

33．姜伯勤：《敦煌艺术宗教与礼乐文明》，中国社会科学出版社 1996 年版。

34．姜文清：《东方古典美——中日传统审美意识比较》，中国社会科学出版社 2002 年版。

35．金申：《佛教美术丛考续编》，华龄出版社 2010 年版。

36．金维诺：《中国美术·魏晋至隋唐》，中国人民大学出版社

2004 年版。

37. 李利安:《观音信仰的渊源与传播》,宗教文化出版社 2008 年版。

38. 李安宁:《变形》,新疆美术摄影出版社 1994 年版。

39. 李翎:《藏密观音造像》,宗教文化出版社 2003 年版。

40. 李翎:《佛教造像量度与仪轨》,宗教文化出版社 1998 年版。

41. 李翎:《观音造像仪轨》,宗教文化出版社 2007 年版。

42. 李淞:《长安艺术与宗教文明》,中华书局 2002 年版。

43. 李永翘编:《张大千画语录》,海南摄影美术出版社 1992 年版。

44. 廖雯:《绿肥红瘦——古代艺术中的女性形象和闺阁艺术》,重庆出版社 2005 年版。

45. 刘秋霖:《观音菩萨图像与传说》,中国文联出版社 2005 年版。

46. 吕建福:《中国密教史》,中国社会科学出版社 1995 年版。

47. 雒青之:《百年敦煌——段文杰与莫高窟》,敦煌文艺出版社 1997 年版。

48. 马德编:《敦煌工匠史料》,甘肃人民出版社 1997 年版。

49. 马书田:《全像观音》,江西美术出版社 2006 年版。

50. [美] 鲁道夫·阿恩海姆:《艺术与视知觉——视觉艺术心理学》,腾守尧、朱疆源译,中国社会科学出版社 1984 年版。

51. [美] 巫鸿:《礼仪中的美术——巫鸿中国古代美术史文编》,郑岩、王睿编,郑岩等译,生活·读书·新知三联书店 2005 年版。

52. [美] 巫鸿:《美术史十议》,生活·读书·新知三联书店 2008 年版。

53. [美] 巫鸿:《武梁祠——中国古代画像艺术的思想性》,柳扬、岑河译,生活·读书·新知三联书店 2006 年版。

54. 孟晖:《花间十六声》,生活·读书·新知三联书店 2006 年版。

55. 穆纪光:《敦煌艺术哲学》,商务印书馆 2007 年版。

56. 欧阳琳：《敦煌图案解析》，甘肃文化出版社 2007 年版。

57. 潘天寿：《中国绘画史》，团结出版社 2006 年版。

58. 彭树智：《文明交往论》，陕西人民出版社 2002 年版。

59. 齐东方：《唐代金银器研究》，中国社会科学出版社 1999 年版。

60. 祁志祥：《中国佛教美学史》，北京大学出版社 2010 年版。

61. 饶宗颐：《敦煌白画》，见《饶宗颐二十世纪学术文集》卷八，新文丰出版股份有限公司 2003 年版。

62. ［日］后藤大用：《观世音菩萨本事》，黄佳馨译，台湾天华出版社 1994 年版。

63. ［日］吉村怜：《天人诞生图研究——东亚佛教美术史论文集》，卞立强、赵琼译，中国文联出版社 2002 年版。

64. ［日］笠原仲二：《古代中国人的美意识》，杨若薇译，生活·读书·新知三联书店 1988 年版。

65. ［日］松本荣一：《敦煌画の研究·图像篇》两卷本，东方文化学院东京研究所 1937 年版。

66. ［日］西上青曜：《观世音菩萨图像宝典》，唵阿哞出版社 1988 年版。

67. ［日］中村元：《中国佛教发展史》第一卷，余万居译，天华出版公司 1993 年版。

68. 沙武田：《敦煌画稿研究》，民族出版社 2006 年版。

69. 尚刚编：《中国工艺美术史新编》，高等教育出版社 2007 年版。

70. 石守谦：《风格与世变》，北京大学出版社 2008 年版。

71. 史苇湘：《敦煌历史与莫高窟艺术研究》，甘肃教育出版社 2002 年版。

72. 史岩：《东洋美术史》，上海书店 1990 年版。

73. 苏华、毅鸣、王世喜、侯海燕编：《图说中国工艺美术》，上海三联书店 2009 年版。

74. 宿白：《唐宋时期的雕版印刷》，文物出版社 1999 年版。

75. 孙昌武：《中国文学中的维摩与观音》，高等教育出版社

1996 年版。

76. 田自秉：《中国工艺美术史》，东方出版中心 2004 年版。

77. 王伯敏：《中国绘画通史》上册，生活·读书·新知三联书店 2000 年版。

78. 王海林：《佛教美学》，安徽文艺出版社 1992 年版。

79. 王林主编：《美术概念 100 问》，四川美术出版社 2004 年版。

80. 王琳编：《印度艺术》，河北教育出版社 2003 年版。

81. 王桐龄：《中国民族史》，文化学社 1934 年版。

82. 王旭晓：《美学原理》，上海人民出版社 2000 年版。

83. 王镛：《印度美术史话》，人民美术出版社 1999 年版。

84. 王耘：《唐代美学范畴研究》，学林出版社 2005 年版。

85. 魏迎春：《敦煌菩萨漫谈》，民族出版社 2004 年版。

86. 夏广兴：《密教传持与唐代社会》，上海人民出版社 2008 年版。

87. 夏鼐著，王世民、林秀贞编：《敦煌考古漫记》，百花文艺出版社 2002 年版。

88. 向达：《唐代长安与西域文明》，河北教育出版社 2007 年版。

89. 辛革：《佛塔中的秘密——走进珍宝世界》，上海文艺出版社 2003 年版。

90. 徐华铛编：《中国菩萨造像》，中国林业出版社 2008 年版。

91. 阎文儒、王万青编：《炳灵寺石窟》，甘肃人民出版社 1993 年版。

92. 阎文儒：《云冈石窟研究》，广西师范大学出版社 2003 年版。

93. 阎文儒主编：《麦积山石窟》，甘肃人民出版社 1984 年版。

94. 颜素慧编著：《观音小百科》，岳麓书社 2003 年版。

95. 杨泓：《文明的轨迹》，中华书局 1988 年版。

96. 杨熙龄：《考瓶说分——漫话陶瓷史发展的逻辑》，社会科学文献出版社 1994 年版。

97. 杨辛、甘霖：《美学原理》，北京大学出版社 1993 年版。

98. 易存国：《敦煌艺术美学》，上海人民出版社 2005 年版。

99．［意］列奥纳多·达·芬奇：《芬奇论绘画》，戴勉编译，朱龙华校，人民美术出版社 1986 年版。

100．［印］帕德玛·苏蒂：《印度美学理论》，欧建平译，中国人民大学出版社 1992 年版。

101．［英］奥雷尔·斯坦因：《发现藏经洞》，姜波、秦立彦译，广西师范大学出版社 2000 年版。

102．于培杰：《观音菩萨》，黑龙江美术出版社 2006 年版。

103．于向东：《敦煌变相与变文研究》，甘肃教育出版社 2009 年版。

104．张法：《询问佛境》，宗教文化出版社 2000 年版。

105．张亚莎：《西藏美术史》，中央民族大学出版社 2006 年版。

106．中华世纪坛世界艺术馆编：《伟大的世界文明——印度文明》，文物出版社 2006 年版。

107．朱伯雄译：《安格尔论艺术》，辽宁美术出版社 1980 年版。

108．朱良志：《中国美学十五讲》，北京大学出版社 2006 年版。

109．庄伯和：《佛像之美——艺术见闻录之三》，雄狮图书股份有限公司 1997 年版。

论文集

1．北京大学哲学系美学教研室编：《西方美学家论美和美感》，商务印书馆 1980 年版。

2．北京大学中国中古史研究中心编：《敦煌吐鲁番文献研究论集》第二辑，北京大学出版社 1983 年版。

3．敦煌文物研究所编：《1983 年全国敦煌学术讨论会论文集（石窟·艺术编）》上，甘肃人民出版社 1985 年版。

4．敦煌文物研究所编：《1983 年全国敦煌学术讨论会论文集（石窟·艺术编）》下，甘肃人民出版社 1987 年版。

5．敦煌研究院编：《段文杰敦煌研究五十年纪念文集》，世界图书出版公司 1996 年版。

6．敦煌研究院编：《敦煌研究文集·敦煌石窟经变篇》，甘肃民族出版社 2000 年版。

7. 敦煌研究院编：《2000 年敦煌学国际学术讨论会文集·石窟考古卷》，甘肃民族出版社 2003 年版。

8. 敦煌研究院编：《1994 年敦煌学国际研讨会文集·石窟艺术卷》，甘肃民族出版社 2000 年版。

9. 敦煌研究院编：《2004 年石窟研究国际学术会议论文集》上、下，上海古籍出版社 2006 年版。

10. ［法］谢和耐、苏远鸣等：《法国学者敦煌学论文选萃》，耿昇译，中华书局 1993 年版。

11. 国家图书馆善本特藏部敦煌吐鲁番学资料研究中心编：《敦煌与丝路文化学术讲座》第一辑，北京图书馆出版社 2003 年版。

12. 郝春文主编：《敦煌文献论集》，辽宁人民出版社 2001 年版。

13. 荣新江主编：《唐研究》第八卷，北京大学出版社 2002 年版。

14. 荣新江主编：《唐研究》第三卷，北京大学出版社 1997 年版。

15. 荣新江主编：《唐研究》第四卷，北京大学出版社 1998 年版。

16. 陕西历史博物馆编：《唐墓壁画国际学术研讨会论文集》，三秦出版社 2006 年版。

17. 王尧主编：《佛教与中国传统文化》下，宗教文化出版社 1997 年版。

18. 西北大学西北历史研究室：《西北历史资料·敦煌述略》（求正稿），1984 年增刊。

19. ［新加坡］古正美主编：《唐代佛教与佛教艺术》，觉风佛教艺术文化基金会 2006 年版。

20. 颜娟英主编：《美术与考古》上册，中国大百科全书出版社 2005 年版。

21. 张锡坤主编：《佛教与东方艺术》，吉林教育出版社 1989 年版。

22. 郑炳林、花平宁主编：《麦积山石窟艺术文化论文集》（下），兰州大学出版社 2004 年版。

23. 中山大学艺术史研究室编：《艺术史研究》第十辑，中山大学出版社 2008 年版。

画　册

1. 常沙娜编：《中国敦煌历代服饰图案》，中国轻工业出版社 2001 年版。

2. 董玉祥主编：《中国美术全集・绘画编 17・麦积山等石窟壁画》，人民美术出版社 1987 年版。

3. 段文杰、樊锦诗主编：《中国美术分类全集・中国敦煌壁画全集 5・敦煌初唐》，辽宁美术出版社、天津人民美术出版社 2006 年版。

4. 段文杰、樊锦诗主编：《中国美术分类全集・中国敦煌壁画全集 7・敦煌中唐》，辽宁美术出版社、天津人民美术出版社 2006 年版。

5. 段文杰主编：《敦煌石窟鉴赏丛书》第二辑（全十册），甘肃人民美术出版社 1992 年版。

6. 段文杰主编：《中国美术分类全集・中国敦煌壁画全集 6・敦煌盛唐》，天津人民美术出版社 1989 年版。

7. 段文杰主编：《中国美术分类全集・中国敦煌壁画全集 8・敦煌晚唐》，天津人民美术出版社 2001 年版。

8. 段文杰主编：《中国美术全集・绘画编 14・敦煌壁画》上，上海人民美术出版社 1985 年版。

9. 段文杰主编：《中国美术全集・绘画编 15・敦煌壁画》下，上海人民美术出版社 1985 年版。

10. 敦煌文物研究所编辑：《敦煌莫高窟艺术》，文物出版社、三联书店香港分店 1980 年版。

11. 敦煌文物研究所编：《中国石窟・敦煌莫高窟》第二卷，文物出版社、株式会社平凡社 1984 年版。

12. 敦煌文物研究所编：《中国石窟・敦煌莫高窟》第三卷，文物出版社、株式会社平凡社 1987 年版。

13. 敦煌文物研究所编：《中国石窟・敦煌莫高窟》第四卷，

文物出版社、株式会社平凡社 1987 年版。

14．敦煌文物研究所编：《中国石窟·敦煌莫高窟》第一卷，文物出版社、株式会社平凡社 1982 年版。

15．敦煌研究院、江苏美术出版社编：《敦煌石窟艺术·莫高窟第九窟、第一二窟（晚唐）》，江苏美术出版社 1994 年版。

16．敦煌研究院、江苏美术出版社编：《敦煌石窟艺术·莫高窟第三二一窟、第三二九窟、第三三五窟（初唐）》，江苏美术出版社 1996 年版。

17．敦煌研究院、江苏美术出版社编：《敦煌石窟艺术·莫高窟第四五窟附第四六窟（盛唐）》，江苏美术出版社 1993 年版。

18．敦煌研究院、江苏美术出版社编：《敦煌石窟艺术·莫高窟第五七窟、第三二二窟（初唐）》，江苏美术出版社 1996 年版。

19．敦煌研究院、江苏美术出版社编：《敦煌石窟艺术·莫高窟第一九六、八五窟（晚唐）》，江苏美术出版社 1998 年版。

20．敦煌研究院、江苏美术出版社编：《敦煌石窟艺术·莫高窟第一四窟（晚唐）》，江苏美术出版社 1996 年版。

21．敦煌研究院、江苏美术出版社编：《敦煌石窟艺术·莫高窟第一五八窟（中唐）》，江苏美术出版社 1998 年版。

22．敦煌研究院、江苏美术出版社编：《敦煌石窟艺术·莫高窟第一五六窟、第一六一窟（晚唐）》，江苏美术出版社 1995 年版。

23．敦煌研究院、江苏美术出版社编：《敦煌石窟艺术·莫高窟第一五四窟附第二三一窟（中唐）》，江苏美术出版社 1994 年版。

24．敦煌研究院、江苏美术出版社编：《敦煌石窟艺术·莫高窟第一一二窟（中唐）》，江苏美术出版社 1998 年版。

25．敦煌研究院、江苏美术出版社编：《敦煌石窟艺术·榆林窟第二五窟，附第一五窟（中唐）》，江苏美术出版社 1993 年版。

26．俄罗斯国立埃尔米塔什博物馆编：《俄藏敦煌艺术品》共五卷，上海古籍出版社 1997 年、1998 年、2000 年、2002 年、2005 年版。

27．［法］吉埃编：《西域美术》共二卷，［日］秋山光和等译，法国集美博物馆与日本讲谈社 1994 年、1995 年版。

28．傅熹年主编：《中国美术全集·绘画编 4·两宋绘画》下，文物出版社 1988 年版。

29．韩伟、张建林主编：《陕西新出土唐墓壁画》，重庆出版社 1998 年版。

30．金维诺主编：《中国美术全集·绘画编 2·隋唐五代绘画》，人民美术出版社 1984 年版。

31．李振甫编绘：《敦煌手姿》，湖南美术出版社 1986 年版。

32．历史研究所、中国敦煌吐鲁番学会敦煌古文献编辑委员会、英国国家图书馆、伦敦大学亚非学院合编：《英藏敦煌宝藏》（汉文佛经以外部分）第二卷，四川人民出版社 1990 年版。

33．罗华庆主编：《敦煌石窟全集 2·尊像画卷》，商务印书馆 2002 年版。

34．马炜、蒙中编：《西域绘画》（全十册），重庆出版社 2010 年版。

35．彭金章主编：《敦煌石窟全集 10·密教画卷》，商务印书馆 2003 年版。

36．宿白主编：《中国美术全集·绘画编 12·墓室壁画》，文物出版社 1989 年版。

37．谢生保主编，马玉华绘：《敦煌菩萨》，甘肃人民美术出版社 1996 年版。

38．杨可扬主编：《中国美术全集·工艺美术编 1·陶瓷》上，上海人民美术出版社 1991 年版。

39．杨可扬主编：《中国美术全集·工艺美术编 2·陶瓷》中，上海人民美术出版社 1988 年版。

40．［英］韦陀编：《西域美术》共三卷，［日］上野阿吉译，英国博物馆与日本讲谈社 1982—1984 年版。

41．张安治主编：《中国美术全集·绘画编 1·原始社会至南北朝绘画》，人民美术出版社 1986 年版。

42．郑军、苏晓编：《中国历代观音造型艺术》，人民美术出版社 2008 年版。

43．朱介英编：《瑰丽的静域一梦：张大千敦煌册》，北京师范大学出版社 2009 年版。

期　刊

1.《敦煌学辑刊》。

2.《敦煌研究》。

3.《法音》。

4.《故宫文物月刊》。

5.《考古》。

6.《考古学报》。

7.《考古与文物》。

8.《美术研究》。

9.《南亚研究季刊》。

10.《丝绸之路》。

11.《台湾中央研究院历史语言研究所集刊》。

12.《文博》。

13.《文物》。

14.《西藏研究》。

15.《哲学研究》。

16.《中国藏学》。

17.《宗教学研究》。

论　文

1. 白化文:《讲"庄严"》,《中国典籍与文化》1996 年第 4 期。

2. 蔡若虹:《早晨八点钟》,《中国画研究》1983 年第 3 期。

3. 陈清香:《观世音菩萨的形象研究》,《华岗佛学学报》1973 年第 3 期。

4. 陈清香:《观音造像系统述源》,《佛教艺术》1986 年第 2 期。

5. 陈清香:《千手观音像造型之研究》,《空大人文学报》1993 年第 2 期。

6. 陈赟:《幽玄意识与中国哲学》,《社会科学论坛》2002 年第 10 期。

7. 陈祚龙：《关于造作观世音菩萨形象之流变的参考资料（上、下）》，《美术学报》1989 年第 21 期。

8. 董彦文：《多姿多彩的观音菩萨》，《丝绸之路》2003 年第 1 期。

9. 段文杰：《略论敦煌壁画的风格特点和艺术成就》，《敦煌研究》1982 年第 2 期。

10. ［俄］鲁多娃·M. A.：《观音菩萨在敦煌》，张惠明译，《敦煌研究》1993 年第 1 期。

11. ［法］劳合·福奇兀：《伯希和在敦煌收集的文物》，杨汉璋、杨爱程译审，《敦煌研究》1990 年第 4 期。

12. 樊锦诗、马世长：《莫高窟发现的唐代丝绸和其他》，《文物》1972 年第 12 期。

13. 冯汉镛：《千手千眼观音圣像源流考》，《文史杂志》1996 年第 2 期。

14. 冯双白：《"千手观音"辩》，《艺术评论》2005 年第 6 期。

15. 傅云仙：《印度的观音信仰及观音造像》，《艺术百家》2006 年第 3 期。

16. 葛婉章：《无缘大悲观自在——院藏〈普门品〉观音画探究》，台湾《故宫文物月刊》1992 年总第 112 期。

17. 龚钢：《观音造像由男变女的文化阐释》，《兰州学刊》2007 年第 12 期。

18. 广元：《释迦与观音像之考究》，《海潮音》1980 年第 3 期。

19. 郭子瑶：《观音形象中国化的审美依据》，《设计艺术》（山东工艺美术学院学报）2004 年第 2 期。

20. 侯传文：《中印"韵"、"味"比较谈——兼与刘九洲同志商榷》，《外国文学研究》1989 年第 3 期。

21. 胡文和：《四川与敦煌石窟中的"千手千眼大悲变相"的比较研究》，《佛学研究中心学报》1998 年总第 3 期。

22. 花平宁：《甘肃馆藏十一面观音铜造像的造型风格》，《丝绸之路》1998 年第 4 期。

23. 霍巍：《吐蕃系统金银器研究》，《考古学报》2009 年第 1 期。

24. 霍巍：《西藏西部佛教石窟壁画中的波罗艺术风格》，《考古与文物》2005 年第 4 期。

25. 蒋述卓：《试论佛教美学思想》，《云南社会科学》1990 年第 2 期。

26. 金荣华：《敦煌多臂观世音菩萨画像所持日月宝珠之考察》，《大陆杂志》1982 年第 65 卷第 6 期。

27. 金申：《博兴出土的太和年间金铜观音立像的样式与源流》，《中原文物》2005 年第 2 期。

28. 李柏华：《隋代三件阿弥陀佛整铺造像之解析》，《文博》2010 年第 2 期。

29. 李静杰：《早期金铜佛谱系研究》，《考古》1995 年第 5 期。

30. 李翎：《佛画与功德——以集美博物馆藏 17775 号绢画为中心》，《故宫博物院院刊》2008 年第 5 期。

31. 李翎：《六字观音图像样式分析——兼论六字观音与阿弥陀佛的关系》，《美术研究》2003 年第 2 期。

32. 李翎：《三叶冠观音像考》，《中国历史文物》2003 年第 6 期。

33. 李翎：《十一面观音像式研究——以汉藏造像对比研究为中心》，《敦煌学辑刊》2004 年第 2 期。

34. 李翎：《"引路菩萨"与"莲花手"——汉藏持莲花观音像比较》，《西藏研究》2006 年第 3 期。

35. 李文生：《龙门唐代密宗造像》，《文物》1991 年第 1 期。

36. 李玉珉：《梵像卷中几尊密教观音之我见》，《故宫文物月刊》1986 年第 4 卷第 6 期。

37. 李远国：《试论灵幡与宝幢的文化内涵》，《宗教学研究》2002 年第 1 期。

38. 林富春：《论观音形象之变迁》，《宜兰农工学报》1994 年总第 8 期。

39. 林伟：《南北朝佛教思想变化与佛像风格演变的内在关联——以"张家样"造像风格所体现的涅槃佛性思想为例》，《哲学研究》2008 年第 2 期。

40. 林子忻：《观世音造像之流变》，《万能商学学报》1998 年第 3 期。

41. 刘继汉：《从阎立本的"杨枝观音"谈观音画像的演变及其他》，《正法研究》1999 年创刊号。

42. 罗丰：《北周李贤墓出土的中亚风格鎏金银瓶》，《考古学报》2000 年第 3 期。

43. 罗华庆：《敦煌艺术中的〈观音普门品变〉和〈观音经变〉》，《敦煌研究》1987 年第 3 期。

44. 罗世平：《青州北齐造像及其样式问题》，《美术研究》2000 年第 3 期。

45. 马德：《敦煌绢画题记辑录》，《敦煌学辑刊》1996 年第 1 期。

46. 马德：《散藏美国的五件敦煌绢画》，《敦煌研究》1999 年第 2 期。

47. 马玉红：《艺术小百科——中国千手观音造像图考》，《历史博物馆馆刊》1999 年总第 73 期。

48. 梅林：《律寺制度视野：九至十世纪莫高窟石窟寺经变画布局初探》，《敦煌研究》1995 年第 1 期。

49. 潘亮文：《试论水月观音图》，《艺术学》1997 年总第 17 期。

50. 潘亮文：《有关观音像流传的研究成果和课题》，《艺术学》1997 年总第 18 期。

51. 彭金章：《敦煌石窟不空羂索观音经变研究——敦煌密教经变研究之五》，《敦煌研究》1999 年第 1 期。

52. 彭金章：《莫高窟第 76 窟十一面八臂观音考》，《敦煌研究》1994 年第 3 期。

53. 彭金章：《莫高窟第 14 窟十一面观音经变》，《敦煌研究》1994 年第 2 期。

54. 彭金章：《千眼照见、千手护持——敦煌密教经变研究之三》，《敦煌研究》1996 年第 1 期。

55. 蒲文成、完玛冷智：《经幡源流刍议》，《青海社会科学》1998 年第 5 期。

56. 齐东方：《唐墓壁画中的金银器图像》，《文博》1998 年第 6 期。

57. 任先大、田泥：《中印古典"韵"论比较研究》，《吉首大学学报》（社会科学版）2007 年第 2 期。

58. ［日］滨田隆：《菩萨——他的起点和造型》，白文译，李爱民审译，《敦煌研究》1991 年第 2 期。

59. ［日］东山健吾：《敦煌莫高窟佛树下说法图形式的外来影响及其变迁》，贺小萍译，《敦煌研究》1991 年第 1 期。

60. ［日］宫治昭：《斯瓦特的八臂观音救难坐像浮雕——敦煌与印度的关系》，《敦煌研究》2000 年第 3 期。

61. 芮传明：《中原地区女相观音渊源浅探》，《史林》1993 年第 1 期。

62. 沈以正：《谈绘画史上的观音像》，《佛教艺术》1986 年总第 2 期。

63. 史忠平、马莉：《莫高窟唐代观音画像的转译与释读》，《新疆艺术学院学报》2010 年第 4 期。

64. 史忠平：《浅探徐复观"书画异系"观——兼论中国古代书画结合之关系》，《解放军艺术学院学报》2009 年第 3 期。

65. 苏进德：《敦煌莫高窟唐观音绢画问世经历》，《敦煌研究》2007 年第 6 期。

66. 孙修身、孙晓岗：《从观音造型谈佛教中国化》，《敦煌研究》1995 年第 1 期。

67. 孙修身：《唐初中国和尼泊尔王国的交通》，《敦煌研究》1999 年第 1 期。

68. 汤力文：《中印韵论比较研究》，《深圳大学学报》（人文社会科学版）1997 年第 1 期。

69. 王丹：《从"观音"形态之流变看中国佛教美术世俗化、本土化的过程》，《河北师范大学学报》（哲学社会科学版）2003 年第 3 期。

70. 王惠民：《地藏信仰与地藏图像研究论著目录》，《敦煌学辑刊》2005 年第 4 期。

71. 王惠民：《敦煌千手千眼观音像》，《敦煌学辑刊》1994 年第 1 期。

72. 王惠民:《敦煌水月观音像》,《敦煌研究》1987 年第 1 期。

73. 王惠民:《唐前期敦煌地藏图像考察》,《敦煌研究》2005 年第 3 期。

74. 王惠民:《中唐以后敦煌地藏图像考察》,《敦煌研究》2007 年第 1 期。

75. 王冀青:《古代和田派美术初探》,《敦煌学辑刊》1984 年第 2 期。

76. 王进玉:《国宝寻踪——敦煌藏经洞绢画的流失、收藏与研究》,《文物世界》2000 年第 5 期。

77. 王克孝:《俄罗斯国立埃尔米塔什博物馆敦煌文物收藏品概况》,《敦煌研究》1996 年第 4 期。

78. 王志远:《中国佛教初传史辨述评——纪念佛教传入中国 2000 年》,《法音》1998 年第 3 期。

79. 温玉成:《“西天诸神”怎样来到中国》,《中原文物》2007 年第 3 期。

80. 吴焯:《北周李贤墓出土鎏金银壶考》,《文物》1987 年第 5 期。

81. 谢成水:《敦煌壁画中的线条艺术》,《敦煌艺术》1999 年第 1 期。

82. 谢继胜:《川青藏交界地区藏传摩崖石刻造像与题记分析——兼论吐蕃时期大日如来与八大菩萨造像渊源》,《中国藏学》2009 年第 1 期。

83. 谢生保、谢静:《敦煌艺术中的千手观音》,《寻根》2005 年第 4 期。

84. [新加坡] 古正美:《从佛教思想史上转身论的发展看观世音菩萨——中国造像史上转男成女像的由来》,《东吴大学中国艺术史集刊》1987 年第 15 期。

85. 杨晓霞:《中印韵论诗学的比较研究》,《东方丛刊》2006 年第 4 期。

86. 殷光明:《初说法图与法身信仰——初说法从释迦到卢舍那的转变》,《敦煌研究》2009 年第 1 期。

87. 殷光明:《从释迦三尊到华严三圣的图像转变看大乘菩萨思想的发展》,《敦煌研究》2010 年第 3 期。

88. 尹锡南、曾祥裕:《梵语诗学庄严论刍议》,《南亚研究季刊》2010 年第 3 期。

89. [印度] 洛克什·钱德拉、苏达尔沙娜·戴维·星哈尔:《敦煌壁画中的观音》,杨富学译,《敦煌研究》1995 年第 2 期。

90. [英] 龙安那:《从净土图到纸花——敦煌藏经洞出土绘画材料的价值比较》,魏文捷译,《敦煌研究》2000 年第 3 期。

91. 张亚莎:《印度·卫藏·敦煌的波罗—中亚艺术风格论》,《敦煌研究》2002 年第 3 期。

92. 张元林、夏生平:《"观音救难"的形象图示——莫高窟第359 窟西壁龛内屏风画内容释读》,《敦煌研究》2010 年第 5 期。

93. 张元林、张志海:《敦煌北朝时期法华信仰中的无量寿佛信仰——以莫高窟第 285 窟无量寿佛说法图为例》,《敦煌研究》2007 年第 1 期。

94. 张智艳、吴卫:《创意图形之共用形》,《郑州轻工业学院学报》(社会科学版) 2007 年第 6 期。

95. 郑秉谦:《东方维纳斯的诞生:"观音变"初探》,《东方丛刊》1998 年第 1 期。

96. 郑筱筠:《试论观音净瓶、杨柳与中印拜水习俗》,《云南师范大学学报》2001 年第 4 期。

硕博论文

1. 党燕妮:《晚唐五代宋初敦煌民间佛教信仰研究》,博士学位论文,兰州大学,2009 年。

2. 李利安:《古代印度观音信仰的演变及其向中国的传播》,博士学位论文,西北大学,2003 年。

3. 刘颖:《敦煌莫高窟吐蕃后期经变画研究》,博士学位论文,中央美术学院,2010 年。

4. 刘真:《吐蕃占领时期敦煌观音信仰研究》,硕士学位论文,兰州大学,2009 年。

5. 彭建兵：《敦煌石窟早期密教状况研究》，硕士学位论文，兰州大学，2006 年。

6. 濮仲远：《唐宋时期敦煌民间信仰研究》，硕士学位论文，西北师范大学，2005 年。

7. 赵晶：《唐代胡瓶的考古发现与综合研究》，硕士学位论文，西北大学，2008 年。

8. 赵敏：《敦煌莫高窟菩萨披帛及隋唐五代世俗女性披帛研究》，硕士学位论文，东华大学，2006 年。

附

插图来源

本书插图编号	插图所出图书名称	插图在原书中位置
图 2—1		第 144 页
图 3—17		第 149 页
图 4—1 右		第 74 页
图 4—13 左	（台湾）颜素慧编著：《观音小百科》，岳麓书社 2003 年版	第 62 页
图 5—1		第 11 页
图 5—4		第 12 页
图 6—3		第 81 页
图 2—2	敦煌文物研究所编：《中国石窟·敦煌莫高窟》第一卷，文物出版社、株式会社平凡社 1982 年版	图版 139
图 7—22		图版 77
图 2—3		图版 179
图 2—13		图版 94
图 2—14		图版 92
图 3—1	敦煌文物研究所编：《中国石窟·敦煌莫高窟》第三卷，文物出版社、株式会社平凡社 1987 年版	图版 26
图 3—6		图版 171
图 3—12		图版 171
图 3—20		图版 131
图 3—26		图版 135

续表

本书插图编号	插图所出图书名称	插图在原书中位置
图 4—26	敦煌文物研究所编:《中国石窟·敦煌莫高窟》第四卷,文物出版社、株式会社平凡社 1987 年版	图版 167
图 5—17 前三幅		图版 188
图 5—18		图版 188
图 3—13	段文杰、樊锦诗主编:《中国美术分类全集·中国敦煌壁画全集 5·敦煌初唐》,辽宁美术出版社、天津人民美术出版社 2006 年版	第 142 页
图 3—15		第 33 页
图 3—24		第 128 页
图 3—25		第 136 页
图 4—19		第 144 页
图 6—76		第 11 页
图 3—32	段文杰主编:《中国美术分类全集·中国敦煌壁画全集 6·敦煌盛唐》,天津人民美术出版社 1989 年版	第 33 页
图 4—9		第 143 页
图 5—10		第 99 页
图 5—13		第 48 页
图 6—17		第 18 页
图 7—6		第 92 页
图 7—7		第 99 页
图 7—14		第 131 页
图 5—22	段文杰、樊锦诗主编:《中国美术分类全集·中国敦煌壁画全集 7·敦煌中唐》,辽宁美术出版社、天津人民美术出版社 2006 年版	第 18 页
图 3—10		第 1 页
图 6—23		第 71 页
图 6—65		第 18 页
图 6—68		第 161 页

续表

本书插图编号	插图所出图书名称	插图在原书中位置
图 2—7	段文杰主编:《中国美术分类全集·中国敦煌壁画全集 8·敦煌晚唐》,天津人民美术出版社 2001 年版	第 68 页
图 2—16		第 167 页
图 3—7		第 115 页
图 4—10 右		第 107 页
图 4—25		第 79 页
图 5—17 第 4 幅		第 177 页
图 5—20		第 161 页
图 2—4	罗华庆主编:《敦煌石窟全集 2·尊像画卷》,商务印书馆 2002 年版	第 67 页
图 2—5		第 57 页
图 2—6		第 57 页
图 2—8		第 58 页
图 2—9		第 69 页
图 2—10		第 56 页
图 2—12		第 59 页
图 3—27		第 105 页
图 5—8		第 141 页
图 5—9		第 137 页
图 5—12		第 139 页
图 5—14		第 141 页
图 5—15		第 144 页
图 6—2		第 107 页
图 6—66		第 143 页
图 7—4		第 56 页
图 7—5		第 57 页
图 7—18		第 56 页

本书插图编号	插图所出图书名称	插图在原书中位置
图 4—2		第 27 页
图 4—3		第 29、55 页
图 4—4		第 28 页
图 4—5		第 31 页
图 4—6		第 103 页
图 4—10 左、中		第 80、78 页
图 4—11	彭金章主编：《敦煌石窟全集 10·密教画卷》，商务印书馆 2003 年版	第 119 页
图 4—13 右		第 146 页
图 4—14		第 102、101 页
图 4—21		第 55 页
图 4—22		第 28 页
图 4—23		第 79 页
图 4—24		第 115 页
图 4—20		第 91 页
图 3—2		第 197 页
图 3—11	敦煌研究院、江苏美术出版社编：《敦煌石窟艺术·莫高窟第三二一窟、第三二九窟、第三三五窟（初唐）》，江苏美术出版社 1996 年版	第 102—103 页
图 4—14		第 124、131 页
图 5—6		第 176—177 页
图 5—7		第 189 页
图 7—11		第 91 页
图 3—21		第 196 页
图 3—9	敦煌研究院、江苏美术出版社编：《敦煌石窟艺术·莫高窟第一一二窟（中唐）》，江苏美术出版社 1998 年版	第 59 页
图 3—3		第 59 页

续表

本书插图编号	插图所出图书名称	插图在原书中位置
图 3—22	敦煌研究院、江苏美术出版社编:《敦煌石窟艺术·莫高窟第九窟、第一二窟（晚唐）》，江苏美术出版社 1994 年版	第 210 页
图 3—37	敦煌研究院、江苏美术出版社编:《敦煌石窟艺术·莫高窟第二八五窟（西魏）》，江苏美术出版社 1995 年版	第 113 页
图 2—15	敦煌研究院、江苏美术出版社编:《敦煌石窟艺术·莫高窟第四五窟附第四六窟（盛唐）》，江苏美术出版社 1993 年版	第 101 页
图 3—16		第 123 页
图 3—28		第 86 页
图 3—34		第 90 页
图 3—38		第 87、91 页
图 3—39		第 90、92、93、92 页
图 3—40		第 88、81、93、90 页
图 5—11		第 24 页
图 5—16		第 101 页
图 3—31	敦煌研究院、江苏美术出版社编:《敦煌石窟艺术·莫高窟第一四窟（晚唐）》，江苏美术出版社 1996 年版	第 173 页
图 7—35		第 94 页
图 5—23	敦煌研究院、江苏美术出版社编:《敦煌石窟艺术·莫高窟第一五六窟、第一六一窟（晚唐）》，江苏美术出版社 1995 年版	第 209 页
图 3—4	敦煌研究院、江苏美术出版社编:《敦煌石窟艺术·莫高窟第一五四窟附第二三一窟（中唐）》，江苏美术出版社 1994 年版	第 205 页
图 3—8		第 81 页

本书插图编号	插图所出图书名称	插图在原书中位置
图 5—21	敦煌研究院、江苏美术出版社编：《敦煌石窟艺术·莫高窟第一五八窟（中唐）》，江苏美术出版社 1998 年版	第 57 页
图 5—19	敦煌研究院、江苏美术出版社编：《敦煌石窟艺术·莫高窟第一九六、八五窟（晚唐）》，江苏美术出版社 1998 年版	第 128 页
图 7—23		第 184 页
图 3—35	张安治主编：《中国美术全集·绘画编 1·原始社会至南北朝绘画》，人民美术出版社 1986 年版	第 120 页
图 3—36		第 154 页
图 7—16	金维诺主编：《中国美术全集·绘画编 2·隋唐五代绘画》，人民美术出版社 1984 年版	第 13 页
图 7—17		第 60 页
图 7—19		第 63 页
图 7—25	宿白主编：《中国美术全集·绘画编 12·墓室壁画》，文物出版社 1989 年版	第 115 页
图 7—26		第 7 页
图 7—27 下		第 115 页
图 4—15	段文杰主编：《中国美术全集·绘画编 14·敦煌壁画》上，上海人民美术出版社 1985 年版	第 190 页
图 3—5	段文杰主编：《中国美术全集·绘画编 15·敦煌壁画》下，上海人民美术出版社 1985 年版	第 74—75 页
图 3—33		第 59 页
图 6—56	杨可扬主编：《中国美术全集·工艺美术编 1·陶瓷》上，上海人民美术出版社 1991 年版	第 184 页

续表

本书插图编号	插图所出图书名称	插图在原书中位置
图 6—52	杨可扬主编：《中国美术全集·工艺美术编 2·陶瓷》中，上海人民美术出版社 1988 年版	第 108 页
图 6—55		第 58 页
图 6—63		第 29 页
图 6—67	马炜、蒙中编：《西域绘画·1》，重庆出版社 2010 年版	第 29 页
图 7—3		第 20 页
图 7—9		第 15 页
图 7—27 上		第 7 页
图 7—30 上		第 35 页
图 5—25	马炜、蒙中编：《西域绘画·2》，重庆出版社 2010 年版	第 30 页
图 5—27		第 3 页
图 5—28		第 4 页
图 5—29		第 8 页
图 6—4		第 8 页
图 6—6		第 8 页
图 6—8		第 29 页
图 6—12		第 2 页
图 6—20		第 2 页
图 6—24 右		第 3 页
图 6—26		第 4 页
图 7—1		第 30 页
图 7—13		第 2 页
图 7—21		第 26 页
图 7—37		第 8 页

本书插图编号	插图所出图书名称	插图在原书中位置
图 6—7		第 11 页
图 6—10		第 5 页
图 6—11		第 8 页
图 6—16		第 22 页
图 6—24 左		第 8 页
图 6—25	马炜、蒙中编：《西域绘画·3》，重庆出版社 2010 年版	第 4 页
图 7—8		第 4 页
图 7—10		第 9 页
图 7—15		第 22 页
图 7—29 上		第 5 页
图 7—34		第 7 页
图 7—36		第 9 页
图 6—5		第 15 页
图 7—2	马炜、蒙中编：《西域绘画·4》，重庆出版社 2010 年版	第 2 页
图 7—20		第 15 页
图 7—28 上		第 15 页
图 6—13	马炜、蒙中编：《西域绘画·9》，重庆出版社 2010 年版	第 2 页
图 5—26		第 32 页
图 6—27	马炜、蒙中编：《西域绘画·10》，重庆出版社 2010 年版	第 14 页
图 7—24		第 20 页
图 5—24	《西域美术》第二卷	图版 43

续表

本书插图编号	插图所出图书名称	插图在原书中位置
图6—19	《历朝名画观音宝像》下，中华民国二十九年庚辰二月影印本	第139页
图6—21		第140页
图6—73		第139页
图3—23	历史研究所、中国敦煌吐鲁番学会敦煌古文献编辑委员会、英国国家图书馆、伦敦大学亚非学院合编：《英藏敦煌宝藏》（汉文佛经以外部分）第二卷，四川人民出版社1990年版	第187、206页
图3—29		第206页
图3—30		第206页
图6—69	韩伟、张建林主编：《陕西新出土唐墓壁画》，重庆出版社1998年版	第8页
图7—28下		第20页
图7—29下		第126页
图6—18	贺云翱、邵磊主讲：《中国金银器》，中央编译出版社2008年版	第182页
图6—70	常任侠著，王镛校订：《印度与东南亚美术发展史》，安徽教育出版社2006年版	第38页
图6—71		第39页
图6—72	李振甫编绘：《敦煌手姿》，湖南美术出版社1986年版	前言图版
图6—73		前言图版
图6—74		前言图版
图6—78		图298
图7—30下	《国宝在线——唐宫仕女》，上海书画出版社2008年版	第41页

本书插图编号	插图所出图书名称	插图在原书中位置
图 6—75	朱介英编：《瑰丽的静域一梦：张大千敦煌册》，北京师范大学出版社 2009 年版	第 120、121、122 页
图 6—14	马玉华绘：《敦煌菩萨》，甘肃人民美术出版社 1996 年版	第 47 页
图 6—15		第 67 页
图 6—22		第 76 页
图 5—30	徐秀荣发行：《敦煌艺术》，里仁书局 1981 年版	第 XI 页
图 6—9		
图 5—31	胡素馨：《敦煌的粉本和壁画之间的关系》，载荣新江主编《唐研究》第三卷，北京大学出版社 1997 年版	图版十
图 6—1		图版十四
图 4—1 左	《文博》2009 年第 4 期	封底
图 2—11	李柏华：《隋代三件阿弥陀佛整铺造像之解析》，《文博》2010 年第 2 期	
图 2—17	王惠民：《中唐以后敦煌地藏图像考察》，《敦煌研究》2007 年第 1 期	
图 3—18	［日］吉村怜：《天人诞生图研究——东亚佛教美术史论文集》，卞立强、赵琼译，中国文联出版社 2002 年版	第 246 页
图 3—19	金维诺：《中国美术·魏晋至隋唐》，中国人民大学出版社 2004 年版	第 77 页
图 7—12	邱忠鸣：《曹仲达与"曹家样"研究》，《故宫博物院院刊》2006 年第 5 期	
图 7—31、图 7—32、图 7—33	史苇湘：《敦煌历史与莫高窟艺术研究》，甘肃教育出版社 2002 年版	第 516、517 页

续表

本书插图编号	插图所出图书名称	插图在原书中位置
图5—2	王景荃：《博爱青天河北魏摩崖观音经像研究——兼与李福顺教授商榷》，河南文物院编：《河南博物院建院80周年论文集》，大象出版社2007年版	
图4—12	李翎：《佛教造像量度与仪轨》，宗教文化出版社1998年版	第35页
图4—16		第41页
图4—18		第38页
图4—17	《现代派美术作品集》，上海译文出版社1981年版	第67页
图6—51	［日］村野隆男等：《特别展·法隆寺献纳宝物》，东京国立博物馆1996年10月8日发行	第119页

注：除表中所列有出处的插图外，其余均为笔者拍摄、绘制。

后　记

　　大学三年级那年，我的母校西北师范大学与敦煌研究院合作办学，在敦煌设立了教学基地。我们班同学有幸作为首批学员在岳嵘琪、王宏恩二位老师的带领下前往敦煌莫高窟、榆林窟、西千佛洞等地进行了为期一个月的参观、学习和临摹。在那段日子里，负责给我们上课的主要是李承仙、关友惠、李琪琼和常嘉煌等先生。各位老师的细心讲解，使我对敦煌石窟艺术有了初步的了解。这便是我与敦煌艺术最初的结缘。

　　2004 年，我跟随王宏恩老师攻读硕士学位，他为我定的方向是"石窟艺术与中国画创作"。这使我当年与敦煌艺术的前缘得以再续。在硕士的三年里，除了国画创作练习以外，我完成了硕士论文《"意"与"象"的融合——莫高窟唐代经变画中的乐舞精神与写实基因》。2008 年，我考入中国人民大学跟随郑晓华老师攻读博士学位，鉴于之前的积累以及地域上的便利条件，郑老师支持我延续对敦煌艺术的研究。或许是对敦煌艺术的一种迷恋，或许是对宗教神秘感的一种好奇，或许是对佛教慈悲观的一种认同，抑或是对自己过往人生的一种思考。在敦煌众多的尊像画中，我选择了观音画像作为研究对象。经过三年的埋头苦读与爬梳整理，最终完成了题为"莫高窟唐代观音画像研究"的博士论文并顺利通过答辩。

　　2011 年毕业之后，我以此论文为基础申报并获批了 2012 年度教育部人文社会科学规划基金项目。原本打算尽快出版博士论文的计划也因此推迟了。2014 年，调整、修改、充实之后的论文通过了教育部的验收并顺利结项。

　　以上便是本书成型的前因后果。今已付梓，不足之处在所难免，权当是对我从本科毕业到博士毕业整整十年时间学习的一个交代。

　　借此我要感谢我的博士生导师郑晓华老师。是他给了我继续深造和潜心研究的机会，并在学术视野、学术规范及艺术修养等方面给了我莫大的帮助。徐庆平、陈传席二位老师利用课堂交流时间对本书的构思与写作给了诸多建议。我的硕士生导师王宏恩老师为我提供了很多资料和思路。本书初稿完成时，一直关注我的敦煌学前辈关友惠先生戴着老花镜，拿着放大镜，逐字逐句地阅读书稿并用颤抖的手在文中写了很多中肯的评语，令我非常感动。敦煌研究院资料室的贺小萍老师、魏萍老师为本书资料的查阅提供了方便与帮助。还有敦煌研究院的赵声良老师、兰州财经大学的高启安老师、陕西师范大学的沙武田老师、麦积山石窟艺术研究所的孙晓峰老师、西北师范大学的文化老师都曾对本书给予充分的肯定并提出了很有价值的修改意见。我的岳父、岳母在本书撰写期间为我抚养小儿、操持家务，我的爱人内外忙碌，都给了我莫大的鼓励和帮助。

　　后记就此搁笔，在此对所有助我的师友和亲人表示深深的谢意。我并非迷信，只想说：阿弥陀佛会保佑你们！观音菩萨会保佑你们！

史忠平

2015 年 12 月 30 日清晨

于兰州黄河之滨